本书为

国家社科基金青年项目
"我国死刑案件审理过程中民意的拟制与导入机制研究"（13CFX060）

吉林省人民检察院横向课题
"被害人视野下性侵未成年人犯罪预防研究"

吉林大学横向课题
"监察体制改革背景下的职务犯罪公诉改革：以ZJ省检察实践为范本的实证研究"

研究成果

中国死刑适用的民意拟制与导入机制研究

李立丰◎著

上海三联书店

渐行渐远，渐无书

目　录

当学术沦为职业(代序) / 1

前言 / 1

第一章　中国死刑适用的现实困境 / 1

　　第一节　中国死刑适用的存而不废 / 1

　　　　一、中国刑罚体系对于死刑的制度依赖 / 1

　　　　二、中国民众对于死刑的心理依赖 / 3

　　　　三、中国死刑缓期执行制度的先天不足 / 5

　　第二节　死刑替代措施的制度缺位 / 7

　　　　一、死刑与"替代刑" / 8

　　　　二、"终身刑"与死刑废止 / 12

　　　　三、"终身刑"与刑罚根据 / 18

　　第三节　小结 / 24

第二章　中国死刑适用机制困境的多重归因 / 25

　　第一节　中国死刑适用过程中的的精英化倾向 / 26

　　　　一、中国死刑适用过程中的泛精英化的成因 / 26

　　　　二、中国死刑适用过程中的泛精英化的表象 / 30

　　　　三、中国死刑适用过程中的泛精英化的影响 / 33

　　第二节　死刑与认罪认罚程序的悖论 / 35

　　　　一、司法改革语境下中国刑事司法面临的真正根本问题 / 36

　　　　二、刑事司法"繁简分流"制度改革弊大于利 / 40

　　　　三、"认罪认罚从宽"应理解为新形势下中国刑事司法的政策重述 / 44

第三节　小结 / 48

第三章　中国死刑适用的完善前提 / 49

第一节　司法审查制度的批判反思 / 50

一、在中国语境下讨论司法审查制度的必要性 / 50

二、美国司法审查制度的流变 / 52

三、美国司法审查的特征及基本适用范式 / 56

四、美国联邦最高法院司法审查过程中的"5 比 4 原则" / 62

五、美国司法审查制度的存在前提与批判 / 67

第二节　网络表达权的刑事法规制 / 79

一、"网络表达权"的独立权属 / 81

二、"网络表达权"的刑法规制 / 87

三、"网络表达权"刑法规制的几点建议 / 93

第三节　小结 / 98

第四章　破解"司法独裁"的日本经验 / 99

第一节　"司法民主"与"司法独裁" / 99

一、民主语境下日本的司法独裁 / 99

二、司法民主是民主政治的逻辑结论 / 104

三、司法民主的可行性 / 108

第二节　日本的裁判员制度评述 / 117

一、裁判员制度的适用范围 / 118

二、裁判员的选任 / 128

三、裁判员裁判的程序 / 146

四、死刑的裁判员裁判 / 168

第三节　青少年死刑与裁判员裁判 / 175

一、刑事司法中的青少年保护主义 / 176

二、青少年死刑适用的合法性困境 / 180

三、裁判员制度下青少年的死刑适用 / 183

第四节　日本裁判员制度之评价 / 190

一、裁判员制度的功利主义考量 / 190

　　　　二、裁判员制度的不足 / 191

　　　　三、裁判员的负担与权利保障 / 195

　　　　四、裁判员制度的配套措施改革 / 197

　　第五节　小结 / 200

第五章　美国死刑适用中的陪审机制评解 / 202

　　第一节　美国陪审制度评述 / 202

　　　　一、美国宪法第六修正案的背景 / 202

　　　　二、陪审团构成的变迁 / 203

　　　　三、陪审团解决法律问题权利的废止 / 206

　　　　四、法庭对于宪法第六修正案的实际废止 / 208

　　第二节　美国的死刑适用 / 209

　　　　一、美国死刑的适用现状 / 210

　　　　二、美国死刑的适用程序 / 217

　　　　三、美国死刑中的陪审团 / 235

　　第三节　小结 / 240

第六章　中国死刑适用民意拟制与导入机制批判 / 242

　　第一节　中国刑事司法中的民意拟制与导入机制 / 244

　　　　一、民意的拟制与操纵 / 244

　　　　二、中国现行刑事司法语境下的民意表达 / 248

　　　　三、建构重大刑事案件中民意的体制内拟制与导引 / 251

　　第二节　中国死刑适用中民意拟制与表达的总体建构思路 / 259

　　　　一、死刑适用过程中的7人大合议庭制度的应然走向 / 260

　　　　二、死刑适用过程中的7人大合议庭制度的配套改革 / 262

　　　　三、死刑适用过程中的7人大合议庭落实的制度 / 266

　　第三节　小结 / 267

第七章　中国死刑适用民意导入的实体法机制例说 / 268

　　第一节　民意的司法导入与刑事解释范式改革 / 268

　　　　一、审判员制度引进与刑法解释论的变化 / 269

二、相关解释范式建议 / 272

三、裁判员裁判制度背景下的刑法解释论纲 / 274

第二节　人民陪审员制度改革语境下犯罪故意"要素分析"模式的澄清与适用 / 279

一、问题的提出 / 280

二、话语的澄清 / 285

三、模式的建构 / 293

第三节　小结 / 303

第八章　中国死刑适用民意导入的程序法机制概说 / 304

第一节　人民陪审员制度为中国司法活动提供合法性根据 / 304

一、中国司法民主应以人民陪审员制度为表达机制 / 305

二、人民陪审制度象征性司法民主机能之合理表达 / 308

第二节　员额制前提下司法民主化与司法专业化的制度兼容 / 310

一、司法专业化语境下人民陪审员的异化倾向 / 311

二、司法专业化语境下司法民主的兼容制度设计 / 313

第三节　死刑适用中事实审与法律审分离模式的技术实现 / 316

一、人民陪审员制度的限制性适用 / 317

二、人民陪审员进行事实审理的程序设计 / 320

第三节　小结 / 323

第九章　结语 / 324

参考文献 / 327

当学术沦为职业(代序)

"学院生活是场疯狂的赌博。"①

入市：学者的宿命

学者，首先是作为人存在的。

人，需要生存。特别是在这样一个什么都可以用金钱购买的年代。于是，固守某种清念潜心研究，似乎成为一种奢望。学者需要学会如何在这样一个崇尚交换的社会生存，别无选择。

这个世界，越来越像一个大"市场"。

不管多么扭捏和惆怅，学者，和这个世界的其他人一样，彻底投身于这个无比庞大的交易体系，将自己作为商品，通过某种形式的价值体系进行评估和兜售，从而换取生存所需的资源。

无比简单，无比现实。

游戏，似乎从开始就注定了要沿着这种规则进行，没有例外。在这个意义上，学者(姑且假定存在这样的一个群体)和其他人一样，从步入社会的那一刻开始，就注定了要面对这铁一般的戒律。

于是，入世，或者更为直白一些，入市，就成为每个人的宿命。无论是，抑或不是学者。

---

① ［德］马克斯·韦伯：《入世修行：马克斯·韦伯脱魔世界理性集》，王容芬、陈维纲译，天津：天津人民出版社 2007 年版，第 11 页。

贩卖自己：以学术的名义

其实学者是可悲的。

和性工作者一样，学者除了自己，一无所有。

在残酷的生存压力面前，如何更好地贩卖自己，就成了学者更好生存的不二法门。既然入市，既然是一种职业，学者自然需要兜售学问。不卖学问、敝帚自珍的自是极少。偶有几位特立独行的学人，最终也不免被招安的命运。

或许对什么是职业，有种种抑或高尚、抑或低俗的解读。[①] 但无法否认职业与安身立命之间的密接与关联。虽然职业不能完全与生计等同，但二者实质无异。从这个意义上而言，贩卖自己，更具体来说，贩卖自己的思想或者理念，就成为学者的职业。

学者的职业是学术，学术的目的或许有很多，但其中肯定包括相当程度现实意义的考量。因此，从宏观上认为学术已经成为学者与各种欲念满足之间的纽带，并不为过。

现实面前，学术或许永远都将不再会是学者的存在理由和终极理想，相反，仅仅沦为一种谋生的手段。

人性当中有很强烈的比较情结。

商品社会中交易的基本前提，就是不同商品的存在性与可比较性。现代社会的一大弊端，就是为人类这种与生俱来的比较欲念提供即时、全面的信息支持，包括学者在内的每个人，每时每刻都在自愿或者不自愿地比较，以及被比较着。

于是，在商品经济社会的场域中，人性与现实，特别是个人能力的有限性与丛林法则的普适性，诡异而完美地结合起来。

"不学有术"：学术职业化的今生与来世

作为一个人群存在的学者，身上最后一丝所谓尊严，已被学术的职业化毫无

[①] 表面上看，办公室里的人要更高贵一些，幸运一些，但这只是假象。实际上，人们更孤独，更不幸。事情就是这样，智力劳动把人退出了人的群体。参见［德］卡夫卡：《卡夫卡口述》，赵登荣译，上海：上海三联书店 2009 年版，第 5 页。

温情地扯去。

生存面前，人人平等。

职业化本无可厚非。问题在于，直到今天，中国的学术职业化，几乎没有任何行之有效的游戏规则。

选择学术作为职业的人会发现，自己仿佛被置身于一个蛮荒时代的角斗场。生存便是一切，没有规则就是唯一的规则。

这是一道何等奇异的风景?!

似乎多见的是"学"与"术"的渐行渐远，更似乎昌明地已不再是"学"，"术"却愈发地大行其道起来。

学术的职业化很难说是学术的悲哀，或许，只是我们对学术有过些不切实际的奢望而已。①

---

① "图书市场上有一件怪事，别的商品基本上是按质论价，唯有图书不是。同样厚薄的书，不管里面装的是垃圾还是金子，价钱都差不多。"参见［德］叔本华：《醒客悦读：悲喜人生（叔本华论说文集）》，范进等译，天津：天津人民出版社 2007 年版，总序。

前　言

一直以来，死刑都是刑事法理论与实务界关注的热点问题，并由此催生出一系列专题研究。但另一方面，既有研究或者跳脱死刑的立法、司法实际，纠结于死刑存废这一应然问题；或者从实然角度出发，却将死刑厘定与适用孤立起来，仅从刑法视阈加以考察，忽视死刑适用的文化、社会与政治语境，从而无法从根本上解释、解决以"民意"为典型代表的超法规因素对于死刑的影响。

以"李昌奎案"为例，如果单纯依据法律，李案原判以及云南高院最初的态度并无实质错误。那么，究竟是什么使得社会公众公开质疑、反对云南高院的判决？究竟又是什么，使得云南高院改变初衷，重启本案的审理？能否在法院所认定的案件事实并没有发生实质性改变的情况下，仅仅通过"是否应该执行死刑"这种简单说理，回应民众的质疑？①

如果要回答这个问题，就不能不提及与李案同时审结，被称之为新世纪的"辛普森案"的凯西·安东尼（Casey Anthony）杀女案。和李昌奎案类似，本案的犯罪事实十分令人发指，据美国权威民调机构的调查，包括被告人父母在内65％以上的美国人都认定其有罪，当审理本案的陪审团最终做出被告无罪的判决时，美国也是举国哗然。但和李案不同，"凯西·安东尼案"的审理结果并未受到舆论或者所谓民意的影响，美国检方、法院都没有启动任何救济机制。换句话说，同样是面对公众对于司法活动的质疑，中国与美国司法机关的态度是不同的，更为重要的是，我们需要进一步追问，是什么，导致了中国司法机关在面对民意压力时无法维持具有合法性的判决？是什么，导致了美国司法机关可以在巨大的民意压力下做出与民意存在明显冲突的判决并坚持到底？

---

① 参见徐光华：《个案类型特征视阈下的刑事司法与民意——以 2005 至 2014 年 130 个影响性刑事案件为研究范本》，载《法律科学》2015 年第 5 期，第 30 页。

这个问题的答案,在很大程度上取决于下列变量之间此消彼长的博弈过程。

首先,案件审理的法律效果与社会效果。

长期以来,我国的刑事司法工作,都尝试追求案件审理的法律效果与社会效果。例如备受关注和争议的"许霆案"发生后,就有全国人大代表在批判法院对于此案的定性时表示,被告人虽然理应定罪判刑,但案件的处理,"应该综合考虑法律效果和社会效果。"①无论对二者关系做何种界定区分,不可否认的是,这一问题在我国不仅仅长期存在,而且还一度本末倒置。例如,"文革"结束之后的很长一段时间,我国都习惯于通过全国人民代表大会常务委员会制定单行刑法的方式,对社会反响强烈的所谓流氓犯罪,或其他严重危害社会治安的犯罪加重法定刑,同时大量增设死刑,希望通过所谓"严打"的方式,满足社会民众对于社会秩序的需求,持续 20 多年 3 次全国性"严打"运动,即 1983 年的第 1 次"严打"、1996 年的第 2 次"严打"以及 2001 年的第 3 次"严打"。②历次严打,虽然侧重点各异,但基本上都是在法律效果与社会效果中做出了非此即彼,同时倾向于后者的政策选择。这种存在着牺牲法治精神的运动式执法,具有广泛的民意基础,得到绝大多数社会公众的普遍支持,同时能够起到立竿见影的打击效果,但随着时代的进步,包括大量适用死刑在内的严打等运动式执法其所具有的弊端开始逐渐凸显,遭遇国内外各界的质疑,最终走进历史的终结。以 2005 年中共中央提出"宽严相济"刑事政策为分水岭,我国刑事案件审理偏严偏重、死刑适用过多过滥的局面有所改观。特别是最高人民法院于 2007 年 1 月 1 日正式统一收回死刑复核权后,"保留死刑,严格控制死刑"成为我国刑事司法中坚持的基本死刑政策。③但这种刑事政策的转变,也仅仅实现了宏观刑事政策的理性回归,绝不意味着个案的判决,就可以随之实现法律效果与社会效果的完美平衡。在像"李昌奎案"这样的死刑案件中,为了追求上述平衡,法官面临来自各方面的巨大压力,需要应对包括受害人家属在内的社会各方面理性或者非理性、体制内或者体制外的压力甚至纠缠、批判乃至责骂。在目前的体制下,个案的法官还需要负责处理相关方信访甚至闹访的压力。为了解决这一问题,最高人民法院于 2010 年 9

① 张景华:《"许霆案"期待突破法律困惑获取法律和社会效果俱佳判决》,载《光明日报》2008 年 3 月 31 日第 009 版。

② 参见陈兴良:《"刑罚世轻世重"是符合司法规律的用刑之道》,载《检察日报》2008 年 5 月 15 日第 001 版。

③ 参见最高人民法院、最高人民检察院、公安部、司法部印发《关于进一步严格依法办案确保办理死刑案件质量的意见》的通知(法发[2007]11 号)。

月,公布了《人民法院量刑指导意见(试行)》,以期规范法官的自由裁量权,避免司法腐败与司法不公,特别是"同案不同判"的问题,提高司法公信力,减少涉诉信访等民意反弹与不满现象。但是,量刑规范化不能彻底解决案件审理的法律效果与社会效果之间存在的必然矛盾,毕竟,刑事案件中如何适用酌定情节这种无法量化的量刑依据,一直都是无法解决的司法难题。在这个意义上,才有人提出"法官在接受量刑规范化理念的同时,必须充分关注涉案民意,并且具备甄别合理民意与非合理民意的能力,将合理民意纳入考虑范围。"①这种观点正确地认识到法官在量刑时应当考量民意的基本方向,但同时,又窠臼于传统的实体法话语,将所有希望都寄托到本已不堪重负的职业法官身上,显然有如缘木求鱼。事实上,只有通过制度化建构刑事案件中的民意拟制与表达机制,才能最大限度将民意引入包括死刑案件在内的重大刑事案件,以期追求案件法律效果与社会效果的最大统一。

其次,民意的司法拟制与司法导入机制。

毋庸讳言,民意拟制与表达机制的存在与否决定了中美司法机关在面对舆论或所谓民意时的不同品格。恰恰是这一机制的缺失,导致我国死刑案件审理陷入一种尴尬的两难境地,如果一味遵从民意,不仅会导致出现"民意绑架司法"的情况,还会给法官擅断、司法腐败留下借口;如果以司法独立为理由排斥案件审理结果与民意预期之间的契合,势必影响社会和谐、甚至从根本上动摇刑事司法的合法性地位。从这个意义上,研究如何在控制改革成本的前提下,建构死刑案件中民意的有效拟制与表达机制,将体制外的超法规因素转化为体制内的法定程序,相较于既有死刑问题研究,无疑更具现实意义,更具可操作性。

之所以如此强调民意的司法拟制与司法导入机制,是因为其具有充分的理论基础与现实需要。从理论上看,司法的剧场化效应,在一个日益变得"透明"的信息社会中,日益凸显。任何人都可以,也同时得以对任何案件的司法判决过程、理由、效果等进行评判。在这个意义上,"公民对司法判决不是'接受与否'的描述性状态,而是'可否接受'的评判性状态。"②在这个意义上,案件判决结果的"可接受性",就变得异常重要起来。所谓"可接受性",绝非迫于法律外在强制的一种不得不的被动接受,而是基于个体自觉认知与理性判断后的一种积极尊重

① 万志鹏:《量刑中民意的正当性及其判断》,载《天津法学》2014年第1期,第11页。
② 聂长建:《"说者"与"听者"角色转换——司法判决可接受性的程序性思考》,载《政法论坛》2011年第2期,第123页。

与遵守。一项司法判决只有具有"可接受性",才能因此获得必要的正当性,同时也才能获得社会的普遍认同与遵守。从司法制度建构的角度来看,只有实现"同类人"审判,才能最大化实现司法判决的"可接受性"。根据马克思主义经典作家的论述,审理涉及权利义务关系的司法案件的权力,应当由人民直接掌握。"人民的代表理解人民的需求,人民的代表也能够考虑人民的整体利益,只有这样的审判人员,才可望公正地解决具体案件。"①也正是在这个前提基础上,我国的司法机关,才被冠以"人民法院"的称谓。同时,近 20 年来,我国还在此基础上,积极探索人民直接参与案件审理的人民陪审制度,并进行了一系列制度设计与完善。例如,2004 年全国人大常委会通过了《关于完善人民陪审员制度的决定》,正式启动了具有中国特色的人民陪审员制度建构。在此基础上,为了解决人民陪审员"陪而不审、审而不议"、陪审员选任精英化、常任化等异化现象,2014 年中国启动了新一轮的人民陪审员制度改革。中国共产党 18 届 3 中全会在《中共中央关于全面深化改革若干重大问题的决定》中明确提出了"广泛实行人民陪审员、人民监督员制度,拓宽人民群众有序参与司法渠道"。后来,这一制度又在中国共产党 18 届 4 中全会《关于全面推进依法治国若干问题的决定》的指导下,通过《人民陪审员制度改革试点方案》和《人民陪审员制度改革试点工作实施办法》进行了试点探索,并最终于 2018 年通过了《中华人民共和国人民陪审员法》。

《人民陪审员法》在保留了传统的法官、人民陪审员同职同权的 3 人合议庭模式之外,创设了 4 名陪审员加 3 名法官的相对分权的 7 人合议庭模式。后者除了在事实认定与法律适用的职权存在分工之外,还在适用范围上相对限缩,即仅适用于"可能判处 10 年有期徒刑以上刑罚且社会影响重大的刑事案件,公益的民事或行政诉讼案件,或者涉及征地拆迁、生态环境保护、食品药品安全且社会影响重大的案件"②。随之而来的问题,就变成了根据我国刚刚制定的《人民陪审员法》,能否通过 7 人合议庭的民意拟制与导入机制,解决长期困扰我国死刑适用的瓶颈问题。

笔者认为,在很大程度上,《人民陪审员法》的相关规定,并未,也无法从根本上解决围绕死刑适用的巨大社会分歧。因此,仅仅为我们提供了一个可供讨论

---

① 胡玉鸿:《"人民的法院"与陪审制度——经典作家眼中的司法民主》,载《政法论坛》2005 年第 4 期,第 147 页。

② 参见《人民陪审员法》第 16 条相关规定。

的对话文本与评价对象而已。一方面,我国目前处于多重转型期,经济、文化、社会、政治、法律等社会因素矛盾凸出,新旧体制的冲突、对抗加剧,很难寻求在传统乡土社会中并不罕见的地区乃至全社会共识。如何在日益多元化的中国社会,通过制度建构的方式,在死刑等矛盾凸出的敏感问题上寻求共识,"把非正式的讨价还价变成合乎公正程序的辩论协商,把用儒家伦理语言展开的议论变成用法言法语展开论证,把主体之间纯属偶然的诉讼博弈变成在法律职业协助下操作的技术性博弈"①,将引发学界争议的"以社会和人民群众的感觉为依据"②通过制度有效化解,如何从司法民主的先进国家,如日本、美国的裁判员制度及陪审制度中汲取经验及教训,就成为一个迫切需要解决的现实问题。

① 季卫东:《宪政新论》,北京:北京大学出版社 2002 年,第 87 页。
② 苏力:《法条主义、民意与难办案件》,载《中外法学》2009 年第 1 期,第 93 页。

第一章　中国死刑适用的现实困境

从现实层面来看,我国刑事立法与司法实际对于"死刑",存在高度的"制度依赖"。这种依赖,一方面表现在死刑本身存而不废,另一方面表现在死刑替代措施的长期缺位。而正是这种制度依赖及其表现,使得我国的死刑适用,处于一种现实困境当中。

第一节　中国死刑适用的存而不废

一、中国刑罚体系对于死刑的制度依赖

中华人民共和国成立后,直到 1979 年刑法颁布,死刑罪名大致都维持在 30 个以下。但从 1982 年至 1992 年的 10 年之内。全国人民代表大会常务委员会相继颁布了一系列单行刑法,大幅度增加了死刑罪名,"新增死刑的法条 24 个,罪名 29 个(其中增立罪名 10 个)。[①] 此后,2015 年 8 月 29 日,全国人大常委会表决通过了《刑法修正案(九)》,取消了经济犯罪,如集资诈骗罪、伪造货币罪等 9 个死刑罪名,这也导致目前我国刑法中的死刑罪名,从此前的 55 个减少为 46 个。

中国刑法之所以逆世界潮流而动,在其他国家纷纷废除或者实际废除死刑的大背景下,实质保留并大量适用死刑,显然与中国社会传统的道德或"正义观"存在联系,在这个意义上,将"社会和人民群众的感觉"作为死刑适用的依据,其

---

① 参见王名湖:《坚持以毛泽东人民民主专政死刑观指导死刑立法与司法》,载《法学评论》1994 年第 1 期,第 12 页。

实并无特别突兀之处。但强调人情事理,必然可能危及法律的权威与稳定。在杀死不孝逆子或者奸夫淫妇等符合中国社会传统仁义礼智信价值观的案件中,中国社会普通民众往往要求"刀下留人",反对死刑适用。反之,在涉及官员贪腐、贫富差距或者严重暴力的犯罪中,往往因为民众对背后社会问题的关注与担心,出现适用死刑的普遍民意,进而对刑事法治,特别是当事人的合法权利造成威胁甚至牺牲。深层次的社会矛盾,一旦被司法化,就会导致刑事司法与社会民意形成必然的潜在对立关系。换句话说,"社会问题司法化"是一柄双刃剑,既"推进了特定社会问题的改革,但也易造成刑事司法与民意的紧张关系。"①

以暴力犯罪为例,根据相关学者的实证研究,虽然因为暴力犯罪常见多发,导致死刑判决在暴力犯罪样本数中的占比不高,仅有不到7%,但其适用罪名却相对集中在故意杀人、抢劫和故意伤害。其中,故意杀人罪适用死刑比例最高。特别值得一提的是,绑架罪虽然并不多发,但适用死刑率却相对较高。与之相比,爆炸、抢劫、以危险方法危害公共安全和放火等犯罪的死刑适用比例,均达到5%左右。与之相比,故意伤害和强奸犯罪的死刑适用率较低。具体数据分布,可参见下表:②

各项数量 暴力犯罪死刑罪名	暴力犯罪刑事判例		暴力犯罪死刑判例		
	样本数	列比例	样本数	列比例	行比例
放火罪	64	0.81%	3	0.56%	4.69%
爆炸罪	13	0.16%	1	0.19%	7.69%
投放危险物质罪	9	0.11%	0	0	0
以危险方法危害公共安全罪	36	0.46%	2	0.37%	5.56%
破坏交通工具罪	1	0.01%	0	0	0
破坏交通设施罪	5	0.06%	0	0	0
破坏电工设备罪	141	1.78%	0	0	0

---

① 徐光华、艾诗羽:《从影响性刑事案件反映的社会问题看刑事司法与民意——以2005年至2013年的119个影响性刑事案件为例》,载《法学杂志》2014年第10期,第111页。
② 转引自王永兴:《暴力犯罪死刑适用的实证研究》,载《中国刑事法杂志》2010年第8期,第103页。

续　表

各项数量 暴力犯罪死刑罪名	暴力犯罪刑事判例		暴力犯罪死刑判例		
	样本数	列比例	样本数	列比例	行比例
破坏易燃易爆设备罪	26	0.33％	0	0	0
故意杀人罪	523	6.63％	241	44.62％	46.08％
故意伤害罪	3987	40.44％	98	18.15％	2.46％
强奸罪	236	2.99％	7	1.30％	2.97％
绑架罪	103	1.30％	19	3.52％	18.45％
拐卖妇女、儿童罪	61	0.77％	1	0.19％	1.64％
抢劫罪	2641	33.41％	168	31.10％	6.36％
暴动越狱罪	3	0.04％	0	0	0
组织卖淫罪	18	0.23％	0	0	0
强迫卖淫罪	36	0.46％	0	0	0
破坏武器装备、军事设施、军事通信罪	1	0.01％	0	0	0
合计	7904	100％	540	100％	6.83％

二、中国民众对于死刑的心理依赖

如前所述,在很大程度上,中国刑罚体系对于死刑的制度依赖,根源在于国民对于死刑的心理依赖。典型例证便是在上述暴力犯罪的实证分析中,故意杀人罪的死刑适用比例最高。不可否认,社会成员的多样性,决定了参与死刑等刑事司法过程的主体的多元性。而这种多元性,决定了判决结果达成共识的方式方法不可能如出一辙。但对于杀人者处以死刑,却似乎是一种显而易见的共识。[①] 在很多人看来,这与中国社会"一命抵一命"的传统观念有关,如果法官在这种情况下,一味顺应或者迎合这种所谓的"民意",甚至在多名犯罪人杀害同一被害人的情况下,判处多名杀人者死刑,或者坚持数字的

---

① 参见孙光宁:《司法共识如何形成?——基于判决的可接受性》,载《山东大学学报(哲学社会科学版)》2010年第1期,第10页。

完全对应,不考虑具体案情,坚持只判处 1 名被告人死刑,都可能引发民众情绪的反弹。因此,有学者主张司法的独立性和专业性,认为法官应依法理性思考、独立判断,避免受到民意裹挟,不能因为"民愤"而丧失自己的独立判断。在其看来,"严格的执法,不但可以弘扬司法的公信力和司法权威,而且也能疏导和平息民愤,久而久之,随着人们对司法公正的认同,对个案死刑的关注度也就会越来越低。"①那么,这种理论解说与应然展望,是否具有事实基础呢?

对此,曾有学者进行实证研究,旨在调查中国国民"一命还一命"的朴素道德情感程度究竟为何,能否在短时间内发生根本性改变。结果显示,接近一半的受访者承认死刑具有震慑犯罪的威吓功能。除此之外,还有超过 1/3 的受访者认为,社会秩序之维系,仰仗死刑的存在。相比之下,认为应当从报应角度,换句话说,从"一命还一命"的角度支持死刑的人,仅仅占到受访者的不到 3%。这意味着,中国国民支持死刑的真正动因,并非出自纯粹的报应主义,而时基于实用主义的一种功能性追求。具体数据见下表:②

	威慑他人,预防犯罪	对犯罪分子进行报复	安抚被害人及其家属	维持社会秩序	从肉体上消灭犯罪分子,防止其再次犯罪	未选
所选数	1680	74	101	1136	155	4
总数	3150	3150	3150	3150	3150	3150
百分比	42.06	2.35	3.21	36.06	4.92	0.13

为了避免受访者受教育程度、职业等变量对于上述调查结果准确性的影响,笔者还考察了其他实证研究,从相关结果来看,除了"服刑人员"这一特殊群体之外,普通社会公众,无论受教育程度、职业,都对于死刑的存废持基本的支持态度。具体数据参见下表:③

---

① 孙国祥:《死刑废除与民意关系之审视》,载《华东政法大学学报》2009 年第 2 期,第 96 页。
② 转引自张惠芳、何小俊:《死刑民意调查研究》,载《时代法学》2011 年第 4 期,第 62 页。
③ 转引自袁彬:《我国民众死刑基本观念实证分析》,载《刑法论丛》2008 年第 4 辑,第 38 页。

		职业						合计
		无业	农民	学生	非国有单位人员	国有单位人员	服刑人员	
民众死刑存废观念	完全保留死刑	69	315	171	147	252	63	1017
	完全废除死刑	0	42	54	3	0	240	339
	不废除但限制和减少死刑适用	72	243	906	90	309	423	2043
	合计	141	600	1131	240	561	726	3399

由此可见,和此前的人为假设不同,中国人的"报复心理",并非如想象那般强烈。普通国民对于死刑的态度,在很大程度上取决于死刑能否起到诸如震慑犯罪等功利主义职能。换句话说,如果存在其他足以威慑犯罪并维护社会秩序的有效方法,死刑就不再具有存在的价值及意义。

三、中国死刑缓期执行制度的先天不足

诚如有识之士所言,"对于理性引导死刑民意具有非常重要的意义"[①]的死刑替代措施,在中国严重缺失。

一般来说,为了减少死刑的适用,同时兼顾国民的情绪反弹,我国往往会采用所谓"死刑缓期执行"制度作为调和。"死缓制度作为我国独创,主要功能的发挥表现在限制死刑执行的数量"[②]。这一论断也得到了相关实证研究的证实。根据相关调查,在其所选取的研究样本中,自 2010 年至 2013 年,被判处死刑缓期 2 年执行的被告人数与被判处死刑立即执行的人数呈现正交叉的此消彼长关系,被判处死刑缓期执行的人逐年增加,被实际执行死刑的人数逐年降低。质言之,大量被判处死刑的罪犯,借由死刑缓期执行这一特殊制度,最终并没有被实际执行死刑,实现了自由刑替代生命刑的神奇转换。相关实证研究的数据同时表明,被判处死刑缓期 2 年执行的人数远远超过被判处死刑立即执行的人数。

[①] 曾赛刚:《当代中国死刑民意的理性引导》,载《哈尔滨工业大学学报(社会科学版)》2015 年第 2 期,第44 页。

[②] 叶良芳、安鹏鸣:《死缓变更为死刑立即执行的适用条件新探》,载《时代法学》2015 年第 5 期,第 34 页。

具体数据见下表①：

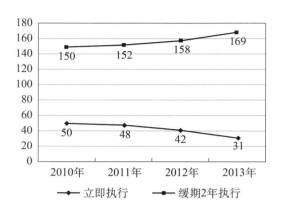

作为一项明修栈道暗渡陈仓的缓兵之计,死缓制度的适用,使得很多名义上被判处死刑的犯罪人,除非出现法定的极端情况,否则一般在两年死缓期限结束后,便不可逆地得以免于一死。这一制度充分利用了我国死刑制度缺乏公开性的制度设计。在目前的司法体制下,我国死刑案件的大部分关键信息并不对社会公开,甚至被列为国家秘密。这种人为的"神秘化",势必导致死刑与普通民众的理解存在出入,进而丧失了"使立法与司法得到国民理解的前提之一。"②同时,死刑缓期执行制度,还为所谓"被害人宽恕"或"被害人谅解"这一与传统2元刑事司法体制格格不入的"异质性"要素冠冕堂皇介入死刑案件审理,打开了方便之门。这种不顾中国刑事司法的长期传统,盲目借鉴即便在美国等普通法国家也备受争议,仅仅具有实验性质的所谓"恢复性司法"体制的"合理内核",将受害人引入死刑案件的审理,强调构建刑事法律关系的所谓"3元结构模式",悖离罪刑法定原则,将所谓"被害人宽恕"作为从宽情节,片面认为此举"有利于死刑适用的合理化,也可以起到减少或者限制死刑的功效"③。实际上,此举不仅导致死刑适用会因为受害人情况的不同出现无法统一的随意性,彻底丧失"同案同判"的司法预期,更可能出现"花钱买命",有钱人免死的不公情况。④

---

① 转引自苏彩霞、彭夫：《死刑控制政策下民意引导的实证分析》,载《广西大学学报（哲学社会科学版）》2015年第2期,第103页。

② 李洁：《论中国刑事司法统计信息的公布》,载《法学》2004年第7期,第74页。

③ 杜文俊、任志中：《被害人的宽恕与死刑适用——以恢复性司法模式为借鉴》,载《社会科学》2005年第10期,第72页。

④ 参见胡文：《被害人宽恕与死刑适用控制》,载《贵州社会科学》2016年第2期,第162页。

事实上,死刑案件一般涉及犯罪性质严重、涉及普通民众的朴素法感情与法信任,与诸多深层次的社会问题存在千丝万缕的关联性。折射出民生等社会制度问题,更易受关注。"李昌奎案""药家鑫案""呼吉案"等重大敏感死刑案件所表现出来的最大问题,就是死刑立即执行与死刑缓期执行之间的界限不清,特别是死刑缓期执行程序不透明、判决说理也不充分,"不同法院的裁判存在明显的差异性甚至是随意性。"①

被判处死刑,同时又不立即执行,用死刑执行程序架空死刑判决程序,是我国死缓制度的本质,同时也预示着这一制度的先天不足。在缺乏足够具有说服力及正当性的判断标准的情况下,死缓制度的弊端,在"李昌奎案"中体现的淋漓尽致,二审法院对李昌奎判处死缓,似乎并非毫无根据,但却与"杀人偿命""手段残忍"等等道德标准形成强烈反差,从而引发民众对于我国死刑适用的极大不信任。毕竟,法律论证是否合法,仅仅是司法判决受到社会接受的必要条件而非充分必要条件。"一个司法判决是否具有可接受性,不仅要看法律论证是否具有合理性,还要看司法判决能否满足、实现、达成判决受众的需要、欲望、目的或愿望以及当事人的需要、欲望、目的是否具有合理性。"②通俗点说,司法永远都是社会语境下的价值与道德判断活动,司法的专业化、独立化,绝对不意味着司法可以脱离整体社会的基本道德标准。这不仅要求法官在解读、适用法律的过程中需要关注"规范性陈述"而非"描述性陈述",将道德话语纳入法官的价值判断③,同时在法律之内寻求社会效果的最大化,只能"在特定的情况下,在严格限制条件的情况下,在某些方面通过法律之外的途径或变通法律适用获得"④。

第二节 死刑替代措施的制度缺位

如前所述,我国现行刑罚制度存在生刑过轻、死刑过重、死缓滥用的不正常现象。因此,有必要建构不得减刑、假释的绝对无期徒刑制度,减少刑事司法对

---

① 徐光华:《个案类型特征视阈下的刑事司法与民意——以 2005 至 2014 年 130 个影响性刑事案件为研究范本》,载《法律科学(西北政法大学学报)》2015 年第 5 期,第 34 页。
② 张继成:《可能生活的证成与接受——司法判决可接受性的规范研究》,载《法学研究》2008 年第 5 期,第 13 页。
③ 参见姜涛:《道德话语系统与压力型司法的路径选择》,载《法律科学》2014 年第 6 期,第 21 页。
④ 江必新:《在法律之内寻求社会效果》,载《中国法学》2009 年第 3 期,第 14 页。

死刑的过度依赖,实现对罪行极其严重的犯罪分子,即使不适用死刑,同样也能够达到罪刑相适应的处理的效果。[1] 但同时,应当避免将终身监禁不得假释视为死刑的"替代刑"。

一、死刑与"替代刑"[2]

死刑不存在替代刑。

事实上,任何刑罚方式,在被设计出来并且加以实施的过程当中,都是独一无二的。没有什么可以替代生命,就像没有什么可以替代自由、替代肢体、替代尊严一样。进一步而言,生命与生命,自由与自由之间难道亦可以等同对待么?但是,从刑罚的制定以及适用者,亦即国家的角度衡量,作为"刑罚"这种服务的提供者,从执行效率与执行成本的角度出发,自然会将大体一类的惩罚方式做同质对待,由此"刑罚个别化"也已成为空谈。从受害人角度看,只有自行实施的私力救济才可以最大化地满足个体的报复要求。但是随着社会与国家的产生,受害人在将自身所具有的私力救济权利让渡给某特定的社会组织时,就已经注定了后者所提供的规模化刑罚服务与其自身对于危害行为人所希望施加的责罚程度之间的分离。更为核心的变化是对于报应方式以及报应强度判断标准由个体判断转为群体判断,由主观判断转变为拟制的客观判断。

而集约化刑罚服务模式的直接结果之一就是对于上述被"同质化对待"的不同刑罚方式进行排序。亦即所谓"刑罚的阶梯"。无疑,这种划分和排序需要建立在两个前提基础之上,首先,刑罚方式可以被以某种标准加以区分;其次,被区分了的不同刑罚之间可以根据某种统一的标准加以排序。

非常遗憾,对于这两个前提,总是存在着不同的意见。的确,生命与自由、金钱之间究竟是否加以明确区隔,尤其是是否可以加以某种价值上的排序是存疑的问题。但是无论持何种观点,都必须承认既存的特定刑罚层级这一现实,也必须在这个语境当中进行话语讨论。

有学者提出,"在废止死刑的过程中,是否需要设定终身刑以替代死刑,是刑

---

[1] 参见何荣功:《当代中国死刑民意的现状与解构》,载《刑法论丛》2010 年第 3 卷,第 278 页。

[2] 下列内容,参见李立丰:《终身刑:死刑废止语境下一种话语的厘定与建构》,载《刑事法评论》2012 年第 30 卷,第 435 页以下。

法理论长期争论的问题"。① 从中不难看出,这种论证的前提是死刑与所谓"终身刑"之间是否某种"替代"关系。但依本书作者看来,这样的一种提法其实有待商榷。毕竟,死刑与"终身刑"之间必然是不同质的两种刑罚,二者之间存在的竖向的位阶关系,而非横向的替代关系。其实这种观点最终要论证的是一旦废止死刑,是否将"终身刑"置于刑罚阶梯的最高位阶之上这一问题。至少从避免歧义的角度出发,论者主张摒弃"替代"这一提法。所谓"替代",大体上来自英文当中的"Alternative",而这个词在美国刑法当中讨论 LWOP(Life Sentence Without Parole)即"终身监禁不得假释"与死刑关系的时候经常出现。但从词意角度而言,Alternative 的含义着力点在于一种择一性的选择,是"二者选其一"的意思。由此可见,其于笔者所一直主张的所谓刑罚线性结构,刑罚最高位阶等观点相契合。而厘定刑罚体系最高位阶的归属的内在之意为:首先,对于刑罚体系的最高位置,存在不同的"竞争者";其次,和其他位阶的刑罚类似,刑罚的最高位阶也是具有排他性的,也就是说,只能有某种单一的刑罚占据这一位置。

(一) 死刑、无期徒刑与"终身刑"的区隔

相比较而言,死刑与无期徒刑和"终身刑"之间较为容易进行区分,毕竟前者关注的是生命,后二者关注的是自由。而至于无期徒刑与终身刑之间的区隔,则显得较为复杂。认为死刑与终身刑之间是"替代"关系的观点对此的尝试似乎并不能令人满意。

这种观点认为,"终身刑与无期徒刑并非同一概念"②。而对此的解释却存在较多问题。首先,其一方面指出,"可以假释的终身刑大体等同于重无期徒刑"③,同时又指出,"即使是有假释的终身刑,其应当执行的刑期,也远远长于无期徒刑"。④ 根据这种观点对于"终身刑"的定义,"本文所称终身刑,既包括绝对

---

① 所谓"阶梯",绝对不是形同金字塔一样的梯形结构,而是单一排序的线性结构。也就是说,同一层级被放置的特定刑罚种类都是单一的。这是一种经验的总结,但同时也是一种预设前提的必然逻辑结果。这是因为不同刑罚存在位阶的前提是这些刑罚的本质不同,否则就会产生逻辑上的混乱。另外,刑罚适用过程当中所经常出现的所谓"并处罚金""并处剥夺政治权利"等做法也从另外的一个角度证明了刑罚的这种线性位阶结构。而在有学者所提出的"'替代'死刑的方法,必然与死刑相当甚至更为残酷"这种观点所隐含的前提就是不承认死刑作为最高位阶的刑罚的排他性,亦即属于否认刑罚线性结构的主张。参见张明楷:《死刑的废止不需要终身刑替代》,载《法学研究》2008 年第 2 期,第 81 页。
② 张明楷:《死刑的废止不需要终身刑替代》,载《法学研究》2008 年第 2 期,第 79 页。
③ 张明楷:《死刑的废止不需要终身刑替代》,载《法学研究》2008 年第 2 期,第 79 页。
④ 张明楷:《死刑的废止不需要终身刑替代》,载《法学研究》2008 年第 2 期,第 79 页。

终身刑,也包括相对终身刑。文中的终身刑有的时候可能仅指绝对的终身刑,有时可能包括二者。"因此可以认为,其所谓的终身刑与无期徒刑之间唯一的区别即为实际服刑期间的长短。因为在该文的作者看来,所谓重无期徒刑是指"经过20年左右服刑可以假释的刑罚"①,而所谓的相对终身刑,是指经过"很长时间(如25年或者30年)的服刑才能假释的终身刑"②。

笔者认为,单纯以实际执行年限来对于刑罚性质加以界定存在很大问题。这种观点强调,相对终身刑的实际执行年限为25年甚至更长,而重无期徒刑的实际执行年限为20年左右,二者之间最近仅差5年。以5年这一格差作为区分不同刑种之间的标准是否合适,显然存疑。因为如果这样的一个标准成立,那么实际执行了20年的重无期徒刑与执行上限为20年的有期徒刑之间如何界别?更何况这里所指的是所谓的重有期徒刑,而持此类观点的学者也承认,"被判处无期徒刑的人,一般经过10—15年的服刑,就被释放,此即为普通无期徒刑。"③这样一来,反倒出现了有期徒刑在刑期上与无期徒刑倒挂的现象。同时,所谓相对的终身刑是否必须执行较长时间也并不是没有问题。根据美国不同州法的规定,可以假释的无期徒刑最低执行年限可为20年。④ 对于这些州而言,根据上述定义,所谓的重无期徒刑与相对终身刑之间无疑发生了重叠。

笔者还认为,其实上述重叠从本质上是无法避免的,而这正是因为所谓的"终身刑"本身并非一个独立的刑罚种类,而是传统意义上的终身监禁,或者我们通常所说的无期徒刑的一种执行结果或执行方式。⑤ 可以想见,如果没有假释等具体刑罚执行方式的参与,那么所有被判处终身监禁或者无期徒刑的罪犯都将在监狱当中度完余生,而这,在实然角度正表现为所谓的"终身刑"。

正是由于赦免,假释,监外执行等特殊刑罚执行方式的加功,刑法条文所规定的不同刑罚在实际操作过程当中呈现出来不同的样态,但绝对不能将执行后果与刑罚本身混为一谈,毕竟揉杂了相对独立的刑罚执行方式的执行后果只能在部分上与作为其执行根据的刑罚本身加以等同。具体到所谓的"终身

---

① 张明楷:《死刑的废止不需要终身刑替代》,载《法学研究》2008年第2期,第79页。
② 张明楷:《死刑的废止不需要终身刑替代》,载《法学研究》2008年第2期,第79页。
③ 张明楷:《死刑的废止不需要终身刑替代》,载《法学研究》2008年第2期,第79页。
④ 张明楷:《死刑的废止不需要终身刑替代》,载《法学研究》2008年第2期,第79页。
⑤ 而张明楷所持观点却大致与此相异,即认为终身刑是与无期徒刑相异,但等质的刑种。如其认为相关学者提倡的"永不赦免的无期徒刑""关押终身",实际上是一种不同于无期徒刑的终身刑。前引张明楷:《死刑的废止不需要终身刑替代》,载《法学研究》2008年第2期,第80页。

刑",其实际上应该被视为是无期徒刑这个刑种与假释这种刑罚执行方式的杂交体。

(二) 死刑、无期徒刑与"终身刑"的位阶关系

对于死刑、无期徒刑以及作为无期徒刑执行正常结果出现的所谓"终身刑"之间的位阶关系,存在实然与应然的两种研究向度。从实然的角度而言,各国的一般做法都是将生命的剥夺作为刑罚的第一位阶,而将肢体、自由、公民权利与财产利益等置于其下位。对于这样的一种安排结果,从应然的角度当然可以提出支持与反对的不同看法。

有观点认为"终身刑是侵犯人格尊严,比死刑更为残酷的惩罚方式"。[1] 暂且不论这样的一种看法与实然状态下将死刑列为最高刑罚这一做法的明显差异,但就其将不同性质的刑罚之间进行绝对意义上的比对本身,笔者尚持异议。

笔者认为,不同本质的刑罚之间似乎不能进行脱离了现实背景的纯粹意义上的价值比较。死刑之于自由刑,其实本质上是一种"生死"之间绝对排他的关系,或生,或死。而正是这种决然的性质差别,使得二者各成一体。而程度比较只能在同质事物之内展开,具体到刑罚的语境当中,"生"与"死"在各自范围内,是可以进行程度比较的。车裂、枭首、绞刑、枪决、电椅、注射等,作为死刑的执行方式,所彰显的是"死"在程度上的不同。而动辄被判几百年监禁,到终身监禁不得假释,到可假释的终身监禁,到长期监禁,到短期监禁等,则幻化的是"生"的范围内某种程度上的差别。另一方面,不同质的事物之间进行所谓程度的对比,则并不存在一个类似于同质事物程度比较的相对稳定答案。死刑与所谓"终身刑"之间的程度差别,就如苹果与橘子何者更为好吃一样,不同的判断个体自然会得出截然不同的看法。而这种缺乏共同话语背景的争辩显然不存在较强的说服力。简言之,明明是"生"与"死"这种不同性质的问题,却一定要用"生不如死"这种观点来加以排序,无论其论证过程多么精妙,所得出的结论也仅仅是社会一般认知的相反注解而已。一般而言,从实然分析的层面,对于这种异质问题的价值排序,应该以社会一般判断为话语背景,否则基于不同视角的思辨也仅能停留在纯粹思辨的范畴,无法突围。

---

[1] 张明楷:《死刑的废止不需要终身刑替代》,载《法学研究》2008 年第 2 期,内容提要.

二、"终身刑"与死刑的废止

（一）死刑废止的去法律化理解

如果说死刑在实质上是一个法律问题，那么死刑的废止在实质上则是一个非法律问题。

死刑之所以会被认为构成了一个法律问题，是因为在一个现代意义的国家当中，死刑作为刑罚的一种，其本身的设定是由立法机构根据一定程序进行的。这就导致了死刑本身、死刑的适用对象、适用主体、适用程序、适用事由、适用方式等方方面面都是法律所明文规定。而死刑的整个过程需要在一个法律规定的背景当中动态展开。在形式上理解，死刑的设定与废止也需要经过特定的法律程序，因此，也具有所谓的法律性。

但透过这层法律的面纱，和其他形式的刑罚一样，催生死刑产生，维持其存在运转，导致其改变以及消亡的力量又是什么呢？对于这种潜在的根据，学界聚讼已久，但大体上都属于"体制内"的话语，即从死刑的刑罚根据——报应与预防等方面展开。[①] 就上述两点根据存在诸多无法解决的问题。针对死刑的预防功能，一方面缺乏较为系统全面的经验数据对此加以证明，而另一方面，根据既有的相关调查，死刑的预防功能并不突出，甚至与其他刑罚并无本质的区分。如有研究者指出，"必须杀死 100 人才可能防止出现 1 位未来可能再犯的罪犯。"[②] 而另外的一个根据，即所谓报应，显然十分有力，但作为几乎所有刑罚设定的根据，其本身更多的是一个道德问题，而非经验问题。很明显，无法用一种较为客观的标准说明为什么对于特定犯罪适用死刑而非无期徒刑抑或是罚金刑，才可以更好地满足报应的需求，无疑，这种标准也是模糊的。但无论如何，报应即便被纳入到了法律体制范围内，作为刑罚根据存在，仍然无法抹杀其本质上所具有的道

---

① 死刑的刑罚根据，与其他类型刑罚类似。例如有的观点认为，"刑罚的根据在于其可以：(1)将罪犯与社会大众相隔离；(2)对于罪犯加以惩戒；(3)对于罪犯加以改造。"参见 Alan M. Dershowitz, Criminal Sentencing in the United States: An Historical and Conceptual Overview, *Annals of the American Academy of Political and Social Science*, Vol. 423, 117(Jan., 1976). 也有学者认为刑罚的根据在于"(1)满足正义的要求；(2)阻遏他人犯罪；(3)改造犯罪行为人；(4)为了公益。"参见 Thomas M. Kilbride, Probation and Parole in Their Relation to Crime, *Journal of the American Institute of Criminal Law and Criminology*, Vol. 7, No. 2173(Jul., 1916).

② Michael L. Radelet, The Role of Organized Religions in Changing Death Penalty Debates, 9 Wm. & Mary Bill of Rts. J. 201(December 2000).

德性质,而这种道德性质在所谓法律语境当中显得尤为突出。有学者对于刑罚的这种道德属性加以深化,进一步提出了"维护人的人格尊严,是法秩序的最高要求,也是最基本要求"①这样的观点。应该承认,这种观点将笼统的道德加以具体化,从中抽象出"人格尊严"这一标准,有利于对于特定刑罚适当性的评判。但对于这种提倡尊重犯人的所谓人格尊严的观点,似乎存在如下几点值得商讨之处:

首先,刑罚与其他法律处遇措施,如侵权责任的核心区别之一,就是前者对于导致危害结果发生的行为人所施加的所谓"污名"或者负面评价的社会标签。而这显然与在刑罚中强调对于犯罪行为人所谓"人格尊严"之间形成了一种无法调和的矛盾与对立。如何能在对于特定社会个体加以道德贬低以及污名化处理的同时保持其所谓"法秩序最高要求"的人格尊严呢?有学者提到"使犯有重罪的人丧失听力、视力、语能和双手,并且不予关押,由其家属照顾。这种惩罚方法,可以有效地实现特殊预防,可以满足被害人的报复感情。然而,任何国家都不会设置这种刑罚,因为侵害身体的肉刑残忍地侵害了犯人的人格尊严。"②但这样一种提法在逻辑上以及事实上都存在问题。应该说,因为对于肉刑的废止,促进了犯人的人格尊严。对于这点,笔者也并不持异议,但是这种观点显然颠倒了这个正确命题的充分条件与必要条件,即认定是因为尊重犯人的人格尊严,才导致了肉刑的废止,而这,显然是不成立的。根据基本逻辑规律,命题与逆反命题是等价命题,而与逆命题,否命题等为非等价命题。这是因为事实上,肉刑的废止并非始于今时今日。早在我国汉代,汉文帝就曾应缇萦之为父请命,废除过肉刑。很难想象汉文帝此举是为了尊重其臣民的所谓人格尊严。从根本意义而言,对于肉刑的废除最主要的还是为了维护其自身的统治地位。因为肉刑的废除,一方面可以安抚民意,体恤民情,更为重要的是可以为当时的农业生产提供较为充沛的劳动力,促进社会生产。而到晚近毛泽东也曾几次谈及废除肉刑的问题,但其所提倡的肉刑是因为"废止肉刑,方才利于斗争"。③ 或许阶级分

---

① 张明楷:《死刑的废止不需要终身刑替代》,载《法学研究》2008 年第 2 期,第 81 页。
② 张明楷:《死刑的废止不需要终身刑替代》,载《法学研究》2008 年第 2 期,第 82 页。
③ 毛泽东:《毛泽东选集》第一卷,《废止肉刑问题》,而其还曾提出,"从理论上讲,资产阶级民主主义就主张废止肉刑,那末我们无产阶级的共产党就更应该废止肉刑,封建主义才采取肉刑。1929 年 12 月作了这个决议,1930 年 12 月就打 AB 团,我们讲不要搞肉刑,结果还是搞了。那时候杀了许多人,应该肯定地说,许多人都杀错了。后来我们作了总结,重申废止肉刑,不要轻信口供。因为不废止肉刑,轻信口供,就要出乱子,一打一逼就供,一供就信,一信就搞坏了。"参见毛泽东:《在中国共产党第七次全国代表大会上的结论》(1945 年 5 月 31 日)。

析的方法已不再时髦，但废止肉刑背后的实用主义考量却并未因此而变得无力。

其次，持此种观点的学者亦承认，"犯罪发生之后，形成了 3 种关系"①。并且认为，"人们现在混淆了 3 者的关系，本应由国家承担的使被害人恢复的使命，无形地转变为对被告人的严厉处罚。"②或许就是据此，其才主张维护人，尤其是犯罪人的所谓"人格尊严"问题。但笔者认为，犯罪发生后所发生的 3 种关系之间并不等价。换句话说，在被害人、国家以及犯罪人 3 者关系当中，居于主导性的关系是，且应该是被害人与国家之间的关系。如前所述，刑罚是国家作为社会群落所提供给其组成个体的一种服务，前者以放弃私力救济的权利并且提供赋税为代价换取国家的这种服务。二者之间的提供与满足关系是刑罚存在的基础。作为刑罚基础的报应，其实是社会个体对于国家所提供的这种刑罚服务的一种期望值，而在这个互动过程当中，并不存在犯罪人的个人尊严问题。虽然在国家与犯罪人之间的关系当中，国家有义务为被惩罚的社会个体提供不违背当时社会最低道德底线的某种痛苦，但这种提供与满足关系在逻辑以及程度上，都要从属于国家与被害人之间的关系。因此，犯罪人的"人格尊严"没有理由成为刑罚问题当中的主导性考量。

笔者认为，与死刑的运行过程不同，对于死刑的存废，都要，也只能作"去法律化"的理解。因为法律的价值在于逻辑，而法律的力量在于经验。死刑的废止与否以及是否以某种"替代刑"去而代之，其答案都不在于法律本身，而在于法律的最终决定者。而在当代社会，基本意义上的法律最终决定者不应该是立法机构成员，而是社会成员的合意。从这个意义上而言，包括死刑在内的刑罚存废抑或变更，都是一个政治问题，而非法律问题。

和所谓"人格尊严"不同，民众的合意与死刑的报应期待之间并不具有明显的逻辑悖论，相反，被剥夺了个性，而被拟制、抽象出来的民众合意可以相对真实地反映社会个体对于包括死刑在内的特定刑罚执行的满意度，而这种满意度的有无以及大小则会间接地通过法律的立、改、废而加以表达。

从这个意义上而言，死刑的存废与否以及是否用另外一种刑罚替代死刑，都不在于这些刑罚本身设定的科学与否，更不在于这些刑罚的所谓"苛重"程度，而

---

① 张明楷：《死刑的废止不需要终身刑替代》，载《法学研究》2008 年第 2 期，第 85 页。
② 张明楷：《死刑的废止不需要终身刑替代》，载《法学研究》2008 年第 2 期，第 85 页。

在于被拟制了的国民合意对于这些刑罚以及其相互关系的期待以及满意程度。而这种所谓"体制外"的去法律化思考,或许可以为我们更好地理解现时条件下死刑与相关刑罚的实然互动提供更好的解读方案。

(二)"终身刑"之鼓吹有利于废止死刑

有学者指出,"终身刑的这一'优点'(有利于减少和废止死刑),并不能成为设置终身刑的理由。"[1]且人还经过研究提出,"废止死刑的国家都没有终身刑"[2]。但事实上,从真实的历史发展轨迹而言,死刑的产生与消亡(起码是曾经的消亡)在时间维度上是先于"终身刑"出现的。而在死刑视域当中真正最早开始规模化适用"终身刑"的美国,在二十世纪初到二十世纪七十年代,所谓终身监禁不得假释,也就是真正意义上的"终身刑"并不存在。[3] 直到 1972 年,当美国联邦最高法院在"福尔曼诉佐治亚州案"(*Furman v. Georgia*)[4]当中推翻了当时所有的死刑成文法的时候,其才作为补救方案之一出现。本案当中,美国联邦最高法院认定,佐治亚州的死刑成文法因为其适用过程当中出现的任意性而被认定为属于残忍其非寻常的刑罚。而这个判决所直接导致的结果就是美国联邦以及各州不得不面对 3 种不同的选择。[5] 概括起来,无外乎第一,通过重新立法,设定符合宪法相关要求的死刑成文法;其次,适用传统意义上的终身监禁,同时这也意味着被判处此种刑罚的罪犯有可能被加以假释;再次,其他的解决办法。而针对第一种解决办法,即制定新法,由于从立法,到适用,再到被联邦最高法院通过判例证明符合宪法需要一个较长的过程,故无法立刻产生明显的效果。而在这段空白期当中,由于民众对于可以假释的终身监禁所一直持有的不满情绪,刑罚的提供者迫切需要一种可以满足各方需求的应急手段。以美国阿拉巴马州为例,该州在二十世纪七十年代第 1 次采用了终身监禁不得假释这个概念。[6] 而导致这种结果产生的主要原因被认为是公众不满于谋杀罪犯被判处徒

---

① 张明楷:《死刑的废止不需要终身刑替代》,载《法学研究》2008 年第 2 期,第 83 页。

② 张明楷:《死刑的废止不需要终身刑替代》,载《法学研究》2008 年第 2 期,第 84 页。

③ Note: A Matter of Life and Death: The Effect of Life-Without-Parole Statuteson Capital Punishment, 119 *Harv. L. Rev.* 1838(April, 2006).

④ *Furman v. Georgia*, 408 U. S. 238(1972).

⑤ Weisberg, Deregulating Death, *CT. REV. SUP.* 305(1983).

⑥ Julian H. Wright, Jr, Life-Without-Parole: An Alternative to Death or Not Much of a Lifeat All? 43 *V and. L. Rev.* 529 (March, 1990).

刑,并且有可能被加以假释这种死刑废止背景下的司法现实。[1] 据此,我们可以得出如下两点结论。首先,所谓"终身刑"的提出与死刑本身无关,也就是说,二者之间至少在本原状态并不存在直接的实质性比较关系。"终身刑"的最初提出,完全是为了满足死刑缺位之后公众对于最为严重犯罪的报应需求。只是在死刑被再一次合法适用之后,即成事实的"终身刑"才被用来作为那些呼吁最终废止死刑的力量所最为倚重的工具。其次,"终身刑"之所以能够成为一种较为有力的主张,最重要的就是因为其在满足社会公众针对特定犯罪人的报应感受上达成近似死刑的效果。但是持此类观点的学者似乎对于民意颇以为然。一方面,其将"精英意识"与"大众意识"做对立处理,并在二者关系当中将前者置于当然的首要位置。如其提出"既然学者们可以不顾及多数人的反对而主张削减乃至废止死刑,就不宜以多数人赞成终身刑为由主张设置终身刑。"[2]另一方面,其认为"民意"不仅易变,故不容易把握。[3] 并且进一步认为司法机构如果过于迁就易陷入"狂热"的民意,那么司法独立就会受到危害。[4]

事实上,民意是被拟制出来的社会公众对于特定事件或者行为的一种态度。市民社会当中的民意和真理本身无关,而是一种根据特定政治程序所产生的特定的情绪表达。在这个过程当中,最为通常适用的判断或者厘定标准是通过直接或者间接投票的方式进行的一种选择性判断。从核心意义而言,在被政治程序固定化之前,主体民意一定是多元、动态、原始、庞杂、甚至情绪化的。就像这些学者所认识到的"个案中的被害人及其家属的感情并不具有普遍性"[5]一样,所谓"精英意识"或则"学界观点"等都是这种多元意见当中的一元,也不具有普遍性。如果不承认被害人及其家属的感情,那么对于学界观点或者精英意识的

---

[1] "假释,是美国对于刑罚科学做出的最为伟大的贡献之一"。参见 Clair Wilcox, Parole: Principle and Practice, *Journal of the American Institute of Criminal Law and Criminology*. Vol. 20. No. 3. (Nov., 1929). p. 345. 但是,由于其所扮演的所谓"旋转门"这一角色,导致社会公众担心被判处刑罚的犯罪人,尤其是那些犯有严重暴力犯罪的罪犯会借由这样的一种方式逃避刑罚的打击,并且对社会造成新的危害。正是由于这样一种担心,和阿拉巴马州类似,在二十世纪七十年代美国死刑被事实废止之后,很多其他的州,如伊利诺斯与路易斯安娜等,都在没有先例的情况下适用了终身监禁不得假释。

[2] 张明楷:《死刑的废止不需要终身刑替代》,载《法学研究》2008 年第 2 期,第 83 页。

[3] 如其认为,"人的报应感情并非固定不变,而是逐渐衰退的。""退一步说,即使社会公众主张设置终身刑,刑事立法也不能据此设置终身刑"等。张明楷:《死刑的废止不需要终身刑替代》,载《法学研究》2008 年第 2 期,第 84 页。

[4] 张明楷:《死刑的废止不需要终身刑替代》,载《法学研究》2008 年第 2 期,第 83 页。

[5] 张明楷:《死刑的废止不需要终身刑替代》,载《法学研究》2008 年第 2 期,第 83 页。

推崇显然也应存疑。因为对于最终民意结果的政治化定型,起决定作用的绝对不是所谓"真理"这种意见的质量,而是可能被某种力量操纵、影响而产生的占"相对多数"意见的数量。或许民意在某些"理性人"眼里看来是狂热的,但只要具有拟制程序的正当性,那么这种所谓狂热的民意也就应该被承认。司法独立并不是一种颠扑不破的先验性真理,而也仅仅是通过上述拟制过程所产生出来的一种民意表达。因此二者之间占据上位概念位置的应该是民意,而非司法独立。如果说被拟制出来的民意真的存在严重问题的话,那么只能说在拟制之前对于民意的操纵与影响阶段,"真理"并没有占据上风,而这,才是对此持不同意见的人所真正应加以反思之处。另外,这些学者对于"舆论调查"的说服力与准确性颇有怀疑。主要根据就是认为"这种调查结论永远是不真实的"[1]。但如前所论,民意本身真实与否其实并不重要,不仅仅因为是否存在对于民意所谓正确的认识就是存疑的,而且从实质角度来看,能够对于民意产生事实上决定影响的是特定程序中某种类同性观点的数量。包括美国在内,也包括对于死刑在内,类似民意调查之类的意见统计与估计自然存在很多问题,如其所指出的"发达媒体对于犯罪的频繁报道"[2]等因素的影响等,但由于其在数量上所占据的优势是确定的。而同样可以确定的是,这样的一种民意拟制方式是所有已知方式当中对于类同意见数量评估最为准确的。

正是因为民调所具有的这种优势,其应该可以被作为对于民意的一种有效拟制,而根据这种拟制所产生出来的特定意见,也应该被视为是民意的一种结论性表达。正如这些学者所承认的那样,"终身刑"的提出"类似于死刑,甚至更能满足他们的报复欲望"。[3] 而相关统计数字以及现实经验告诉我们,虽然"终身刑"的提出是为了填补死刑废止之后出现的空白,但根据美国的经验,在"终身刑"已经是一种事实,或者是一种十分可行的备选方案时,其对于死刑的冲击是巨大的。

1976 年,美国联邦最高法院在"格雷格诉佐治亚州案"(*Gregg v. Georgia*)[4]当中重新肯定了死刑的合宪性,而这种死刑态度上的反复为检验终身监禁不得假释,也即所谓的"终身刑"对于死刑的遏制与消减作用提供了一个

---

[1] 张明楷:《死刑的废止不需要终身刑替代》,载《法学研究》2008 年第 2 期,第 83 页。
[2] 张明楷:《死刑的废止不需要终身刑替代》,载《法学研究》2008 年第 2 期,第 83 页。
[3] 张明楷:《死刑的废止不需要终身刑替代》,载《法学研究》2008 年第 2 期,第 83 页。
[4] *Gregg v. Georgia*, 428 U. S. 153(1976).

绝佳的检验机会。根据相关统计,"二十世纪七十年代后期起步,在二十世纪八九十年代逐渐成形的终身监禁不得假释运动事实上已经成为了一种死刑废止运动"。① 随着终身监禁不得假释成文法的出台,美国死刑判决与死刑执行的数量都开始大幅度下降。"在美国,死刑判决数量从 1996 年的 317 件下降到 2004 年的 125 件,而被执行死刑的人数也开始下降,较之 1999 年高峰期下降了40%。"②"2006 年死刑数量还会降低,接近 102,已经接近死刑恢复 30 年来的最低点。其他的参数也和死刑下降这一趋势吻合。在 1999 年美国执行了 98 起死刑,在 2006 年共有 53 起死刑执行,降低了 47%,而这个数字在 2007 年将进一步下降,估计到 40 起左右,而其也是接近 20 年来的最低点。"③与此同时,即使这些学者也承认,在"终身刑"存在的情况下,民众对于死刑的支持率发生了显著的下降。而二者之间显然并不是完全独立的单独事件,而是具有相互联系的因果事件。恰恰是因为民意对于死刑存在种种问题的不满,以及"终身刑"作为可能选择的存在,才导致了死刑在判决与执行上的最终下降。

综上,有理由认为,在以死刑废止为目标的语境当中,鼓吹"终身刑"的好处,满足民众一般的法情感与法期待,才能最终有效地影响到立法机构的立法活动,最终从政治层面,而非法律层面消解死刑。民意是被拟制的,更是可以被影响的。学者的作用在于在庞杂的民意当中脱颖而出,招引认同,操纵民意,最终通过持类同观点的民意数量来影响相关刑罚的立法修改与立法存废。对于"终身刑"的鼓吹因此在这个意义上具有了正当性。

三、"终身刑"与刑罚根据

(一)"终身刑"与报应理念

有学者明确地指出"终身刑不具备实现报应,满足社会对于正义的预期。"④

---

① William J. Bowers & Benjamin D. Steiner, Death by Default: An Empirical Demonstration of False and Forced Choices in Capital Sentencing, 77 *Tex. L. Rev.* 605(1999).

② Julian H. Wright, Jr, Life-Without-Parole: An Alternative to Death or Not Much of a Lifeat All? 43 *V and. L. Rev.* 529 (March, 1990).

③ Richard C. Dieter, Americans' Doubts about the Death Penalty: A Death Penalty Information Center Report Based on A National Opinion,, June 2007. http://www. deathpenaltyinfo. org/CoC. pdf, 2008 年 6 月 8 日最后访问。

④ 张明楷:《死刑的废止不需要终身刑替代》,载《法学研究》2008 年第 2 期,第 85 页。

但支持其观点的依据却并不十分具有说服力。且不论其对于"终身刑"的定义其实并不是单纯的刑罚种类,而是刑罚种类与特定刑罚执行方法的复合体,亦即终身监禁的"正常"执行结果。这种杂交体是否可以适用传统刑罚根据的衡量本身就是一个存疑的问题。而即使我们假定真的存在"终身刑"这样一种刑罚,那么判断其是否符合报应理念的根据也绝对不应该是其所指出的"洗练"的报应刑观念。① 所谓洗练,似强调的对所谓"等同报应法"的摒弃,而目的在于限制惩罚程度。这种限制,突出体现在对于犯人的尊重和刑罚的宽容方面。但其实等同报应本身就是一个拟制的概念,绝对等同的报复至少在现代社会十分罕见。但同时,罪刑之间的平衡却又是一个刑罚设定的基本理念。这些学者强调的报应基准随着时代的变化而变化,但这种变化的朝向以及发展的程度不应该是一个本土化语境判断的问题,更应该是一个有限的变动过程,也就是说,必须根据特定的国民情感,在不违背罪刑之间基本的平衡关系的情况下进行演变。事实上,之所以报应一直成为刑罚的首选根据,是因为在受害人、国家与犯罪人之间三角关系当中,占据核心位置的永远应该是受害人与国家之间的互动关系,毕竟国家掌握刑罚权的前提是社会个体对于自身所具有的报复权的让渡。同时,国家的重要职能之一就是针对特定危害行为,提供令一般国民满意的刑罚服务。反之,不考虑本国国民的一般法感受,过分强调其他国家的做法,过分强调对于犯罪人的"尊重"或者宽容,无疑会动摇国民对于国家刑罚服务的满足度与信心。

这些学者还强调,"终身刑与时效制度相冲突"。但这一点也不成立,一种刑罚种类与一种刑罚执行方式之间如何能够产生冲突?如果说终身刑与时效制度冲突,那么时效制度与死刑、与无期徒刑是否具有冲突?时效制度其实是国家在无法提供百分百刑罚服务时所提出的一种借口或者托辞,而这种托辞的有力注解之一就是国家在刑罚服务提供时需要考虑到的成本与效益之间的关系。但从核心意义而言,类似追诉时效这种"投机取巧"的做法一直得以存续的根本原则是国民对于这种做法的容忍。虽然其提出,"既然最高刑为死刑的犯罪经过20年就推测行为人已经改善,那么经过20年监狱改造的犯人,当然也已改善。"②但事实上,姑且不论我国刑法规定在报请最高人民检察院核准的情况下,如果20年以后认为必须追诉的,仍然可以对于特定的犯罪人加以追诉。单就其

---

① 张明楷:《死刑的废止不需要终身刑替代》,载《法学研究》2008 年第 2 期,第 85 页。
② 张明楷:《死刑的废止不需要终身刑替代》,载《法学研究》2008 年第 2 期,第 86 页。

进行的上述类比,显然存在十分致命的问题。可以想见,一个处于正常社会生活当中,具有人身自由的犯罪实施者能在 20 年的时间内未从事任何其他犯罪行为,自然可以判断其本身社会危害性以及人身危险性的降低。但能否因一个人被监禁 20 年就得出与此类似的结论呢?

(二)"终身刑"与功利理念

没有一种刑罚可以完美地满足刑罚的所有根据,亦即所谓的报应考量以及功利考量,因为从本质而言,这两种刑罚根据之间存在十分明确的矛盾。既存的刑罚都只是在二者之间的游走与折衷而已。

如上说述,事实证明"终身刑"在满足国民一般报应的法情感方面表现的十分出色,因此其已经具有了作为某种特定刑罚种类的主要根据,即使其无法满足所谓预防犯罪的功利要求,也不能因此动摇其存在的地位与根基。况且,将犯人关在监狱一辈子的做法造成了犯罪行为人与社会的隔离,自然可以避免其实施新的犯罪。这些学者担心,"由于判处犯人终身刑,犯人由于没有出狱的希望,也可能实施杀人、伤害等犯罪。"[1]这种忧虑看似合理,但其忽略了一个方面,可能被判处"终身刑"的罪犯都是那些实施了最为严重犯罪的人,其即使在监狱当中也会被加以单独监禁或者其他严密的监管措施。同时更为重要的是,虽然被判"终身刑"的罪犯看似可以毫无顾忌、为所欲为而不担心自己的刑罚升格或者加期,但是由于监狱内部的非刑罚惩戒手段的存在,如禁闭、降低或者剥夺监狱内部相关权利等,可以十分有效地震慑这些犯罪人,使其在监狱内部不至于成为所谓的"超级罪犯"。相反,"有些专家甚至认为终身监禁不得假释的罪犯其实是监狱当中表现最为良好的罪犯。如在美国的阿拉巴马州,被判处终身监禁不得假释的罪犯人均违反监狱规定的比例要比其他类型的罪犯低 50%。"[2]另外,是否在监狱内部从事违法犯罪行为,其实与罪犯所被判处刑期之间并没有必然的因果关系,因此,认定被判处"终身刑"的罪犯一定或者很有可能在监狱内实施违法犯罪是没有根据的。

刑罚的一般预防功能都是存疑的。

事实证明,即使刑罚体系历经争辩与修正,但是成百上千年的人类历史证明

---

① 张明楷:《死刑的废止不需要终身刑替代》,载《法学研究》2008 年第 2 期,第 86 页。

② Julian H. Wright, Jr, Life-Without-Parole: An Alternative to Death or Not Much of a Life at All? 43 V and. L. Rev. 529,(March, 1990).

了单纯以刑罚作为犯罪一般预防手段的失败。在这点上,不仅仅是"终身刑",包括死刑在内的几乎所有既存刑罚都概莫如此。因此,不能因为根据某些调查结果所体现出来的长期监禁在一般预防的无力,就以此认定"终身刑"的一般预防功能的失效,更不能因"终身刑"一般预防的失效,来作为否定其存在的主要根据。

需要指出的是,持此类观点的学者对此所引用的相关调查并不是特别有说服力。其所援引的北京、福建以及山东等地监狱管理部门某一特定年份的调查结果所能体现的,仅仅是再犯组成当中实施前一犯罪所被判处不同长度刑罚所占比例。但就相关统计数字而言,给人表面印象的确为监禁时间愈长,即使不监禁终身,亦可完成一般预防的任务。但监禁时间长短与再犯可能之间的正比关系其实还存在其他可能的解释。毕竟一方面,在整个犯罪组成当中,能够被判处长期监禁的严重犯罪所占比例本身较低,而占犯罪人整体少数的这部分严重犯罪人在未来再次实施犯罪的可能性又不是百分之百,故其在再犯比例当中的比例一定很低;另一方面,调查并没有表明其所持续的周期,而事实上严重犯罪实施者由于被监禁时间较长,故很可能调查的期间没有如此宽泛,因此导致调查的结果不具有代表性和典型性。

即使承认"终身刑"和其他刑罚一样,在一般预防的层面并不是十分的出色,也不妨碍其作为刑罚的一种在功利层面的正当性。因为除了所谓预防功能之外,刑罚最重大的功利基础在于其所具有的某种象征性功能。

的确,"刑罚一直以来都具有某种象征性的功能。"[1]在很大程度上,和宗教一样,通过甚至可能是任意地选定少数个体作为对立面,刑罚可以通过实际的杀戮,或者通过象征性地重新对于相关行为加以界定来实现社会的稳定。[2] 而在这些学者看来,两种情况下的这种规制都受到了十分严格的限制。其必须由那些为社会所授权的机构进行,同时也必须以规定的方式进行。而如果超越了上述规范,那么相关的尝试不仅仅无效,而且将在道德上受到唾弃。

如果认识到了刑罚所具有的这种象征性的功能,就可以更好地理解为什么包括死刑在内的刑罚体系与刑罚执行存在如此多的问题,但仍然有那么多人对

---

① Alan M. Dershowitz, Criminal Sentencing in the United States: An Historical and Conceptual Overview, Annals of the American A cademy of Political and Social Science, *Vol.* 423, (Jan., 1976).

② 参见 Donald L. Beschle, Why Do People Support Capital Punishment? The Death Penalty as Community Ritual, Spring, 33 *Conn. L. Rev.* 765(2001)。

其坚信不疑。正是因为刑罚执行本身所具有的这种象征性功能,即表达了社会主流群体对于特定行为或者对象的集体性摒弃,才使得刑罚具有了正当性。对此,很明显的适例就是几乎在当今世界所有适用死刑的国家,当死刑犯被执行死刑之前实施了自杀行为的时候,监狱都会对其加以尽心救治,而不会因为其迟早要被判处死刑而对其置之不理。有人会将其解释为对于被监管人生命权的尊重,但从实然角度而言,更为恰当的解释应该是需要保留其生命,从而使其能够最终完成死刑执行这一社会"仪式"。

因此,从所承载的象征性功能而言,在死刑废止的情况下,只要"终身刑"能够继续完成死刑所具有的绝对否定性评价功能,那么其就具有了功利上的合理性。

四、"终身刑"与刑罚体系、刑罚执行

(一)"终身刑"与法定刑体系结构

一派学者对于终身刑与法定刑体系结构之间的关系判断主要着眼于所谓的"格差"①。但格差只适用于同类别刑罚之间。在不同类别刑罚之间不存在所谓格差的问题。就像很难评价死刑与监禁刑之间的格差是多少一样,很难评价"终身刑"与长期监禁的格差。因此,从格差的角度评价"终身刑"与刑罚体系的关系显然是不适当的。

事实上,从上面对于"终身刑"与刑罚根据的讨论当中不难得出,应该将基于社会一般民众对于特定刑罚种类的认同与感知来作为其是否具有存在正当性的根据。由于死刑与终身监禁不得假释,即"终身刑"之间在民众认同度上较为接近,故如果不废止死刑,当然可以将死刑自身作为满足一般民众法情感的标志。但如果是以死刑废止为背景,那么在现时条件下,无疑导致了某种群体性"仪式"层级的缺失。没有了死刑的刑罚体系,缺乏能够表达社会群体最为强烈唾弃与疏离的方式,而这种象征功能的缺乏所直接导致的就是民众对于国家所提供的刑罚服务的不满,正像持此类观点学者所承认的那样,会导致"一旦发生恶性案件,民众要求死刑的呼声必然高涨。"②而对此最佳的解决办法就是用一种类似

---

① 张明楷:《死刑的废止不需要终身刑替代》,载《法学研究》2008 年第 2 期,第 87 页。
② 张明楷:《死刑的废止不需要终身刑替代》,载《法学研究》2008 年第 2 期,第 87 页。

能够满足民众对于最为严重犯罪否定评价的法定刑来填补死刑消失后留下的空白。无疑,"终身刑"的提出,不仅可以具有与死刑类似的象征意义,而且可以避免死刑最为致命的弊端,即不可恢复性。

另外需要指出的是,刑罚发展没有趋势,只有历史。刑罚作为国家公权力的典型标准,具有强烈的排他性与本土性。即使面对同一问题,由于文化、历史,特别是国民感知到不同,也会产生出不同的解决方法。而最为关键的是,评价一个国家刑罚体系建构是否科学的标准也应该是本国国民的感知。无疑,其他国家相关经验可以为我所用,但这种影响必然是间接性质的,亦即必须经过国民一般感受的过滤,才能进一步影响到刑罚的变革与发展。民意是可以被影响的,如果学者们真的相信某种刑罚设定模式是可取的,那么其就应该尽力向国民鼓吹这样的观点。

(二) 成本:"终身刑"执行的无关要素

很多学者对于"终身刑"持否定观点的根据之一就是关注其所可能导致的国家监禁成本增加的问题。[①]

的确,将罪犯终身囚禁在监狱当中的一个自然结果就是随着被监禁人员年龄的老化,不仅需要对其支付相关的生活费用,而且可能需要支付相关的医疗费用。国家的刑罚资源是稀缺的,这是一个确定的前提,但是在分配此种稀缺司法资源的时候,应该优先保证最为严重的刑罚得以惩治,故无论"终身刑"的成本如何,其都是应该被满足的。从这个意义上而言,在考虑"终身刑"的存废与否时,成本因素并不应成为一个主要的思考对象。

目前我们并没有能力获知我国无期徒刑和死刑在整个国家司法资源当中所占据的比例以及二者之间的大小关系,但是根据美国的相关统计,终身监禁不得假释的成本低于死刑的执行成本。"因为死刑要经历繁琐的上诉程序,因此代价高昂,而通常情况下终身监禁不得假释的成本不足 100 万美金。以佛罗里达为例,该州通常情况下的死刑案件的审理费、律师费以及对于死刑候刑者的监禁费用平均每起 320 万美金,而该州终身监禁的费用为 70 万美金。"[②]无疑,即使从成本角度出发,"终身刑"的成本显然也远远低于死刑,从而凸显了其在死刑废止语

---

① 张明楷:《死刑的废止不需要终身刑替代》,载《法学研究》2008 年第 2 期,第 92 页。

② Comment,The Cost of Taking a Life:Dollars and Sense of the Death Penalty,18 *U. C. DAVISL. REV.* 1221(1985).

境当中的优势。

(三) 方式:"终身刑"的实质内核

由于"终身刑"与死刑之间在民众感知度上的近似性,故在死刑存在的情况下,在立法上不宜加以规定,以免造成感知上的混淆以及资源上的浪费。但如果是在死刑将被废止的语境当中讨论,那么就应该鼓吹设定"终身刑",从而保证死刑废止之后公民的法感情不至于徒然落空,也可以为那些最为严重的犯罪留有一个终极的负面评价手段。

而在死刑废止语境下对于"终身刑"的鼓吹过程当中,应提倡对于"终身刑"的纯粹化。这个提纯的过程主要关注的是两个方面:首先,将刑罚种类与刑罚执行方式相剥离。即排除所谓"终身监禁不得假释"这样的混杂性定义模式,而将终身刑规定为诸如"囚禁终身"这样传统的刑罚设定模式。而在特定刑罚执行方式,如减刑、假释等定义当中进行排除性规定,及将"囚禁终身"这种刑罚排除出其执行范围之外。其次,将刑罚格差与刑法种类相剥离。即将"规定了最低执行年限方可假释或者减刑"之类的理解排除出被纯粹化了的"终身刑"之外。这样,避免了刑罚种类与刑罚执行方式之间的混淆,也避免了同种刑罚之间格差与不同种类刑罚之间性质差别之见的混淆。而且,被纯粹化了的"终身刑"一方面可以更加明确地彰显出民众对于缺乏死刑的刑罚体系当中最为严重犯罪的否定性评价,另一方面还可以进一步缩小"终身刑"的适用范围,从而避免其滥用,节约司法成本与资源,保护可能的错判、误判给被告人带来的损害。

第三节 小 结

死刑的废止对于中国而言即使不是一个事实,但也已经成为一种具有实然性质的可能。在这种可能的背景下讨论和鼓吹"终身刑",不仅仅有利于民众对于死刑的存废持较为理想的态度,而且可以弥补死刑废止后司法体系与民众感知上出现的空白。通过对于"终身刑"的深入理解与讨论,更可以加深对于刑罚与民意之间互动关系的理解,进而为科学地引导民意、科学地制定刑罚提供建言。但在终身刑这种较为理想的死刑替代措施之前,仍然需要对我国死刑适用的合理性寻找制度性解决进路。

第二章　中国死刑适用困境的多重归因

20多年前,我国的刑辩律师批评我国死刑案件往往由政法委牵头,公检法之间的相互制约机制名存实亡,犯罪嫌疑人及其辩护律师面临会见难、阅卷难、调查难、质证难等一系列困难,很难发挥其所应当发挥的作用。特别是我国刑事诉讼秉承口供主义,刑讯逼供现象较为普遍,更缺少对死刑案件把关审核的具有权威信、可信度的死刑复核程序。[①] 但时至今日,随着我国刑事司法制度的不断成熟,刑事诉讼法,特别是非法证据排除制度、强制辩护制度、死刑复核制度的初步设立,20年前的大部分问题,都已经在很大程度上得到化解。但不可否认,我国的死刑适用所面临的问题依然并未得到实质性改善。

究其原因,包括死刑在内的刑事司法问题,在很大程度上属于政治问题。正因如此,我国死刑的存废及适用机制,存在普遍的泛精英化倾向。一种较为典型的看法便是"死刑不能废除的直接根源主要在于政治,而不在于民意。政治家十分聪明地借助于民意,来维持保留自己手中的维护治安的死刑武器。"[②]围绕死刑存废和死刑适用出现的种种精英理念,不可避免地导致精英与民意之间出现自觉或不自觉的对立情绪。从人类发展的历史来看,只有在"符合人类道德情感"的前提下,才能讨论符合人类普遍情感的死刑问题,换句话说,"死刑制度的最终命运也将取决于人类自身文化建设对人类本性的压制程度。"[③]特别是在中国,长期以来秉持儒家礼法传统,死刑有着深厚的文化基础和宗教底蕴,形成了有别于其他国家的特殊社会情感与法律感情,"使我国民众对死刑有着特殊的依赖感情,这种民意不是能够随着立法的改变而改变的。"[④]

---

① 参见田文昌、颜九红:《论中国死刑发展趋势》,载《当代法学》2005年第2期,第27页。

② 曲新久:《推动废除死刑:刑法学者的责任》,载《法学》2003年第4期,第45页。

③ 张远煌:《死刑威慑力的犯罪学分析》,载《中国法学》2008年1期,第82页。

④ 房丽:《论中国死刑民意形成因素》,载《学术交流》2014年第1期,第32页。

除此之外，中国死刑适用的困境，还在于认罪认罚程序在死刑适用中的排除适用。如此种种，导致目前中国的死刑适用面临极其现实的司法困境。

第一节　中国死刑适用过程中的精英化倾向

一、中国死刑适用过程中的泛精英化的成因

首先，民意被认为具有多元性与易变性。

"在任何社会当中，作为一种社会现象存在的'犯罪'（Crime），往往会导致恐慌与愤怒，进而催生出如何解决犯罪问题的急迫需求"。[1] 正是基于这一前提，在后续的刑罚理论中，才会出现基于"报复性司法"的"报应刑"、基于"预防性司法"的"功利刑"以及基于"恢复性司法"的"教育刑"之间的纷争与博弈。不同国家，或者同一国家在不同时期，甚至同一时期同一国家的不同地区、不同人群，对于死刑的看法都可能会出现不同或者分歧。例如，根据我国学者所做相关实证研究，在其所选取的全国 9 个省市中，四川及青海地区人民对于死刑的态度，就相较于其他受调查地区不同，赞同判决该犯罪人死刑并立即执行的比例超过半数。同时，从学历角度来看，接受过大学教育的所谓"高学历"者，对于死刑及其适用，如具体的执行方式采取注射还是枪决的看法，也与较低学历者存在明显差别。[2] 同时，考虑到刑事司法，特别是死刑适用的高度技术性与专业性，如果过多强调民意对于死刑审理的影响，容易造成"外行领导内行"的不当局面。正所谓"民意如流水"，"如果我们以这种不确定的、流动的东西作为审判机关活动的基础或准则，法律运行必然会表现出一种明显的波动。"[3]毕竟从历史经验的角度判断，很多曾经被认为是正确的民意，后续来看并非如此。

其次，我国的司法实践证明民意对于死刑适用的影响力有限。

不可否认，当代中国的法律职业行政化、政治化、专业化倾向明显。法官和普通人在"职业术语、向过去看的习惯、对待逻辑与情理的态度、对行为过程与结

---

① Hyman Gross, *A Theory of Criminal Justice*, Oxford University Press，1979，p. 1.

② 参见郑飞：《司法文化的社会化与大众化——基于 9 省市实证调研与数据挖掘的分析》，载《证据科学》2015 年第 2 期，第 179 页。

③ 苏力：《法律活动专门化的法律社会学思考》，载《中国社会科学》1994 年第 6 期，第 129 页。

果的注意程度,对真理、真相、真实的认识、思维结论等"①方面,存在明显差异,正是在这一基础上,一种观点认为,对于死刑的适用,"民意最多是催化剂而已",换句话说,仅仅是用来装点门面的一种说辞而已。即便在山西小保姆樊建青杀死退休人大副主任郭随新,以及农民工王斌余讨要工钱无果连杀 4 人的死刑案件中,民意沸腾,反对适用死刑,但最终依然没有改变死刑适用的结果。② 这种观点虽然稍显偏颇极端,但却反映出一个基本事实,也就是说,在社会关注的焦点案件中,民意如何,与死刑适用与否之间,的确存在一定对立关系。具体可参见下表③:

案件	法院意见	民众意见	最终判决
"张金柱酒后肇事案件"	"不杀不足以平民愤"	死刑立即执行	死刑立即执行
"赵作海案"	法律:超过追诉时效	"命案必破"	死刑缓期两年执行
"刘涌案"	死刑缓期两年执行	死刑立即执行,相对于已经执行死刑的"药家鑫"案,该案情节更为恶劣	死刑立即执行
"李昌奎案"	死刑缓期两年执行	死刑立即执行,相对于已经执行死刑的"药家鑫"案,该案情节更为恶劣	死刑立即执行
"吴英案"	死刑立即执行	对其判处死刑立即执行刑罚过重,其犯罪与金融环境有关	死刑缓期两年执行

再次,司法民主与司法专业化之间的矛盾化解无需民意的直接介入。

进入网络时代之后,自媒体等新型传媒工具的普遍,导致人民的话语权得以无限放大,同时,随着中国法治进程的不断深入,特别是 DNA 鉴定等司法技术手段的不断完善,一系列引发关注的冤假错案得以发现,一系列敏感案件自一开始便全程处于各方监督之下。虽然司法机构依法享有独立裁判的权力,"但是这并不意味着法院的裁判活动就可以排斥外界的任何监督,尤其是社会民众对案件的看法或者评判。"④在这个意义上,司法独立与司法民主这一传统矛盾如何解决,就成为一个极为现实的两难命题。

---

① 孙笑侠、应永宏:《论法官与政治家思维的区别》,载《法学》2001 年第 9 期,第 3 页。
② 参见滕彪:《司法与民意:镜城突围》,载《同舟共济》2008 年第 7 期,第 18 页。
③ 转引自冯韩美皓:《集资诈骗罪死刑废止的宪法学反思》,载《天津法学》2016 年第 1 期,第 43 页。
④ 丰旭泽、朱立恒:《我国法院裁判与民意冲突解决的新视角——现代社会冲突理论的启示》,载《法学杂志》2014 年第 11 期,第 139 页。

从前提而言,司法民主与司法独立之间的矛盾,来自于二者前提的迥然不同。民主要求民有、民治、民享,认为应当有普通公民参与自身利益的决策与评判,具体到司法活动,司法民主要求司法者的非专业化,即由普通公民主导司法裁决,但司法独立,则与此恰恰相反,其前提在于分权制衡,即通过制度来限制、约束公权。而二者的区别,则主要体现在实现路径或方法上。

一般认为,目前我国司法民主,体现为司法的外部民主和内部民主两个面向。前者主要表现为陪审制度、公开审判制度和人民监督员制度。后者,即司法的内部民主,则体现在法官、检察官等司法官的遴选制度、合议制度以及诉讼程序,特别是我国法院内部的审判委员会,以及检察院内部的检察委员会等内设机制。以检察委员会为例,根据 2008 年修订后的《人民检察院检察委员会组织条例》,检察委员会讨论、决定重大案件和重大问题的范围、会议制度、回避制度、列席会议制度等,都可以体现司法的民主性。[1] 除此之外,还有人建议,效仿英美法国家的所谓"法庭之友"制度,在我国建构由各行业有所专长的业内精英,就具体个案向法庭提供专业意见,帮助法官厘清案件中涉及的复杂专业问题,从而提升案件审理的公平性、合理性和专业性,藉此减少"非理性的民粹主义"。[2] 换句话说,在现有的司法体制下,似乎完全可以不依赖民意的司法拟制与导入,而凭借其他的制度化管道,解决司法民主与司法专业化之间的矛盾。

最后,法律精英与普通公民之间存在本质上的对话障碍。

有学者曾经从社会建构主义视角出发,认为司法精英与普通大众之间,就死刑问题,"不能""不便""不易"进行意见沟通与对话,而这导致我国死刑改革的必然要求和理性抉择,应以精英话语为导向,兼顾大众认识的提升。无论死刑的存废还是民众意识的改变,都"有赖于法学家和政治精英的不懈努力"。[3] 其本质便是基于精英意识的一种差别性认识,甚至可以算得上对于现有基础及民众觉醒的一种歧视性态度。例如,有人担心"当下的中国人并不具备从事参与司法的愿望和能力。这是司法改革者在变革现有司法制度时必须考虑的制约条件之一。"[4]其逻辑显而易见,缺乏高素质的民众基础与现实条件,扩大司法的民意参与,十分危险。

---

[1] 参见陈松林:《从司法民主性看检察委员会制度之完善》,载《人民检察》2010 年第 23 期,第 40 页。

[2] 刘练军:《民粹主义司法》,载《法律科学(西北政法大学学报)》2013 年第 1 期,第 27 页。

[3] 蒋娜:《社会建构主义视阈中的死刑民意沟通》,载《清华法学》2013 年第 5 期,第 63 页。

[4] 陈飞翔:《中国语境下司法民主的理论建构——基于政治正当性与权力合法性视角》,载《南京师大学报(社会科学版)》2012 年第 3 期,第 18 页。

正因如此,以死刑的庭审活动为例,在这一专业语言与大众语言直接对接的话语平台,以法曹三者为代表的司法精英,在很大程度上依赖并且固守其在专业训练中长期熏染的所谓专业槽。庭审过程是以法官为主体所进行的解释法律和适用法律的司法活动过程。这种高度专业化的晦涩术语与复杂程序,对于法律知识、素养、经验都较为贫化的普通民众而言,显然缺乏参与的机会及可能。从司法现实来看,无论是庭审活动,还是最终判决书的法律叙述,都缺乏所谓的"说理"部分,也就是适用普通人能够接受的非法律术语,就具体法律概念、争议问题及逻辑推导过程,加以充分阐明,无法做到"合情、合理、合法以及简练,使得老百姓一看就懂,一听就明白,甚至在诉讼双方其中一方相当强势的情况下,也能够实现案结事了。"[1]

特别值得一提的是,在我国,法官作为司法活动的主要参与者,不仅本身具有极大的矛盾属性,即心理机制上自我与非我的矛盾、意志意义上的集体与个体的矛盾、立场上的公立与中立的矛盾、生活中世俗与超俗的矛盾[2],而且从非常现实的角度考量,目前我国法官最为在意的考核考评机制中,也并无民意影响的评价部分。作为理性的人的法官,并无必须参考民众意见的内在动力与外部制约。事实上,各级法院一般会基于可供量化的考评指标,对特定期限内的法官司法产出给予"相应的奖惩",如发放奖金、评优授奖、职务升迁、出国考察和职业培训等正向鼓励,以及给以包括扣罚奖金、警告、记过、记大过直至开除公职等各种纪律处分的惩戒措施,其具体内容参考下图:[3]

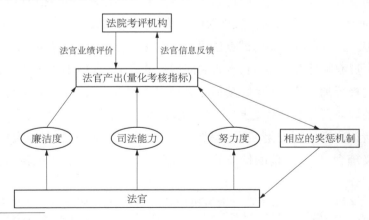

---

① 莫敏:《司法语言专业化与大众化的融合思考》,载《广西社会科学》2015 年第 6 期,第 113 页。

② 参见史美良:《法官角色的矛盾辨说》,载《浙江学刊》2004 年第 4 期,第 177 页。

③ 转引自艾佳慧:《中国法院绩效考评制度研究——"同构性"和"双轨制"的逻辑及其问题》,载《法制与社会发展》2008 年 5 期,第 82 页。

二、中国死刑适用过程中的泛精英化的表象

在轰动一时的辽宁"刘涌案"中,该案辩护律师委托了多达 14 名著名法学专家共同签署了一份《沈阳刘涌涉黑案专家论证意见书》,并拒信由此导致刘涌被改判,免于一死。① 在这一事件中,司法精英与社会公众的意见对立,堪称达到了一个顶峰。其实,在我国的死刑司法适用过程中,类似的泛精英化,以及其所导致的与民意之间的龃龉,却极为普遍。包括学者在内的所谓"知识精英",往往以刑事政策的政治决策者的影响者自居,眼光向上,认为问题可以自上而下,简单解决,例如,认为"促进国家决策领导层死刑观念的转变尤为重要。因为国家决策领导层有关死刑的认识进步了,就会起到教育民众的作用。"②具体来说,可以以法官为例,从类型划分的角度来看,我国死刑适用过程中的泛精英化,作如下类型的划分:

首先,司法精英的高度同质化。

随着我国法律职业资格考试制度的确立,以及检察院、法院员额制改革的深入推展,以法官为代表的"司法精英"的同质化愈发明显,基本都是法科院系毕业后,通过司法考试,进入到法院,从法官助理做起,最终获得员额。我国《法官法》《检察官法》也规定,担任法官、检察官的最低学历为大学本科,这也被很多人视为"提高司法人员职业化程度的重要举措。"③这种司法改革的初衷,显然旨在去除长期遭人诟病的司法行政化倾向,凸出司法专业化、精英化和独立化。2018 年修订的《中华人民共和国人民法院组织法》等法律文件,对于法官员额制做出了具体规定。虽然在员额制的试点过程中,"出现了与制度制定者预期不符的现象,并引发了员额制是否继续运行或者如何运行的思考"④,但不可否认,法律职业资格考试的极低通过率,以及员额制度的极强稳定性,都使得职业法官,特别是员额法官的职业群体变得较为封闭,进入较为困难,同质化趋向愈发明显。

所谓法官的同质化,可以理解为法官作为一个职业共同体,秉持法律上的公平正义理念,形成所谓的价值共同体;基于相同范式的法律逻辑与教义学方法,

---

① 参见于志刚:《死刑存废之争的三重冲突和解决之路》,载《比较法研究》2014 年 6 期,第 79 页。
② 赵秉志:《我国现阶段死刑制度改革的难点及对策—从刑事实体法视角的考察》,载《中国法学》2007 年第 2 期,第 6 页。
③ 丁以升:《精英化与大众化》,载《现代法学》2004 年第 2 期,第 92 页。
④ 宋远升:《精英化与专业化的迷失——法官员额制的困境与出路》,载《政法论坛》2017 年第 2 期,第 101 页。

形成的司法行为共同体,以及基于廉洁、公正、独立的司法理念形成的司法伦理共同体。客观来说,法官的同质化,可以确保司法判决的"同案同判",确保社会公民的法律预期,树立法律权威,维护法制统一。同时避免案件的缠诉与过高的上诉率,防止司法腐败。[①]也正是出自法官职业共同体的原因,我国的判决书,才没有采用运行持不同意见的法官在判决书上表明异议的形式,也没有采用"本审判员"等形式,而是基本采用了"本院认为"的形式。虽然也有学者认为,在"我国也存在引入'不同意见书'制度的空间"[②],但这种观点在司法精英的高度职业化,特别是法官同质化语境下,显然有些过分乐观。

其次,司法精英对于民意接纳的形式化。

如前所述,诸如"法庭之友"之类的体制外机制,即便可以非法律专业的所谓专家、学者以及各种社会团体或组织进入司法程序,提供形式上的合法机制,但这种"精英"意见相互补强的做法,无法与现有司法实践进行实质有效的对接和互补,反而为利益寻租,或者相关利益方不正当影响案件走向,大开方便之门,得不偿失。

为了解决司法职业化带来的"人民法院不人民"的诟病,各地法院曾做出过一定程度的努力,尝试将民意引入重大刑事案件的审理过程。例如,在备受关注的药家鑫杀人案中,法官在宣判之前,曾对现场的500多名听众发放调查问卷,要求受访者在陈述案情的基础上,提出自己对于判决结果以及庭审过程的相关意见。对此做法,西安市中院表示,此举并非特例,更非其首创,全国各地法院为了增强案件审理的公开性和透明度,增强法官的责任感,限制法官的自由裁量权,都会在重大、敏感案件宣判前,启动所谓"征询意见"机制,将法官的行为纳入老百姓的监督中,修正法官对于案件的主观判断。[③]这种观点得到了河南曾经尝试的所谓人民陪审团制度改革的印证。该省高级人民法院就曾在死刑案件的二审过程中,邀请当地的人大代表、政协委员等组成"陪审团"参加庭审,并在庭后就一审定罪量刑发表意见供合议庭参考。

无论是西安的尝试,还是河南的做法,都只是在坚持司法精英主义的基础上,形式上引入所谓民意的一种表面文章,前者的做法被诟病为缺乏公正性,因

---

① 参见谭兵、王志胜:《论法官现代化:专业化、职业化和同质化——兼谈中国法官队伍的现代化问题》,载《中国法学》2001年第3期,第136页。

② 沈寿文:《司法的民主性抑或独立性——"法官异议"性质的解读》,载《法商研究》2014年第3期,第100页。

③ 参见邓益辉:《药家鑫案:民意宣泄后的宣判》,载《民主与法制时报》2011年4月25日第B01版。

为在 500 名的旁听者中,与受害人类似的村民及其亲属只有约 25 人,而与行为人相仿的大学生却占到了 400 人,甚至还有被告人的校友参与。"法院对村民参加旁听的人数做了严格的规定,却对学生群体给予如此多的旁听名额,这种做法严重缺乏公平性"①。而河南的所谓陪审团,则明显存在定位及功能上的紊乱,究竟是在发挥陪审制还是参审制的功能? 成员究竟代表普通大众还是社会精英? 发动基础究竟是被告人权利还是官方权力? 究竟适用于全部审级、各种案由,还是仅仅适用于死刑的二审?②

正是因为这种形式上引入民意的非实质影响性,才会有很大一部分人认为,死刑的适用存在自身的规范性和权威性,必须严格按照刑法总则第 48 条及相关分则具体条文的规定,对于"罪行极其严重"的犯罪分子,在"应当判处死刑"的情况下适用死刑,而在这个过程中,起码从实体法的角度来看,并无民意介入的空间和可能。也正因如此,在同样涉及非法吸收公众存款的"吴英案"和"曾成杰案"中,虽然案情类似,且都存在反对适用死刑的强大民意,但后者却被判处死刑立即执行,理由与民意无关,而在于曾成杰集资诈骗的犯罪数额更大、涉及人数更多、社会危害更大,因此具备了较之前者更为严重的量刑情节。正因如此,"两起案件的民意或多或少对于案件的审判起到了一定的影响,但民意绝对不是死刑适用中的决定因素,法院不会根据民意决定是否适用死刑。"③而这一论断,也得到了相关实证研究的作证,具体情况,可参见针对故意杀人罪中民意是否影响死刑判决的实证调查:④

			生效判决是否判处死刑		合计
			否	是	
民意	求情	计数民意中的%	2100.0%	00.0%	2100.0%
	无明显影响	计数民意中的%	15931.0%	35469.0%	51310.0%
	民愤	计数民意中的%	00.0%	2100.0%	2100.0%
合计		计数民意中的%	16131.1%	35668.9%	51710.0%

---

① 李远方:《药家鑫案法院问卷听民意是否妥当》,载《中国商报》2011 年 4 月 26 日第 006 版。
② 参见汪建成:《非驴非马的"河南陪审团"改革当慎行》,载《法学》2009 年第 5 期,第 15 页。
③ 文晓灵:《死刑适用中的民意考量》,载《湖北警官学院学报》2014 年第 7 期,第 71 页。
④ 转引自清华大学法学院本科生课题组:《刑事法评论:不法评价的二元论死刑适用的经验研究——以故意杀人罪为例》,载《刑事法评论》2015 年第 1 卷,第 256 页。

三、中国死刑适用过程中的泛精英化的影响

死刑适用的泛精英化，导致死刑存废、死刑适用的话语权主体范围较少，代表性不足，而这往往会导致司法公信力不足，以及社会公众的反应非理性等不良后果。

首先，死刑适用泛精英化会导致司法公信力的削弱。

表面上看，社会公众的意见往往纠结于具体个案，或者个别法条的规定，但如果这样认为，就容易过分关注个案判决与民意的关系，忽视被掩盖在表象之下的司法公信力的侵蚀和丧失问题。容易忽视其他关联因素如民意对技术操作的影响，掩盖民意纠缠下发展过程的复杂性。殊不知，"民意乃是司法权威的来源，司法权威是民意认同和接受的结果。"①民意的动态发展，在很大程度上并不取决于知识精英或司法精英的单向说教。且不说缺乏明确身份定位的精英阶层并无太大兴趣与普通民众就死刑的存废及适用问题进行沟通，且意见往往存在极大分歧。例如，著名学者，同为北京大学教授的苏力教授与贺卫方教授在死刑存废的意见就明显对立，②即便真的参与这一对话，其影响力不仅无法与政治决策层相提并论，根本无法在民意沟通中找到合适的切入点。从视角来看，也无法引导或影响社会舆论，"在教育和引导民众理性对待死刑、促使民众转变死刑观念方面的力量相当有限。"③借由司法判决，特别是死刑适用实现的公平正义而实现的司法权威，需要的是一个充分的对话过程，需要通过大众化的判断标准、符合社会一般人认知的逻辑推理过程，一个能够折服民众的逻辑过程，需要在"不同的语境下，实现所欲表达、所能表达和所受表达的高度统一，让有着不同生命体验的司法参与者、关注者（当事者与民众）准确感知司法的意欲何为。"④在普通民众完全处于"丧失体制内话语权"的情况下，我国死刑的适用，"实际上主要为精英意识所左右，许多改革措施成为各种精英阶层利益的体现，而大众诉求则难以得到合理的表达。"⑤前者所关心的所谓司法效率等问题，往往与民众的多

---

① 刘雁鹏：《对"通过重塑司法权威化解民意审判"之批判》，载《法学评论》2014年第4期，第82页。

② 参见周详：《媒介对大众死刑观的塑造——中国废除死刑的路径分析》，载《法学》2014年第11期，第79页。

③ 蒋娜：《社会建构主义视阈中的死刑民意沟通》，载《清华法学》2013年第5期，第63页。

④ 张海荣：《司法的大众化即真理的大众化》，载《人民法院报》2010年1月20日第008版。

⑤ 万毅、林喜芬：《精英意识与大众诉求：中国司法改革的精神危机及其消解》，载《政治与法律》2004年第2期，第112页。

元诉求之间存在明显差异,这就会进一步导致知识精英和他们培养出来的司法精英,成为"司法独裁者",激化已有的对立情绪,甚至导致死刑适应的整体定位及改革路径出现较大偏差。

其次,死刑适用泛精英化会导致民众的非理性反应。

目前中国的死刑适用,似乎已经陷入了一个颇为尴尬的的恶性循环,司法专业化尚未完成,司法民主化尚未上路。尚未完成的司法专业化,因为缺乏有效的监督,时刻都有陷入"司法独裁化"的危险。事实上,就是因为缺乏民主化的有效辅助,司法领域的"人们无法对司法施加有效的影响,以至于公民将'告京状'作为实现司法正义的最后渠道"。①

根据相关实证研究,针对目前我国死刑适用后民众表达诉求的方法种类展开的相关研究表明,很大一部分被害方通过一些非正常、极端的方式表达自己的诉求,进而给法官施加压力,而这也表明了一种"弥漫性的、缺乏法律信仰的民众情绪:若想达到判处被告人死刑的诉求,就必须通过静坐、自杀等不理性的方式来威胁法官。"②

诉求方式	效果						x^2	p 值
	有效（人数）	频率（％）	无效（人次）	频率（％）	合计（人数）	频率（％）		
法庭上直接反映	37	84	7	16	44	100	0.561	0.454
寻求媒体帮助	19	83	4	17	23	100	0.222	0.638
通过信访机制	32	86	5	14	37	100	0.261	0.609
制造网络舆论	20	91	2	9	22	100	1.099	0.295
法院外静坐	15	94	1	6	16	100	1.430	0.232
合计	123	87	19	13	142	100	—	—

这种非理性具有一定普遍性,有学者在法院调研时发现,星期三信访接待日的来访者中,经常会有人表示,"反正我认为你们判得都有问题。"③而这种对于

① 郜占川:《民意对刑事司法的影响考量:"能与不能"、"当与不当"之论争》,载《甘肃政法学院学报》2011年第4期,第151页。
② 转引自徐岱、刘银龙:《被害方诉求与死刑的司法控制》,载《吉林大学社会科学学报》2015年第4期,第50页。
③ 张永和:《民意与司法》,载《云南大学学报法学版》2010年第5期,第123页。

知识精英及司法精英的本能不信任,也导致我国媒体在特大、重大法治事件的报道与舆论监督中,缺乏明确而清晰的思路与宗旨指引,存在僭越法律基本原则甚至基本事实的失范现象。^① 不可否认,司法权威性,与司法判决的可接受性之间存在一定的表里关系,但不能将二者加以等同。因此,即便承认在具体案件的审理过程中,"公众意见无法顺利的获取正当性理由的地位,即使它偶然能够成为正当性理由,也是因为那个理由本身就具备这种属性,而不是因为它获得了公众的认同这一点"^②,同时绝对不能否认公众认同对于司法权威性的决定性作用,更不能否认刑事司法精英化,特别是死刑适用精英化所具有的极大破坏性。

第二节　死刑与认罪认罚程序的悖论

针对"认罪认罚从宽"这一政治宣示,最高人民法院的态度相对积极,且试图通过"被告人认罪案件和不认罪案件的分流机制"这一程序性创新对其加以落实。^③ 最高人民法院单方面提倡这种"繁简分流",固然有解决"案多人少"难题的现实考量,但却忽视了中国刑事司法所真正面临的"合法性"质疑。这种"效益"导向的程序"创新",本身就是制度失范的产物,更存在制度滥用的系统风险,舍本逐末、得不偿失。依法治国语境下的"认罪认罚从宽",应被理解为一种对于

---

① 参见王建平:《从"张金柱现象"到孙伟铭案的法学家"理性"——以媒体法治角色的社会责任担当为视角》,载《政法论丛》2009 年第 5 期,第 5 期。

② 陈景辉:《裁判可接受性概念之反省》,载《法学研究》2009 年第 4 期,第 16 页。

③ 2014 年 10 月 23 日,党的十八届四中全会通过的《中共中央关于全面推进依法治国若干重大问题的决定》提出:"完善刑事诉讼中认罪认罚从宽制度。"2015 年 2 月 26 日,最高人民法院正式发布了《最高人民法院关于全面深化人民法院改革的意见——人民法院第四个五年改革纲要(2014—2018)》(以下简称"纲要")要求:"完善刑事诉讼中认罪认罚从宽制度。明确被告人自愿认罪、自愿接受处罚、积极退赃退赔案件的诉讼程序、处罚标准和处理方式,构建被告人认罪案件和不认罪案件的分流机制,优化配置司法资源。"2016 年 7 月 22 日,中央全面深化改革领导小组第二十六次会议审议通过了《关于认罪认罚从宽制度改革试点方案》指出:"完善刑事诉讼中认罪认罚从宽制度,要明确法律依据、适用条件,明确撤案和不起诉程序,规范审前和庭审程序,完善法律援助制度。选择部分地区依法有序稳步推进试点工作。"2016 年 9 月 3 日,全国人大常委会发布《关于授权最高人民法院、最高人民检察院在部分地区开展刑事案件认罪认罚从宽制度试点工作的决定》。2016 年 9 月 13 日,最高人民法院发布《关于进一步推进案件繁简分流优化司法资源配置的若干意见》明确,"根据案件事实、法律适用、社会影响等因素,选择适用适当的审理程序,规范完善不同程序之间的转换衔接,做到该繁则繁,当简则简,繁简得当,努力以较小的司法成本取得较好的法律效果。"

既有刑事实体法、程序法相关制度的解释论重述,而最高人民法院也应在此意义上,寻找自己的合理定位、发挥自己的应有作用。

一、司法改革语境下中国刑事司法面临的真正根本问题[①]

我国刑事司法改革真正面临的,并非形式层面的公正与效率问题,而是实质层面的"合法性"问题。

(一) 刑事法的道德属性与刑事司法的民意拟制与导入机制

依法治国语境下的司法改革是一项浩大的系统工程,牵扯到立法、执法、司法的全流程,更涉及到不同特质部门法的全谱系,当然不能一概而论、简单等同。

相较而言,惩罚方式或惩罚强度,往往无法有效区分刑事法与其他部门法,例如,某些民事制裁或许会使得败诉方丧失人身自由,而某些刑事案件的被告即使罪名成立,也并不会被投入监狱。民事惩罚性赔偿的幅度甚至可能远远高于单处的罚金刑。[②] 在这个意义上,刑事法的本质属性,应在于其所具有的"污名化"特质,即社会通过刑事审判对于触犯刑法者所正式表达的一种道德否定评价。反之,即使在与刑法最为近似的侵权法当中,不道德行为也仅仅属于导致他人遭受损失的若干种可能之一,并不具备类似于刑法的实质/形式道德否定评价功能。承担侵权责任的行为人不仅在行为时不具有任何道德可责性,而且其所实施的行为也并不具有实质的"恶"性。[③]

长期以来,在我国,刑法的本质被简单地理解为犯罪的本质。但近些年,随着侵权法、行政处罚法等相关法律的出台与完善,特别是在风险社会语境下,愈发强调刑事政策与刑事立法权与刑事司法权的密接关系。[④] 事实上,所谓的刑事实体法中无法解决的问题,最终都可以转换为程序法问题得到有效解决。而刑事法所独具的社会否定功能,正是通过相对于非刑事程序更为严格繁复的程序设计,特别是通过民意的拟制与导入机制来加以落实。通过公民参与司法制

---

① 以下内容参见李立丰:《"认罪认罚从宽"之应然向度:制度创新还是制度重述》,载《探索与争鸣》2016年第12期,第75页以下。

② 参见李立丰:《美国刑法中的"刑"与非"刑"》,载《环球法律评论》2009年第2期,第99页以下。

③ 李立丰:《美国刑法中犯意要求边缘化研究》,载《环球法律评论》2007年第6期,第35页以下。

④ 参见李立丰:《刑法的道德属性:以美国刑法中耻辱刑为视角的批判与反思》,载《清华法治论衡》2016年第1卷,第248页以下。

度,可以建构民意对于具体案件定罪量刑的直接拟制管道,避免"司法独裁",同时避免庞杂,甚至受操纵民意对于司法判决的无序、非法介入,从而避免民意表达对于司法审判合法性的侵蚀。[①]

"合法性"问题,才是目前我国刑事司法活动所面临的根本质疑。

这里所说的"合法性",不是绝对意义的客观正义或正确,而是一种相对意义的主观理解或感受。任何政治制度如能有效运行,都必须以某种合法性作为基础。甚至可以毫不夸张的说,最有可能导致强国灭亡的致命弱点,在于其政治制度缺乏合法性,即意识形态层面的危机。[②] 尤其是在刑事司法活动当中,因为法官遴选机制的非直接民主性,刑事司法活动本身的高度专业化,以及在制度设计上消隐了被害人的角色,容易出现刑事司法权的"异化"甚至滥用可能,更容易遭受来自社会的质疑与不信任。正是从这个意义上来讲,刑事司法活动如何获得国民的普遍信任与接受,已成为包括中国在内世界各国所普遍面临的一大难题。《中共中央关于全面推进依法治国若干重大问题的决定》中明确提出的通过完善人民陪审员制度,保障人民群众参与司法的战略举措,根本目的其实就在于通过公民参与司法,缓解我国刑事司法所面临的合法性压力。

(二) 刑事司法的效率是一个"伪命题"

如前所述,刑事司法活动本身的核心考量在于通过程序设计,确保社会能够公正地对于罪犯的给予道德否定评价。所谓司法效率不应,也不能成为僭越这一核心考量的上位价值。通俗点说,刑事司法的设计与效率之间本来没有任何兼容性。之前遭人诟病的"从重从快"与目前受人追捧的"从轻从快"一样,都属于违背刑事司法活动内在规律的刑事政策,应予否定。

表面上看,采取措施提高司法效率,是应对所谓"案多人少"现象的必然选择,但深入分析就会发现,这一分析路径从前提到结论都存在被证伪的可能性。

首先,司法解决不了"案多"的问题。

司法的独立性、被动性决定了其只能在案件出现后才能介入并发挥作用,刑事司法尤其如此。这就意味着从时间维度来看,规范意义上的犯罪是否存在,与

---

① 参见李立丰:《民意的司法拟制——论我国刑事审判中人民陪审制度的改革与完善》,载《当代法学》2013 年第 5 期,第 110 页。

② 参见李立丰:《政治民主与司法独裁悖论的制度破解:以日本裁判员制度为视角》,载《比较法研究》2015 年第 3 期,第 155 页以下。

刑事司法之间没有必然的因果关系。社会情势的变更,乃至立法机构的选择,都在司法权属范畴之外。

目前,我国刑事案件的数量的确存在显著增高的趋势,2015 年全国法院一审刑事案件比 10 年前增加约 60%,但造成刑事案件多发的原因,与其说治安情况的显著恶化,莫不如说是劳动教养制度废除后,大量介于违法犯罪与治安案件之间的轻微犯罪案件涌入刑事司法程序所致。尽管最高人民法院官方提出"速裁程序试点并非取消劳动教养的配套措施",但二者具有内在联系却是不争的事实。[①] 除此之外,风险社会刑法理念主导的刑法修正,见大量预备行为实行化、共犯行为正犯化,限制扩大的刑法的打击范围,罪名增设的趋势明显。易言之,是扩大刑罚圈的刑法立法政策导致大量普遍存在的违法行为入刑,才使得刑事案件呈显著增长态势,与刑事司法并无本质关联,更是司法所无法解决的一种先验存在。

强调司法成本的观点认为,刑事司法资源具有稀缺性与易耗性,从而刑事诉讼应以最少的诉讼成本投入产出最大的案件解决数量。[②] 且不说立法者在扩大刑事打击的范围时应当已经将司法成本问题计算在内,即使刑事司法需要计算成本,这种成本也不能以牺牲刑事司法的本质属性,特别是代价不菲的各种程序性设计为代价。

其次,员额制与司法效率之间存在逻辑悖论。

如果说刑事司法面对"案多"的事实前提显得无能为力,那么对其而言增加司法人员数量,改变"人少"的窘境就成为看似必然的选择。但法官员额制的推行,不仅没有改变法官人少的事实,反倒增加了法院的审理压力,因此才会有人主张开源节流势在必行,并将其与司法改革的成败紧密关联起来。[③]

其实一直以来,针对中国法院"案多人少"是否是一个伪命题,始终存在不同看法。据统计,2014 年全国法官人数达到 19.88 万,每位法官年均结案 69.3 件,即便存在地域、审级、案由等差异,充分发挥既有法官的潜能,仍然可以通过改变法院内部法官配置等方式,在很大程度上中和刑事案件激增所带来的工作

---

① 参见廖大刚、白云飞:《刑事案件速裁程序试点运行现状实证分析——以 T 市 8 家试点法院为研究样本》,载《法律适用》2015 年第 12 期,第 23 页以下。

② 参见左卫民、吕国凡:《完善被告人认罪认罚从宽处理制度的若干思考》,载《理论视野》2015 年第 4 期,第 39 页以下。

③ 参见范愉:《繁简分流:优化司法资源配置的新路径》,载《人民法院报》2016 年 9 月 14 日第 2 版。

压力。如果说追求司法效率是司法改革的应然进路,那么我们不禁要问,为什么同时还要进行法官的员额制改革呢? 如果说非要用更少的法官审理更多的案件,那么由此产生出的所谓司法效率,恐怕也需要以牺牲法官个人权益甚至刑事司法程序的正当性为代价。

(三) 追求刑事司法效率将制约甚至阻碍我国刑事司法"合法性"问题的解决

如前所述,面对居高不下的刑事案件数量,近乎遭到腰斩的员额内主办法官办案负担高企不下,加之各种审限的制约,似乎唯一的办法,就是简化或者省略刑事诉讼的部分环节,特别是投入资源较多的庭审控辩过程,以有效提升诉讼效率。[①] 但经验表明,这种改革思路不仅在理论上有致命的缺陷,而且也没有取得预期的法律效果。以提高诉讼效率为名确立简易程序或者"普通程序简便审",简化法庭审理程序,缩短法庭审理周期,很可能侵犯被告人的诉讼权利,损害正当法律程序的价值,并蕴含着造成冤假错案的可能性。[②] 我国刑事审判程序即便经过修法调整,也依旧在程序设计方面相对简约,甚至已经到了"简无可减"的程度。在此基础上,如何实现增设或扩大人民陪审员参与刑事司法的制度设计? 如何藉此实现刑事司法的本质属性与功能? 如何实现司法民主化,如何藉此解决我国刑事司法本来就因为缺乏有效的民意拟制与表达机制所面临的合法性危机?

不难想象,如果没有作为社会公众代表的陪审员的观察、批判与参与、在法庭这样一个不透明的空间内,即使本性善良的法官,也可能会受到"黑暗"的诱惑,在阴影的遮蔽之下"心安理得地"从事法庭幕后的交易,使整个司法的形象变得更加隐暗和混浊。[③] 除了防治司法黑箱作业之外,司法民主化还可以扮演司法活动纠偏者的角色。[④] 司法专业化程度的提高会造成司法判断与经验判断的脱节,进而导致司法判决无法得到社会公众的普遍认可与接受,动摇司法判决的

---

① 参见陈卫东:《认罪认罚从宽制度研究》,载《当代法学》2016 年第 2 期,第 52 页。

② 参见陈瑞华:《"认罪认罚从宽"改革的理论反思——基于刑事速裁程序运行经验的考察》,载《当代法学》2016 年第 4 期,第 9 页。

③ 参见舒国滢:《从司法的广场化到司法的剧场化——一个符号学的视角》,载《政法论坛》1999 年第 3 期,第 16—17 页。

④ 参见齐文远:《提升刑事司法公信力的路径思考——兼论人民陪审制向何处去》,载《现代法学》2014 年第 2 期,第 22 页。

正当性。从域外公民参与刑事司法的制度设计经验来看①，强调司法民主势必导致刑事程序的增设与补充，而强调刑事司法效率的程序简约政策与此显然背道而驰。

二、刑事司法"繁简分流"制度改革弊大于利

一般认为，"完善刑事诉讼中认罪认罚从宽制度"与"推进以审判为中心的诉讼制度改革"是相辅相成、互相配合的两项重要刑事诉讼制度改革，据此，未来的刑事诉讼程序分为两类：一是被告人不认罪案件的对抗型刑事诉讼程序，适用以庭审实质化为基本要求的普通程序；二是被告人认罪案件的合作型刑事诉讼程序，根据案件具体情况分别适用速裁、简易、普通程序简化审理程序。② 即使不考虑司法效率等适用目的，最高人民法院这种用"被告人认罪案件和不认罪案件的分流机制"落实"认罪认罚从宽"的做法本身也弊大于利，不值得肯定。

(一)繁简分流的制度创新缺乏正当性依据

最高人民法院繁简分流的程序设计需要依法进行。最高人民法院提出"繁简分流"制度在先，全国人大常委会授权试点在后，个中缘由颇值得玩味，即便有全国人大常委会的授权，也缺乏《中华人民共和国立法法》的法律背书，其法律根据具体为何不得而知。或许，这种做法就是有些人眼中的在顶层设计和立法相对滞后的背景下，能够起到补偏救弊作用，并为诉讼程序的完善和立法积累经验的司法机关实践创新。③ 我国司法机关的实践创新始终伴随争议，如果说从实体法角度，"两高"出台的大量司法解释存在法官、检察官立法嫌疑的话，那么这次最高人民法院倡导的"繁简分流"制度是否违背现行刑事诉讼法，似乎一见即明。

对于依法创新的问题，连最高人民检察院都持谨慎态度，例如，其在 2003 年公布的《关于适用普通程序审理"被告人认罪案件"的若干意见(试行)》中强调：

---

① 参见[美]阿尔伯特·阿斯楚兰：《美国刑事陪审制度简史》，李立丰译，载《社会科学战线》2011 年第 10 期，第 227 页以下。以及李立丰《司法民主与刑罚适用：以日本裁判员制度为研究视角》，北京：中国政法大学出版社 2015 年版。

② 参见朱孝清：《认罪认罚从宽制度的几个问题》，载《法治研究》2016 年第 5 期，第 35 页。

③ 参见范愉：《繁简分流：优化司法资源配置的新路径》，载《人民法院报》2016 年 9 月 14 日第 2 版。

"公诉方式改革要在宪法原则和现行法律规定框架内进行。对于法律有禁止性规定的,在法律没有修改前改革措施都不得突破。要正确处理好改革与依法创新的关系。"同样是为了落实认罪认罚从宽,最高人民检察院采取的措施相对最高人民法院的繁简分流创新保守很多,主要探索建立检察环节辩护律师参与下的认罪、量刑协商制度,从而彰显宽严相济刑事政策的核心价值。①

其实,针对之前最高人民法院推出的《量刑指导意见》,就有人提出,应当转变由最高人民法院单独制定的范式,改由最高人民法院、最高人民检察院、公安部联合制定。目的即在于避免一言堂,使得相关司法改革措施更具普遍的约束力和广泛的透明度。② 如果制度创新缺乏法律依据、缺乏有效的监督与制约,就会使其成为制度创立者实现其自身目的的工具。本来"完善刑事诉讼中认罪认罚从宽制度"是目的,但在司法者眼中,却成为"推动案件繁简分流,平衡公正与效率的现实需要"③,易言之,目的成为了手段,手段却异化为了目的。说到底,推动繁简分流,就是从刑程序层面为那些在认罪方面犹豫不决的被告人产生一定的激励效果,促使其放弃无罪辩护或其他诉讼对抗立场,做出最为有利的诉讼选择。④ 对此,可以用一个"长痛不如短痛"的比喻对此加以形容,医生告诉疑似患病的患者,如果坚持正规治疗,不仅确诊过程漫长,而且可能伴随更加痛苦的长时间治疗,但如果病人同意,医生可以将疑似患病的肢体切除,时间短见效快。医生因此避免了漫长治疗过程中可能出现的各种不确定因素,提高了治疗病人的效率,牺牲掉的,却是病人可能健康无碍的肢体。

(二) 繁简分流制度的效费比不高

创新繁简分流制度,不仅需要面临上述正当性质疑,还面临制度本身的成本收益问题。

表面上看,追求司法效率的繁简分流重于"减",例如,《最高人民法院关于全面深化人民法院改革的意见》之 13 规定:"对于被告人认罪认罚的案件,探索简

---

① 参见陈卫东:《认罪认罚从宽制度研究》,载《当代法学》2016 年第 2 期,第 49 页。

② 参见谭世贵:《实体法与程序法双重视角下的认罪认罚从宽制度研究》,载《法学杂志》2016 年第 8 期,第 21 页。

③ 解兵、韩艳:《检察环节认罪认罚从宽处理机制的程序构建》,载《中国检察官》2016 年第 6 期(上),第 37 页。

④ 参见最高人民法院司法改革领导小组办公室:《〈最高人民法院关于全面深化人民法院改革的意见〉读本》,北京:人民法院出版社 2015 年版,第 76 页以下。

化庭审程序,但是应当听取被告人的最后陈述。适用刑事速裁程序审理的,可不再进行法庭调查、法庭辩论;适用刑事简易程序审理的,不受法庭调查、法庭辩论等庭审程序限制。"但这种看似简约的程序紧缩,却并未如预期那样降低司法成本,更未如预期那样获得普通适用,且适用效果不佳。

首先,繁简分流制度需要复杂且成本较高的配套程序。

以繁简分流制度作为落实机制的认罪认罚从宽制度,其本身固然存在相关程序简化的迹象,但却需要与之相配套的一整套证据开示制度、律师介入及辩护制度、量刑减免规则、听证制度,导致其程序实际简化程度有限,甚至很可能不降反升。除此之外,"被告人认罪案件和不认罪案件的分流机制"的实际操作远比理论设想本身来的更加复杂。例如,现在的司法实践中,对于认罪和不认罪案件的分流机制颇为混杂,有的法院由立案庭来决定,有的是由审判业务庭来决定,还有由合议庭决定的情况。又例如,针对我国认罪认罚从宽制度中是否坚持既有的证明标准,也存在激烈争论。①而这些缺乏统一性的做法或意见分歧,也在很大程度上增加了繁简分流制度的适用成本。

其次,简化版刑事司法程序适用效果远不如预期。

虽然有试点法院宣称,"认罪认罚从宽处理机制的出台,实现了案件办理的繁简分流,很大程度上地节约了司法资源,有效缓解了我们基层院案多人少的矛盾。"②但其他试点法院所反映的情况却与此相反,"与美国和德国相比,我国刑事案件速裁程序试点范围及适用条件的限制是相当苛刻的。由于这个原因,可能导致刑事案件速裁程序的试点在实践中适用率不高。"③的确,造成繁简分流制度适用效果不佳的原因,与认罪认罚从宽机制本身的定位存在直接关系。其中存在很大分歧的争议焦点,即在于如何合理理解"认罪""认罚"与"从宽"各自的含义与之间的关系。限于篇幅,这里不对此问题加以扩展,但可以肯定的是,基于对于上述三个关键概念范畴的不同定义,以及三者关系的各种可能关系,可以产生出相当多的排列组合。例如,如果坚持只有经过适当程序的审判,才能作出刑罚适用的决定,那么在未经审判的时候所谓"认罚"该如何理解?是否存在未审先判的嫌疑?例如,如果通过认罪、认罚的确尽快终止了诉讼进程,这对于

---

① 参见刘金林:《认罪认罚从宽制度仍应坚持常规证明标准》,载《检察日报》2016年8月25日第003版。
② 金晶、史瑞:《一份认罪笔录带来转变宜兴认罪认罚从宽处理机制快办提效》,载《江苏法制报》2016年3月24日第00A版。
③ 赵恒:《刑事速裁程序试点实证研究》,载《中国刑事法杂志》2016年第2期,第96页。

犯罪嫌疑人、被告人来说是否具有"从宽"的意义,即从可接受性的角度分析,程序性从宽可否替代实体性从宽?[①] 进一步而言,是否可以将从宽理解为实体从宽,即在依法正常定罪量刑的标准下免予追究刑事责任或者从轻、减轻处罚,以及程序从宽,即对于犯罪嫌疑人或被告人采取较轻的强制措施。[②] 可以说,简化刑事诉讼程序,不但无法解决上述疑问,反而会因为程序的简约使得上述问题变的更加复杂。这是因为如果对于可能判处无期徒刑以上的重罪案件,即使得到被告人同意,也不能简化诉讼程序,如果将认罪认罚程序仅适用于轻微案件,则会因为自由裁量权幅度小,难以达到从宽的效果。[③] 除此之外,对于"前科或累犯"类案件认罪认罚的限制适用,以及诸如法官必须当庭宣判等要求,都使得法官很少有机会适用简化的刑事司法程序,即使适用此类程序,其工作量也没有得到减少甚至反而有所增加。[④]

(三) 繁简分流制度的副作用过大

首先,繁简分流制度与以审判为中心理念相互冲突。

如前所述,本来"认罪认罚从宽"与"以审判为中心"两大司法改革的着力点相辅相成,互为支撑。但如果将繁简分流制度作为"认罪认罚从宽"的落实机制,却只能起到事与愿违的作用。这是因为,推行以审判为中心的诉讼制度改革,其实质在于从刑事诉讼的源头开始,就应当统一按照能经得起控辩双方质证辩论、经得起审判特别是庭审标准的检验,依法开展调查取证、公诉指控等诉讼活动。[⑤] 也就是说,控辩审 3 种职能都要围绕审判中事实认定、法律适用的标准和要求而展开,法官直接听取控辩双方意见,依证据裁判原则作出裁判。[⑥] 但繁简分流制度在一定程度上损及"以审判为中心"这一基本原则。一方面,这一做法容易导致检察权甚至是侦查权僭越审判权,弱化法院的地位[⑦];另一方面,会减

---

① 参见孔令勇:《论刑事诉讼中的认罪认罚从宽制度——一种针对内在逻辑与完善进路的探讨》,载《安徽大学学报(哲学社会科学版)》2016 年第 2 期,第 146 页。

② 参见刘金林:《认罪认罚从宽制度仍应坚持常规证明标准》,载《检察日报》2016 年 8 月 25 日第 003 版。

③ 参见山东省高级人民法院刑三庭课题组:《关于完善刑事诉讼中认罪认罚从宽制度的调研报告》,载《山东审判》2016 年第 3 期,第 101 页。

④ 参见樊崇义:《刑事速裁程序:从"经验"到"理性"的转型》,载《法律适用》2016 年第 4 期,第 13 页。

⑤ 参见沈德咏:《论以审判为中心的诉讼制度改革》,载《中国法学》2015 年第 3 期,第 7 页。

⑥ 樊崇义:《刑事速裁程序:从"经验"到"理性"的转型》,载《法律适用》2016 年第 4 期,第 16 页。

⑦ 参见施鹏鹏:《认罪认罚从宽制度的限度》,载《中国社会科学报》2016 年 7 月 6 日第 005 版。

弱定罪、量刑与案件具体事实之间的关系,检察官和辩护律师就定罪量刑极不严肃,且难以保证公正性。[①]

其次,繁简分流制度容易引发错案、滋生腐败与权力滥用。

以被告人是否认罪认罚区分不同类型的诉讼程序,势必导致某些被告人为早日摆脱冗长的未决羁押,不得不与检察机关签署认罪协商协议书,从而导致错案冤狱,即无罪或罪轻的被告人被做出有罪判决的情况发生。对此,法院处于自身立场,往往"乐见其成",从而失去了维护司法公正的作用。[②] 最高人民法院举办刑事速裁程序试点培训班时就有法官反映,实际办案过程中某被告人被指控实施了 4 起盗窃行为,虽然其中一次被告人根本没有作案时间,但被告人认为 3 次、4 次区别不大,遂自愿认罪,承认自己盗窃 4 次的"事实"。[③] 除此之外,繁简分流制度容易导致法官的自由裁量权做大,甚至毫不讳言和回避法官的所谓直觉判断[④],造成审判权力的滥用,导致司法腐败,或者导致"同罪不同罚"现象多发。

三、"认罪认罚从宽"应理解为新形势下我国刑事司法的政策重述

最高人民法院通过创新设立"被告人认罪案件和不认罪案件的分流机制"落实"认罪认罚从宽"的做法,不仅没有关注到我国刑事司法所面临的"合法性"问题,更在本身制度设计方面存在诸多难以克服的困难。相较而言,将认罪认罚从宽理解为新形势下我国刑事司法的一种政策重述更为合理。

(一) 正确理解"认罪认罚从宽"的若干前提

首先,认罪认罚从宽不同于比较法意义上的"诉辩交易"。

有观点认为,认罪认罚从宽是一种制度创新,理由在于将其理解为一种"控

---

① 参见薛应军:《激辩"认罪协商"机制》,载《民主与法制时报》2016 年 3 月 10 日第 005 版。

② 参见陈瑞华:《"认罪认罚从宽"改革的理论反思——基于刑事速裁程序运行经验的考察》,载《当代法学》2016 年第 4 期,第 8 页。

③ 参见叶圣彬:《论刑事速裁量刑观——从"认罪认罚"到"从快从宽"的内在逻辑》,载《法律适用》2016 年第 6 期,第 38 页。

④ 参见王瑞君:《"认罪从宽"实体法视角的解读及司法适用研究》,载《政治与法律》2016 年第 5 期,第 117 页。

辩协商",并认为其根植于我国的协商文化,源于合作型刑事诉讼模式,但具体的操作方式借鉴了美国的辩诉交易制度。[①] 特别是作为其重要落实手段的刑事速裁程序,和美国辩诉交易制度在技术设计上相近,强调被告人的自愿认罪和程序选择权,尊重检察官的量刑建议权。[②] 但正如有学者所指出的那样,美国的辩诉交易制度适用案件范围非常广泛,既包括罪名也包括罪数,但在我国,控辩双方的协商只能是在指控有罪的前提下,控辩双方就犯罪嫌疑人积极认罪而获得的可能优惠达成协议,禁止交易罪名、罪数。同时,美国的辩诉交易往往是在案件事实有争议或者证据有疑问换取被告人的轻罪轻罚认可,这与我国有关被告人认罪的证明标准完全不同。[③] 除此之外,在我国认罪认罚从宽制度中,被追诉人仅有启动刑事和解程序的权利。在简易程序、未成年人附条件不起诉和刑事速裁程序中,被追诉人只能被动地接受或者表示异议,不享有任何积极的程序选择权。[④] 综上,将我国的认罪认罚等同于诉辩交易的看法并不成立。

其次,认罪认罚未必一定从宽。

根据刑法现有规定,所有类型的犯罪在如实供述自己的罪行后都可以从轻处罚。有人因此主张,如果认罪认罚从宽制度仍将"从宽"解释为"可以从宽",那对于现有法律制度是没有突破的,其价值也将大打折扣。[⑤] 但恰恰就是因为认罪认罚未必一定从宽,才使其并未突破既有法律框架,不需要创新司法机制对其加以落实。质言之,认罪认罚可以从宽处罚,但不意味着必须从宽。办理认罪认罚案件,要按照宽严相济刑事政策,秉持罪责刑相适应原则,必须依照法律规定和全国人大常委会授权,综合考虑案件所有相关情节,遵循量刑指导意见的要求和标准,确保公正量刑。[⑥] 绝不是说只要被告人"认罪认罚",法院就必须做出宽大处理的决定。那种认为既然司法解释肯定了刑事和解制度这一刑事诉讼"私力合作模式"的刚性量刑裁量效力,那么作为一种"最低限度的合作模式",产生于控辩双方之间或者直接出现于庭审中的认罪认罚行为也应当具有使法院认定

---

① 参见朱孝清:《认罪认罚从宽制度的几个问题》,载《法治研究》2016 年第 5 期,第 43 页。

② 参见樊崇义:《刑事速裁程序:从"经验"到"理性"的转型》,载《法治研究》2016 年第 4 期,第 15 页。

③ 参见陈卫东:《认罪认罚从宽制度研究》,载《当代法学》2016 年第 2 期,第 54 页。

④ 参见陈光中、马康:《认罪认罚从宽制度若干重要问题探讨》,载《法学》2016 年第 8 期,第 5 页。

⑤ 参见杜文俊、孙波:《认罪认罚从宽制试点的评析及建议》,载《上海法治报》2016 年 8 月 3 日第 B05 版。

⑥ 参加葛晓阳:《刑案认罪认罚从宽制度迈出关键一步专家认为认罪认罚属控辩协商而非"辩诉交易"》,载《法制日报》2016 年 9 月 3 日第 003 版。

从宽的刚性效力①的看法，忽视了恢复性司法中受害人同意的关键作用，片面地将其与认罪认罚实质等同，故意无视我国简易程序与速裁程序的启动均以犯罪嫌疑人、被告人的"同意"为必要条件这一事实，因此并不足取。

（二）认罪认罚从宽是对于我国新时期刑事司法政策的一种战略定调

首先，认罪认罚制度并未脱离于我国既有的刑事实体法、程序法的规范内容。

我国刑法总论部分第 67 条明确规定，"对自首的犯罪分子，可以从轻或者减轻处罚。"《刑法修正案（八）》对于该条补充了一款，规定："如实供述自己罪行的，可以从轻处罚；因其如实供述自己罪行，避免特别严重后果发生的，可以减轻处罚。"从而正式将坦白从宽纳入刑法的从宽范围。类似的规定还出现在我国刑法分则当中，《刑法修正案（九）》将《刑法》第 383 条第 3 款的部分内容修改为："犯贪污罪，在提起公诉前如实供述自己罪行、真诚悔罪、积极退赃，避免、减少损害结果的发生，可以从轻、减轻或者免除处罚"；将刑法第 390 条修改为："行贿人在被追诉前主动交代行贿行为的，可以从轻或者减轻处罚。其中，犯罪较轻的，对侦破重大案件起关键作用的，或者有重大立功表现的，可以减轻或者免除处罚。"这就属于认罪认罚从宽的范畴。

虽然有学者认为，从刑事诉讼法角度来看，认罪认罚从宽制度本质上属于将"认罪"与"认罚"捆绑在一起的简易程序，这在西方国家也是不存在的，因此具有创新性②，但这种观点只看到了形式上二者的连接，却忽视了认罪认罚从宽程序在证明标准这一关键指标上与传统刑事诉讼证明标准的一致性。也就是说，认罪认罚必须满足案件事实清楚、证据确实充分的证明条件，不允许司法机关借认罪认罚之名，减轻或降低检察机关的证明责任。③ 如果降低证明标准，便意味着客观真实在整个刑事司法领域的松动，这对我国现行的很多制度都会有一定的冲击力。④ 对此尤为值得一提的是，虽然最高人民法院、最高人民检察

---

① 参见孔令勇：《论刑事诉讼中的认罪认罚从宽制度——一种针对内在逻辑与完善进路的探讨》，载《安徽大学学报》（哲学社会科学版）2016 年第 2 期，第 148 页。

② 参见陈瑞华：《"认罪认罚从宽"改革的理论反思——基于刑事速裁程序运行经验的考察》，载《当代法学》2016 年第 4 期，第 5 页。

③ 参见陈卫东：《认罪认罚从宽制度研究》，载《当代法学》2016 年第 2 期，第 54 页。

④ 参见蔡元培：《认罪认罚案件不能降低证明标准》，载《检察日报》2016 年 6 月 13 日第 003 版。

院、公安部、司法部联合印发的《刑事案件速裁程序试点工作座谈会纪要（二）》中提出，"被告人自愿认罪，有关键证据证明被告人实施了指控的犯罪行为的，可以认定被告人有罪。"但全国人大常委会《关于授权"两高"在部分地区开展刑事案件速裁程序试点工作的决定》中提出的证明标准依然是"事实清楚、证据充分"。

其次，认罪认罚从宽应被理解为今后一个时期我国刑事司法的主导政策。

因为我国目前刑事程序法中已经存在简易程序、未成年人附条件不起诉制度、当事人和解程序，这些程序本身就具有认罪认罚从宽的意味。如果坚持繁简分流，全面适用目前正在试点的刑事速裁程序，势必存在交叉、重复，且不能涵盖可能适用死刑的案件，不能充分发挥认罪认罚从宽制度的优越性。① 在这个意义上，《中共中央关于全面推进依法治国若干重大问题的决定》之所以强调所谓"认罪认罚从宽"，是新形势下我党长期贯彻实施的宽严相济刑事政策的 2.0 版，在很大程度上是为我国今后一个时期的刑事司法工作设定基调。如前所述，随着劳教制度的废止与风险社会刑法的抬头，加之经济转型升级所带来的各类矛盾激化，我国将在一个相当长的时间内面对犯罪高发的严重态势，正因于此，中央提出认罪认罚从宽的理念，在扩大打击面的同时，降低打击的强度，为我国刑事司法改革赢得宝贵的战略时间与改革空间。同时，建立认罪认罚从宽制度，可以给予犯罪嫌疑人、被告人最大限度的"政策优惠"，同时赋予了公安机关、人民检察院落实上述政策优惠的政策依据，可以最大限度调动其能动性，减少对抗，保证各项刑罚目的的实现。②

2016 年 9 月 4 日，全国人大常委会以 143 票赞成、1 票反对、10 票弃权，表决通过了《关于授权最高人民法院、最高人民检察院在部分地区开展刑事案件认罪认罚从宽制度试点工作的决定》，其中规定，"试点期满后，对实践证明可行的，应当修改完善有关法律；对实践证明不宜调整的，恢复施行有关法律规定。"虽然无从揣测唯一的反对票因何出现，但结合上述决定的内容，不难想见针对认罪认罚从宽制度的具体落实措施，全国人大常委会秉持了值得肯定的谨慎态度。以繁简分流，特别是创设刑事速裁程序的办法落实认罪认罚从宽政策，必将被实践证明不具有可行性。

---

① 参见刘金林：《认罪认罚从宽制度仍应坚持常规证明标准》，载《检察日报》2016 年 8 月 25 日第 003 版。
② 参见张向东：《试点认罪认罚从宽的三重意义》，载《光明日报》2016 年 9 月 5 日第 014 版。

第三节 小 结

"在中国,法院并非是各种问题的解决中枢,甚至也并非社会正义的最后一道防线。"[1]在这个意义上,死刑问题的存废与适用,必须逃脱司法精英主义赖以盘踞的"司法独立"的前提预设,充分认识到司法者会因为自己的出身、个性、年龄、社会态度、受社会环境的影响、当事人的主动性、见识、与法院打交道的经验、审判方式、判决过程中的组织形式[2]等变量影响,在适用死刑的过程中做出差别性处断。在社会转型的多元价值背景下,"有关司法的知识理论和实践模式或许只有建立在一种多元法治观的基础之上,才能够有效的因应现实的当下中国社会。"[3]而如何思考从制度层面,建构死刑适用过程中行之有效,符合我国国情的民意拟制与导入机制,就成为下一步需要详细讨论的关键问题。

---

① 侯猛:《中国的司法模式:传统与改革》,载《法商研究》2009 年第 6 期,第 57 页。
② 参见郑永流:《法律判断形成的模式》,载《法学研究》2004 年第 1 期,第 149 页。
③ 方乐:《"问题中国"到"理解中国"——当下中国司法理论研究立场的转换》,载《法律科学(西北政法大学学报)》2012 年第 5 期,第 19 页。

第三章　中国死刑适用的完善前提

目前,我国的死刑存废问题,已经如有些学者多年前所期许的那样,实现了数量总体下降,走上了分阶段、分步骤废除死刑的总体轨道。[1] 也正是从这个意义上,中国死刑问题,将在很长一段时间,主要就是死刑的适用问题。

如前所述,目前我国的死刑适用,因为缺乏有效的民意拟制与导入机制,导致其面临严重的合法性危机,并且引发了较为明显的非理性反弹。这种现象背后的原理其实十分简单,包括死刑在内的刑事诉讼活动,只有具备了社会公众的可接受性,才能获得实质的正当性。只有具备正当性的刑事判决,才能够经受得起批判性的检验。也只有在这个时候,"动用国家的暴力强迫当事人被动接受司法判决就不再是一种司法暴政和主观擅断。这时,当事人获得正义(应得可能生活)就不再主要依靠运气,而是一种制度性获得。"[2]

为了实现这种制度性获得,必须明确,目前在我国讨论死刑适用的完善,特别是民意拟制与导入机制的时候,需要明确两个尚未实现,但却亟需实现的完善前提,这便是司法审查制度的合法建立,以及网络表达权的刑法规制。毫不夸张的说,任何刑法本体论问题,都能够通过刑罚论的研究加以解决。任何刑罚论的问题,都可以通过刑事程序法与证据法加以解决。任何刑事程序法及证据法的问题,都可以通过宪法,特别是司法审查制度加以解决。同时,民意的拟制与表达,必须防止民意的臆造与操纵,特别是在网络时代,如何有效通过刑法保证公民的表达自由权,是有效提炼民意,并将其在死刑适用过程中加以充分表达的必要前提。

---

[1] 参见贾宇:《死刑的理性思考与现实选择》,载《法学研究》1997 年第 2 期,第 15 页。

[2] 张继成:《可能生活的证成与接受——司法判决可接受性的规范研究》,载《法学研究》2008 年第 5 期,第 13 页。

第一节　司法审查制度的批判与反思

在制度面前,人性的弱点暴露无遗。在司法活动中,无论是法官还是检察官、律师,如果缺少制度保障,个人能够发挥的作用往往是微弱的,有时甚至需要为此付出惨重的个人代价。事实上,从中国历史的法律转型来看,传统法律精英虽然想尽一切办法论证专制权力存在的合理性,但"自身也因此变成专制权力的附着物,成为'人治'社会的栖牲品"。[①] "显然,为政者和人民都不应该指望单纯依赖法官、律师的个人独立性和道义勇气去维护法律秩序。"[②]如果说作为草根制度的陪审制,作为一种司法民主制度,是公民参与司法、制衡司法权滥用的有效制度设计,主要用来制衡司法精英,增加判决的合理性与权威。[③] 那么作为落实外部司法民主压力的内在制度抓手,司法内部的决策与救济手段建构,就成为实现法治中国理想的实践路径,对此,有学者认为,"唯有首先实现司法的内部决策民主,才能真正迈向司法的外部参与民主。"[④]这种观点虽然看到了司法民主内外侧面的互动关系,但却人为夸大了内部民主的决定性作用,事实上,仅有所谓的民主机制是不够的,换句话说,只有保证法官在解读法律时,反映社会的公共信念,不能独断地将自己的主观意愿强加于社会,通过能够有机整合民主实质价值与形式价值的评价机制反映社会主流民意,并辅之以司法民主,才能够彻底落实上述理论设想。[⑤] 在这个意义上,如何确保法院获得司法审查权,就成为一个无法回避的前提问题。

一、在中国语境下讨论司法审查制度的必要性

众所周知,目前我国宪法尚未赋予法院以所谓的司法审查权,但这种立法

[①] 张仁善:《论中国近代法律精英的法治理想》,载《河南省政法管理干部学院学报》2006 年第 1 期,第 96 页。

[②] 季卫东:《法律职业的定位——日本改造权力结构的实践》,载《中国社会科学》1994 年第 2 期,第 81 页。

[③] 参见周永坤:《人民陪审员不宜精英化》,载《法学》2005 年第 10 期,第 11 页。

[④] 陈洪杰:《司法如何民主:人民司法的历史阐释与反思》,载《比较法研究》2016 年第 5 期,第 128 页。

[⑤] 季金华:《民主价值的司法维护机理》,载《北方法学》2016 年第 6 期,第 42 页。

的缺失,不代表这一问题没有讨论的必要性。事实上,随着我国法治进程的深入,宪法学界围绕今后宪法修订构成中是否以及如何增设司法审查权的讨论早已展开。限于篇幅及选题,仅仅就这一问题中与本课题相关的部分加以概述。

目前,我国宪法学者在讨论司法审查权的时候,基本上将其视为公民基本权利的保护制度。甚至希望藉此彻底解决中国的人权保障问题。反对论者则试图批判司法审查制度的实际作用,认为在我国,即便不通过建设这一制度,也可以通过所谓"综合治理"的民主过程,行之有效地解决这一问题。[①] 但司法审查制度与民主制度,特别是实质民主制度的内在联系,却似乎无法动摇。事实上,无论法官本身的遴选制度是否民主,但作为依法成立的司法机关,司法机关只有通过合法性审查制度,也就是所谓的司法审查制度,才能有效制衡立法权。以死刑案件为例,目前导致中国死刑制度出现问题的两大方面,及死刑存废和死刑适用,都可以通过司法审查制度加以有效解决。反过来说,恰恰是因为没有司法审查权,以至于面对不合理的死刑规定,如绑架致人死亡的死刑强制适用,以及特定死刑量刑情节,乃至特定的死刑执行方式,我国司法机关只能被动接受,在先天不足的立法框架内寻求民众满意的最大化,无异于带着镣铐跳舞。换句话说,司法审查制度与"对立法权的不信任、基本权利保护、防止多数暴政、保护少数人权利"[②]是联系在一起的,即便在中国目前司法审查制度立法缺位的情况下,也有必要加以深入讨论与评价。

笔者尝试从比较法的角度,结合司法审查制度发展较为成熟的美国立法与司法经验,对于死刑问题的司法审查制度,加以说明与分析。

一般来说,司法审查,一般认为包括如下两个层面的含义:(1)法院有权针对个案所适用的成文法是否合宪作出具有约束力的判断,这一判断必须为其他政府部门所遵守;(2)任何政府部门的行为都必须受到司法审查的制约。阿历克西·德·托克维尔(Alexisde Tocqueville)[③]曾十分尖锐地提出,"在美国,出现

---

① 参见郭春镇:《论反司法审查观的"民主解药"》,载《法律科学(西北政法大学学报)》2012年第2期,第28页。

② 庞凌:《实质民主——司法审查的理论根基》,载《苏州大学学报(哲学社会学版)》2015年第2期,第70页以下。

③ 阿历克西·德·托克维尔(AlexisdeTocqueville),1805年—1859年,法国贵族,历史学家、政治家、社会学家,曾撰写《论美国的民主》(DeladémocratieenAmérique)等经典作。

的是政治问题,很少不是或迟或早作为一个司法问题解决的"。① 这句近似箴言的话语,其实彰显着美国宪法学中的一个难题,即如何梳理美国联邦最高法院与民选产生的立法机关之间的关系。正如美国宪法权威学者所提出的那样,民主体制如何能够容然一群未经选举产生的法官,挑战甚至推翻经民主选举产生的官员所作出的决定?② 半个世纪过去了,这一问题仍然被视为是美国宪法学研究的核心问题之一。具体而言,作为一种事实,美国法官通过"司法审查"获得的巨大权力,是否篡夺了立法或者行政的权力,一直是一代代学者试图回答的问题。③ 考察美国刑法的宪法语境,特别是司法审查制度背景下的刑法理论及刑法适用,最为典型的事例,莫过于美国宪法语境下的死刑合宪性问题。

二、美国司法审查制度的流变

一般认为,"马伯里诉麦迪逊案"④建构了当代美国司法审查制度的基本雏形。⑤ 美国联邦最高法院在本案中,首次明确了自己享有所谓司法审查权,即推翻违反宪法的联邦法律的权力。⑥

时任美国联邦最高法院首席大法官的瑟古德·马歇尔(Thurgood

---

① Barry Friedman, The History of the Countermajoritarian Difficulty, Part One: The Road to Judicial Supremacy, 73 *N.Y.U.L. Rev.* 333(1998).美国的制度始终体现了法治主义,这表现为:突出律师和法官的作用;在人民中,依法办事成为普遍的风尚。用一位知情的英国评论家的话说:"合众国的人民,与现存的任何其他民族相比,更充分地受到了法律意识到熏陶。"广义地说,为美国独立而进行的斗争是一种法律斗争;或者说,它至少是以解决法律问题的名义发动起来的。那场引起革命的冲突,主要是由于对英国宪法所决定的殖民地地位的解释的不同而发生的。参见[美]伯纳德·施瓦茨:《美国法律史》,王军等译,北京:法律出版社 2007 年版,第 5 页。

② 参见 Barry Friedman, The History of the Countermajoritarian Difficulty, Part One: The Road to Judicial Supremacy, 73 *N.Y.U.L. Rev.* 333(1998)。

③ 参见 Herbert Wechsler, Toward Neutral Principles of Constitutional Law, 73 *Harv. L. Rev.* 1 (1959)。

④ *Marbury v. Madison*, 5 US(1Cranch) 137(1803)。

⑤ 参见 Edward L. Rubin and Malcolm Feeley, Federalism: Some Notes on a National Neurosis, 41 *UCLA L Rev* 903(1994)。

⑥ 将"马伯里诉麦迪逊案"作为美国司法审查制度的正式发端并不是没有任何争议的。据相关学者考证,1794 年美国联邦最高法院在"美利坚合众国诉耶鲁托德案"(*United States v. Yale Todd*)中就已经开始司法审查联邦法律的合宪性了。"马伯里诉麦迪逊案"之前,美国联邦最高法院至少进行过 5 起类似的司法审查。参见 Keith E. Whittington, Judicial Review of Congress before the Civil War, 97 *Geo. L.J.* 1257(2009)。

Marshall)①藉由"马伯里诉麦迪逊案"提出,美国宪法第 3 条赋予法院享有涉及外交事务、涉及州际争端的管辖权及受理上诉案件的审查权。在马歇尔看来,只有法院才应该有权决定立法是否合宪。理由非常简单,首先,任何法律都不得与宪法相冲突,但因为美国宪法的制定模式,必须对其进行司法审查。其次,马歇尔认为,法官曾经宣誓捍卫宪法,因此应该被赋予进行司法审查的权力。第三,马歇尔根据宪法第 3 条第 2 款提出,司法部门有权力确定法律的适用范围,事实上根据这一规定,对所有和宪法有关的案件都可以进行司法审查。第四,马歇尔认为司法活动中法官解读法律再正常不过,这就要求法官在日常案件审理的过程中解读宪法。最后,马歇尔认为宪法的至上性,也保证了司法审查的正当性。②

但从历史考察的角度来看,实质意义上的司法审查制度并非美国所独创,而是大体上借鉴自英国的相关传统。③ 美国制宪会议的代表们,也几乎都赞成这一做法。换句话说,在形式确立司法审查制度的"马伯里诉麦迪逊案"出台前,这一制度其实早已经被较为充分地讨论过了。④ 例如,虽然没有证据证明十七世纪或者十八世纪的法官,将自己判决相关法律是否违宪的做法称之为所谓"司法审查"。⑤ 但在《联邦党人文集》(Federalist Papers)⑥当中,认为应该保持宪法的稳定性与至上性,从而使得美国的民主体制免受政党更迭或者人事变迁的影响。⑦ 这,为联邦最高法院的权力扩张埋下了伏笔。宪法赋予司法机关审理案件、处理纠纷的权力,这一规定暗含着让司法机关适用法律,包括宪法的意思。反之,如果其他政府部门的做法违反了宪法,法院当然不能袖手旁观。由此,通

---

① 瑟古德·马歇尔(Thurgood Marshall),1908 年—1993 年,首位担任美国联邦最高法院大法官的黑人。

② 参见 Danielle E. Finck, Judicial Review: The United States Supreme Court Versus the German Constitutional Court, 20 *B. C. Int'l & Comp. L. Rev.* 123(1997)。

③ 对美国的司法审查制度源自英国的观点,也存在有力的反驳,即认为如果美国的缔造者们想照搬英国的做法的话,为什么还要劳神建构一部新的宪法? 种种迹象表明,这些缔造者们想建构一部具有自己特点的宪法。参见 G. Edward White, The Lost Origins of American Judicial Review, 78 *Geo. Wash. L. Rev.* 1145(2010)。

④ 参见 Shawn Gunnarson, Using History to Reshape the Discussion of Judicial Review, 1994 *B. Y. U. L. Rev.* 151(1994)。

⑤ 参见 Philip Hamburger, Judicial Review: Historical Debate, Modern Perspectives, and Comparative Approaches: Law and Judicial Review: A Tale of Two Paradigms: Judicial Review and Judicial Dut, 78 *Geo. Wash. L. Rev.* 1162(2010)。

⑥ 汉译本参见[美]汉密尔顿、杰伊、麦迪逊:《联邦党人文集》,程冯如、在汉、舒逊等译,北京:商务印书馆 1980 年版。

⑦ 参见 Rebecca L. Brown, Accountability, Liberty, and the Constitution, 98 *Colum. L. Rev.* 531 (1998)。

过司法审查,可以限制立法与执法滥权,确保重要道德、政治与法律原则的独立性。① 换句话说,美国宪法起草酝酿之初,就有让联邦最高法院监督各州立法机构的意图,这也是法官后来通过判例获得司法审查权的根据。从这个意义上来讲,司法审查甚至可以被视为美国建国之初,联邦与各州权力洗牌过程的一部分。②

概言之,虽然根据普通法传统,法官不应该是披着法袍的政客,更不应该是哲学家或者媒体面前的名人。③ 但美国制定的《1789 年司法法案》(The Judiciary Act of 1789)规定,联邦法院可以对各州司法机关的判决进行审查,这显然表明美国国会希望联邦法官,特别是联邦最高法院大法官能扮演某种政治角色的明确意图。④ 随着美国联邦最高法院司法审查权进一步得以稳固,藉由"斯科特诉桑德福德案"(Dred Scott v. Sandford)⑤,联邦法院开始对州法进行司法审查。⑥

概括起来,以美国联邦最高法院为代表的司法审查活动发展到十九世纪末已经基本成形。⑦ 但随着美国联邦最高法院独占宪法的解释权,一个必然的问题随之出现,即司法审查以何种形式进行? 基于何种取向? 能否获得其他权力部门的接受与认可?

最初,美国联邦最高法院的司法审查活动往往关注于调整经济活动,但这一趋向在十九世纪末出现了根本性的变革,此后,美国联邦最高法院对宪法的解读方式,转而倾向对公民个人权利的保护。⑧ 应该说,这种转向符合民主的基本原则。通常情况下,民主被理解为规制政治竞争的程序性保证,司法审查不仅可以用来保障公民合理质疑公权力的权利,也有助于保护社会中无法通过立法改变

---

① 参见 Herbert Wechsler, Toward Neutral Principles of Constitutional Law, 73 *Harv. L. Rev.* 1 (1959)。

② 参见 Gordon S. Wood, The Origins of Judicial Review Revisited, or How the Marshall Court Made More Out of Less, 56 *Wash. & Lee L. Rev.* 787(1999)。

③ 参见 Craig S. Lerner and Nelson Lund, Judicial Duty and the Supreme Court's Cult of Celebrity, 78 *Geo. Wash. L. Rev.* 1255(2010)。

④ 参见 Maeva Marcus, Is the Supreme Court a Political Institution? 72 *Geo. Wash. L. Rev.* 95(2003)。

⑤ 参见 *Dred Scott v. Sandford*, 60 U. S. 393(1857)。

⑥ 参见 D. Brooks Smith, Judicial Review in the United States, 45 *Duq. L. Rev.* 379(2007)。

⑦ 参见 Larry D. Kramer, The Supreme Court 2000 Term, Foreword: We the Court, 115 *Harv. L. Rev.* 4(2001)。

⑧ 参见 David M. Gold, The Tradition of Substantive Judicial Review: A Case Study of Continuity in Constitutional Jurisprudence, 52 *Me. L. Rev.* 355(2000)。

自身权利分配现状的弱势群体。

　　从历史的发展脉络来看,虽然美国司法审查制度不断趋于强化。[①] 但这绝不意味着美国司法审查的发展过程毫无波折。历史上,曾经有数位美国总统宣称自己才享有解读宪法的权力,其中就包括著名的罗斯福总统。在罗斯福新政时期,事实上一直到 1936 年,美国联邦最高法院还一直坚守政治与法律的分野,并因此推翻了罗斯福总统的很多新政措施。这使得罗斯福总统认识到,必须对美国联邦最高法院加以改革,从而保证自己摆脱大萧条的努力能够成功。在诸多的选项当中,罗斯福选择了"掺沙子",即增加美国联邦最高法院大法官人数。[②] 虽然最后的结果未能尽如人意,但自此,美国联邦最高法院的行事风格开始发生显著转变。具体而言,这一时期美国联邦最高法院实际上对政府,特别是行政部分及立法部门的决定采取了默认、不干涉的态度,同时采取较为宽松的所谓"理性标准审查"(Rational Basis Scrutiny)。到了二十世纪五十年代,联邦最高法院的司法解读获得了新的发展方向,即保护少数族裔的根本权利。[③] 这一时期,华伦大法官(Earl Warren)在"布朗诉教育委员会案"(*Brown v. Board of Education*)[④]中的观点,以及"美利坚合众国诉卡罗琳产品公司案"(*United States v. Carolene Products Co.*)[⑤]中的注解 4,标志着美国司法审查发展的新

---

① 例如,根据目前仍然适用的《1925 年司法法》,对司法审查,美国联邦最高法院几乎享有完全的自由裁量权。根据该法,通过申请调案卷令,几乎所有案件都可以被提交给美国联邦最高法院进行司法审查。从这个意义上来讲,美国联邦最高法院决定进行司法审查的根据,已经不再是是否对该案件拥有管辖权,而是该案件是否有进行司法审查的价值。这也导致了另外一个后果,即对大多数申请人来说,被驳回申请调卷令,意味着相关案件司法救济之路的彻底终结。参见 Scott Graves and Paul Teske, State Supreme Courts and Judicial Review of Regulation, 66 *Alb. L. Rev.* 857(2003)。

② 罗斯福总统试图给美国联邦最高法院大法官中"掺沙子"的做法影响极其深远,在 1937 年宪法改革运动之后,美国不同政治派别就开始试图通过将相关案件提交给联邦最高法院,并通过影响联邦最高法院的人员构成达成自己的政治目的。参见 Laurence H. Tribe, The Puzzling Persistence of Process-Based Constitutional Theories, 59 *Yale L. J.* 1063(1980)。

③ 参见 Michael Kent Curtis, History Teaching Values: William E. Nelson, Marbury v. Madison: The Origins and Legacy of Judicial Review, 5 *Green Bag 2d* 329(2002)。

④ *Brown v. Board of Education*, 347 U. S. 483(1954)。

⑤ *United States v. Carolene Products Co.*, 304 U. S. 144(1938)的注解 4,在美国宪法发展历史当中一直扮演着十分重要的作用。准确地说,注解 4 明确了美国联邦最高法院司法审查的标准。因为当时美国正处于罗斯福新政时期,因此对与经济政策相关的立法通常采取较为宽松的"理性标准审查",即只要求美国国会或者各州的经济立法与合法的国家利益之间具有合理性。而对其他类型的立法,即明显违反宪法规定的立法、试图干扰政治程序的立法以及针对少数族裔,特别是那些没有力量通过政治手段维护自身利益的少数族裔的立法,美国联邦最高法院则采取十分苛刻的"严格审查标准"(Strict Scrutiny Standard)。

阶段。①

但到了二十世纪六十年代末七十年代初，面对汹涌而至的司法审查申请，美国联邦最高法院根本无力应对。这也导致到了二十世纪七十年代末，美国联邦最高法院开始收紧司法审查的标准。②

三、美国司法审查的特征及基本适用范式

根据学者的总结，美国的司法审查具有几个基本特点：首先，联邦最高法院在解读宪法方面具有最高权力。没有人或机构有权力推翻美国联邦最高法院作出的宪法解释；其次，所有的法院都有权力解读宪法和其他法律，换句话说，司法解释权并非美国联邦最高法院所独享；第三，司法审查的结果是决定特定法律的合宪性与否。这样的一种认定将通过普通法系中的"遵从先例原则"（Stare Decisis）影响到将来出现的类似案件；第四，如前所述，基于美国的联邦制政体，各州法院在行使司法审查时，可以适用美国宪法，还可以适用该州的宪法；第五，除法院之外，任何机关或者个人都无权宣称某项法律违宪，即司法审查权是司法机关独享的权力；第六，法院对是否启动司法审查机制具有最终的决定权；第七，法院在进行司法审查时，无需受到太多司法程序的限制。③

因此，从概念厘定的层面总结，美国的司法审查其实是一种二元基础上的择一过程。具体而言，司法审查本身需要在司法擅断或者司法至上之间进行选择。如果说司法审查绝非司法擅断，那么就需要进一步追问，司法审查本身的价值取向是维持宪法至上，还是维持人民至上。如果说司法审查追求的是宪法至上，那么就必须保证司法审查的主体，即法官，能够克服主观偏见客观地适用宪法。同时，在具体的案件中，宪法条文的语言表述具有充分的解读可能性。如果说司法审查制度追求的是民意，或者社会一般民众的认同，就必须保证存在宪法条文所承载的宪法价值，与此同时，这些价值具有穿越时空的普遍适用性，可以一代代

---

① 参见 Larry Alexander and Lawrence B. Solum, The People Themselves: Popular Constitutionalism and Judicial Review, 118 *Harv. L. Rev.* 1594(2005)。

② 参见 Patrick M. Garry, Judicial Review and the "Hard Look" Doctrine, 7 *Nev. L. J.* 151(2006)。

③ 参见 Philip P. Frickey and Steven S. Smith, Judicial Review, the Congressional Process, and the Federalism Cases: An Interdisciplinary Critique, 111 *Yale L J* 1707(2002)。

地加以传承。①

正是基于上述矛盾的冲突与妥协,以联邦最高法院为代表的美国司法机关,在解读宪法的过程中,一般存在如下几种解读范式:

(一)"文脉主义"(Contextualism)②

文脉主义③解读范式否认单独的概念本身具有意义。换句话说,对任何两个不同的人来说,同样的一个句子具有的意味绝不相同。事实上,即使对同一个人来说,同样一种表述,不同时期的解读可能都会不同。因此,文脉主义者呼吁在解读宪法时,对任何一个概念,都必须根据其所处的更为宏观的语言结构,以及用词的意图来加以判断。

从这一角度而言,坚持文脉主义宪法解读的学者认为,概念或者范畴并没有绝对、一致的参照。概念或者概念范畴的特定意义随着语境、随附情状以及使用者的经验乃至读者内心的变化而变化。从这个意义上说,独立的宪法条文个体本身没有客观的意义或者真正的意义。文脉主义者相信,不能将概念孤立于其所存在的文本,对其单独加以考虑。文脉主义的理论基础在于,如果不考虑法律文本而关注所谓立法原意,就会导致宪法解释权的滥用,甚至遭到相关利益团体的人为操纵。④ 从实质层面判断,文脉主义具有相当程度的合理性,因为所谓立法原意非常难以把握,文脉主义主张,宪法文本不应该关注立法者的主观意图,而是应该关注普通人是否能够准确理解宪法条文、法律(包括宪法)含义的判断,绝对不应依据国会议员等立法者的个人理解,而应当依据法律文本及对法律文本所使用概念范畴的通常理解。因此文脉主义坚持,宪法文本才应该是唯一有

---

① 参见 Sotirios A. Barber, Judicial Review and The Federalist, 55 *U. Chi. L. Rev.* 836(1988)。

② 参见 Michael S. Moore, Philosophy of Language and Legal Interpretation: Article: A Natural Law Theory of Interpretation, 58 *S. Cal. L. Rev.* 279(1985)。

③ 文脉主义,又被称之为语境主义,一般被理解为,解读主体使用不同的工具,包括字典定义以及解释规则,认定成文法中具体概念或者某一条款含义的解读方法。参见 Lori L. Outzs, A Principled Use of Congressional Floor Speeches in Statutory Interpretation, 28 *Colum. J. L. & Soc. Probs.* 297 (1995)。

④ 美国前最高法院大法官雨果·布莱克曾提出,宪法是"我的法律圣经",他"珍视宪法的每一个字,从第一个字到最后一个字……我个人认为对宪法最轻微之要求的最小背离都感到悲痛。"参见[美]莫顿·霍维茨:《沃伦法院与正义的追求》,信春鹰、张志铭译,北京:中国政法大学出版社 2003 年版,第 191 页。

效的宪法法源。①

极端的观点带来的或许是深刻,但绝对不是全面,也不意味着在现实社会当中的可适用性。社会本身就是一场妥协。极端的文脉主义当然是不具有实践意义,因为如果遵守严格的文脉主义,所谓宪法解读根本无从展开。从这个意义上来看,极端的文脉主义甚至可以被认为是一种认识论上的怀疑主义,根本无法附着解读者可以发现的其他客观属性。

司法审查过程中,文脉主义曾一度成为美国联邦最高法院的主导宪法解读范式。② 但时势更迭,特别是随着联邦最高法院大法官构成的变化,文脉主义解读范式的主导地位也渐趋动摇。

(二)"原意主义"(Intentionalism)

相对文脉主义解读范式,一部分美国学者认为,应当将探求立法机构在制定宪法时的立法意图,作为司法审查中宪法解读的基本范式。所谓原意主义解读范式,偏重考察宪法的立法目的和立法历史,从而弄清立法机构在立法时选择使用特定概念范畴究竟基于何种意图。通过这种考察,厘定立法时立法者的精确意图,或者通过分析立法历史和立法目,确认立法者如何通过立法,确定特定法律规定的实际目的。

从动态视角,可以将原意主义解读范式细分为静态意义上的原意主义和动态意义上的原意主义。

所谓静态的原意主义,不考虑可能影响成文法的后续情势变更,也不考虑社会环境的改变。这样的一种观点多为所谓的法经济学派所持有。法经济学派应用公共选择理论,建构一种可以用来重构立法者意图的解释模式。使用这一解读模式,实际上就是假设如果当下的案件如果发生在立法时,法官应该如何判决。③

动态的原意主义分析模式,适用哈特的法律目理论来判断成文法的意义。④

---

① 参见 William N. Eskridge, Jr., Dynamic Statutory Interpretation, 135 *U. Pa. L. Rev.* 1479(1987)。

② 马歇尔大法官在"马伯里诉麦迪逊案"中的解读方法就属于所谓"文脉主义"。参见 Robert C. Post and Reva B. Siegel, Equal Protection by Law: Federal Antidiscrimination Legislation after Morrison and Kimmel, 110 *Yale L J* 441(2000)。

③ 参见 Richard T. Bowser, A Matter of Interpretation: Federal Courts and the Law, 19 *Campbell L. Rev.* 209(1997)。

④ 参见 Paul Campos, That Obscure Object of Desire: Hermeneutics and the Autonomous Legal Text, 77 *Minn. L. Rev.* 1065(1993)。

这种理论,不关注立法者的具体立法过程,而关注立法者试图通过立法解决的具体问题。通过这种解读方式,可以让解读者明确其所需要通过解读成文法解决的具体问题,与立法者当初通过立法需要解决的问题是否具有实质类似性。需要关注的具体问题范围,所关注的问题与解读者目前所遇到问题的类似性,从而厘定宪法解读的范围与方式。

历史上,原意主义也曾一度成为美国各级法院的主流解读模式。以美国联邦最高法院为例,其在 1988 年到 1989 年间共审结了 123 起案件,在其中的 53 起案件当中,大法官解读宪法或者成文法时参照了立法历史。[①] 当然,后续这一趋势也出现了反复。[②]

但无论如何,在美国司法实务当中,采用原意主义解读范式往往需要满足下列条件[③]:

条件一:立法之后出现了立法时不可预见的情况;

条件二:出现不可预见情况,使得如果继续按照字面理解该法律,将会导致与立法初衷相背离的结果;

条件三:排除立法机构因为情势变更,不再倾向于继续适用该法的可能性;

条件四:法院可以发现能够体现立法意图的最佳解读方式。

不可否认,原意主义解读范式具有很多优点,如可以避免案件审理结果明显不合理、可以发现法律制度存在的错误、明确立法者的真正意图、在存在政治纷争的情况下选择合理的解读路径,等等。但和文脉主义一样,原意主义解读范式也需要面对十分尖锐地指控。首先,原意主义解读模式往往缺少确定性。立法机构由多人组成,而法院缺乏专门探究立法者立法意图的途径和方法。[④] 根据

---

① 参见 Lori L. Outzs, A Principled Use of Congressional Floor Speeches in Statutory Interpretation, 28 *Colum. J. L. & Soc. Probs.* 297(1995)。

② 某些人认为应该减少对立法历史的适用,甚至完全放弃。在他们看来,法院适用立法历史几乎是任意的。还有人坚持认为,从法律文本之外寻找法律的意义不符合宪法,寻找立法意图,完全类似于在黑暗中狩猎一样的准神秘的活动。甚至连联邦最高法院大法官对立法历史的参考实际上也是在减少。到了 1989 年,联邦最高法院审结的 65 起案件中,有 10 起案件并没有参照立法历史。到了 1990 年,在联邦最高法院审结的 55 起案件中未援引立法历史的达到了 19 起。因此,很多人表示,参照立法历史很快就会成为例外而不是原则。参见 Stephen Breyer, The 1991 Justice Lester W. Roth Lecture: On The Uses of Legislative History in Interpreting Statutes, 845 *S. Cal. L. Rev.* 65(1992)。

③ 参见 Paul Campos, That Obscure Object of Desire: Hermeneutics and the Autonomous Legal Text, 77 *Minn. L. Rev.* 1065(1993)。

④ 参见 Kenneth A. Shepsle, Congress is a "They," Not an "It": Legislative Intent as Oxymoron, 12 *Int'l Rev. L. & Econ.* 239(1992)。

政治学基本理论,立法通常是各种利益集团,各种政治势力妥协的产物,因此不太可能出现十分明确且集中的立法意图。其次,原意主义解读范式容易遭人诟病为违反民主原则,变相授权法院藉由探究立法意图,实际篡夺立法机构修正成文法的权力。法学理论界与实务界对此往往持批评的态度。很多学者都指摘原意主义解读范式的恣意性。① 还有人认为,从法律文本之外寻找法律的意义不符合宪法的规定,事后寻找立法意图,就好像在黑暗中狩猎一样。包括美国联邦最高法院在内的司法机关,通常情况下不承认自己有权修正立法机构制定的法律。② 宪法的至上性决定了曲解宪法即可被视为修正宪法,而后者则是立法机构独享的权力。在民主社会当中,法官显然很难无法或者规避分权理论这一壁垒。

(三) 折衷主义

从对文脉主义和原意主义解读范式的正反意见分析可以看出,美国法院在宪法解读模式上,经历的正是一条自觉或者不自觉的折衷主义道路。从最开始偏向文脉主义模式到后来的偏向原意主义模式,再到事实上的折衷模式。从理论自足的角度,折衷论永远都是痛苦的,也是存在缺陷的。

但另一方面,从实然的角度,连宪法本身也是立法者之间的妥协,即使宪法条文看起来明晰、毫无含混之处,但宪法文本本身不能,也无法说明宪法制定过程中,特别是各方为了达成各自目的,在遣词造句方面做出了何种妥协。因此,只有考察立法历史,才可以为解读者更好理解宪法提供一个完整的话语背景。这是不是说,一个守法的公民一定不能仅仅读法律文本,而且还包括考查所有的报告、听证、辩论,从而才能更为适当地对其加以理解。但,又有谁有时间和精力这样作呢?

文脉主义唯一关注的,仅仅是成文法本身,而不是其他与立法相关的历史资料。但非常令人好奇的就是,尽管文脉主义解读范式一直否认立法历史,但却在

---

① 有学者就认为,立法者固然有自己的意图(不论参与立法的各部门和个人之间有没有形成统一的意见),可是法律一旦颁布实施(接受阅读),法律文本(作品)和立法者(作者)之间"固有"的附属关系也就消解了。法律文本的解释因此不可能还原或"固定"立法意图(包括立法者本人时候对法律文本的解释);相反,解释要不断地参照阅读在先的其他解释,在无穷尽带阅读的延宕中获取正当性和权威性的资源。参见冯象:《木腿正义》,北京:北京大学出版社 2009 年版,第 27 页。

② 参见 Orrin Hatch, Legislative History: Tool of Construction or Destruction, 11 *Harv. J. l. & PUB. POL'Y* 43(1988).

同时大量地使用字典。换句话说,法官在使用字典方面,并没有任何的倾向性,例如,对字典的类型、出版时间等并无特别的选择理由。从对立法历史的痴迷到对字典的沉溺,美国成文法解读范式似乎永远是一个没有尽头的死循环。坚持对成文法应进行文脉主义解读的观点认为,在任何情况下从文本转向立法历史都违反了分权原则。然而,对字典的迷信使得文脉主义也无法逃脱这样的一种批评,因为如果不参照立法历史的话,其会有更大的机会以及自主权来寻找和其自身偏好相一致的字面含义,而不是求助于民主选举的立法机构。

在解释法律的时候,法官首先应当关注的就是法律的文本,因为成文法是国会藉由合法程序所固定下来的最终合意。但是当法律的文本规定较为含混的时候,法官必须援引立法历史,特别是国会立法记录。这种立法者有意留存下来,说明自身立法缘由的官方记录,而文脉主义所依据的字典或者其他的材料显然缺少类似的合法性。因为成文法中所适用的相关概念本身无法传达明确的信息,因此需要藉由议会辩论或者听证材料来对其加以澄清。①

在现实的层面,在"雪佛兰诉自然资源保护协会案"(*Chevron v. Natural Resources Defense Council*)②中,美国联邦最高法院自我限制了对成文法的解释权,承认只能解读规定明确、不存在模糊之处的成文法。这就意味着,如果成文法规定的较为含混,司法机关则需要在可能的情况下求助于其他权力机关的介入。

除了上诉三种典型的宪法解读范式之外,还存在其他的解读范式,如有学者提出,宪法的某些规定非常具有弹性,从而可以从这些有弹性的宪法规定发展出不同解读,有必要要求联邦最高法院在司法解读时严格遵守宪法。还有人提出所谓规范性解读的观点,强调解读者,即法官应为自己的解读行为承担个人责任,等等。③

在这里,顺便需要提到的是,目前我国刑法学界聚讼纷纭的所谓教义学与实质解释论,实质上十分类似于上面提到的所谓文脉主义及原意主义,特别是动态的原意主义。但必须提请读者注意的是,在不存在违宪性审查的制度设计前提

---

① 参见 Peter J. Henning, Supreme Court Review: Foreword: Statutory in Interpretation And The Federalization of Criminal law, 86 *J. Crim. L. & Criminology* 1167(1996).

② 参见 *Chevron U. S. A. Inc. v. Natural Resources Defense Council*, 467 U. S. 837(1984).

③ 参见 Robert C. Post and Reva B. Siegel, Equal Protection by Law: Federal Antidiscrimination Legislation after Morrison and Kimmel, 110 *Yale L J* 441(2000).

下,讨论文脉主义与原意主义,亦或是教义学与实质解释,都是缺乏制度基础,更缺乏制度出口的空谈而言,充其量只是解读者自身为达成特定解释目的而扯起的"皇帝新装"而已。

四、美国联邦最高法院司法审查过程中的"5 比 4 原则"

美国联邦最高法院由 9 名大法官组成,但在极少数情况下,最高法院的合议庭组成人员可以少于 9 人,但最少不应低于 6 人。[①] 在如果出现了势均力敌情况的

---

① 时任美国联邦最高法院的九名大法官依照职位及资历,简介如下:

一、小约翰·G. 罗伯茨(John G. Roberts, Jr.,),美国联邦最高法院首席大法官,1955 年出生于纽约州水牛城。1996 年,罗伯茨与苏利文结婚,育有两个孩子。1976 年罗伯茨毕业于哈佛大学,获文学学士,1979 年,毕业于哈佛大学法学院。1979 年至 1980 年,罗伯茨曾担任美国第二巡回上诉法院弗雷德利科法官的法律助理,1980 年,罗伯茨出任美国联邦最高法院大法官伦奎斯特的法律助理。1981 年至 1982 年,罗伯茨担任美国总检察长特别助理,1982 年至 1986 年,担任里根总统白宫办公室助理律师。1989 年至 2003 年,担任美国司法部副总检察长助理。1986 年至 1989 年,及 1993 年至 2003 年,罗伯茨在华盛顿特区从事律师执业。2003 年,罗伯茨被任命为美国哥伦比亚特区联邦巡回上诉法院法官,后经布什总统提名,于 2005 年底出任美国联邦最高法院首席大法官。

二、克莱伦斯·托马斯(Clarence Thomas),美国联邦最高法院大法官。1948 年,托马斯出生于佐治亚州。1987 年,托马斯与弗吉尼亚结婚,并共同抚养其与前妻生育的一名孩子。托马斯从圣十字大学获得文学学士,并于 1974 年毕业于耶鲁大学法学院。1974 年托马斯开始在密苏里州执业,同年至 1977 年,托马斯担任密苏里州总检察长助理,1977 年至 1979 年,出任某大型企业法律顾问。1979 年至 1981 年,托马斯担任参议员丹佛斯的法律顾问。1981 年至 1982 年,托马斯担任美国教育部民权事务部副书记,1982 年至 1990 年,托马斯担任美国平等就业保障委员会主席。1990 年,托马斯被提名担任哥伦比亚特区联邦巡回上诉法院法官。1991 年,布什总统提名其出任美国联邦最高法院大法官。

三、露丝·佩德·金斯伯格(Ruth Bader Ginsburg),美国联邦最高法院大法官。1933 年,金斯伯格出生于纽约布鲁克林。1954 年与康奈尔结婚,育有一儿一女。金斯伯格毕业于康奈尔大学,获文学学士,后先后就读于哈佛大学法学院与哥伦比亚大学法学院,于哥伦比亚大学获得文学学士学位。1959 年至 1961 年,担任美国纽约南区联邦地区法院法官埃德蒙顿的法律助理。1961 年至 1963 年,担任哥伦比亚大学国际法项目助理。1963 年至 1972 年,金斯伯格担任罗杰斯大学法学院教授,1972 年至 1980 年担任哥伦比亚大学法学院教授。1973 年至 1978 年,金斯伯格还担任美国民权解放联盟 ACLU 的律师。1980 年,金斯伯格被提名担任哥伦比亚美国联邦巡回上诉法院法官。1993 年,克林顿总统提名其出任美国联邦最高法院大法官。

四、史蒂芬·G. 博瑞尔(Stephen G. Breyer),美国联邦最高法院大法官,博瑞尔 1938 年出生于加利福尼亚州旧金山。后与乔安娜结婚,育有 3 名子女。博瑞尔自斯坦福大学获得文学学士,牛津大学获得文学学士,哈佛大学法学院法学学士。1964 年,博瑞尔曾担任美国联邦最高法院大法官古德伯格的法律助理,1965 年至 1967 年,担任美国总检察长负责反垄断事务特别助理。1973 年,曾担任负责水门事件的政府特别律师团成员。1974 年至 1975 年,担任美国参议院司法委员会特别顾问,1979 年至 1980 年还曾出任该委员会主席。1967 年至 1994 年,博瑞尔还曾执教于哈佛大学法学院及哈佛大学肯尼迪行政学院。并曾担任过悉尼大学、罗马大学的客座教授。1980 年至 1994 年,博瑞尔被提名担任美国第一巡回上诉法院法官。克林顿总统于 1994 年提名其担任美国联邦最高法院大法官。(转下页)

情况下,下级法院的判决将具有约束力。根据美国宪法,总统提名联邦最高法院大法官,经过参议院多数表决通过即可获任。在担任大法官期间,如果言行端正,则可终身任职。除此之外,大法官可以因自动退休,或者遭遇弹劾在生前退休。①

美国联邦最高法院的职能在于确保美国社会的法治化,防止政府行为的任意性,防止权力的过分集中,避免制度性腐败的发生。② 1787 年美国宪法之所以

(接上页)　　五、小萨缪尔·安东尼·阿力托(Samuel Anthony Alito, Jr.,),美国联邦最高法院首席大法官,1950 年出生于新泽西州,后与马萨安结婚,育有两名子女。毕业于普林斯顿大学,曾于 1976 年担任美国第三巡回上诉法院罗纳德法官的法律助理,并于 1977 年至 1981 年担任新泽西州政府律师,1981 年至 1985 年,担任美国司法部总检察长助理,1985 年至 1987 年,阿力托担任美国司法部副总检察长。1990 年,阿力托被提名担任美国第三巡回上诉法院法官,2006 年,布什总统提名其担任美国联邦最高法院大法官。

六、索尼亚·索托梅尔(Sonia Sotomayor),美国联邦最高法院大法官,1954 年生于纽约,1976 年以全校第一名的成绩毕业于普林斯顿大学,获得文学学士,1979 年毕业于耶鲁大学法学院,在校期间还曾担任耶鲁法律评论编辑。1979 年至 1984 年,索托梅尔担任纽约郡政府律师,1984 年至 1992 年,担任纽约郡某知名律师事务所合伙人。1992 年至 1998 年,索托梅尔被提名担任纽约南部美国地区联邦法院法官,1998 年至 2009 年担任美国第二巡回上诉法院法官,2009 年,奥巴马总统提名其担任美国联邦最高法院大法官。

七、艾琳娜·卡干(Elena Kagan),美国联邦最高法院大法官,1960 年出生于纽约。1981 年毕业于普林斯顿大学,获得文学学士,1983 年,毕业于牛津大学,获哲学硕士学位。1986 年,卡干毕业于哈佛大学法学院,并担任哈佛大学法律评论编辑。1986 年,卡干担任美国联邦最高法院大法官马歇尔的法律助理。1989 年至 1991 年,卡干就职于华盛顿某知名律师事务所,1991 年,卡干担任芝加哥大学法学院教授。1995 年至 1999 年,卡干出任克林顿总统的法律顾问,负责国内法律事务部分咨询。1999 年,卡干开始在哈佛大学法学院执教。并于 2003 年担任哈佛大学法学院院长。2009 年,奥巴马总统任命其为美国总检察长,2010 年提名其担任美国联邦最高法院大法官。

八、尼尔·高萨奇(Neil M. Gorsuch),美国联邦最高法院大法官,1967 年出生于科罗拉多州丹佛市,与妻子露易丝有两女。毕业于哥伦比亚大学,获文学学士学位,后进入哈佛大学法学院求学,获得法学博士学位,并从英国牛津大学获得哲学博士学位。曾担任哥伦比亚特区联邦巡回上诉法院法官助理,还曾担任过美国联邦最高法院前大法官肯尼迪的助理。1995 年至 2005 年,担任私人执业律师,2005 年至 2006 年,进入美国司法部担任助理检察官,后被提名担任美国第十巡回上诉法院法官。2017 年 4 月 10 日,特朗普总统提名其接替于任上过世的斯卡利亚大法官,出任美国联邦最高法院大法官。

九、布莱特·卡瓦诺(Brett M. Kavanaugh),美国联邦最高法院大法官,1965 年出生于华盛顿,与妻子伊丽莎·埃斯特斯育有两女。毕业于耶鲁大学,先后获得文学学士与法学博士学位。担任过美国联邦最高法院前大法官肯尼迪的助理,后转为私人执业,2001 年开始步入政坛,担任美国总统特别顾问,2018 年由时任美国总统特朗普提名,接替退休的肯尼迪大法官,出任美国联邦最高法院大法官。

上述内容参见"美国联邦最高法院网站"http://www. supremecourt. gov/about/biographies. aspx,最后访问日期:2018 年 11 月 15 日。

① 参见 Bradley W. Miller, A Common Law Theory of Judicial Review, 52 *Am. J. Juris.* 297(2007)。

② 参见 Philip B. Kurland, Judicial Review Revisited:"Original Intent" and "The Common Will", 55 *U. Cin. L. Rev.* 733(1987)。

确立联邦法官得享有终身制的初衷,也在于保证司法权免受政党轮替或人事更迭的影响。与此形成鲜明对比的是,美国立法及行政部门每隔几年就会进行人员调整与人事变动。但在另一方面,恰恰因为终身制的存在,联邦法官,特别是联邦最高法院大法官的自由裁量权失去了可见的外部约束①,而其内部的决策动机与决策方式,就成为考察美国联邦最高法院司法审查运作机制的关键所在。所谓关键,并不否定特定政治立场的总统在提名最高法院大法官时所具有的政治考量,但对相对任期有限的总统而言,能够在任内等到提名最高法院大法官的机会,也非必然的大概率事件,况且总统提名也仅仅是大法官选任的第一步,用句通俗的话形容,虽然没有总统提名绝对当不上联邦大法官,但有了总统提名,最终因为各种利益博弈的结果,与这一宝座失之交臂者,亦大有人在。在这个意义上,才提出大法官的内在决策动机与决策机制极为重要。

从形式上来看,法官在进行司法审查时,有时会将宪法解读的范围控制在宪法字面范围之内,有的时候却又将其扩展至宪法的字面含义之外。从某种程度上,宪法本身是否具有实体正当性也是存疑的。换句话说,在司法审查与实质正义之间没有对等关系?② 在承认法官终身制的情况下,实际影响美国联邦最高法院对具体问题态度的变量只有两个。首先,同一法官,针对同一问题的态度发生了改变。其次,如果同一法官针对同一问题的态度自始至终保持一致,那么,不同大法官之间的合纵连横就成为影响联邦最高法院最终态度的决定性机制,这就是著名的"5 比 4 原则"。

事实上,在决定关乎美国社会重大发展方向或者价值取向的敏感问题时,一方面因为法官本身对宪法的理解不同,另外也是出于尽快解决问题的功利主义考虑,因此往往出现的都是 5 票对 4 票的表决结果。大体上美国联邦最高法院大法官的分野根据的是其对宪法解读态度的"保守"或者"民主"。而辨别某位美国联邦最高法院大法官是保守派还是民主派的根据,大可不必去考证其在个案中的相关观点,因为绝大多数情况下,共和党总统提名的联邦最高法院大法官基本上都属于保守派,而民主党总统提名的最高法院大法官则可以划入到民主派

---

① 但有学者通过对美国联邦最高法院的历史考察,发现联邦最高法院与主流民意之间一直保持着密切的对应关系,很少作出悖离民意的选择,更不会长期悖离民意的选择。从这个意义上,联邦最高法院一直是人民手中的傀儡,而人民,牢牢地控制着联邦最高法院的所有举动。参见 Jenna Bednar, The Dialogic Theory of Judicial Review: A New Social Science Research Agenda, 78 *Geo. Wash. L. Rev.* 1178(2010)。

② 参见 Louis Michael Seidman, Acontextual Judicial Review, 32 *Cardozo L. Rev.* 1143(2011)。

一类。但如果细细考证的话，包括现在这一届美国联邦最高法院大法官的构成，往往是保守派略占上风。①

这种相对优势的哲学在美国联邦最高法院审查死刑案件的合宪性方面体现的尤为突出。其中，最为典型的莫过于 1972 年联邦最高法院审理的"弗里曼诉佐治亚州案"（*Furman v. Georgia*）②。9 名美国联邦最高法院大法官罕见地分别发表了意见，并且最终以 5 比 4 的表决结果，认定当时佐治亚州的死刑法，在死刑的量刑方面赋予法官太过宽泛的自由裁量权，因此违反了宪法第 8 修正案中禁止"残忍且不寻常刑罚"的规定。这一判决导致全美死刑判决的暂停，也正是因为这个原因，当时全美 629 名死刑候刑者因获得减刑。

众所周知，"弗里曼诉弗吉尼亚州案"并未彻底终结美国死刑的适用，导致美国联邦最高法院在死刑问题上态度出现反复的理由固然很多，但不可否认的是 1975 年，一直反对适用死刑的威廉·道格拉斯（William Douglas）③大法官退休，而接替他的约翰·保罗·史蒂文斯（John Paul Stevens）④大法官却对死刑的适用持赞成态度。这本身就可以推翻"弗里曼诉弗吉尼亚州案"中两派观点间微妙的力量对比。除此之外，波特·斯图尔特大法官（Potter Stewart）⑤和拜伦·怀特（Byron R. White）⑥大法官虽然在"弗里曼诉弗吉尼亚州案"中最终支持了当时死刑适用方式的质疑，但他们的态度是暧昧，甚至是软弱的。换句话说，在相关各州修改了相关法律的情况下，他们的态度可能会出现转变。

即便如此，绝大多数美国联邦最高法院大法官就特定问题的态度并不会轻易发生改变，因此，如果某位大法官可以较为灵活地在观点较为固定的法官之间合纵连横，就能在很大层面实际控制美国联邦最高法院对这些问题的最终看法。

---

① 例如，伯格大法官领导下的联邦最高法院，就被认为由一个弱势的民主派以及由 5 名持实用主义观点为核心的保守派所组成。在很多问题上，这一时期的联邦最高法院始终在对实用主义者所表示的反对意见做出妥协。参见 William S. Fields, Assessing the Performance of the Burger Court：The Ascent of Pragmatism，211 *Mil. L. Rev.*129(1990)。

② 参见 *Furman v. Georgia*，408 U. S. 238(1972)。

③ 威廉·道格拉斯（William Douglas），1898 年—1980 年，是历史上任职时间最长的美国联邦最高法官之一，以积极支持公民权利的自由派立场称。

④ 约翰·保罗·史蒂文斯（John Paul Stevens），1920 年——，于 1975 年至 2010 年间担任美国联邦最高法院大法官，十分注重维护刑事被告人的正当权益。

⑤ 波特·斯图尔特大法官（Potter Stewart），1915 年—1985 年，1958 年至 1981 年间担任美国联邦最高法院大法官，在刑事司法改革、民权等领域颇有建树。

⑥ 拜伦·怀特（Byron R. White），1917 年—2002 年，1962 年至 1993 年间担任美国联邦最高法院大法官，曾是美式足球运动员。

在过去几十年当中,很好扮演这一角色的大法官,非桑德拉·戴·奥康纳(Sandra Day O'Connor)①莫属。前美国联邦最高法院大法官奥康纳在联邦最高法院当中以意见左右摇摆而著称。1992年,她的关键一票帮助联邦最高法院维持了其在1973年所肯定的堕胎合法性;在2000年美国的总统大选诉讼战中,也是她的关键一票,确保联邦最高法院驳回了戈尔要求在佛罗里达州进行重新计票的请求,确保布什入主白宫。据不完全统计,仅在1994年至2005年期间的美国联邦最高法院所有5比4表决结果的判例当中,奥康纳站在多数派一边的几率高达75%以上。②

2005年,随着联邦最高法院首席大法官伦奎斯特③的病逝,以及奥康纳的隐退,使得长达11年未变的美国联邦最高法院大法官组成出现了前所未有的改变机会。通过考察其对同性恋、宗教以及堕胎等敏感问题的态度,布什总统先后提名罗伯茨以及阿里托担任美国联邦最高法院大法官。这两个人的提名及通过代表着几十年来保守派人士试图掌控美国联邦最高法院努力的一个阶段性胜利。④但随着民主党候选人奥巴马当选总统以及苏特大法官等退休,民主派大法官的数量也没有发生变化。目前,美国联邦最高法院保守派与民主派法官之间的力量对比似乎并没有发生根本性的转变,依然维持在5比4的水平,保守派略占优势。这种优势并未因为著名保守派大法官安东宁·格雷戈里·斯卡利亚(Antonin Gregory Scalia)⑤的意外离世而发生逆转,因为现任共和党籍总统唐纳德·特朗普(Donald Trump)⑥提名的依然是偏保守派。但现在美国联邦最高

---

① 桑德拉·戴·奥康纳(Sandra Day O'Connor),1930年—— ,美国首位联邦最高法院女法官,1981年至2005年在职,后因为照顾罹患阿尔茨海默病多年的丈夫毅然辞职。

② 参见[美]杰弗里·图宾:《九人:美国联邦最高法院风云》,何帆译,上海:上海三联书店2010年版。此后,国内对美国联邦法院大法官的相关介绍开始骤增,例如,中国法制出版社就曾组织出版过美国联邦最高法院大法官传记译丛,现已出版了苏特、斯蒂文斯、伦奎斯特、斯卡利亚以及布莱克门等5位大法官的传略,除此之外,法律出版社、北京大学出版社等国内其他出版机构也推出过类似的译介,限于篇幅,这里不一一列举。

③ 威廉·伦奎斯特(William Rehnquist),1924年—2005年,1972年—2005年担任美国联邦最高法院大法官,立场偏于保守派,与奥康纳法官曾是同班同学。

④ 参见 Miguel Schor, Squaring the Circle: Democratizing Judicial Review and the Counter-Constitutional Difficulty, 16 *Minn. J. Int'l L.* 61(2007)。

⑤ 安东宁·格雷戈里·斯卡利亚(Antonin Gregory Scalia),1936年—2016年,1986年至2016年担任美国联邦最高法院大法官。

⑥ 唐纳德·特朗普(Donald Trump),1946年—— ,美国企业家、娱乐节目主持人,共和党籍政治家,第45任美国总统。

法院的大法官组成还没有形成一个稳定的局面,特别是很难像之前那样,单纯依据"保守派"抑或是"自由派"的标签简单预测某位大法官在具体个案中的判决结果,因此要在这个时候预测之前出现的 5 比 4 或者 6 比 3 的表决结果,是否会因为大法官人选的更迭而发生改变是不切实际的。[1]

以饱受争议的死刑适用合宪性为例,虽然像美国联邦最高法院首席大法官罗伯茨以及阿力托大法官等在一般民众的眼中偏于保守,偏于支持死刑的适用[2],但在大法官队伍没有最终稳定下来之前,美国联邦最高法院会相当慎重地处理类似于死刑之类的敏感案件。目前美国国内的政经形式很不稳定,特朗普能否连任,其连任期间能否获得再次提名联邦最高法院大法官的机会都未可知,而这种变化,将在很大程度上决定美国联邦最高法院相关人员构成的最终走向,更将最终影响其对死刑等刑事案件的根本性态度。

五、美国司法审查制度的存在前提与批判

针对美国司法审查制度的反思与评判,需要从其建构的前提入手。对前提的追溯是无穷尽的,如果对此不加以控制,那么这样的追溯是不可能的,也是无意义的。因此,较为可行的研究路径,应该是在需要且可能控制的范围之内,对相关刑法研究的直接前提加以固化,并以此为基础展开分析。[3]

(一)美国司法审查制度的理论前提

事实上,在思考所谓司法审查问题的时候,需要意识到一个至关重要的前提性问题,即谁有权决定在美国社会当中哪些问题是根本性的重要问题?

美国司法审查制度依赖于 3 权分立理念。应该说,美国宪法的缔造者采取的是一种实用主义的分权哲学,即在宪法当中对分权理论,以及立法、行政及司法的精确界分未作规定。[4] 虽然一般认为总统代表行政、议会代表立法、法院代

---

① 以针对死刑案件的审理为例,对死刑类型案件的审理,即便类似于伦奎斯特或者奥康纳等大法官的态度也并没有一以贯之,他们在某些案件站在多数派一边,而在某些案件当中又站在少数派一边。由此例子不难看出,预测未来美国联邦最高法院大法官之间博弈结果的困难程度。相关介绍可参见李立丰:《民意与司法:多元维度下的美国死刑及其适用程序》,北京:中国政法大学出版社 2013 年版。

② 参见 Erwin Chemerinsky, The Rehnquist Court and the Death Penalty, 94 *Geo. L. J.* 1367(2006)。

③ 参见李立丰:《美国刑法犯意研究》,北京:中国政法大学出版社 2009 年版,第 66 页。

④ 参见 Samuel W. Cooper, Note, Considering "Power" in Separation of Powers, 46 *Stan. L. Rev.* 361(1994)。

表司法,但三者之间的相互制衡又模糊了这一界限,例如,总统通过否决法案,可以实质行使立法权;参议院对相关提名的通过与否实质上在行使行政权;议会在弹劾时又在行使行政及司法权,等等。

相对其对其他机关的规定,美国宪法对司法机关的规定多少显得有些语焉不详。对司法机构的权利与义务分配,虽然存在不同意见,但学者一般都认为,法院审查其他政府部门的行为是否符合宪法的权力十分重要。从这个意义上来讲,法院所享有的司法审查权已经成为司法的标签。①

美国宪法结构特别重视限制政府权力的初衷,进一步支持了司法审查制度的存在。② 同时,对司法审查制度的历史考察证明,宪法的起草者已经意识到承认司法审查的必要性。③ 从分权与制衡的角度来看,司法审查可以保护对民主来说至关重要的基本权利,如言论自由、政治参与等权利;其次,司法审查可以将问题集中于宪法问题,从而使得各方面都有机会参与其中。最后,如约翰·罗尔斯(John Rawls)④所言,司法审查为民主机制试图通过公开辩论的方式,解决思想问题提供了逻辑分析的范式。⑤ 换句话说,司法审查的存在根据就在于维护分权机制、防止立法擅断、抵御来自于政治利益群体的压力,等等。⑥ 正如有学者提出的那样,司法审查如果运用适当,将有助于实现美国宪法践行自然法的理念。虽然从形式上来看,司法审查存在被用来以宪法的名义篡夺立法权,但动机不能作为指摘司法审查本身合法性的借口。⑦ 相反,从民主运行的机制来看,因为大部分联邦法官得终身任职,不用为迎合某些政治利益而曲意逢迎,因此联邦

① 参见 Laura E. Little, Envy and Jealousy: A Study of Separation of Powers and Judicial Review, 52 *Hastings L. J.* 47(2000)。

② 根据传统三权分立学说,法官应该消极地适用法律。但美国的缔造者们并未全部照搬这一理论,而这也为日后法官享有司法审查权提供了摆脱传统分权模式窠臼的法理基础,因为宪法本身并未明确法官适用法律的机制,因此很有可能导致法官拒绝适用法律的情况出现,从而事实上改变三权的分立状态。

③ 《联邦党文集》为司法审查提出了 3 点支持意见:(1)司法审查不等于司法擅断或者司法主导;(2)司法审查的实质在于宪法至高性的拓展;(3)宪法的至上性确保了人民凌驾于政府之上。参见 Saikrishna B. Prakash and John C. Yoo, The Origins of Judicial Review, 70 *U. Chi. L. Rev.* 887(2003)。

④ 约翰·罗尔斯(John Rawls),1921 年—2002 年,美国政治哲学家,曾担任哈佛大学教授,写过《正义论》(ATheory of Justice)等法理学名著。

⑤ 参见 Joseph M. Farber, Justifying Judicial Review: Liberalism and Popular Sovereignty 2003,32 *Cap. U.L. Rev.* 65(1993)。

⑥ 参见 Frank B. Cross, Shattering the Fragile Case for Judicial Review of Rulemaking, 85 *VA. L. REV.* 1243(1999)。

⑦ 参见 Robert P. George, Colloquium Natural Law: Colloquium Natural Law, the Constitution, and the Theory and Practice of Judicial Review, 69 *Fordham L. Rev.* 2269(2001)。

法官要比立法者更为适合捍卫宪法原则。[1]

正是由于美国司法审查制度与 3 权分立的政治制度之间,存在如此密切的对应关系,才导致很多学者认为,司法审查可以为政治少数派提供抵御多数暴政的工具,而美国联邦最高法院的司法审查权只能针对个案,被动地启动,并且这种权力并非毫无限制,而是在事实上受到权力制衡控制。[2] 在存在政治上的竞争关系时,司法的独立性更为具有可能性。而政治上的竞争也可以限制司法人员个人的政治倾向。[3]

总而言之,当法院能够价值无涉地扮演民主体制中不同政治力量的居中裁判者时,司法审查就具有正当性。

(二) 美国司法审查制度之反思与批判

从司法审查制度赖以存在与发展的前提入手,目前美国学界针对司法审查制度本身的合法性及其适用范围存在着诸多不同意见。

例如,美国著名宪法学者亚历山大·比克尔(Alexander Bickel)[4],就曾将司法审查形容为美国民主机制中的一种"异化了"的存在。[5] 之所以将司法审查称之为"异化",是因为目前美国社会中很多具有巨大分歧性的敏感问题,都被最终演化成了宪法问题并交由司法审查机制解决。但事实上,上述敏感问题中的绝大多数都属于道德问题,或者与宗教信仰相关的问题。很多人都质疑马歇尔大法官在没有宪法根据、没有历史根据的情况下建构司法审查制度。如果真的如此,那么司法审查似乎可以被认为是美国法律当中最大的异类之一。诸如死刑、堕胎、安乐死、同性恋等等问题不仅涉及到美国社会的道德底线,而且还涉及到为数众多的公民个体的基本权利与实际生活。从这个角度来说,由非民选的少数几位大法官通过司法审查方式决定上述重大社会问题,显然与所谓民主机制

---

[1] 参见 Scott M. Noveck, Is Judicial Review Compatible with Democracy? 6 *Cardozo Pub. L. Pol'y & Ethics J.* 401(2008)。

[2] 参见 Malvina Halberstam, Judicial Review, A Comparative Perspective: Israel, Canada, and the United States, 31 *Cardozo L. Rev.* 2393(2010)。

[3] 参见 Matthew C. Stephenson, When the Devil Turns..."; The Political Foundations of Independent Judicial Review, 32 *J. Legal Stud.* 59(2003)。

[4] 亚历山大·比克尔(Alexander Bickel),1924 年—1974 年,美国著名宪法学家,坚持司法权的限制论。

[5] 参见 Ronald C. Den Otter, Democracy, Not Deference: An Egalitarian Theory of Judicial Review, 91 *Ky. L. J.* 615(2002/2003)。

不能兼容。换句话说,这样的一种解决方式与民治的理念相去甚远。

美国司法审查机制经常被批评为反民主。而民主派人士往往批判司法审查是一群未经选举的法官,跳过民选机制执行法律。换句话说,通过非民选的法官来拟制民意的做法非常蹩脚。事实上,即使法官是民选出来的,当其作出的判决有违一般民意的时候,唯一能够改变判决的做法,只能是通过十分苛刻的程序修改宪法。即使这些法官日后因此落选,但其决定也将在一段时间,甚至很长时间内影响人们的生活。[①]

另外,因为美国宪法中并未明确规定所谓司法审查制度,因此很多学者直接质疑司法审查制度本身存在的正当性。[②] 恰恰因为宪法没有规定,因此最佳的宪法解读方案只能是由民选机关负责。但美国司法审查的制度却恰恰相反,有权最终确定宪法含义的联邦法官不仅享有终身制,更为重要的是未经选举产生。和民选官员不同,联邦法官几乎可以完全不用考虑自己的退场机制。同时因为宪法本身的模糊性,联邦法官解读宪法时不可避免地要加入解读者的价值判断,这就使得判断法官是否滥用权力变得更加难以辨识。因此就有学者主张,干脆彻底取消联邦最高法院的司法审查权,这种观点固然前卫,但绝非没有市场。

与之形成鲜明对比的是,很多知名学者对上述指摘颇不以为然,其中甚至有些学者还试图为司法审查寻找正当性。例如有人提出,法官主导的司法审查可以确保政治上的平等,总结起来,相较于立法与行政机关,司法机关更适合扮演对社会道德至关重要的决断角色。[③] 除此之外,还有学者认为,司法审查有促进公共参与政府管理、有助于促进司法寻求和解、协作及稳定的本质。更为重要的是,司法审查的运行具有内在连贯性与可操作性。[④]

一直以来美国宪法学理论都在试图解决未经选举产生的法官与民主责任之间的矛盾关系。对这一前提,有学者表示支持,认为这或许反映出对民主责任概念的理解存在偏差。在其看来,之所以很多美国联邦最高法院的大法官对司法审查安之若素,理由就在于他们将责任的对象视为针对某些目标,而非

---

① 参见 Matthew D. Adler, Judicial Restraint in the Administrative State: Beyond the Countermajoritarian Difficulty, 145 *U. PA. L. REV.* 759(1997)。

② 参见 Joyce Lee Malcolm, Whatever the Judges Say It Is? The Founders and Judicial Review, 26 *J. L. & Politics* 1(2010)。

③ 参见 Owen M. Fiss, Objectivity and Interpretation, 34 *Stan. L. Rev.* 739(1982)。

④ 参见 Tsvi Kahana, The Easy Core for Judicial Review, 2 *J. of Legal Analysis* 227(2010)。

针对某些人。和人相比,法官应该更为重视基本的价值理念。在一个选民将过多的宪法考虑纳入到自己投票行为的社会,是一个超越了司法审查的社会。[①]

因此,目前美国学界主流观点是,在承认司法审查存在的基础上,主张对其加以限制,即将某些不可能短时期解决的问题,排除出单纯依赖相对多数法官意见的控制范围。[②] 还有学者主张,只有在立法存在明显错误时,联邦最高法院才可以适用司法审查。[③] 至于司法审查制度内部存在的技术性难题,如不同层级法院对宪法解读不一致,可通过普通法系中的"遵从先例"原则加以规避。[④]

(三) 终究悲哀的"歌颂": 美国联邦最高法院的"神化"与"异化"

美国宪法,乃至美国宪政,特别是其司法的独立性,一直是可供"膜拜"的"范本"。

但需要注意的是,"许多国家不会像美国人那样,对打着纳粹旗帜穿街过巷之类的极端政治表达保持宽容态度,这是因为,美国人受自身历史影响,具备欧洲人无法拥有的个性,那就是:'根深蒂固的社会和历史乐观主义。'"[⑤]

这种美国宪法的拜物教可以说是"历史终结论"在全球宪法学内的一种表现。在这种胜利主义的论调下,美国宪法被请上神坛,塑造为偶像。[⑥] 这种偶像化的突出表现是,不去正视美国宪法及其修正案文本规定的模糊性,不去谈及相关法律文本制定过程中不同利益集团的博弈与妥协,一味为美国宪法辩解甚至开脱。例如,认为"宪法第14修正案的起草者,并未直接指明宪法是否允许种族隔离,只含混说了句'平等保护',让后人根据当时的社情民意确定这句话的含义。制宪先贤们选择原则表述,而非精确界定,自有其良苦用心。他们这么做,是为避免后人受制于过于精确的条文。因为条文愈是细致,时代气息愈是浓厚,一旦时过境迁,反而成为阻碍后人与时俱进的枷锁。一部巨细靡遗的宪法,显然

---

① 参见 Cass R. Sunstein, Naked Preferences and the Constitution, 84 *Colum. L. Rev.* 1689(1984)。

② 参见 Larry Alexander & Frederick Schauer, On Extrajudicial Constitutional Interpretation, 110 *Harv. L. Rev.* 1359(1997)。

③ 参见 Wallace Mendelson, The Influence of James B. Thayer Upon the Work of Holmes, Brandeis, and Frankfurter, 31 *Vand. L. Rev.* 71(1978)。

④ 参见 Ruth Colker and James J. Brudney, Dissing Congress, 100 *Mich L Rev* 80(2001)。

⑤ 〔美〕安东尼·刘易斯:《批评官员的尺度:〈纽约时报〉诉警察局长沙利文案》,何帆译,北京:北京大学出版社2011年版,第302页。

⑥ 田雷:《美国宪法偶像的破坏者》,《读书》2013年第6期,第51页以下。

无法垂范久远。"①按照这种理解,种族隔离如果在当时的"社情民意"看来适当,也不违反宪法的本意。

这种奇怪的逻辑根本不考虑美国宪法及其修正案中所谓人权保障部分的规定曾经长期被束之高阁②,曾经长期被公然忤逆③,曾经长期被阳奉阴违。④ 但这种对美国宪法及其缔造者的神化多少有些一厢情愿的味道。

美国建国者是伟人,但不是超人。⑤ 就像本杰明·富兰克林(Benjamin Franklin)⑥对闪电的物理原理可能还不如当代中学生了解那么深一样,美国宪法的缔造者不能,也不会预见到日后社会的巨大发展与变化。⑦ 因此美国宪法

① [美]安东尼·刘易斯:《批评官员的尺度:〈纽约时报〉诉警察局长沙利文案》,何帆译,北京:北京大学出版社 2011 年版,第 60 页。

② "宪法第 1 修正案问世后的一个多世纪,最高法院几乎未就言论自由和出版自由保护问题作出过判决。"[美]安东尼·刘易斯:《批评官员的尺度:〈纽约时报〉诉警察局长沙利文案》,何帆译,北京:北京大学出版社 2011 年版,第 80 页。

③ "1917 年,美国加入第一次世界大战。国内民意沸腾,爱国热情泛滥,根本容不下任何反战声音。许多与德国相关的名称或销声匿迹,或改弦易辙。连'德国泡菜'也被改称为自由泡菜,德国音乐家贝多芬的作品被禁止演奏,在这种政治气氛下,国会通过了《防治间谍法》,这部法律规定,当美国处于战时状态,'凡诱使或试图诱使海、陆军官兵抗命、不忠、叛变或拒不服从',以及'蓄意妨碍政府征兵'的行为,将被视为犯罪,最高可判处 20 年监禁。随后,数以百计的人因为发表所谓'反战言论'而被追诉,即使是对政府政策无伤大雅的批评,或者关于和平主义的讨论,也难逃《防治间谍法》的法网。法官会指示陪审团,只要他们认定被告有'不忠'之语,就可以直接定罪。"[美]安东尼·刘易斯:《批评官员的尺度:〈纽约时报〉诉警察局长沙利文案》,何帆译,北京:北京大学出版社 2011 年版,第 83 页。

④ 《权利法案》中不得剥夺表达自由的墨迹未干,联邦党人控制的国会通过了《1798 年诽谤法案》(Sedition Act of 1798),该法规定"对政府、参众两院或者总统发表任何虚假、抹黑或者恶意言论,意图破坏其名誉,使其遭受贬损,或者煽动国民对其仇恨的行为都该当两年以下监禁,并处 2000 美金罚金。"立法显然针对的是当时由麦迪逊等人组织的反对党,而其中立法很明显也没有将担任副总统的杰弗逊纳入到保护范围之内。换句话说,鼓动美国民众对副总统仇恨的行为将得不到任何刑罚处罚。更为有意思的是,这部法律在约翰·亚当斯总统任期截至时自动失效。参见 Pierre N. Leval, Strangersona Train: MakeVolLaw: The Sullivan Caseand the First Amendment. By Anthony Lewis, 1138 *Mich. L. Rev.* 91(1993)。

⑤ [美]布鲁斯·阿克曼:《美利坚合众国的衰落》,田雷译,北京:中国政法大学出版社 2011 年版,第 49 页。

⑥ 本杰明·富兰克林(Benjamin Franklin),1706 年—1790 年,美国政治家、物理学家,曾多次进行过闪电实验,并发明避雷针。但就其是否真正实施过上述实验,也存在很大争议,很多现代物理学家认为,按照其所描述的试验方法,正常人必将遭雷劈身亡。相关介绍,参见[美]汤姆·麦克尼克尔:《电流大战:爱迪生、威斯汀豪斯与人类首次技术标准之争》,李立丰译,北京:北京大学出版社 2018 年版。

⑦ 例如,我们无法想象美国宪法的缔造者可以预见到二十一世纪时,美国某知名电信公司最近决定屏蔽一宣扬堕胎的组织的群发短信,虽然后来迫于压力改变了这一决定,但仍然宣称自己有权决定可以传播哪些短信。这是否侵犯了用户的言论自由权?事实上,随着科技的进步,几乎每个有手机的人都成为一个潜在的记者,我们经常能够见到博主围绕某些事实差别很大的问题相互攻击。导致的后果就是,一方面攻击的程度或者破坏力与日俱增,另一方面这些问题也越来越无法通过司法活动加以解决。参见 Jeffrey Rosen, A Biography of the 1st Amendment, 26 *Montana Lawyer* 33(2008)。

及其修正案本身并无任何"超人"之处。不仅如此,"今天,都对宪法心存敬畏,甚至想当然地以为十八世纪的美国也是如此。事实却远非想象。"①以"纽约时报诉沙利文案"(*New York Times Co. v. Sullivan*)②所涉及的美国宪法第一修正案中"表达自由权"为例,其强调所谓"批评官员的尺度",当然大体与所谓"言论自由权"相关,并一再演绎宪法起草者如何高瞻远瞩,仿佛其在几百年前就已发现这一条款会被此般理解一样。但颇为讽刺的是,有美国学者通过考察立法史,提出可以肯定的是,首先,所谓"表达自由"主要关注点应该是出版自由,而非言论自由。这是因为在英国殖民统治时期,存在所谓"事先审查"制度,因此在美国建国者看来,出版自由不仅仅是一种民主权利,更应该被理解为美国独立战争的必然结果。与此同时,出版自由与言论自由之间不具有等价性。事实上言论自由在美国建国之初并不是一个宪法问题。③ 但另一方面,直到今天,出版自由权的含义仍未明确,而当初根本被无视的言论自由权却备受关注起来。④ "纽约时报诉沙利文案"集中体现了美国宪政制度中一个根深蒂固的吊诡之处。拥有一部宪法,并依赖其自始未变之本质,为这个瞬息万变的社会,注入安定之力。宪法的生命之所以能恒久延续,源自法官们在适用与解释上的不断创新,以适应制宪先贤们未能预测到的社会变迁。⑤

　　虽然美国宪法及其修正案本身相较于其他成文法,并无任何特别之处。但

---

① 〔美〕安东尼·刘易斯:《批评官员的尺度:〈纽约时报〉诉警察局长沙利文案》,何帆译,北京:北京大学出版社 2011 年版,第 57 页。

② *New York Times Co. v. Sullivan*, 376 U. S. 254(1967). 1960 年 3 月 29 日,《纽约时报》刊登了一则"评论性广告",旨在为马丁·路德·金博士争取黑人选举权、结束美国南部种族隔离的斗争寻求经济支持,但因为广告中相关描述与事实多有出入,引发了当地警察局长提起诉讼,指控《纽约时报》及广告中列明的几位黑人民权人士侵犯名誉权。在很多学者看来,美国联邦最高法院对"沙利文案"所作判决关乎"表达自由",因此极具历史意义。参见 Fred D. Gray, The Sullivan Case: A Direct Product of the Civil Rights Movement, 1223 *Case W. Res* 42(1992)。

③ 参见 C. Edwin Baker, Press Rights and Government Power to Structure the Press, 819 *U Miami L. Rev.* 34(1980)。类似的情况还包括,美国宪法并没有明确规定教师的教学自由。美国的教学自由是由法院透过一系列的判例所确立的。在多数案件中,法院会援引宪法第一修正案来保护教师的教学自由。参见陈运生:《从美国的判例看教师的教学自由及其限度》,载《比较教育研究》2011 年第 9 期,第 50 页以下。

④ 到目前为止,美国联邦最高法院都没有对媒体的言论自由进行独立的界定,只是通过判例保证媒体消息来源的秘密性、保证记者探访罪犯的权利、保证出庭聆讯的权利等。参见 David A. Anderson, The Origins of the Press Clause, 455 *UCLA L. Rev.* 30(1983)。

⑤ 〔美〕安东尼·刘易斯:《批评官员的尺度:〈纽约时报〉诉警察局长沙利文案》,何帆译,北京:北京大学出版社 2011 年版,第 193 页。

必须承认,美国宪法发展至今,遵循的是一种非常独特且无法复制的经验论模式。"宪法时刻不是一个转瞬即逝的时刻,美国宪政体制内,最终确定下来的宪政结果通常要经过十数年乃至数十年的时间验证。"①在这个过程中,扮演重要角色的,即是享有"司法审查权"的联邦最高法院。

1803 年,在"马伯里诉麦迪逊案"中,美国联邦最高法院首席大法官马歇尔宣布,宪法含义应由最高法院确定,他写道:"必须强调的是,决定法律是什么,是司法部门的职权和责任。"杰弗逊总统猛烈抨击了马歇尔的判决意见。他说,如果最高法院越俎代庖,代替其他政府分支确定宪法含义,首席大法官必将使司法分支沦为专制独裁的机构。无论如何,"马伯里诉麦迪逊案"之后,宪法究竟是何含义,最终变成司法系统说了算。② 对司法审查权本身的正当性,一直存在争议,如前所述,甚至有人将其称之为"美国民主的异化"。对这种"异类"③,固然可以后天赋予其正当性,如人为赋予非民选产生的大法官民意代表的地位④,人为拟制联邦最高法院大法官与社会民众的道德一致性⑤,等等。或许质疑一项业已存在且运行百年的司法实践措施的正当性并不明智,但这并意味着不能批评、检视这一司法活动的整个运行过程。

以"纽约时报诉沙利文案"为例,可以从如下几个方面发现美国联邦最高法院所享有的"司法审查权"在实际运行过程中的异化。

首先,联邦最高法院在行使司法审查权过程中对宪法第一修正案的解读并没有遵守"最低限度主义"。因为最高法院大法官由总统任命,且任职终身,因此无法推定这些大法官的道德水准就一定高于行政官员或者立法者,乃至

---

① [美]布鲁斯·阿克曼:《美利坚合众国的衰落》,田雷译,北京:中国政法大学出版社 2011 年版,第 59 页。
② [美]安东尼·刘易斯:《批评官员的尺度:〈纽约时报〉诉警察局长沙利文案》,何帆译,北京:北京大学出版社 2011 年版,第 58 页。
③ [美]亚历山大·比克尔:《最小危险部门:政治法庭上的最高法院》,姚中秋译,北京:北京大学出版社 2007 年版,第 18 页。
④ "法院违宪审查的权力,并无假定司法权高于立法权的含义。仅假定人民的权力实在两者之上,仅意味着每逢立法机构通过的立法表达的意志如与宪法所代表的人民意志相违,法官应受后者,而非前者的约束,应根据根本大法进行裁决,而不是根据非根本法裁决。"[美]汉密尔顿等:《联邦党人文集》,程逢如等译,北京:商务印书馆 1980 年版,第 393 页。
⑤ 美国著名法理学家罗纳德·德沃金认为,美国宪法始终处于一种道德解读之中,只要这种道德解读建立在对历史文本理解的基础上,与宪法结构设计保持一致,与以往宪法解释保持连贯性,那么,这种宪法解读就是正当的,或者说,针对立法的司法审查也就是正当的。[美]罗纳德·德沃金:《自由的法:对美国宪法的道德解读》,刘丽君译,上海:上海人民出版社 2001 年版,第 29 页。

普通人。① 因此,在设计复杂的情事或伦理问题,足以导致意见分裂时,最高法院尤其应避免原则性裁决。为避免错判或不当判决带来不可预料的后果,司法机关应寻求一个狭窄的理由裁决案件,避免清晰的规则和终局性的解决方案,即就事论事地解决具体问题,而将原则问题留给民意机关协商解决。② 但藉由司法审查权,大法官们发现了自己的权力貌似没有边界,而其也乐于为自己行使绝对权力辩护。例如,雨果·布莱克(Hugo Black)③大法官曾指出,在民权保护领域,司法克制"毫无意义"。④ 但颇具反讽意味的是,似乎可以套用霍姆斯大法官在"艾布拉姆斯诉美利坚合众国案"(*Abrams v. United States*)⑤中所持的不同意见,"如果你对自己的预设前提和个人能力深信不疑,并一心追求一个确定结果,自然会借助法律为所欲为,扫除一切反对意见。"⑥虽然这一表述本来意指执法者,但当权力毫无限制,司法者对这一"褒奖"似乎也当之无愧。"纽约时报诉沙利文案"所鼓吹的言论自由导致也导致了相当大的争议,有时甚至导致了悲剧的发生。⑦

其次,联邦最高法院在行使"司法裁量权"的时候过程不透明,缺乏可预测性。固然司法审查本身因为本身包括缺乏公众参与,无法提升社会中政治参与的质量。⑧ 以"纽约时报诉沙利文案"为例,虽然通过本案,联邦最高法院支持了公民的言论自由权,但有学者尖锐地提出,无论"司法审查"具有何种好处,都是

---

① 例如现任美国联邦最高法院大法官托马斯就曾被指控在里根政府任职期间性骚扰其特别助理,这一事件在其提名担任联邦最高法院大法官期间曾在美国掀起轩然大波。参见 Clarence Thomas, *My Grandfather's Son*: *A Memoir*, New York: Harper Collins Publishers, 2007, p. 21.

② 〔美〕凯斯·桑斯坦:《就事论事:美国联邦最高法院的司法最低限度主义》,泮伟江、周武译,北京:北京大学出版社 2007 年版,第 65 页。

③ 雨果·布莱克(Hugo Black),1886 年—1971 年,1937 年-1971 年担任美国联邦最高法院大法官。

④ 任东来等:《在宪政舞台上:美国联邦最高法院的历史轨迹》,北京:中国法制出版社 2007 年版,第 313 页。

⑤ *Abrams v. United States*, 250 U. S. 616(1919).

⑥ 转引自〔美〕安东尼·刘易斯:《批评官员的尺度:〈纽约时报〉诉警察局长沙利文案》,何帆译,北京:北京大学出版社 2011 年版,第 95 页。

⑦ "1971 年 8 月,希尔太太自杀了。加门特认为,导致这一悲剧发生的,可能有多重因素,未必要完全归罪于《生活》杂志的不实报道,但是,在这个充满侵略性的世界里,一些以内心完整依托的人们,一旦被迫因负面信息成为公众关注的中心,将受到严重伤害。希尔的自杀是我预料之中的事情,我们不能奢望一个普通人具有一个官员或者公众人物所拥有的良好心理素质,这可能是沙利文案的最大流弊。"〔美〕安东尼·刘易斯:《批评官员的尺度:〈纽约时报〉诉警察局长沙利文案》,何帆译,北京:北京大学出版社 2011 年版,第 232 页。

⑧ 参见佟德志主编:《宪政与民主》,南京:江苏人民出版社 2007 年版,第 57 页。

以丧失人民进行自我管理的经验为代价的,因此长期来看,司法审查权不利于民主社会的健康运行。[①] 因为缺乏制衡与监督,同一法官在类似案件中意见反复,前后不一[②],致命的是,基于特定的政治立场或者价值取向,美国联邦最高法院大法官之间的相互影响也饱受诟病[③],更为关键的是,这种影响几乎完全处于暗箱状态,某些学者就通过大法官去世后交由图书馆收藏的日记,获知了"纽约时报诉沙利文案"最终判决结果产生的"幕后交易"。[④]

[①] [美]克里斯托弗·沃尔夫:《司法能动主义》,黄金荣译,北京:中国政法大学出版社 2004 年版,第 34 页。

[②] "霍姆斯大法官 1907 年在'帕特森诉科罗拉多州案'的判决意见,霍姆斯在这起案件中声称,第一修正案只禁止'对出版的事前限制'。马卡姆话音未落,已经 90 岁高龄的霍姆斯大法官突然插话:'写那些话时我还年轻,马卡姆先生,现在,我已经不这么想了'。"[美]安东尼·刘易斯:《批评官员的尺度:〈纽约时报〉诉警察局长沙利文案》,何帆译,北京:北京大学出版社 2011 年版,第 116 页。

[③] "罗斯福新政期间,这四位保守派大法官经常私下会晤,相互配合,积极反对新政措施,被自由派讥讽为四大黑暗骑士。"[美]安东尼·刘易斯:《批评官员的尺度:〈纽约时报〉诉警察局长沙利文案》,何帆译,北京:北京大学出版社 2011 年版,第 117 页。对美国联邦最高法院大法官在案件裁判中著名的五比四规则,除了之前的介绍,还可参见李立丰:《民意与司法:多元维度下的美国死刑及其适用程序》,北京:中国政法大学出版社 2013 年版,第 51 页以下。

[④] 对布伦南大法官来说,获得多数派法官的支持显然非常重要。虽然华伦大法官和怀特大法官曾经表示支持布伦南大法官的意见,但布莱克、道格拉斯以及谷德伯格大法官宣称媒体拥有批评公权力的绝对豁免权。由于布伦南大法官无法接受可以毫无限制地故意诬陷政府官员的做法,因此如果要获得话语权,布伦南必须赢得剩下的 5 位法官中的 4 位的支持。他认为赢得哈兰大法官的支持至关重要,哈兰的人生颇具传奇性,其广泛的人脉关系有助于帮助自己获得支持。另外一个问题在于如何避免阿拉巴马州法院对这一案件进行再审。如果按照其早先设定的判断公式,那么就需要将该案再审,需要让阿拉巴马州陪审团去证明行为人具有实际的恶意,而其所导致的结果可能更差。布伦南似乎认为再审是不可接受的,而且也认识到了建构规则宪法的宪法意义。而其初稿的结论是推翻原判,从而排除了任何其他意见的可能性。然而,这一结果,使得获得哈兰的支持变成不可能。但是让人感到吃惊的是,哈兰法官这个时候提交过一封备忘录,认为不能将该案发回重审,因为原告无法证明宪法所要求的实际恶意标准。布莱克曾经私下警告布伦南他不认为哈兰会坚持这一观点,因为这一观点与哈兰所奉行的联邦主义思想背道而驰,布莱克的观点从某种程度上是正确的。因为在哈兰发现自己的观点被用来作为排除本案再审的根据的时候,他就改变了自己的看法。布伦南提出了新的建议,如要求上级法院承担检查案件审理记录的义务,从而确保故意捏造的证据足以支持起诉方所承担的明确且令人信服的责任。但哈兰显然不买账,更为糟糕的是,克拉克被哈兰所说服,而怀特支持布伦南的看法也开始动摇。道格拉斯与谷德伯格大法官突然提出了一种解决方案,他们认为或许可以接受布伦南的观点,但是需要注明其所支持的更为极端的媒体保护倾向。但好景不长,布莱克又将这两个人拉了回来。因此布伦南似乎无法赢得 5 票,因此虽然判决会被推翻,但不会就诽谤法案提出任何的救济措施。案件最终的审理结果多少出乎意料,因为克拉克法官本来想独自撰写意见,但后来提出自己将无保留地支持布伦南,条件是其必须提出最高法院要本着有效司法运转的原则审查证据的充分性。为什么克拉克这样做无从得知,但加上斯图尔特,布伦南终于凑够了 5 票。最后的惊喜出现在最后一刻,哈兰法官致电布伦南,提出自己将无保留地支持布伦南的观点。参见 Pierre N. Leval, Strangers on a Train: Make Vol Law: The Sullivan Case and the First Amendment. By Anthony Lewis, 1138 *Mich. L. Rev.* 91 (1993)。

再次,美国联邦最高法院的异化与神化是同一问题的两个方面。虽然司法审查权与美国联邦最高法院大法官的遴选方式共同作用为联邦最高法院的异化提供了内在条件,但如果没有学界、媒体、民众对联邦最高法院的神化这一外在环境,显然无法实现。对此,美国联邦最高法院心知肚明,因此其往往在非常恰当的时间点作出倾向性明显的判决。联邦最高法院选择在 1964 年,藉由"纽约时报诉沙利文案"实现其对"表达自由权"的重新界定,这种时间维度的耦合绝对不是如《批评官员的尺度:〈纽约时报〉诉警察局长沙利文案》一书的作者①或者某些学者②所形容的那般偶然。就在"纽约时报诉沙利文案"审结不到一年,美国民权运动的高潮,同时也是实质性的突破,《1965 年选举权法》(The Voting Rights Act of 1965)③即告出台。④ 不仅要问,如果所谓言论自由等民众权利需要靠美国联邦最高法院大法官来加以确认或者推动,那么为什么宪法第一修正案出台后百余年间联邦最高法院对此未有任何判例?

唯一合理的解释,恐怕不可能是联邦最高法院在民权运动中的积极引领,而只能是顺应时事。⑤ 固然不能用"投机"来对此加以形容,但即使没有"纽约时报诉沙利文案",相信联邦最高法院也会在二十世纪六十年代选择其他的案件为自

---

① "过去,法官仅把言论自由看作个人免受政府控制的诉求之一,这些诉求还必须服从社会利益需要,如今,汉德却把言论自由当作最大的社会利益。那些被政府官员们深恶痛绝的批评意见,反而是赋予政府合法性的权力之源。1970 年,若不是汉德的传记作家杰拉尔德·冈瑟旧事重提,此案早已被人们遗忘。汉德在这起判决中的判决意见,具有里程碑式的意义,这是美国法官首次在判决书中阐述言论自由和出版自由的意义。"[美]安东尼·刘易斯:《批评官员的尺度:〈纽约时报〉诉警察局长沙利文案》,何帆译,北京:北京大学出版社 2011 年版,第 84 页。

② 汉德的观点之后在很长时间都未被重视,然而,因为一场美丽地近乎虚幻地邂逅,汉德法官得以有机会在火车上偶遇霍姆斯大法官,才使整个事件峰回路转。在这次会面过程当中,汉德作为一名年轻的地区法官,非常大胆直率地向霍姆斯法官阐述了自己所主张的言论自由权对民主社会的重要性。在后来两人的通信过程当中,汉德渐渐说服了霍姆斯接受这一观点。参见 Gerald Gunther, Learned Hand and the Origins of Modern First Amendment Doctrine: Some Fragments of History, 719 *Stan. L. Rev.*, *Vol.* 27(1975)。

③ 52 U. S. C. § 10101.

④ 《1965 年选举权法》采取了一系列创新机制来确保选举权免受种族歧视问题的干扰。这一法案在很大程度上改变了宪法第十五修正案的执行模式,使其不再依赖于联邦法院,而更多地倚重于司法部。参见[美]布莱恩·兰斯伯格:《终获自由:〈1965 年选举权法〉幕后的司法战》,李立丰译,上海:上海三联书店 2016 年版,第 2 章以下。

⑤ 第二次世界大战后,美国国内追求平等、反对歧视的民权运动势不可挡,冲击着美国的政治和社会生活,最终也将最高法院卷入其中。二十世纪五十年代末,在种族平等、性别平等、政治选举和刑事司法等领域中,沃伦法院自由主义的司法能动判决,为美国带来了一场史无前例的权利革命。参见任东来、颜廷:《探究司法审查的正当性根源:美国学界几种司法审查理论述评》,载《南开大学学报》2009 年第 2 期,第 25 页。

己存在的正当性正名。对此,有美国学者不无辛辣地指出,历史的教诲是,当大法官想去探究某个时期所有最炙热的政治问题并投身其中时,结果是于事无补。当它在政治争论的边缘而非政治争论的中心运作时,当它轻轻地推拉这个国家而非试图统治它时,最高法院才得以取得了它那些最伟大的成就。①

美国联邦最高法院的存在根据与其运行模式决定了其所具有的异化本质与异化倾向。这一点无法通过大法官们看似"颠扑不破"的判词来加以掩饰,更不能用其在一个个历史关头的"精彩表演"来加以神化。

大法官不是索居白色大理石神殿之神,他们,也是人。

他们也会有意含糊其辞②,也会在现实面前低头③;他们不具有任何优于常人的价值观④,更没有决定历史发展进程的魔力。⑤

大法官们或许发表过很多真知灼见⑥,但如果没有权力,这些意见或许会和人类历史上出现过的大多数真知灼见一样湮灭在历史的尘埃当中。但可怕的是,保证大法官们"名垂青史"的权力既缺乏公认的正当性,也缺乏其所津津乐道的"程序限制"。或许,还需要时间,才能更为客观地评价联邦最高法院的历史价值与历史地位。但有一点可以肯定的是,如果将美国宪法或者联邦最高法院的

---

① 〔美〕罗伯特·麦克洛斯基:《美国联邦最高法院》,任东来等译,北京:中国政法大学出版社 2005 年版,第 269 页。

② "这正是霍姆斯行文的特点:含义语焉不详,道德立场骑墙。一方面,他说吉洛特的声明拖沓冗长,属于可以放纵不管的无害言论,另一方面,他又转入宿命论立场,认为民主政体下的人民应当做好准备,因为有朝一日,社会主流可能接受无产阶级专政的政体。"参见 Pierre N. Leval, Strangers on a Train: Make Vol Law: The Sullivan Case and the First Amendment. By Anthony Lewis, 1138 *Mich. L. Rev.* 91(1993)。

③ "最高法院已开始为那些以国家安全为托辞的说法,悄然设置各类例外性规定。在这个问题上,最高法院必须恢复过去悍卫第一修正案的坚定立场。"〔美〕安东尼·刘易斯:《批评官员的尺度:〈纽约时报〉诉警察局长沙利文案》,何帆译,北京:北京大学出版社 2011 年版,第 297 页。

④ 如果对全体美国人而言,这些价值真的是基本的,那么,多少代表多数人意志的立法机构为什么就一点都没有感受到这些基本价值的制约呢? 实体价值应由代议机关来判断,法院不能越俎代庖。〔美〕约翰·哈特·伊利:《民主与不信任》,朱中一等译,北京:法律出版社 2003 年版,第 93 页。

⑤ 理想模型中,只有在"政治市场出现系统失灵"时,最高法院才可以介入。这种失灵既可以表现为民主政治的胜利者堵塞政治变革的渠道,维护既得利益,限制政治对手成功的机会;也可以表现为"多数暴政",代议制民主全面且故意地敌视或拒绝承认少数群体的利益,拒绝给予他们平等的保护。斯坦福大学教授保罗·布莱斯特曾经评论道,这个任务本身是不可能完成的。参见顾佳:《司法审查正当性的证成路径及其困难》,载《厦门大学法律评论》2006 年第 11 辑,第 297 页以下。

⑥ "如果我们想确定一种思想是否真理,就应让它在思想市场的竞争中接受检验。也仅有真理,才能保证我们梦想成真。无论如何,这正是美国宪法的基本理论。"参见霍姆斯大法官对"艾布拉姆斯诉美利坚合众国案"异议节选。转引自〔美〕安东尼·刘易斯:《批评官员的尺度:〈纽约时报〉诉警察局长沙利文案》,何帆译,北京:北京大学出版社 2011 年版,第 95 页。

大法官们奉上神坛,那么结果即使不是悲剧,也一定不是大家所乐见的喜剧。

第二节　网络表达权的刑事法规制

随着网络时代的到来,资讯呈现出爆炸式增长的态势,消息来源也呈现出愈发多元的样态。根据一项有关刑事案件信息来源的实证调查,受访者的具体反馈如下:[①]

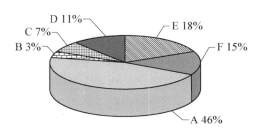

D 11%
C 7%
B 3%
E 18%
F 15%
A 46%

A 网页、论坛　　B 官方文件　　C 听别人说的
D 亲眼目睹　　E 报纸、杂志　　F 广播、电视

从中不难看出,接近一半的受访者,主要依赖电子媒体,即网络、论坛等形式了解刑事案件审判的相关信息并发表意见。例如,微信朋友圈中就是否对拐卖儿童者判处死刑的热炒与广泛点赞,虽然也有学者试图用"现代法治精神"来激浊扬清,"教化群氓",[②]但显然无法与甚嚣尘上的民意相抗衡。事实上,微信、微博等自媒体的出现,已经对专业新闻媒介的权威地位和主导作用形成了质疑,网络信息传播已经不再是一种单向度的信息传播,而是"体现了网民之间的社会关系和他们的价值、心理不同层面的文化认同。"[③]

值得注意的是,网络世界和现实社会一样,充斥着话语权的不平等,根本不是什么所谓"意见的自由市场"。网络民意因为信息供给的不充分,往往会在短时间内出现根本性的逆转,例如,2008 年 10 月 11 日,哈尔滨发生了 6 名警察打

---

① 转引自韦嘉燕、乐永兴:《舆情民意扩张与刑事司法审判危机应对》,载《中国刑事法杂志》2012 年第 12
期,第 52 页。

② 支振锋:《立法如何回应民意——从朋友圈呼吁"贩卖儿童一律判死刑"谈起》,载《紫光阁》2015 年第 9
期,第 76 页。

③ 郑燕:《"微博"中的公民话语权及其反思民意与公共性》,载《文艺研究》2012 年第 4 期,第 34 页。

死 1 个学生的舆情事件,"10 月 12 日,网民一听说警察打死人,一致抨击警察,10 月 16 日,网络消息说死者是哈尔滨某高官子弟,网络民意几乎一致抨击死者说他该死,10 月 19 日的事实澄清之后的,网络民意再一次一致复原到对警察的抨击。① 如此反复的民意,在其他敏感性死刑案件中,也有体现:②

类型	典型案例	变化	相关网页数量	跟帖数量
从轻型	许霆案	由无期徒刑改判为有期徒刑 5 年	55 万个	17445 篇帖子,跟帖数量约为 40.8 万
从重型	李昌奎案	由死缓改判为死刑立即执行	68.5 万个	91080 篇帖子,跟帖数量约为 7 万
不变型	杨佳案	二审维持死刑立即执行	19.4 万个	因技术屏蔽无法统计

正因如此,在特定死刑案件中,所谓的知识精英,抑或当事人家属或辩护律师,才会滥用自身影响力,试图操纵网络舆情,对法院施加压力。例如,在夏俊峰被执行死刑相关报道议程设置阶段,无论是某知名大学教授在网上的发帖声援,还是被告人夏峻峰的妻子的"微博直播",亦或是案件代理律师的悲情微博③,都会引发网络民意的极大反响,进而以各种形式反馈到具体个案的处理当中。究其原因这显然与人类社会第 3 次浪潮,即信息浪潮的到来存在密切关系。"随着大数据信息时代的到来,民意形态悄然发生了三重变迁:民意结构由原子化转化合成化,民意测量由样本民意转向总体民意,民意分析由小数据分析转向大数据分析与可视化。"④

大约 20 年前,曾经有学者预言,随着中国经济、社会的发展,在温饱等"生存权"基本得到满足之后,中国社会对于人权的追求与理解,将从生存权向自由权迈进。在自由权中排在首位的,就是所谓的"言论自由权"或"表达权"。⑤ 进入到二十一世纪,中国已经成为世界第 2(或第 1)经济体⑥,随着综合国力的迅猛发

---

① 参见徐光华:《个案类型特征视阈下的刑事司法与民意——以 2005 至 2014 年 130 个影响性刑事案件为研究范本》,载《法律科学(西北政法大学学报)》2015 年第 5 期,第 34 页。

② 转引自潘庸鲁:《网络民意对刑事审判的影响》,载《国家检察官学院学报》2012 年第 2 期,第 18 页。

③ 参见凌燕、李正国:《新媒体时代的"民意"建构——对夏俊峰案报道的舆论传播分析》,载《当代传播》2014 年第 6 期,第 38 页。

④ 汪波:《大数据、民意形态变迁与数字协商民主》,载《浙江社会科学》2015 年第 11 期,第 47 页。

⑤ 参见杜钢建:《首要人权与言论自由》,载《法学》1993 年第 1 期,第 8 页。

⑥ 参见"中国又被算成最大经济体",载《环球时报》2014 年 10 月 10 日第 11 版。因为计算方法存在争议,对于这一实力判断,在国内和国际都存在不同意见。

展,如何在法治①的框架下,理解言论或表达权②,进而讨论网络自媒体时代出现的"网络表达权"这一新兴权利的法律保护与规制,特别是刑法规制,就成为一个亟待回答的现实问题。

一、"网络表达权"的独立权属③

据不完全统计,世界上大约 90％的国家的宪法中有所谓"言论自由"或"表达自由"的规定。④ 但作为前提,对于这种自由权利的概念表述,却存在需要厘清之处。毕竟,即使在美国,所谓"表达自由"这一概念的内涵和外延,也只是在最近这几十年,才被深入研究。⑤ 之所以要在话语前提的意义上明确本书讨论的是言论自由,还是表达自由问题,不仅因为二者分属不同的话语层级,更为重要的是,随着网络时代的到来,呼唤对于相关新兴权利概念的重新认知。

(一)"表达自由权"提法的相对合理性

在我国法学研究话语中,经常混用"言论自由"与"表达自由"概念,认为二者近似,甚至干脆加以等同,如有学者认为,"言论与表达自由(Freedom of speech of expression)是主要公民自由权之一"⑥,或为行文方便,将言论自由与表达自

---

① 1998 年,中国签署的联合国《公民及政治权利国际公约》第 19 条规定,"人人有自由发表意见的权利;此项权利包括寻求、接受和传递各种消息和思想的自由,而不论国界,也不论口头的、书写的、印刷的、采取艺术形式的、或通过他所选择的任何其他媒介。"和"公约"规定的精神相一致,中华人民共和国宪法第 35 条规定,"中华人民共和国公民有言论、出版、集会、结社、游行、示威的自由。"

② 虽然对于什么是言论自由,或表达自由,学界存在不同解读,但基本上可以将其理解为,以某种方式,将自己的所思所想向外界表达的自由权利。对于国内学界相关界定的梳理,可参见甄树青:《论表达自由》,北京:社会科学文献出版社 2000 年版,第 109 页以下。

③ 相关内容参见李立丰、高娜:《"网络表达权"刑法规制之应然进路——以刑法第 291 条第 2 款之立法范式为批判视角》,载《苏州大学学报(哲学社会学版)》2016 年第 6 期,第 76 页以下。

④ 有 120 多个国家的宪法规定了发表意见的自由,约占总数的 90％。有不到 20 个国家没有在宪法中规定这一权利,占到了总数的 10％左右。参见〔荷〕亨利·范·马尔赛文、格尔·范·德·唐:《成文宪法的比较研究》,陈云生译,北京:华夏出版社 1987 年版,第 149 页。

⑤ 参见 Pierre N. Leval, Strangers on Train: Make No Law: The Sullivan Case and the First Amendment. By Anthony Lewis, 91 *Mich. L. Rev.* 1138(1993)。

⑥ 刘修军、魏黎明:《言论自由与社会稳定的冲突与对接——以刑事规制为视角》,载《青海社会科学》2012 年第 1 期,第 83 页。

由在同一意义上使用①，但这显然忽视了言论自由与表达自由在语意方面的逻辑位阶关系。

一般而言，言论自由在本质上属于一种"思想自由"，是人以言谈方式表达的自由。而表达自由，只属于"思想自由"的表达方式。正如我国学者所认为的那样，将表达自由视为"准思想自由"的重要原因在于，当代民主国家的法律无法惩罚人的思想，只能惩罚人的行为。毫无疑问，无论是将表达自由作为言论自由等思想自由的上位概念，还是将其作为思想自由的客观表达方式，二者在逻辑位阶上显然存在本质的不同。另一方面，对于出版自由而言，虽然与言论自由一样同属于表达自由，但从司法实践来看，出版自由的主体不限于自然人，从某个角度来说，公民个人的出版自由，可能还受到某种非法律限制。很难想象类似于痴人说梦式的个人表达，会在一个商业社会中无条件地得到出版。现实中的出版自由主体，往往不是自然人，而是作为公司法人的媒体。为追求经济利益的最大化，媒体很可能会对于不同的言论自由主体，作出有意识的选择，从而具有某种超越言论自由的"特权"。

如前所述，言论自由与表达自由存在本质上的差别，不能混同或相提并论。笔者认为，至少在刑法语境下，应当使用表达权，而非言论自由权。

首先，"表达自由"的提法与我国宪法规定兼容。

和之前提到的《日本国宪法》不同，表面上看，我国宪法中并未出现表达自由的提法，但这并不以意味着我国宪法不保护表达自由，而仅仅保障"言论自由、出版自由、集会自由、结社自由、游行自由和示威自由"。否则，将显然违背世界各国积极保护公民宪法权利的潮流，也违背我国宪法的立法原意。② 中共 17 大报告提出，"人民当家作主是社会主义民主政治的本质和核心。要健全民主制度，丰富民主形式，拓宽民主渠道，依法实行民主选举、民主决策、民主管理、民主监督，保障人民的'知情权、参与权、表达权、监督权'"。③ 中国共产党作为执政党，首次在其代表大会报告中承认并使用"表达权"④，也证明了这一提法与宪法的契合性。

---

① 参见李立景：《言论与行为二元论：表达自由立场上的刑法行为理论考量》，载《政法论丛》2006 年第 5 期，第 37 页。

② 参见温辉：《言论自由：概念与边界》，载《比较法研究》2005 年第 3 期，第 18 页。

③ 胡锦涛：《高举中国特色社会主义伟大旗帜为夺取全面建设小康社会新胜利而奋斗——在中国共产党第十七次全国代表大会上的报告》，《人民日报》2007 年 10 月 25 日第 1 版。

④ 也有观点认为，中共十六届六中全会在党内首次较为正式地提出"表达权"这个概念。参见杨士林：《表达自由在我国构建和谐社会中的价值》，载《法学论坛》2008 年第 3 期，第 95 页。

其次,"表达自由"的提法符合时代发展的要求。

相较于普遍适用的"言论自由","表达自由"的提法更具有时代感,能够满足包括网络在内表达方式多元化、便利化的个性化要求。从当前的媒体环境来看,面对以符号、图片、视频等方式表达的海量信息,和与传统文字、语言方式紧密联系的言论自由相比,"表达自由"的提法更为适当。① 除了可以应对表达方式的时代进步,从内容涵盖的角度,"表达自由"的提法具有言论自由所不具有的灵活性。和传统的四分法②不同,笔者认为,表达自由应当包括"3 类半"自由:第 1 类为传统的言论自由,即言谈、讲演、讲学等自由。第 2 类为新闻自由,包括著述、发表、刊行出版物的自由。第 3 类为艺术自由,即以雕刻、绘画、表演等方式表达思想的自由。至于前面提到的集会、游行自由、示威自由,不能与政治权利混淆,对于具有政治属性的上述活动,不宜纳入到表达自由,而应该留在政治权,或宪法第 41 条规定的批评、建议权,申诉、控告、检举权等权属中一并研讨。③由此,本文笔者将表达自由界定为,"我国公民依法享有的,以合法方式发表、公开、传播客观事实信息或个人主观意见的自由权利。"

最后,"表达自由"的提法符合不惩罚思想犯这一基本刑法原则。

一方面,思想自由具有绝对性。思想是人与生俱来的一种本能,是不可能也无法统一的,另一方面,"言论是属于思想范畴,对它治罪,就是惩罚思想犯"。④换句话说,行为主义,是当代刑法的基本原则。虽然在日本的司法实践中,曾经出现过因为在日记当中批判天皇,而被做"不敬罪"⑤处罚的司法实践。在个人日记上记载自己思想的做法,存在手部记录的"动作",但仅这样并不会产生对外的作用,因此处罚此类举动,就是惩罚思想犯,违反了行为主义。⑥ 这一论断的

---

① 参见黄惟勤:《互联网上的表达自由——保护与规制》,北京:法律出版社 2011 年版,第 2 页。

② 参见王世勋、江必新主编:《宪法小百科》,北京:光明日报出版社 1988 年版,第 309 页。

③ 对于宪法各项权利之间的重叠关系,亦可参见李步云主编:《宪法比较研究》,北京:法律出版社 1998 年版,第 562 页。

④ 参见马克昌主编:《犯罪通论》,武汉:武汉大学出版社 1997 年,第 127 页。

⑤ 大判明治 44 年 3 月 3 日刑录 17 辑 4 卷 258 页。

⑥ 刑法意义上的"行为",是作为处罚根据的客观事件与作为处罚对象的行为人之间的连接点。"行为"必须要作用于外界客观事物,如果不存在行为作用,将从行为推导出来的所谓人格作为处罚的出发点,也违反了行为主义。例如,将迷信的人诅咒杀人、在蒿草扎的人形上钉钉子,"实施巫术"的行为,作为杀人未遂处处的话,也违反行为主义。另外,"行为主义"的行为,作为惩罚行为人的根据,必须包括与行为人的主体性相关的内容。以此为目的,至少要求根据行为人的意思,在具有回避可能的情况下,作出身体活动或者不作出身体活动,如睡眠中的动作或者条件反射也不能认定为"行为"。参见[日]松原芳博:《刑法総論》,日本評論社 2013 年版,第 24 页以下。

重要性在于,承认表达自由与言论自由的本质区别,承认表达自由的行为性,为讨论用刑事法抗制表达权滥用,提供了合法性基础。表达自由概念的提出,改变了应受绝对保护的思想自由与其法律规制的话语悖论。换句话说,通过引入表达自由概念,一方面确保思想自由的绝对属性,另一方面通过法律规制,特别是刑法规制,防止特定形式表达权的滥用。

(二)"网络表达权"的特征

媒体出现之前,思想市场是相对封闭、相对割裂的孤立存在。[①] 报刊、广播、电影及电视等大众传播工具的出现,更新了表达方式、扩大思想市场的范围,最终导致了大众传媒在思想市场的相对优势地位。网络的出现,是表达自由发展历史上第二次历史性跨越,相较于之前传统媒体,网络将表达方式的门槛降至最低,赋予个人无与伦比的表达便宜,同时将表达场域扩至最大,赋予个人无以伦比的表达空间。正因如此,一个前所未见的统一的思想市场,借助网络,正在迅速成形。这也为本节讨论所谓"网络表达权",提供了话语前提。

微博等网络社交媒体的出现,打破了社会传统的时空限制,传统社会活动变得虚拟,社会身份得以隐匿,地域、阶层、民族、信仰乃至国家的界限被逐步打破,政府作为社会控制主体,在网络社会中控制力减弱[②],甚至最后也沦为和普通主体一样的特定符号。在这个意义上,网络,特别是社交媒体的出现,导致了传统社会结构的解构。另一方面,通过微博等社交媒体,人们有可能在网络中生成一个与地理空间不同的网络空间,并最终形成一个特殊意义的社会共同体。在这个意义上,不同空间居住的人们,可以维持足够频率和密度的交流,从而相互影响,并组成社群。网络传输方式,极大延伸了网络互动的空间,现实人际互动过程中所必需的时间和场所被大大压缩甚至被取消了。学者认为,在这种语境下,不仅时间与空间相互分离,空间与场所也发生了分离,"时空的分离、'缺场'取代'在场',成为其明显的标志"。[③]

之所以在网络时代,以微博为代表(国际通行的网络社交媒体还包括脸书、推特、微信、Line 等)的网络表达媒介更具裂变性,信息的传播速度与转发功能

---

① 参见闫海:《表达自由、媒体近用权与政府规制》,载《比较法研究》2008 年第 4 期,第 49 页。

② 参见刘守芬、叶慧娟:《网络越轨行为犯罪化的正当性探讨》,载《网络法律评论》2005 年 00 期,第 111 页。

③ 参见冯鹏志:《伸延的世界——网络化及其限制》,北京:北京出版社 1999 年版,第 89 页。

呈现"核裂变式的几何级数效应。"①这种"裂变"效应,极大增加了人们的交往面,改变了过去人们直线型或以地域为局限、面对面的平面交往方式,人与人之间的联系也不再是前网络时代那种以个人为原点的放射性联系,而是一种无中心的"互联"模式。② 中国传统人际交往,主要建立在熟人关系基础上,这也是为什么中国社会被称之为"熟人社会"的原因。学者认为,和熟人交往所产生的"强联系"相比,微博等网络社交媒体可以依个人兴趣,"关注"任何一个无现实联系的用户,并且可以通过"评论"和"转发"与其交流,将陌生人之间的"弱联系"无限放大。③ 微博等网络表达方式,在网络中建构起哈贝马斯语境下的最为典型的"公共领域"。④ 原创性、个性化、定制化的信息传播,使得每个人都成为中心,网络表达成本极其低廉,速度无比快捷,容量毫无限制、内容随时更新。简言之,网络表达,是继纸媒、广播、电视、短信等媒体之后,传播信息、交换思想的新载体,在网络表达这一全新语境下,无论是其传播的形式,还是传播的内容,是否应当受到类似于传统表达自由相同的保护⑤,就成为一个亟需回答的问题。

总之,与传统媒体相比,自媒体具有三个显著特征,即极强的时效性、新闻发布的技术门槛和"准入"条件降低,以及信息的多向传播。⑥ 概括来说,自媒体时代的网络表达权,导致言论自由与出版自由、事实陈述与意见表达出现混杂,权利主体、义务主体与责任主体出现分离。

(三)"网络表达权"的本质属性

笔者认为,为网络表达权对立话语提供最重要正当性根据的,在于和传统表达自由不同,网络表达权可以秘密行使,换句话说,网络表达权,具有匿名属性。

首先,网络表达具有内化的匿名性。

在互联网出现以前,匿名化的表达自由,无论是言论自由,还是出版自由,都

---

① 参见张跣:《微博与公共领域》,载《文艺研究》2010 年第 12 期,第 97 页。
② 参见刘守芬、叶慧娟:《网络越轨行为犯罪化的正当性探讨》,载《网络法律评论》2005 年 00 期,第 111 页。
③ 参见郭珂琼:《论新兴权利与新兴媒介——微博的自由表达机制与舆论引导的制度构建》,载《东南学术》2014 年第 3 期,第 40 页。
④ 参见[德]哈贝马斯:《在事实与规范之间——关于法律和民主治国的商谈理论》,童世骏译,北京:生活·读书·新知三联书店 2003 年版,第 446 页。
⑤ 参见李忠:《因特网与言论自由的保护》,载《法学》2002 年第 2 期,第 22 页。
⑥ 参见陈丽莉:《论自媒体时代的言论自由》,载《中国检察官》2013 年第 8 期,第 40 页。

是不存在，或者说不重要的。在时空条件相对有限的碎片化思想市场，表达是单纯的点到点线性表达，或者相对有限点到面表达。很难想像匿名信式的表达具有任何实际意义。相反，即使使用化名出版，编辑或出版社还是会对于作者的身份有所了解。这就是所谓"把关人"（Gatekeeper）的存在。但"在互联网上，没人知道你是一条狗！"①人们可以肆无忌惮地发表自己的看法，对各种主张或幻想可以探索和尝试，同时避开社会的非议，把后果降至最轻微的程度。网络表达匿名属性，是网络特性决定的。作为发散性的网络体系，互联网是一个无中心，或极多中心的信息链接、共享、互动体系。网络传输的技术，将信息从可见的物理介质解放出来，得以便宜传输海量数据信息。以数字化形式传播的网络信息，在传播过程中，以数据或数据包承载的信息片段，根本无从辨识。② 与此对应，网络表达主体同样被符号化。这就是网络表达匿名性的发端。网络世界中，符号不仅是信息的载体，也是网络表达的主体象征。自媒体下，网络表达主体可以将自己的现实社会身份、地位掩盖起来，而这也是电子空间最刺激的一点。③

其次，网络表达权的匿名属性应受法律保护。

在世界范围内，有些国家通过司法，肯定了网络表达匿名性。1997 年，在"自由公民联盟诉米勒案"④（*ACLU v. ZellMiller*）中，佐治亚州通过立法，为防止诈骗犯罪，禁止匿名或使用假名通过网络传送数据。法院认为，虽然防止欺诈属于"重大利益"，但这一重大利益，必须服从表达自由，从而明确了保护互联网匿名表达权。在以色列，原告要求宽带运营商提供在其运营网络中对原告发表诽谤性言论的匿名博主真实身份信息，以色列最高法院认为，博客作者的匿名表达权受宪法保护，网络实名制将造成公民网络政治参与状况的萎缩。⑤ 我国宪法没有明确规定公民是否享有"匿名"的言论自由。但从法理来看，公民选择实名表达，还是匿名表达，应当尊重其个人的决定，更为重要的是，我国已经加入《公民权利和政治权利国际公约》，有学者认为，该条约第 19 条第 2 款事实上明确了对意见和信息匿名出版的保护。因此，匿名表达权虽然不是我国公民的一

---

① "在互联网上，没人知道你是一条狗？'企鹅'可能知道！"，载《杭州日报》2013 年 3 月 27 日 A9 版。

② 参见李忠：《因特网与言论自由的保护》，载《法学》2002 年第 2 期，第 23 页。

③ 参见丁未：《网络空间的民主与自由》，载《现代传播》2000 年第 6 期，第 19 页。

④ *ACLU v. Zell Miller*，977 F. Supp. 1228(N. D. Ga1997).

⑤ 参见杨福忠：《自公民网络匿名表达权之宪法保护——兼论网络实名制的正当性》，载《法商研究》2012年第 5 期，第 38 页。

项独立宪法权利,却是表达自由的应有之义,是表达自由行使的一种特定方式。而实名制是对匿名表达这一权利的限制。这种限制是否正当合法,应根据基本权利保护原理来认识。① 从 2003 年开始,我国尝试开展网络实名制。笔者认为,网络实名制,本质在于刺穿网络表达权面纱,从法律目的而言,网络实名,是要通过绑定真实身份,控制网络用户的的网络表达行为。这与匿名制下法律只能控制行为本身,区别显而易见。② 毫不夸张地说,如果彻底实现网络实名制,那么网络表达自由就丧失了存在的意义,因为在这种情况下,网络表达自由将彻底丧失其与传统表达自由的区别,沦为仅仅是表达自由在网络时代的具体表现。笔者认为,即使网络表达权不属于绝对权利,对其的限制也应当有限,网络对人类最重大的影响之一在于,在保持现实世界的同时,重构了一个虚拟世界。在这个虚拟世界中,虚拟性的标识,就是匿名性,只有保持这种匿名性,才能消解了现实社会经济、政治乃至文化方面实质的不平等或阶层划分,在保持现实社会稳定的情况下,满足民众的诸多精神诉求,甚至会像某些学者所言,成为从某种意义上加快政治民主的途径。③

二、“网络表达权”的刑法规制

“一切有权利的人都容易滥用权力,这是万古不易的一条经验。”④这一箴言,适用于网络表达权,无比真切。

(一)“表达自由权”的易被滥用性

所谓网络表达权的滥用,是指网络表达权主体行使表达权,但其权利的行使权利本旨或超越权利界限的违法行为。其特征在于,首先,网络表达权的滥用,形式上是在从事网络表达权利行为;其次,滥用表达权的网络表达行为,逾越了网络表达权的合理边界;第3,网络表达权的滥用缺乏法律根据,不受法律保护,相反,应当受到禁止或惩罚。⑤ 导致网络表达权易滥用的原因,主要包括如下

---

① 参见张文祥、李丹林:《网络实名制与匿名表达权》,载《当代传播》2013 年第 4 期,第 77 页以下。

② 参见卢玮:《表达自由权与网络实名制的法律博弈》,载《兰州学刊》2012 年第 9 期,第 162 页。

③ 参见黄冬、汪晓程:《“实名”是否能“治”——从文化角度浅析中国网络实名制的可行性》,载《东南传播》2010 年第 9 期,第 106 页。

④ [法]孟德斯鸠:《论法的精神(上)》,严复译,北京:商务印书馆 2012 年版,第 154 页。

⑤ 参见汪渊智:《论禁止权利滥用原则》,载《法学研究》1995 年第 5 期,第 17 页。

几点。

首先，网络表达权具有"准权力"的政治属性。

网络改变了传统社会的权力构造，在虚拟空间重构了一个"平等"的人际构造。如果说权力的分配与运行，是一个"文明社会"的通行证，那么权力的消解与话语权的稀释，将会是一个"虚拟社会"的墓志铭。中国传统政治结构属于一种所谓"蜂巢政体"。① 和极权模式不同，普通中国百姓福祉，往往不取决于中央的政令，而是取决于基层整体，如地方政府，甚至其所处的工作单位。这就是为什么经常听到"政策走不出中南海"，以及群众教育路线活动中强调要"打通最后一里路"的原因。这就意味着，在中国大部分事件都可以在地方层级得到解决。在这个过程中，传统媒体因为其所具有的地域性特点，成为地方政治的组成部分，像蜂巢的间隔，将信息滞留在地方整体能够控制的时空场域之类。但互联网的出现，彻底解构了这一"蜂巢体"。网络使得传统地方媒体的控制力大不如前，信息交流的迅捷性、实时性、互动性，使得网络监督、网络维权变得异常便捷。毫不夸张地说，自媒体时代的网络社会，犹如蛮荒时期的原始社会，没有秩序就是秩序，每个人都在表达，只是没人知道，或者没人在意谁在说什么，或者说的是否是真话。在网络社会，传统国家权力介入困难，缺乏必要的配给和管制，因此，网络表达权的滥用，甚至被操纵、被把持，也就成为必然。这一点，在中国体现的尤为明显，特别是滥用网络表达权的典型，即利用网络谣言打击竞争对手、歪曲捏造事实进行敲诈勒索、通过话题炒作制造虚假网络民意牟利的"网络黑社会"。网络黑社会之所为能够滥用网络表达权，固然与其在网络社会这个混沌世界，异化性获得类似权力的本质属性，还与特定条件密不可分，其为网络表达权的滥用提供了土壤，成为其滥用的必要条件。

其次，网络表达权具有"易滥用"传播学条件。

传统社会中的自由表达在传播学上需满足如下两个条件。首先，信息接触应当具有非计划性、非预期性。其次，对于信息理解和接受的共质性。但随着网络传播的出现，信息的出现变得具有无限可能性，人们在接触海量信息的同时，会根据自己的喜好或倾向，自动过滤、选择信息，网站联结的，基本上都是与其同质或类似的网站，长此以往，网络表达就会产生所谓"洗脑"的效果，网络表达往往导致意见变得偏激、从而撕裂既有的社会价值观与信念体系，为极端观念的存

---

① 转引自田雷：《跨省监督：中国宪政体制内的表达自由》，载《北大法律评论》2012 年第 1 辑，第 208 页。

活、甚至蔓延提供土壤,从而导致社会阶层的分裂。① 网络表达之所以会表现出足以割裂社会的洗脑能力,主要是因为这一传播方式,契合实验心理学中的所谓"镜像理论"。镜像理论认为,人是通过学习、模仿得以成长。依据这种镜像理论,"传统的形成是模仿的交互扩展及代代相传而形成的一个大的场景。这种模仿过程中,生物融入自己所在的环境。"②在传统社会中,信息的相对有限,导致人选择学习模仿对象的可能范围较为有限。因此才会出现所谓"孟母三迁"的故事。但在网络时代,具有相同或类似兴趣、爱好的人们,可以免费、便捷在网上组成跨年龄、性别、种族、职业、甚至国籍的各种组别,从事各类包括政治在内的各种活动。如所谓"网络民调""网络智库"等。③ 根据"镜像理论",网络表达的传播路径为:突发事件发生后,网络表达主体会对该事件,自发形成各自观点,通过网络进行表达与传播,即最初的所谓此随机、单个"个人意见"表达;在此基础上,基于"镜像理论",相同倾向的表达主体,通过相互关注、互动,从而实现所谓最大公约数的"共同意见",即进入到多极聚化阶段;相互模仿结果导致的不同意见群体,通过网络彼此攻击或联盟,进而导致部分意见信息湮灭,另一些意见或加强,并成为统治网络话语的网络舆情。其中,较为典型的例子如 2011 年日本核泄漏事故后,中国各地由网络谣言引发的食盐抢购风波。④ 缺乏实体关联的表达环境,匿名化带来的身份认同危机,以及网络思想市场调控滞后,都使得人性本恶这一倾向,在网络表达过程中体现的淋漓尽致。

(二)"网络表达权"滥用刑法规制的必然性

随着网络及社交媒体的普及,我国网络谣言违法犯罪行为时有发生,新兴的网络媒体侵权案件所占比重也呈上升趋势。据统计,自 2005 年以来,新兴的网络媒体侵权案件所占比重在 2000 年前后仅为 17%,5 年后上升为 30%左右,而近 5 年,则激增至 72%。⑤

---

① 参见[美]凯斯·桑斯坦:《网络共和国——网络社会中的民主问题》,黄维明译,上海:上海世纪出版集团 2003 年版,第 5 页以下。

② [英]达瑞安·里德、朱迪·格罗弗斯:《拉康》,黄然译,北京:文化艺术出版社 2003 年版,第 18 页。

③ 参见简海燕:《美国"新观念市场"理论及网络言论自由的限制》,载《南京大学法律评论》2005 年春季号,第 130 页。

④ 参见易臣何、何振:《突发事件网络舆情的生成演化规律研究》,载《湘潭大学学报(哲学社会科学版)》2014 年第 3 期,第 74 页。

⑤ 参见郭建光:《微博言论有了法律尺子》,载《中国青年报》2011 年 9 月 7 日第 9 版。

笔者认为，网络表达权滥用的严重后果，以及非刑处遇措施的相对无效，导致必须对于网络表达权的滥用加以刑法规制。

首先，网络表达权滥用的严重后果。

从社会道德层面，网络表达权滥用，因为其所具有的匿名性，往往会颠覆传统道德与价值观，以网络表达基本概念范畴之一的"屌丝"为例，无数网民在网络上以"屌丝"自称。但"屌"原是指男性生殖器，"屌丝"则是指男性生殖器附近生长的毛发，在民间话语中亦称为"吊毛"等。从审美层面来看，"屌丝"一词毫无美感可言，低俗不雅，甚至令人感到恶心。正因如此，《咬文嚼字》杂志认为其不文明、格调不高、低俗不雅，拒绝将其收入年度十大流行语。学者认为，一方面，从审美角度出发，"屌丝"一词的走红显露出了网络语言对汉语之美的破坏，显示出当下汉语面临着网络危机。另一方面，也表达了对当前国家社会群体分层与现实生存现状的强烈抱怨。① 中国社会分层现象已经出现，不同的阶层对改革开放有不同的利益诉求②，而网络表达，无疑强化、放大甚至对峙了不同阶层的价值倾向与道德标准。最终导致社会整体道德标准的崩解，统一文化认同的否定。除此之外，网络表达权滥用还会对于国家公权造成严重威胁。例如，导致中东局势动荡，欧洲出现难民危机的所谓"伊斯兰国"，非常善用借助网络宣传其极端的宗教思想，要求信徒对于美国发动"圣战"，并借助上述社交媒体发布斩首英美人质的视频，直接挑战美国及英法等国。黎巴嫩真主党和巴勒斯坦的哈马斯都借助了网络将活动扩展到全球，并在其电视台和网站上进行大量的报道。借由网络，这些恐怖或极端宗教组织利用了穆斯林对伊斯兰问题的认同，将本国穆斯林与中东穆斯林直至世界其他地区的穆斯林联系在一起，并借此证明自身的合法性，挑战国际秩序以及各国的国家安全。③ 此前我国新疆发生的巴楚4·23暴力等系列恐怖案件，基本上背后都可以发现网上涉恐视频音频的影子。④ 除涉及国家安全的情况之外，通过网络散布谣言，攻击执政党、丑化领导人，蛊惑不明

---

① 参见徐威：《布尔迪厄社会语言学视野下"屌丝"亚文化现象探析》，载《四川戏剧》2013年第10期，第18页以下。

② 参见张千帆主编：《宪法学导论：原理与应用》，北京：法律出版社2004年版，第491页。

③ 参见黄平：《互联网、宗教与国际关系——基于结构化理论的资源动员论观点》，载《世界经济与政治》2011年第9期，第65页。

④ 事实上，本案的发端，即在于社区工作人员入户走访时，发现犯罪嫌疑人正在网上观看涉恐视频。参见董纯朴：《提升边疆重点区域反恐专业能力的思考——以巴楚4·23暴力恐怖案件为视角》，载《四川警察学院学报》2014年第1期，第58页。

真相的群众围攻地方政府的情况也不罕见。至于网络表达权滥用对于个人权利及商业利益的侵害事例,更是不胜枚举。不难看出,在网络表达权本身具有的易滥用特质以及网络环境为这种滥用提供的天然土壤共同作用下,无论是针对抽象的社会道德,还是对于具体的国家安全、社会秩序、商业规则乃至个人权利,都造成了十分严重的危害。而这种危害的客观存在,也使得对其进行法律限制,成为必然的逻辑结论。

其次,网络表达权刑法规制的合理性。

"私人生活权利与表达自由之间存在着某种紧张关系。"①我国《宪法》第38条规定,"中华人民共和国公民的人格尊严不受侵犯。禁止用任何方法对公民进行侮辱、诽谤和诬告陷害。"这意味着表达权与名誉权等个人权利的冲突,实际上是基本权利的冲突。由于宪法所保障的利益与价值的极端多元,基本权利的主张之间相互对立是极为正常的现象。"②在我国宪法语境中,表达权与人格权之间具有相互性,正是这种交互性,使得二者之间的冲突成为必然。对此,有学者认为,基本权利的界限自身也是具有相对性的。这种相对性表现在,并不是所有的基本权利都有界限,有些权利有,有些则无,惟有与其他权利或其他主体的权利可能构成冲突的基本权利才具有界限。在这个意义上,表达自由与人格权之间,确实存有一条界限。③ 曾有学者对比中美两国名誉权与表达权出现冲突时,司法保护的情况。据统计,在美国的同类案件中,媒体败诉率约为9%,胜诉率约91%。即把美国的统计概率视为应然标准,来评判中国的司法裁判,媒体遭名誉侵权起诉时,败诉率为67%,胜诉率为37%。相形之下,美国法院给予表达自由的权重是91%,给名誉权的权重仅9%,跟中国分别为37%和63%的权重分配截然不同。这说明中国法院实际上远远偏重于保护名誉权。④ 笔者认为,在侵权与犯罪的关系中,是无论以犯罪为起点,还是以侵权为起点所得出的一个共同结论,而都会导致因侵权而犯罪的情况。对于这种情况,侵权责任与刑事责任之间还存在进一步的互动关系,可参见下图:⑤

---

① [英]克莱尔·奥维等:《欧洲人权法原则与判例》,北京:北京大学出版社2006年年版,第360页。

② 参见张翔:《基本权利冲突的规范结构与解决模式》,载《法商研究》2006年第4期,第94页。

③ 参见林来梵:《从宪法规范到规范宪法》,北京:法律出版社2001年版,第99页。

④ 参见利求同:《媒体言论和名誉权案例的研究方法困境——与陈志武教授商榷》,载《中国法律人》2004年11月期,第10页。

⑤ 转引自李兰英、蒋凌申:《论"因侵权而犯罪"与"因犯罪而侵权"》,载《现代法学》2012年第5期,第123页。

由此,可以认为,表达自由滥用侵权的,当然需要面对是否承担侵权责任的问题,根据侵权责任法,"侵权人因同一行为应当承担行政责任或者刑事责任的,不影响依法承担侵权责任。因同一行为应当承担侵权责任和行政责任、刑事责任,侵权人的财产不足以支付的,先承担侵权责任。"[1]作为表达权的特殊表现形式,对于网络表达权滥用,当然需要依据上述规定与法理认定侵权人的侵权责任,并根据侵权与刑事责任之间的互动关系,认定刑事责任。

再次,网络表达权刑法规制的道德还原性。

刑罚固有的"污名"(Stigma)属性,或者道德可责性,才是犯罪的核心特征。正如代斯勒(Joshua Dressler)所言,"与刑罚相伴生的侮辱性社会标签,或者该当谴责的属性,可以被用来区分民事与刑事司法。"[2]强调犯罪"污名"属性的观点,实质上是在强调犯罪所固有,并投射给刑法的道德属性。对于刑罚,或刑法所特有的这种道德否定评价属性,在刑法与其他部门法的区分方面,体现的尤为明显。对此,可以通过事实上存在重合关系的刑法与侵权法之间的界分加以证明。[3] 因为网络表达的匿名性等传播学特性,以及法律或技术规制等相对滞后的现状,导致在很大程度上,网络社会中的表达行为在很大程度上处于一种类似蛮荒社会的"野蛮"状态。网络表达处于一种"道德缺失"的状态,如前所述,各种秀下限、审丑的网络表达活动被广泛接受,但对于确定基本道德,侵权法因为本身的无价值性,导致无法很好完成这一职能,因此,必须由刑法介入,为网络表达活动设定基本的道德底限。但另一方面,表达权具有先验性,网络表达权不能丧失匿名性等核心属性,否则其本身的存在就没有任何意义,在这个意义上,除了必须保证的核心价值之外,应当相较于传统的表达权,限缩针对网络表达权的刑法介入范围,从而在坚持道德性、维持自由性方面寻求平衡。

---

[1]《侵权责任法》第 4 条。

[2] 参见 Joshua Dressler, *Understanding Criminal Law*,MatthewBender(2001),p. 1.

[3] 参见李立丰:《美国法的"刑"与"非刑"》,载《环球法律评论》2009 年第 2 期,第 110 页。

三、"网络表达权"刑法规制的几点建议

如前所述,笔者认为,网络表达权是网络表达主体利用网络传播客观事实、表达主观意见的权利。和传统表达权相比,网络表达权因为其所具有的匿名性、互动性等传播学特性,具有独立性,属于一种新兴权利。这种权利,应当得到刑法的合理保护。网络表达权的滥用,后果非常严重,因为侵权法与刑法的本质区别,必须由刑法介入,加以抗制。

(一) 网络表达权刑法规制的前提预设

首先,网络表达权的滥用专门刑事立法规制的不必要性。

目前,我国刑法中并没有专门针对网络表达权这种新兴权利的专门法律规定。如果承认网络表达权作为新兴权利,具有独立性,且需要刑法介入,对其加以保障,防止其滥用的话,且那么一个随之而来的问题,就是是否需要对其专门规定对应的专门犯罪。无论根据通说四要件理论的犯罪客体说[1],还是从所谓法益[2]说出发,首先都要承认刑法的确是要保护某些法益的(至于该如何表述法益那是另一问题)。立法正是在对生活中诸多行为之价值意义的权衡比较中就某些行为"严重的社会危害性"及不同行为之不同危害意义(具体的法益侵害性)进行归类厘定,才可能规制出刑法分则 400 余种犯罪。[3] 按照这种逻辑,对于滥用或侵犯网络表达权的行为,按照"诽谤等问题的解释"等处以非法经营罪等多达几十种罪名,意味着其对应着数十种法益,显然令人无法接受。对此,笔者认为,应当区分行为对象与犯罪对象[4],前面所提出的困惑,其产生的原因也就在此。如果能够明确界定犯罪对象的含义只是犯罪客体的表现形式,同时设立独立于犯罪对象之外的行为对象的概念,作为犯罪客观要件的内容,这样犯罪对象的困惑也就迎刃而解了。网络表达权所具有的先验性,与刑法所特有的谦抑

---

① 近年来中国刑法界关于犯罪论体系的完善抑或重构的讨论中,犯罪概念和犯罪客体首当其冲备受质疑。有学者认为应当批判性清理社会危害性这一概念,可参见陈兴良:《社会危害性理论:进一步的批判性清理》,载《中国法学》2006 年第 4 期,第 5 页以下。

② 参见张明楷:《法益初论》,北京:中国政法大学出版社 2003 年版。

③ 参见冯亚东:《犯罪概念与犯罪客体之功能辨析——以司法客观过程为视角的分析》,载《中外法学》2008 年第 4 期,第 585 页。

④ 李洁:《论犯罪对象与行为对象》,载《吉林大学社会科学学报》1998 年第 3 期,第 80 页。

性共同作用,导致不应该,也不可能通过设定新型犯罪的方式对应这一权利的滥用。正如大谷实先生所言:"犯罪化,仅具有必要性是不够的,还应具有立足于刑法的补充性、不完全性、宽容性即谦抑主义精神的正当根据,如此,才能为宪法所许可。一旦社会关系复杂化,便可看到作为社会控制手段而随便创设犯罪的倾向。对于这种过剩犯罪化应当慎之又慎。"①

其次,厘清网络表达权滥用型犯罪与计算机犯罪、网络犯罪的逻辑关系。

笔者认为,与网络表达权相关的犯罪,的确在某些方面,与计算机犯罪及网络犯罪存在重合之处,但却无法全然重合。且不说计算机犯罪的提法已经过时,无论采广义说,还是狭义说,"计算机犯罪"这一称谓都只是一种阶段性概念,反映的仅仅是特定时期计算机犯罪的发展状况,在这一阶段,网络并不普遍,计算机往往独立运行,因此,计算机犯罪侵犯的也往往是独立的计算机信息处理和应用活动,与之相比,计算机网络还只在少数单位使用,计算机犯罪的网络化特征尚不突出。相反,随着网络的迅速普及,只有"网络犯罪"直接抓住了现阶段计算机犯罪的网络化、电子化特征,这一名称提出后迅速被我国多数学者接受,成为约定俗成的法律用语。② 但同时,网络犯罪与网络表达权滥用犯罪存在部分不可重合性。笔者认为,网络表达权的刑法界限,包括网络表达权因滥用导致的犯罪,以及不当限制、剥夺、干扰网络表达权的相关犯罪两部分。对于后者,很可能与网络本身无关,纯粹是普通的社会行为。至于网络表达权的滥用犯罪,因为必须通过网络,故在概念与实践操作过程,会和网络犯罪产生很大程度的重合。但另一方面,所谓网络犯罪,只是传统犯罪的网络再现,只是由于技术性因素的介入,而在一些方面发生了变化,通过刑法理论和解释规则的与时俱进,套用传统犯罪的罪刑条款完全可以解决问题。③ 如果说网络犯罪概念本身存在的特殊意义,笔者认为包括两个方面,一个是网络犯罪要求互联网上运用计算机专业知识实施的犯罪行为④,另一个是网络犯罪对于刑事程序法,如管辖等⑤,以及对于证据法,如电子举证等⑥问题

---

① [日]大谷实:《刑事政策学》,黎宏译,北京:法律出版社2000年版,第86页。
② 参见皮勇:《从计算机犯罪到网络犯罪:互联网对刑法的冲击》,载《信息网络安全》2007年第2期,第30页。
③ 参见于志刚:《网络犯罪与中国刑法应对》,载《中国社会科学》2010年第3期,第123页。
④ 参见刘守芬、孙晓芳:《论网络犯罪》,载《北京大学学报(哲学社会科学版)》2001年第3期,第123页。
⑤ 参见郑泽善:《网络犯罪与刑法的空间效力原则》,载《法学研究》2006年第5期,第71页以下。
⑥ 参见刘品新:《论电子证据的定位——基于中国现行证据法律的思辨》,载《法商研究》2002年第4期,第37页以下。

的特殊要求。和网络犯罪不同,网络表达权滥用不仅不要求所谓计算机的专业知识,也与程序法无关,其主要是指一种新兴权利的滥用与失范所导致的刑法介入问题。这符合我国学者提出的,只有极少数情况是侵犯到了一种全新法益时,需要设置新的罪刑条款,需要扩张性的刑法解释才能加以应对。[①]

(二) 网络表达权的刑法规制应以限缩性司法认定为导向

网络表达权与传统表达权相比,在传播方式的虚拟性、传播过程的不可控性以及表达含义确定的暧昧性等方面存在实质不同。笔者认为,网络表达所涵盖的空间与时间,具有无限性,而其所传递的信息,又往往呈现出碎片化的状态,这就导致网络表达模式和传统表达模式相比,缺乏了可以用来厘清语言暧昧性的特定"语境"。换句话说,网络表达的对话语境呈现出一种不确定的状态。

笔者认为,对于网络表达权这种新兴权利,没有必要、也没有可能通过在刑法中设立新罪名,或设定单行刑法的方式加以解决,相反,只能依照其所具有的不同于传统表达权的特殊性,通过司法解释的方式,加以解决。结合上面提到的相关特点,笔者认为,概括来说,相关司法的侧重点,应当表现为如下几个方面。

首先,刑事司法应倾向网络表达权的保护而非网络表达权限制。

网络表达权的适用,很可能会与名誉权等合法权利、社会秩序乃至国家安全出现交互,发生冲突,因此,才有人认为,这种冲突导致在这一法律领域,会使得司法者在冲突利益的选择方面,面对很大的困惑。[②] 笔者认为,我国宪法具有刚性,且司法系统本身不具有适用违宪审查的基础条件。相反,应当通过具体部门法的合理解释,来解决这一问题。网络表达自由,作为宪法所保障的基本权利,在网络社会中亦要受到刑法的控制,但这种限制不是不是废除或限制自由,而是保护和扩大自由。随着中国社会民主化、法治化进程的推进,人们的权利意识逐步增强这是不争的事实,虽然很多人赞同司法能动主义,并认为这是在日新月异的当下社会通往实质正义的必然道路,他们主张赋予法官更大的自由裁量权,加强法官的解释权。但本文主张采取司法克制主义,虽然法律需要解释,但无需过度解释,也无需包涵争议的解释结论出现。

其次,刑事司法应倾向限制网络表达权中的事实传播而非主观意见。

---

① 参见于志刚:《网络犯罪与中国刑法应对》,载《中国社会科学》2010 年第 3 期,第 123 页。
② 参见薛小建:《言论自由与名誉权、公正审判权之冲突》,载《政治与法律》2004 年第 2 期,第 40 页。

笔者一直强调，之所以承认对于网络表达权的滥用需要刑法介入，就是希望通过刑法所具有的道德属性，为网络社会中权利的行使，设定最基本的道德底限，避免网络社会进入到完全"原始"的"弱肉强食"状态，保障表达权的平等行使，同时防止网络表达权的肆意滥用，维护其他权利的合理空间。因此，除了强调网络表达权滥用犯罪必须基于故意心态，在其司法认定的过程中必须侧重表达本人的主观状态之外，从表达内容方面，笔者认为，对于主观意见的表达，刑事司法应当保持开放、克制的态度，应当将介入重点，放在传播虚伪事实信息的网络表达方面。一方面，对于客观事实的传播，刑法介入具有例外性。所谓刑法介入的例外性，是指如果传播的内容属于客观事实，那么在司法实践当中，自由存在具备紧迫利益冲突的情况下，才能对表达权采取最小限度的采取限制。[1] 网络信息发布者、评论者毕竟不是专业的信息传播机构，要求其发布的信息完全真实过于苛刻，因此其有充分证据证明所发布的信息内容基本事实成立即能免除责任，但免责事由的适用是有限度的，这种限制体现为，宣扬他人隐私的表达不能免责[2]，宣扬色情等不具有真理性的违法事实，也不能排除刑法的介入。另一方面，对于主观意见，刑法介入具有有限性。美国司法实践，将区分事实与法律，作为基本分析路径。对于事实与法律，不仅认定主体不同、认定标准不同，而且其在表述方面的根据与限制也存在差别。对于事实的表达，必须客观，因此相对有限，但对法律意见的陈述，则限制极少，因此这也被称之为"意见特权"。对事实的陈述的衡量标准是"真实性"。美国联邦最高法院曾提出："根据第 1 修正案，根本不存在所谓的错误的思想这样的东西。"[3]与此类似，在我国，也应该承认公正评论免责。对涉及社会公共利益的事物，网民诚实地进行评论，是其舆论监督权的正当行使，可以免责。但应符合以下条件：（1）评论意味着观点而非事实。网民只是发表主观的评论或意见，而非事实陈述。（2）评论的对象是与公共利益有关的事务。（3）评论是诚实的，且没有侮辱性语言。诚实并不意味着正确，即使评论有失偏颇、偏激，甚至错误，只要符合上述条件，都可以免责。[4]

---

[1] 参见张吉喜：《论美国刑事诉讼中表达自由权与公正审判权的平衡》，载《中国刑事法杂志》2009 年第 1 期，第 120 页。

[2] 参见邱濑可：《网络环境中言论自由权与名誉权保护之均衡》，载《东岳论丛》2012 年第 7 期，第 172 页。

[3] 参见 *Gertz v. Robert Welteh*，*Inc.*，418 U. S. 323(1974).

[4] 参见邱濑可：《网络环境中言论自由权与名誉权保护之均衡》，载《东岳论丛》2012 年第 7 期，第 173 页。

最后,刑事司法应对主观要件与因果关系设定更为严格的认定标准。

笔者认为,在网络表达权滥用的刑事司法抗制过程中,对其有效限制的切入点,体现在两个方面,即对于权利滥用者主观条件的严格认定,以及对于因果关系的严格认定。所谓对于主观要件的严格认定是指在司法解释的过程中,应当承认在必要的情况下,保障网络表达权的先验性以及刑法的谦抑性,例如,在认定表达者是否具有明知心态时,现行司法解释往往列举客观情节,用其作为认定被告人是否具有故意这一犯罪主观要件的客观根据,实际上采取的是一种客观主义的认定标准。笔者认为,因为网络表达权不同于传统表达权的特殊性,对于犯罪主观要件的认定,采取绝对的客观主义是否合适,存在问题。如果采取绝对的主观说有些勉为其难,那么能否增加认定网络表达者犯罪主观要件时的主观说比重,是笔者所倾向的司法选择。另一方面,对于因果关系的严格认定,主要需要通过两个方面体现,一是对于危害结果的认定,二是网络表达权滥用与结果之间因果关系的认定。仅以"诽谤等问题的解释"中的规定为例,有人认为,寻衅滋事罪中的"秩序危害",应该属直接秩序危害,即因由行为人起哄闹事的行为直接作用于公共场所所致,而"诽谤等问题的解释"中的"秩序混乱"应属于间接秩序危害,因为在网络场所中造谣、传谣行为并不会对信息系统以及其中的"公共场所"空间秩序造成混乱,而只可能是借助于网络媒体给现实世界的社会秩序造成混乱。[①] 但在现实中虐待罪中的行为人,非由于其虐待行为本身导致行为人重伤、死亡,而是由于被害人不堪忍受羞辱愤懑,自己造成的重伤、死亡,而要求行为人负责一样。"诽谤等问题的解释"发布之后,在社会上产生强烈反响。该司法解释明确规定,同一诽谤信息实际被点击、浏览次数达到 5000 次以上,或者被转发次数达到 500 次以上的,构成刑法上的"情节严重",应当追究刑事责任。这项规定之所以引起争论,根本原因就在于,把互联网络点击的次数作为"情节严重"的判断标准,不符合基本的犯罪理论,也违反了互联网络信息传播的规律。从客观上来说,如果捏造事实损害他人的名誉,那么,即使没有点击,也应当追究其刑事责任,因为互联网络是一个开放的公共媒体,不管信息是否被转载,或者是否被他人点击,损害他人基本权利的客观事实已经形成。这就好比犯罪嫌疑人在报纸上刊登捏造损害他人名誉事实的文章,不管报纸被多少人阅读,都已经

---

① 参见张凯:《一个科学合理解释的质疑——评两高网络谣言司法解释》,载《公安法治研究贵州警官职业学院》2014 年第 3 期,第 43 页以下。

无法改变侵权的事实。如果人为地查找报纸阅读人数,或者以司法解释设置一个追究犯罪的"起刑点",那么,不仅会纵容犯罪,还会增加司法判决的难度。[①]

有学者认为,我国当前的主要任务不是实行非犯罪化,而是应当推进犯罪化。在网络时代,尤其要注重将利用网络实施的侵害行为予以犯罪化。不仅如此,网络犯罪的特点,决定了必须实行法益保护的早期化。[②] 笔者承认,针对网络表达权的滥用,非刑处遇措施,特别侵权责任的认定,因为侵权责任本身存在的固有问题及有限性,处于失效的状态。网络表达权滥用,存在刑法抗制的必要性,这不仅是表达权滥用刑法抗制的逻辑结论,还因为网络表达权所具有要求刑法介入的特殊性。从司法解释来看,对于滥用网络表达权的犯罪规定,不仅罪名庞杂,而且在责任认定、罪数问题乃至犯意、因果关系的认定方面,仍然存在明显的冲突与不足,这也在具体的司法实践中得到证明。但笔者认为,对于上述问题,并不需要通过新设罪名或单行专门刑法的方式加以解决,但也无法通过既有的网络犯罪概念加以解决,和传统的表达自由相比,网络表达权的刑法界限应更为限缩,对此,唯一可行的办法,是基于限制的司法导向,通过刑事司法解释的方式,尝试加以解决。

第三节 小 结

如前所述,网络时代的民意呈现出异乎寻常的庞杂与多元,而民意的司法拟制与导入,与网络时代民意的鼓动与操纵是一对矛盾概念,后者必须通过刑法手段加以规制,才可以为建构死刑案件中的民意拟制与导入机制营造良好的社会环境和舆论氛围。与此同时,反思我国司法审查审查制度的建构,是从根本上解决我国死刑立法与司法技术问题的治本之策,只有让法官,特别是最高人民法院的法官掌握认定特定立法"违法"的权力,才能赋予其充分的话语空间,为顺畅表达经提炼、沉淀后的社会大多数意见,提供有效的司法抓手。

[①] 参见乔新生:《审理诽谤案件须区分舆论权和发布权》,载《青年记者》2013 年 11 月下第 101 页。

[②] 参见张明楷:《网络时代的刑法理念——以刑法的谦抑性为中心》,载《人民检察》2014 年第 9 期,第 10 页。

第四章　破解"司法独裁"的日本经验

最有可能导致强国灭亡的致命弱点,在于其政治制度缺乏合法性,即意识形态层面的危机。"合法性"不是绝对意义的客观正义或是正确,而是一种相对意义的主观理解或是感受。任何政治制度如能有效运行,都必须以某种合法性作为基础。政治的"民主化",则往往被视为赋予体制以合法性的终极方法。[①]　但吊诡的是,很多所谓"民主国家",其司法的民主化进程却严重滞后,甚至留白。这种吊诡状态的极端表现形态,即所谓"民主国家的司法独裁",在战后日本体现得尤为显明。因此,可以将日本的司法独裁及其制度破解进路作为视角,对此问题加以说明。

第一节　"司法民主"与"司法独裁"

一、民主语境下日本的司法独裁[②]

准确来说,日本的司法独裁,并不是裁判官(法官)个人的独裁,而是司法权本身的独裁属性,这是一种体制决定的权力异化现象。所谓"异化",是指司

---

① "民主化"是否属于人类社会发展的唯一方向,并无定论。正如福山所说的那样,二十世纪使我们所有人都深深陷入历史的悲观之中,连最清醒、最有思想的人也不敢断言,世界正在朝向我们西方认为是正确并人道的政治制度,即自由民主制度方向发展。参见[美]弗朗西斯·福山:《历史的终结与最后之人》,黄胜强、许铭原译,北京:中国社会科学出版社2003年版,第17页及第118页。为了不陷入无止境的前提推导,笔者着力避免无止境的前提推演,而是从现实层面出发,依据既有话语体系,将政治学中的"民主化"作为立论前提。
② 下文详见李立丰:《政治民主与司法"独裁"悖论的制度破解——以日本裁判员制度为视角》,《比较法研究》2015年第3期,第155页以下。

法越不民主，就越具有权威性，并逐渐演变为日本文化中根深蒂固的组成部分。

日本虽然早已确立了所谓 3 权分立的民主制度，但是在司法领域，其民主化进程却极不彻底。^① 战后日本虽然借鉴（无论主动与否）美国宪法，制定了和平宪法（无论自觉与否），但这种政治民主化并未深入到司法领域。以其刑事司法实践为例，由于日本并未移植美国式刑事程序法与独立的证据法，更未"恢复"战前曾短期试用的刑事陪审制度，从而导致美国式司法民主理念，在日本式刑事司法现实面前，往往无法落在实处。事实上，很多学者都坚持认为，美国刑事司法与日本刑事司法，存在根本性差别。^② 例如，日本的各级裁判官，都非民选产生。连日本最高裁判所裁判官，除裁判长官名义上由天皇任命之外，其余也皆由内阁任命，这就使得裁判官的人事任命问题，无法避免政党政治的不当影响。尤其是战后日本政坛自民党长期"1 党独大"，^③从而使其可以通过最高裁判所裁判官的人事安排，改变特定裁判例的历史走向，进而满足其特定政治目的。

对此，虽然日本宪法第 79 条第 2 款规定，"最高裁判所裁判官之任命，在其任命后第一次举行众议院议员总选举时交会国民审查，自此经过 10 年之后第 1 次举行众议员总选举时再次交付审查，以后准此。在前项审查中，投票者多数通过罢免某裁判官时，该裁判官即被罢免。有关审查事项，以法律规定之。"但时至今日，还没有任何一名最高裁判所裁判官以这种方式遭到罢免。更为有趣的是，日本最高裁判所曾判令，在国民审查投票时，只有在特定裁判官名字下的空格画"X"，才能表示不信任，而在留有空白时，都被视为表示信任。^④ 姑且不论这一判决本身是否具有明显的倾向性，但就由日本最高裁判所来裁判与其自身命运有关的案件是否合适，就颇令人玩味。

然而，一个看似矛盾的问题是，即便在民主政治框架下，日本司法权虽然存在如此显明的非民主倾向，但貌似并未影响其高效运行，例如，日本刑事审判素

---

① 参见［日］平良木登喜男「参審制度について（続）」法学研究 69 卷 2 号（1996 年），第 257 页。

② 在很多学者看来，造成这种"夹生饭"局面的原因在于，包括日本在内的亚洲国家根深蒂固的文化习惯与历史传统，参见 Frank Munger, Constitutional Reform, Legal Consciousness, and Citizen Participation in Thailand, 40 *CornellInt'l L. J.* 455(2007)。

③ 根据 2019 年日本国会第 25 届参议院选举结果。由自民党和公民党组成的执政联盟共有 141 个议席，超过半数。

④ 参见最高裁昭和 27 年 2 月 20 日大法庭判决。

以高有罪判决率著称于世,①日本民众对于包括警察权在内的刑事司法体系信任度颇高。② 尤其是裁判官,往往被日本人视为道德毫无瑕疵的"完人"。类似于宁可自己饿死,也不吃黑市食品的"山口忠良式"裁判官,更是日本社会长久以来的"都市传说"。③

但如果仔细分析,日本刑事司法的高效率,其实只是一种司法权异化的假象。异化的司法权,面临"空洞化"与"官僚化"之双重危险。

日本长期以来奉行实体正义,而非程序正义,即追求案件的所谓事实真相,希望通过司法,达成所谓终极公正。④ 事实上,战后日本宪法虽然宣称保障人权,但是在刑事案件的侦查起诉过程中,依旧残留之前重视犯罪嫌疑人或者被告人认罪与自白的传统。在"起诉便宜主义"的名义下,检察官往往享有非常宽泛的权限。⑤ 这不仅导致为了获得有罪供述,警察可能会不惜违反程序正义。更为重要的是,大约39%的刑事案件,最终会被日本检方做不起诉处理。原因很

---

① 日本的刑事司法有罪判决率,据说为99%以上。[日]西野喜一「裁判員制度の現在—施行3年の現実」法政理論第46卷第1号(2013年),第2—5页。
② 相关调查数据,可参见各国针对刑事司法参与者的对比。一个比较有趣的现象就是,日本国民不仅对于法官、检察官等专业司法人员信赖度很高,在被调查的6个国家中,其对于警察的信任度也仅次于新西兰,高达60%以上。参见下表,单位为%。

刑事司法参与者	墨西哥	爱尔兰	日本	韩国	新西兰	美国
警官	15.9	53.1	**60.7**	31.8	77.9	54.4
法官	45.2	88.2	**87.3**	55.4	87.8	68.4
检察官	27.5	86.8	**78.9**	42.2	82.0	63.3
陪审员	52.0	75.9	**44.4**	45.9	63.3	65.1
律师	57.8	89.7	**82.9**	42.8	79.0	68.2

转引自 Hiroshi Fukurai and Richard Krooth, The Establishment of All-Citizen Juriesas a Key Component of Mexico's Judicial Reform: Cross-National Analyses of Lay Judge Participation and the Search for Mexico's Judicial Sovereignty. 16 *Tex. Hisp. J.L. & Pol'y* 37(2010)。
③ 昭和22年,战败后社会动荡、食物匮乏,有一位名为山口良忠的东京地方裁判所裁判官,从职业尊严出发,拒绝食用一切所谓的黑市物资,仅靠合法的配给生活,结果不到35岁就因为身体衰弱而死。参见[日]山形道文『われ判事の職にあり山口良忠』出門堂(2010年),第20页。
④ 参见 Jean Choi De Sombre, Comparing the Notions of the Japanese and the U. S. Criminal Justice System: An Examination of Pretrial Rights of the Criminally Accused in Japan and the United States, 14 *UCLAPac. Basin L. J.* 103(1995)。
⑤ 参见 David A. Seuss, Paternalism Versus Pugnacity: The Right to Counsel in Japan and the United States, 72 *Ind. L. J.* 291(1996)。

简单,日本检方很少在被告人不认罪的情况下提起公诉。① 如果认识到这些,99％以上的刑事被告被认定有罪,似乎就顺理成章了。毫不夸张地说,这样的刑事审判,很可能只是为起诉提供形式的正当性,从而使得日本的刑事司法沦为"检察官司法"。② 而在这个意义上,日本的刑事司法,说到底,是由检方和警方所主导的。相比之下,日本裁判官则只是一种橡皮图章。③

更可怕的是,日本司法权还面临丧失独立性的危机。异化了的司法权,已经丧失了其所具有的独立属性,已然成为另外一个官僚体系。日本的司法体系中所充斥的官僚习气,广受国内外学者诟病。④ 令人感到担心的是,日本司法体系官僚化的后果之一,就是其人事关系往往十分复杂。如果裁判官捍卫自己的独立看法,意见与众不同,甚至违背政府或执政党的意志,就很可能在人事上遭到不公正的对待,如被调往人口稀少、经济落后、气候恶劣的地区。⑤ 日本职业裁判官虽然都受过良好训练且高度专业化,可以保持整个司法体系高效运转,但司法体系的运转目的,仅仅是通过维持现状来保证自身的权威性。作为这一官僚体系的一部分,裁判官丧失了主体性,沦为纯粹的螺丝钉。⑥ 裁判官不仅自主权非常小,其命运也往往掌握在别人手中。一般来说,日本裁判官每 10 年就要重新任命一次,而其调任更是家常便饭。虽然很少有裁判官得不到重新任命,但这种人事安排,已经成为日本最高裁判所确保下级裁判官高效办案、遵照最高裁判所裁判例、遏制裁判官自由裁量权乃至意识形态的有效工具。⑦ 即便不考虑上

---

① 参见 J. Mark Ramseyer & Eric B. Rasmusen, Why is the Japanese Conviction Rate So High?, 30 *J. Legal Stud*. 53(2001)。

② 参见[美]戴维德·约翰逊『アメリカ人のみた日本の検察制度—日米の比較考察』シュプリンガーフェアラーク东京(2004 年),第 29 頁。

③ 参见 Susan Maslen, Japan and the Rule of Law, 16 *UCLAPac. Basin L. J*. 281(1998)。

④ 参见 Jeff Vize, Torture, Forced Confessions, and Inhuman Punishments: Human Rights Abuses and the Japanese Penal System, 20 *UCLAPac. Basin L. J*. 329(2003)。

⑤ 参见 J. Mark Ramseyer, The Puzzling (In) Dependence of Courts: A Comparative Approach, 23 *J. Legis. Studies* 721(1994)。

⑥ 2014 年 3 月 27 日,日本静冈地裁决定袴田巌所涉杀人案件再审。而这个决定,距离案发已经过去了 48 年,距离袴田的死刑确定也过去了 33 年。经过近半个世纪的奔走,借由 DNA 证据,78 岁的袴田虽然得到了自由。但是长期的监禁,使得曾经位列日本职业拳击排名第 6 位的袴田罹患精神疾病,已经无法理解获得自由的原因及其意义了。同时,有媒体采访当时审理袴田案的法官,这位已经退休的裁判官流着泪忏悔,说自己本来也认为袴田无罪,但迫于其他同僚的压力,才同意认定其有罪。具体内容参见日本 TBS 电视台 2014 年 3 月 27 日 News23 节目。

⑦ 参见 Percy Luney Jr., *The Judiciary: Its Organization and Status in the Parliamentary System*, 53 *L. & Contemporary Probs*. 135(1990)。

述官僚机构内的倾轧,日本刑事司法实践中的合议制,也因为裁判官的同质性,[1]无法充分发挥群体性意识的纠偏作用,无法达成实质"合议"的效果。

二十世纪八十年代,以连续出现的免田、财田川等死刑再审无罪案件为契机,日本刑事司法开始反省自身存在的问题。[2] 另一方面,二十世纪九十年代,日本经济泡沫破裂,并一直没有恢复增长的迹象,从而陷入失去的 10 年。为了提升国际竞争力,日本大幅改组政府机构,削减预算,以期达到减员增效的目标。[3] 作为改革的一部分,司法体质改革也被提到议事日程上来。

为了解决民主化与司法"独裁"的这种悖论,日本学界通说主张藉由国民参与司法的方式来加以破解。[4] 这样做,可以将政治民主加以贯彻,通过践行司法民主抗制司法"独裁"、提升案件质量、增强公众的司法认同、提升司法的公信力与正当性。[5] 与此相对应的是,1997 年,日本内阁设立"司法改革审议会",并在该审议会 2010 年发表的意见当中,将"裁判员制度"上升为日本司法改革的 3 大主攻方向之一,[6]将其视为司法的"国民基础"。[7] 总之,允许国民参与刑事司法,在刑事判决当中体现国民的常识性认识,[8]已经成为日本立法、司法与理论界的前提性共识。

对于日本司法改革选择了国民参与这一共识,一个必须要认识、更需要回答的前提性问题是:日本的司法民主化,为什么要选择国民直接参与司法的裁判

---

[1] 日本的裁判官,往往是同一类高收入家庭的子女,都从一流高中毕业,都参加同一个司法资格考试培训班,都从一流大学毕业,都在同一任职培训,都在没有任何其他社会经验的情况下,终生从事司法审判工作。参见[日]丸田隆『裁判員制度』平凡社(2004 年),第 43 頁。

[2] 参见[日]平野龍一『刑事法研究 最終巻』有斐閣(2005 年),第 143 頁。

[3] 参见 Matthew Wilson, *The Dawn of Criminal Jury Trials in Japan:Succession the Horizon?*, 24 Wisc. Int'l L. J. 835(2007)。

[4] 参见[日]西野喜一『司法制度改革原論』悠々社(2011 年),第 29 頁。

[5] 参见[日]篠倉満「国民の司法参加序説(一)」熊本法学 69 号(1991 年),第 49 頁。

[6] 其他两个方向分别是"适应国民期待的,易于使用、易于理解、足以信赖的司法制度",以及"质量与数量足以支持司法制度的专业法律人才建设"。参见[日]青野篤「裁判員制度の憲法学の一考察——裁判員制度合憲判決(東京高等裁判所 2010 年 4 月 22 日)を踏まえて」大分大学経済論集第 62 巻第 5—6 合併号(2011 年),第 220 頁。

[7] 针对以国民主权为基础的统治构造一部分的司法而言,国民秉持自律性与责任感的同时,为了充分发挥司法作用,也期待国民以多样的形式参加到司法当中。如果国民与专业法律人士一样对于司法适用具有广泛相关性的话,那么国民与司法的接触面就会扩大,就会增进国民对于司法的理解,不仅对于司法结果,而且对于司法过程的理解,也将变得更为容易。这将导致司法更加坚固地建立在国民的基础之上。

[8] 参见[日]須藤明「裁判員制度における経験科学の役割—情状鑑定事例を通して」駒沢女子大学研究紀要第 18 号(2011 年),第 153 頁。

员制度？为什么这种制度，可以为实质独裁的司法权提供形式的合法性？

这是因为，从相关立法，[①]以及过去几年的适用效果[②]来看，裁判员制度没有，更不可能解决日本司法体系空洞化、官僚化的固有弊端。事实上，日本司法民主化努力最大的敌人，就是既有司法制度本身。在这次改革过程中，恰恰就是日本最高裁判所，明确反对适用更为纯粹的司法民主化形式，即陪审制。为此甚至游说日本执政党，在司法改革的过程中不考虑陪审制度。[③] 如果仔细反思，这种打了折扣的司法民主化，何尝不是既得利益者在面临权力洗牌时所作出本能反应的必然结果呢？

说到底，日本的裁判员制度，是既有"司法独裁"制度，在面临各种挑战时，借由司法民主化，为自身寻找正当性的一种妥协之举。

二、司法民主是民主政治的逻辑结论

"民主"是一个拟制的乌托邦。

没有人行使过真正的民主，正如没人真的见过民主那样。这并不令人感到意外，因为这个世界本身就是被种种幻象所把持的"镜花水月"。虽然将一人一票理解为民主会被诟病为庸俗简单，但从考据学的角度，如果将民主理解为普选与3权分立，将共和体制理解为全体人民或部分人民拥有最高权力的体制，[④]那么在作为3权之一的司法权行使过程中，体现这种"民主"，自然十分正常，更是

---

① 日本裁判员制度的适用范围有限，根据相关法律规定，其仅仅适用于"一、该当死刑，无期惩役或禁锢的犯罪行为；二、存在《裁判所法》第26条第2项第2号所列案件，与实施故意犯罪导致被害者死亡相关的犯罪（属于前号规定的情况除外）"。参见「裁判员参与刑事审判相关法律」（平成16年5月28日法律第63号）第2条。

② 很多学者认为，裁判员制度适用，反而加剧了"检察官司法"现象。换言之，因为裁判员制度，导致大量性犯罪者无法得到适当的处罚。其他的重大犯罪也差不多与此相同，"抢劫致死罪"（强盗致死罪）的起诉比例从39％下降为27％，"强奸罪"（强姦罪）的起诉率从56％下降为40％。在裁判员制度下，检察官因为担心裁判员对于杀人故意、行为、结果或者因果关系的认定存在疑问，往往会为安全起见选择比原犯罪较轻的罪名。这就是所谓的"罪名降格"（罪名落ち）。参见［日］西野喜一「裁判员制度の现在─施行3年の现实」法政理论第46卷第1号（2013年），第12页。

③ 参见 Colin P. A. Jones, BookReview: Prospects for Citizen Participation in Criminal Trial, 15 *Pac. Rim L. & Pol'y J.* 363(2006)。

④ 与此相对应，君主政体意味着只有一个人统治国家，只不过遵循业已建立和确定的法律，至于专制政体非但毫无法律与规章，而且由独自一人按照自己的意志以及变化无常的情绪领导国家的一切。参见［法］孟德斯鸠：《论法的精神》，申林译，北京：北京出版社2007年版，第10页以下。

民主政治的合理结论。

这就不难理解为什么在十八世纪,美国建国之父之一,托马斯·杰弗逊所宣称的英王乔治的独裁统治罪名之一,即为剥夺了北美人民的陪审权,而法国大革命的成果之一就是推动了针对严重刑事犯罪的陪审。① 这就不难理解,为什么在司法权被高高在上的君主滥用时,人民会将已被蚕食殆尽的陪审权作为武器,用司法中所发出的"大多数"人的声音,加以反抗。事实上,在独立战争之前,北美殖民地的陪审团和大陪审团,就使得被英王用作压制工具的"诽谤法"实质失效。十七、十八世纪,在英国有几百人因为"诽谤"而被判有罪,但同一时期,北美殖民地只有不超过 6 起同类指控,其中只有两起罪名成立。②

从现实来看,新兴民主政体都在尝试由其一般国民,而非法官,主导审判。很多人认为,让公民参与到司法活动中,本身就是民主的一种体现。例如二十世纪初,日本的陪审员制度改革与西班牙的陪审制度改革等司法的民主化改革,都是国内政治氛围相对自由、民主势头上升期间发端,又都是在军事独裁期间式微。无独有偶,二十一世纪初,日本裁判员制度的推行,也恰恰出现在战后自民党一党独大的局面被打破的"民主执政期"。③ 截至 2013 年,联合国 192 个成员国中,有 55 个在刑事审判过程中采用了某种类型的陪审制度。④ 在 28 个人口较多的民主国家当中,只有 8 个没有陪审制度。在被认为最民主的 30 个国家当中,只有 4 个没有陪审制度。在 83 个民主制度存在问题的国家,只有十几个有某种类型的陪审制。在 51 个被认为集权统治的国家,没有所谓的陪审制。饶有意味的是,在这两

---

① Bron McKillop, Review of Convictions after Jury Trials: The New French Jury Court of Appeal, 28 *Sydney L. Rev.* 343(2006).

② 参见 Albert W. Alschuler and Andrew G. Deiss, *A Brief History of the Criminal Jury in the United States*, 61 *U. Chi. L. Rev.* 867(1994)。

③ 参见 Richard O. Lempert, Citizen Participation in Judicial Decision Making: Juries, Lay Judges and Japan, 2001 *St. Louis-Warsaw Trans'l* 1,18(2002)。

④ 针对适用陪审制度的国家统计,学界根据不同标准等,存在一定的分歧意见。参见 Scott Brister, The Decline of Jury Trials, 47 *S. Tex. L. Rev.* 191(2005)。如有的学者认为,仅仅存在 20 余个类似的国家,参见 Ethan J. Leib, A Comparison of Criminal Jury Decision Rules in Democratic Countries, 5 *Ohio St. J. Crim. L.* 629(2008)。而就欧盟国家内部采用陪审制度以及参审制度的国家数字,也有不同统计结果,参见 John Jackson & Nikolay Kovalev, Lay Adjudication and Human Rights in Europe, 13 *Colum. J. Eur. L.* 83(2007)。而较为令人信服的统计结果是,目前适用参审制度或陪审制度等司法民主化制度的国家为 57,其中较为具有代表性的如澳大利亚、奥地利、比利时、伯利兹、巴西、保加利亚、克罗地亚、捷克、丹麦、爱沙尼亚、芬兰、法国、德国、加纳、希腊、圭亚那、匈牙利、冰岛、爱尔兰、意大利、牙买加、哈萨克斯坦、拉脱维亚、美塞多尼亚、马拉维、毛里求斯、新西兰、尼加拉瓜、挪威、巴拿马、波兰、匈牙利、俄罗斯、塞尔维亚、斯洛伐克、斯洛文尼亚、西班牙、斯里兰卡、瑞典、英国、乌克兰、美国、日本、韩国等。

极之前的"中间状态",既非民主样板,亦非极度专制的国家,其在是否推行司法民主等制度的态度上,就显得非常暧昧。以墨西哥为例。2009 年,墨西哥在"透明国际腐败排行榜"上的 190 多个国家中,排名第 89 位。而二十一世纪,墨西哥无论在学界,还是在立法界,都在就是否推行陪审制争论不休。与之形成鲜明对比的是,对于那些发生所谓"民主"与"专制"转型的国家,则会在这问题上态度鲜明。其中一个非常突出的例子,就是俄罗斯。1917 年俄罗斯布尔什维克革命之后,就直接废除了该国的陪审制度。反过来,1993 年前苏联解体,俄罗斯独立后,又在宪法中规定了陪审制度。政体的民主化,俨然成为了司法民主化的"开关"。

从历史进程来看,有学者将司法民主化的发展区分为三次浪潮、两个方向。① 第一次浪潮出现在前英国殖民地独立期间。这一时期的司法民主化进程呈现出截然相反的发展样态。一方面,通过和平过渡方式获得独立的国家,倾向于保留英国式的陪审制度。② 必须强调的是,当时这些新独立国家的陪审制度极不完善,在很多这些地区,只有欧洲后裔,才有权力接受陪审员审理,或者担任这一职务。③ 但另外一些通过革命等暴力手段获得独立的国家,如印度与巴基斯坦等,则将陪审制视为殖民制度,加以废除。另外一波浪潮,肇始于法国,主要是通过暴力推行的。十八世纪后期,法国知识分子受到英国与美国陪审制度的启蒙,将呼吁公民参与司法作为法国革命的基本主张。这一制度虽然曾经一度形同虚设,但还是随着拿破仑征服欧洲,开始传播,并成为启蒙思想的主要象征。④ 这一参审制度,在十九世纪到二十世纪,深刻影响了诸如葡萄牙以及日本等大量国家的司法民主化。第三波浪潮从二十世纪后半期开始发力,这一时期,西方的文化与价值观在全球范围内达到顶峰。在经济领域,大多数国家开始接受市场经济。在政治领域,民主化浪潮似乎所向披靡,诸如俄罗斯与西班牙,都已经开始选择适用公民的司法参与。⑤

上述各国司法民主化的发展,似乎证明了民主政治与司法民主的对应关系与必然联系。而其司法民主化的具体范式,亦未能突破权力民主化的逻辑推演结果。

---

① 参见 Ryan Y. Park, The Globalizing Jury Trial: Lessons and Insights from Korea, 58 *Am. J. Comp. L.* 525(2010)。

② 参见 Richard Vogle, The International Development of the Jury: The Role of the British Empire, 72 *Int'l Rev. Penal L.* 525(2001)。

③ 参见 Mark Roe, Juries and the Political Economy of Legal Origin, 35 *J. Comp. Econ.* 2294(2007)。

④ 参见 Pierre Crabites, Napole on Bonaparte and the French Criminal Code, 15 *A. B. A. J.* 469(1929)。

⑤ 参见 Anna Dobrovolskaia, The Jury System in Pre-War Japan, 9 *Asian-Pac. L. Pol'y J.* 231(2008)。

从逻辑可能性上来看,司法的民主化就是司法的公民参与。而公民参与司法的方式,在当代社会中,无外乎2类方式、4种形式。

公民参与司法的直接方式,是指公民或公民代表直接参与个案审理的方式。根据公民直接参与司法的范围、程度及权属设置,又表现为3种具体形式,其中最"民主",亦最原始的形式,即排除职业法官,由公民代表组成合议庭,行使认定诸如犯罪事实是否存在、被告人是否有罪以及应如何处罚等全部职权。这种形式虽然在当代社会中极为罕见,但并非不能存在。其较为典型的例子,即为卢旺达大屠杀后适用的"冈卡卡"法庭。[①] 除此之外,公民直接参与司法的具体表现形式即广为人知的陪审制与参审制。二者在很多方面存在不同,笔者将在后文中详细评介。但需要强调的是,陪审制与参审制的核心共同点都在于公民直接参与案件的审理,其核心不同点在于在这两种直接参与司法的形式当中,公民需要承担的权利义务不同,其行使权利义务的形式也不同。

公民参与司法的间接方式,是指公民通过当代政党政治,通过直接选举或代议制,任命法官的形式。其中最为典型的,就是公民直接选举法官的方式。以美国为例,除针对联邦法官的任命体制的广泛争议之外,[②]在各州法官的产生办法上,的确是以选举为主的。除了少数几个州,如加利福尼亚州、缅因州、新泽西州以及弗吉尼亚州之外,美国其他46个司法区,基本都通过选举方式,选任法官。其具体选举方式,又可进一步分为"委员会提名的普通选举模式""跨选任非党派选举模式",以及传统的"政党选举模式"。[③] 无论何种形式,公民都可以通过直

---

① 参见李立丰:《种族屠杀犯罪处理实效的批判与反思——基于卢旺达冈卡卡法庭模式的考察》,《法商研究》2010 年第 2 期,第 101 页以下。

② Andrew P. Napolitano, *Theodore and Woodrow*:*How Two American Presidents Destroyed Constitutional Freedom* 24(Thomas Nelson 2012).

③ 参见 G. Edward White, *The American Judicial Tradition*:*Profiles of Leading American Judges* 69(3ed. Oxford University Press 2007). 有 23 个州适用"委员会提名的普通选举模式"(Merit Plan),由跨党派的委员会提名候选人,选民投票支持或反对,可连选连任。主要包括阿拉斯加州、亚利桑那州、卡罗拉多州、康涅狄格州、达拉维尔州、佛罗里达州、夏威夷州、印第安纳州、爱荷华州、堪萨斯州、马里兰州、马萨诸塞州、密苏里州、新罕布什尔州、俄克拉荷马州、罗德岛、南卡罗来纳州、南达科他州、田纳西州、犹他州、佛蒙特州、怀俄明州,等。有 15 个州适用"跨选举非党派选举模式"(Nonpartisans Election),这种选举模式不采用传统选举的选取划定模式,选民一般不知道候选人的政党背景,可连选连任。主要包括阿肯色州、佐治亚州、爱达荷州、肯塔基州、密歇根州、明尼苏达州、密西西比州、蒙大拿州、内华达州、北卡罗来纳州、北达科他州、俄亥俄州、俄勒冈州、华盛顿州、威斯康辛州。有 8 个州适用"政党选举模式"(Partisan Election),即由所属政党提名,参与正常选举,得连选连任。包括阿拉巴马州、伊利诺斯州、路易斯安那州、新墨西哥州、纽约州、宾夕法尼亚州、德克萨斯州、西弗吉尼亚州。

接投票,对于法官人选作出取舍。

对于公民间接参与司法的方式,可以被纳入到既有的代议制民主话语中讨论,并无实质特殊性。因此,这里所研究的司法民主化,主要是指一种狭义的,强调公民直接参与司法活动的民主化方式。

三、司法民主的可行性

虽然公民直接参与司法活动,是民主政治的应然逻辑结果,但却并不一定必然具有现实可行性。这里需要强调,既有研究往往存在一个误区,即要在逻辑可能性与现实可行性之间,杂糅或刻意突出所谓特定命题的存在价值或意义。但剔除了具体语境与价值观,排除了参考系的价值或意义是没有"价值"或"意义"的。因此,将结合日本司法民主化这一具体问题,突出其对于日本这个国家的具体意义或价值,并以此作为基础,评价其实现价值路径的合理性,以及其价值设定的科学性等问题。

虽然没有泛泛地讨论价值问题,但这并不影响逻辑可能性与现实可行性之间的对应关系。事实上,公民直接参与司法活动的可行性问题,一直面临来自现实和理论的双重挑战。

(一) 现实挑战

从现实而言,很多学者认为,陪审本身并不是民主的构成要素,而只是民主的衍生品。

宏观上,的确有一些民主国家,如荷兰,至今仍未适用任何形式的司法民主制度。一个不容否认的现象就是,所谓司法民主化,虽然形式上历经 3 次较大的发展浪潮,但实质上,却面临式微的预势。这种预势体现为适用国家数目未能进一步大幅度提升,甚至出现了某种程度的反复。如瑞士 2011 年修改了刑诉法,彻底废除了陪审制。西班牙废除陪审制的呼声也一度高涨。而在很多建构了司法民主化制度的国家,其实际适用的频率与比例也极低,导致其处于名存实亡的状态。如在匈牙利以及瑞典,因为谋杀率低,人口数量少,因此使用陪审制度的概率较低。[①] 同时,即使在创建陪审制度的英国,也已经实际废除了民事案件的

---

① 参见 Lawrence Friedman, The Day Before the Trial Vanished, 1 *J. Empirical Legal Stud.* 689 (2004)。

陪审制度。而在刑事案件中,只有在被告不认罪的少部分类型案件中,才适用陪审,同时,陪审制度的适用罪名范围,也不断减少,颇具反讽意味的是,在英国,早在 1996 年,就针对诽谤案件废除了陪审制。① 更有学者担心,司法的民主化不仅式微,而且容易遭到政治势力的不当操作,从而彻底沦为花瓶。例如 2009 年,时任俄罗斯总统梅德韦杰夫签署法令,对于危及国家安全罪,废除适用陪审制度。很多学者担心,这一措施实际上属于民主的倒退,因为任何批判政府的人都很有可能构成危害国家安全罪。② 但需要明确的是,上述历史潮流固然会出现反复,特定制度也会被人别有用心地滥用,但这些与公民直接参与司法本身并无必然联系,简单来说,不是因为公民参与司法变得不民主了,因此要对其加以废止或限制,恰恰可能是因为其太民主了,才导致需要对其加以规避或限制。

微观上,公民直接参与司法所面临的可行性非难,主要来自于司法成本以及司法公正性等两个方面。的确,导致诸如简易程序、诉辩交易以及恢复性司法等"替代性争端解决模式"兴起的原因,往往被认为在于普通诉讼的时间及经济成本。③ 从这一角度出发,有学者担心,公民参与司法的制度,同样会面临司法成本的问题,并因此导致无法普遍适用。表面上来看,公民直接参与司法的成本,的确普遍较高,例如美国纽约州每年为刑事案件陪审员提供食宿的费用,就超过了 400 万美金。在俄罗斯,地方法院每年预算的 25% 花在了少数陪审上面,等等。④ 对此,姑且不矫情地鼓吹为了民主,成本不是问题之类的主张,即使单纯坚持成本,并以此作为论辩的理由未免偏颇,准确比较的根据应该是在达成类似司法民主效果的前提下,进行的成本对比,而非不考虑这一因素,单纯进行成本对比。成本,是任何制度设计都必须考察的问题,对于公民直接参与司法的成本担心,完全可以通过限制司法公民参与的案件类型与适用门槛,通过优化制度设计等加以解决。

针对普通人参与司法与司法公正的关系问题,一个常见的误解是,普通人因不具备专业的法律知识,无法胜任裁判工作。但是,有美国学者经实证研究认

---

① 参见 Sally Lloyd-Bostock & Cheryl Thomas, Decline of the 'Little Parliament': Juries and Jury Reform in England and Wales, 62 *Law & Contemp. Prob.* 7(1999)。

② 参见 Stephan Thaman, The Nullification of the Russian Jury, 40 *Cornell Int'l L. J.* 355(2007)。

③ 参见 Steven Shavell, Alternative Dispute Resolution: An EconomicAnalysis, 24 *J. Legal Stud.* 2 (1995)。

④ 参见 Inga Markovits, Exporting Law Reform-But Will it Travel, 37 *Cornell Int'l L. J.* 95(2004)。

为,在刑事案件及民事案件中,法官的认定,与陪审员的认定,在 3/4 的情况下都是一致的。至于导致法官与陪审员相关认定出现分歧的原因,也并不是存在误解或者认识错误,只是对于案件事实的认定标准,一般人所秉持的排除合理怀疑标准,与法官的自由心证之间的区别。① 事实上,在某些复杂案件中,陪审员的事实认定的确会产生错误,但这并无法排除法官就不会在类似的情况下出现类似的错误。只要是人,就都会具有认识的局限性,甚至偏见。法官自然也不例外。但通过合议机制,通过多名陪审员或裁判员的异质性,可以在很大程度上中和掉这种先验性存在的不足。

(二) 理论挑战

司法民主化,亦即公民直接参与司法机制所面临的理论挑战,主要是指作为其理论内核的"共合民主理论"(Deliberative Democracy)②所面临的挑战。

"共合民主理论"是与传统的"共和民主理论"(Aggregative Democracy)③相对应的一个概念。这里,对于上述两个概念,之所以如此"标新立异",未采用国内既有的译法,一方面是既有译法未能突出这一对概念的对应关系。④ 更为重要的是,通过强调"共合民主理论"与"共和民主理论",不仅突出了二者的对应关系,还能表明二者的实质区别,亦即"共合民主理论"强调意见的"合意","共和民主理论"强调数目的"总和"。

---

① 参见 Harry Kalven, Hans Zeisel, Thomas Callahan, Philip HEnnis, *The American jury* 56(1986)。
② 国内对于"Deliberative Democracy"的翻译并无定论,有学者梳理,"话语民主""商谈民主","商议民主""慎议民主""协商民主""审议民主"等,参见谭彦德:"商议民主与政治中的道德分歧",载《中国图书商报》2007 年 8 月 7 日第 A07 版。其中较为常见的,是"商议民主"与"协商民主"。这两种提法,主要与国内对于"Deliberative Democracy"理论介绍的主要译著有关,前者以《民主与分歧》为代表,该书由美国学者阿米·古特曼等著,杨立峰等译,东方出版社 2007 年出版,后者以《协商民主:论理性与政治》一书为代表,该书由美国学者博曼等著,陈家刚等译,北京:中央编译出版社 2006 年版。
③ 国内对于"Aggregative Democracy",一般译为"聚合式民主",但这种直译的方式笔者无法接受,相比较而言,"加总式民主"的提法就显得相对贴切。
④ 国外相关学者提出,二十世纪末,政治学领域最显著的成果之一,就是协商民主思想的复兴。与起源于经济学和理性选择理论、在早期居主导地位的聚合民主模式相比,协商民主的观念,即自由和平等的公民通过公共协商进行决策,代表了民主理论一个极为重要的发展。参见[南非]毛里西奥·帕瑟林·登特里维斯主编:《作为公共协商的民主:新的视角》,王英津等译,北京:中央编译出版社 2006 年版,第 1 页。这里虽然是将"协商民主"与"聚合民主"作为对应概念提出,但却没有在译法上对此加以突出或标示,而是采用了简单的直译方式(虽然是否直译,亦成问题,毕竟英语与汉语之间,很少有哪个概念是排他性——专属对应的),因此,在本书中,除尽可能引用原文之外,还对于较为庞杂的提法,按照笔者的话语翻译,做了统一。

1. "共合民主理论"的相对合理性

"共合民主理论"兴起于二十世纪八十年代,并在九十年代后期成为西方学术界和政界关注的热点。这一思潮的滥觞,可以归结到罗尔斯与哈贝马斯二人的政治哲学。二者在其主要论著中,都把自己看作共合民主论者,而他们的学术声誉,对于民主走向共合作出了巨大贡献。[①] 从罗尔斯着力解决的现代多元社会的和平和合作问题,[②]到哈贝马斯所主张的"共合民主理论"的程序化与独立的公共领域,其实无外乎都是想为传统的共和民主范式的存在寻找进一步的合法性,为这一范式的失效寻找制度解决办法。

现行一般意义上的民主,是以"共和民主理论"为基轴建构起来的,以赋予公民投票权为表征、以少数服从多数为基础的"简单相加"为制度。在这个过程中,公民作为权力主体的地位沦丧为简单的计算分子,而丧失了主体性的公民不仅缺乏参与此类民主活动的兴趣,更会质疑这一民主过程所产生的结果。从而,从根本上动摇民主体制的合法性。人是自由和平等的理性存在者,人的"理性因素"只有通过其所理解的合理制度才发挥作用。[③] 如果后者存在缺失或缺陷,那么人就感到愤怒和不满,就提出恢复自由和平等的要求。[④]

共和民主制度,通过选民选出自己的代表,让他们代替自己制定法律。但这种民主,重点关注的是谁适合做"统治者",而不是如何进行"统治"的问题,建立在这种理解之上的制度设计和安排侧重于民主的"准入"程序,而不是民主的"决策"过程。[⑤] 正如哈贝马斯所看到的那样,建立在共和民主基础上的政治系统患上了孤独症,无法通过与市民社会的联系,确保政治权力的正当性。[⑥] "共和民

---

① 参见[澳]德雷泽克:《协商民主及其超越:自由与批判的视角》,丁开杰等译,北京:中央编译出版社2006年版,第3页。

② 参见[美]约翰·罗尔斯:《正义论》,何怀宏等译,北京:中国社会科学出版社2001年版,第25页以下。以及[美]约翰·罗尔斯:《政治自由主义》,万俊人译,南京:译林出版社2002年版,第190页以下。

③ 魏小萍:《两种契约模式及其超越:剖析雅克·比岱对马克思主义的政治哲学诠释》,载《社会科学研究》2003年第4期,第17页以下。

④ 这种"共和民主理论"合法性危机较为典型的例子,诸如最近克里米亚地区经过全民公决脱离乌克兰的事件,这种违反乌克兰宪法的民主表决是否具有法理上的效力,就显得十分模糊。除此之外,我国台湾地区曾经爆发的学生反对两岸服务贸易、占领所谓"立法院"的行动,也在某个侧面凸显了"简单多数"在现实中所面临的尴尬处境。

⑤ 参见燕继荣:《协商民主的价值和意义》,《科学社会主义》2006年第6期,第28页以下。

⑥ 参见[德]哈贝马斯:《在事实与规范之间:关于法律和民主法治国的商谈理论》,童世骏译,北京:生活·读书·新知三联书店2003年版,第418页。

主理念"在形式与实质方面存在根本缺陷。简单票数决定结果的"多数派暴政",①缺乏了公民直接参与决策的形式价值,会导致虽然勉强具有形式民主性的决策结果,也往往会在后期执行过程中,被执行主体以诸如成本分析、社会影响、配套措施不完备等客观条件,加以再次过滤或改造,从而造成相关决策结果更加悖离决策初衷。②

而强调公民合议,形成共识,恰恰就是希望通过意见的公开辩论与妥协,来赋予法律与判决以正当性,从而实现从"以投票为中心"的合计民主向"以对话为中心"的合议民主的转变。这里所说的"合议性民主",是指"一种政府组织形式,在这个组织形式当中,平等、自由的公民,或公民代表,通过彼此都可以接受且能参与的程序,达成目前具有说服力,且未来可以进行修正的结论。合议制民主理论与传统的"共和民主制"相比,强调公民参与在政治选择正当性上的价值与主体性,而不是一味在未经充分讨论的前提情况下,作为客体被动接受所谓民主体制的结果。应该说,"共合民主理念"的最大价值,即在于公民直接参与决策这一形式价值,与公民通过讨论达成合议并影响最终结果这一实质价值。

共合民主理念,相较于既有的共和民主理念,最大的相对优势,即在于其所具有的形式价值。调查发现,人们关注的,往往并不是最终的结果,而是是否能够在结果产生过程中,平等、充分地发表自己的意见。相较于侧重于"准入"的共和民主制度,共合民主制度能够满足公民渴望参与决策的理性需求。通过保障这种民主合议,可以避免共和民主形式中,人们不依据合理的理由进行决策所导致的"权力的和平移接、单纯加冕仪式"③合法性危机。

另外,从实质来看,共合民主理念,可以改变共和民主体制下公民实质工具化的尴尬处境,重新赋予其民主生活的主体地位。因为根据哈贝马斯的观点,如果不把民主看作是经验性行动系统,那么不与社会利益相连接的民主概念就始终是空的,同时,如果民主理论坚持一种客观化的外在眼光,与社会正义的规范

---

① 如果用多数人的赞同来理解民主,那么这种民主就是"多数人的暴政"。参见王晓升:《哈贝马斯商议民主理论的现实意义》,载《黑龙江社会科学》2013 年第 2 期,第 7 页。

② 参见 Michael C. Dorf & Charles F. Sabel, A Constitution of Democratic Experimentalism, 98 *Columbia Law Review* 267(1998)。

③ 王晓升:《商谈道德与商议民主——哈贝马斯政治伦理思想研究》,北京:社会科学文献出版社 2009 年版,第 283 页。

性诉求相脱节,对民主的理解就会陷入"盲"的危险。对此,只能通过在公共领域的生活世界重建,来解决资本主义政治制度的合法性危机。因此,抵御工具理性,恢复交往理性,就成为修复或重构理想公民社会结构的必要前提和解决国家合法性危机的关键。

2."共和民主理论"与公民司法参与的理论契合

以选举法官等方式,间接参与司法的司法民主化范式,本质上仍然属于"共和民主制",而强调公民直接参与司法的司法民主化范式,正是以"共合民主理念"的比较优势为基础,抗制司法权滥用的一种制度尝试。事实上,长久以来,公民直接参与司法,如陪审,都是共合民主制度的"最著名例子"。①

公民直接参与司法,并通过合议的方式影响判决结果,可以很好地解决司法权的合法性问题,并兼具较好的民主教育功能。

如前所述,日本的裁判员制度,并没有从根本上改变日本的高度官僚化司法体系,并且是在专业法曹制度高度反弹情况下做出了各种折衷的妥协产物,但即使这样,其仍然被视为日本司法民主化的重大成就。理由就其在制度设计方面,满足了共合民主理念的根本原则。甚至稍微夸张地说,这一制度设计,导致公民丧失了反对司法权或司法制度的根据。毕竟,你就是这一体制的直接参与者,在这种情况下,如果反对这一体制,就是反对你自己。② 况且,经过精密的制度设计,保障裁判员选任的代表性,保障裁判员审理案件时能够享有"充分"的权利,保障裁判员的待遇及人身安全等等,可以使得公民都合乎理性地期待,司法权(哪怕只是部分刑事司法权)是按照他们视之为理性而合理的、因而认为是可接受的原则和理念来执行的。而这,恰恰满足了罗尔斯对于政治权力正当性的核心要求。③ 恰恰是这种不能反对,也没有根据反对的公民直接参与司法的制度设计,使得日本的司法制度,获得了合法性。毕竟,一种政治制度的合法性的客观标准,是被统治者方面的事实上的承认,这样合法性被认为是一种稳定性的标准。按照这种观点,即使是独裁,只要一种社会上承认的合法化框架使政府有可

---

① 〔法〕依维斯·辛特默:《随机遴选、共和自治与商议民主》,欧树军译,载《开放时代》2012 年第 12 期,第 472 页以下。

② 参见李立丰:《民意的司法拟制——论我国刑事审判中人民陪审制度的改革与完善》,载《当代法学》2013 年第 5 期,第 121 页。

③ 参见〔美〕约翰·罗尔斯:《政治自由主义》,万俊人译,南京:译林出版社 2000 年版,第 37 页。

能保持稳定，也必须被认为是合法的。① 以日本裁判员制度为代表的公民司法直接参与制度，是一种旨在"双赢"的制度设计。共合民主理论认为，政治的成功不取决于有集体行动能力的全体公民，而取决于相应的交往程序和交往预设的建制化。公民能够参与司法，并且能够在具体案件审理过程中发表可能影响判决结果的意见，本身就是一种制度设计的成功。而案件审理，经过公民直接参与的司法程序，也变得更具合法性，更容易被主动尊重与遵守。或许这种制度会就最优结论产生分歧，但分歧本身对于这一结论的完善，或者确保其属于最优，显然至关重要。确保公民表达自身观点的机会，是程序正义的核心内容。② 另一方面，其在制度设计方面又是在既有权力者主导下设计的，根据芬伯格的技术设计批判理论，③技术霸权阶层往往会通过制度设计，社会权力融入技术设计之中，并使这种设计用来维持其既有的霸权。如前所述，这一点，在日本裁判员制度的设计中，体现得尤为明显。

另外，共合民主理念还具有教育公民的功能，这既是共合民主理论的核心理念向外拓展的结果，也是回应某些针对商议民主理想的批评的结果。④ 事实上，这种体制还具有教育功能，即通过公民参与讨论，迫使其接受、分析、评价乃至表达自身的观点，从而可以使其在政治问题上更为成熟，在政治与社会生活中更具参与热情。⑤ 积极参与协商将使人变成更好的公民，以及也许是更好的人；更广泛的公共协商将增强人们对共同体和共同命运的意识。⑥

3. 司法民主化所面临的理论困境与路径选择

裁判员制度等公民直接参与司法的司法民主化制度，是共合民主理论的一个创新。⑦ 但其同样面临针对共合民主理论的一些。

---

① 黄晓锋：《经验性和规范性的民主理论——兼论哈贝马斯的商议民主理论》，载《岭南学刊》2012 年第 1 期，第 14 页。

② 参见 Tom R. Tyler, *Why People Obey the Law*, Yale University Press 1990, p. 130。

③ ［美］安德鲁·芬伯格：《技术批判理论》，韩连庆、曹观法译，北京：北京大学出版社 2005 年版，第 91 页。

④ 参见杨立峰：《商议民主视野下的公民教育》，载《浙江学刊》2007 年第 6 期，第 49 页。

⑤ 参见 Mark Button & Kevin Mattson, Deliberative Democracy in Practice: Challenges and Prospects for Civic Deliberation, 31 *Polity* 609(1999)。

⑥ ［美］约·埃尔斯特主编：《协商民主：挑战与反思》，周艳辉译，北京：中央编译出版社 2009 年版，第 62 页。

⑦ 哈贝马斯设想的所谓公众合议，主要包括委托代表在立法机构参加正式的民主商谈，以及自己在公共领域参加非正式的民主商谈两种。参见童世骏：《批判与实践：论哈贝马斯的批判理论》，北京：生活·读书·新知三联书店 2007 年版，第 133 页。

首先,代表性与效率性的冲突。

公民合议制度良好运行的条件,首先就是确保其包容性,换句话说,尽可能地包容更多的不同声音。对于这些不同声音,必须加以尊重,并同等对待。[1]但在当今社会,进行全民范围的讨论是否具有可操作性,世界各地协商民主的实践或实验表明,公共协商往往受到协商参与者人数的限制。当利益相关者比较广泛而需要较多的参与者参与协商时,公共协商就会耗费大量的物力、财力和人力,这就会增加协商的成本,降低协商的效率。协商参与者的人数过多时,就可能会出现偏离主题甚至漫无边际的闲扯。[2]这的确是一个两难的局面,毕竟共合民主的实现,必须建立在一个结构平等的非专业人员公众集体的共鸣、甚至同意的基础之上。但相较于其他类型的合议模式,司法过程中的公民合议,因为其讨论问题的相对有限,且一般采用从符合基本资格要求的公民中随机抽签的方式产生代表,辅之以权属制度等,可以较好地在代表性与效率性之间取得平衡。

其次,民主性与效率性的冲突。

针对合议制度的另外一个担心,在于所谓"议而不合"的问题。虽然如同性恋、堕胎、死刑等诸多社会问题,可能根本无法通过讨论协商消除分歧,但如果以存在分歧,作为否定合议制度的根据,显然无法让人接受。一方面,在民主政治体制中,妥协是一种常态。人们需要照顾到少数人的利益,那是因为少数人有一天也会获得多数赞同,并获得政治权力,那些暂时获得多数赞同的人也要考虑到自己的未来利益。[3]另一方面,公民直接参与司法,所面临的问题相对有限,例如陪审员只负责认定事实是否可以排除合理怀疑地加以认定,[4]裁判员制度也只是在此基础上结合法律认定被告人是否有罪,[5]且往往需要遵循关于审理期限的限制。更为重要的是,日本的裁判员制度,为了防止"议而不

---

① 参见 Lawrence R. Jacobs, Fay Lomax Cook, Michael X. Delli Carpini, *Talking Together：Public Deliberation and Political Participation in America* (University Of Chicago Press 2009), p. 13。

② 参见[美]查尔斯·福克斯,休·米勒:《后现代公共行政——话语指向》,楚艳红等译,北京:中国人民大学出版社 2002 年版,第 134 页。

③ 参见王晓升:《在共和主义与自由主义之间——评哈贝马斯的商议民主概念》,载《江苏社会科学》2008 年第 1 期,第 15 页。

④ 参见[美]阿尔伯特·阿斯楚兰:《美国刑事陪审制度简史》,李立丰编译,载《社会科学战线》2010 年第 11 期,第 229 页。

⑤ 参见[日]安村勉「陪審制と参審制—刑事裁判への素人の影響力」上智法学論集 25 巻 2・3 号(1982 年),第 198 頁。

合",并没有采用"意见一致"的标准,而是采用修正的"少数服从多数",即有罪判决"必须获得合议庭半数以上成员的赞成;其中,必须分别有 1 名裁判员及 1 名法官表示赞成"的制度,从而在很大程度上化解了上述担心。相反,在日本这种单一民族、社会价值观高度一致的国家,更应该担心的反倒是"观点重复的极化"问题。这种理论认为,在民主合议过程中,如果没有不同的声音或对立的观点出现,公共协商的结果可能会更为偏颇。具有相同意向的人们经常参加"重复的极化活动",又没有出现不同观点,那么就极有可能产生极端的观点。①

再次,专业性与民主性的冲突。

共合民主理论需要面临的第 3 个较为严峻的考验,在于如何处理讨论问题的专业性与讨论的民主性之间的矛盾问题。正如有学者指出的,其本质上是如何处理公众和专家的关系问题。② 民主原则等于商谈原则加上法律形式。哈贝马斯强调,法律和政治不能被理解为自组织的封闭系统,而必须保持对生活世界的开放。这样,法律和政治系统才能处理全社会共同的问题。政治行动领域是根植于生活世界的情景的输入的。③ 但这种开放性,却面临着社会的事实不平等与分层性,这就导致一定会有一些优势资源占有者,更容易在这个过程中发声,更容易去说服对方接受自己的观点。④ "即使处于不利地位的人和他们的代表擅长以有效的方式进行商议,群体讨论的动态也趋向于支持那些具有较高社会和经济地位的人们。他们的确谈得比较多,而且他们的看法会得到大多数成员比较认真的对待。因此,商议的结果比较有可能反映大多数处于有利地位的商议者的最初看法。"⑤ 这一担心并非毫无道理,以日本为例,在日本文化中,法律"精英化"的思维惯式根深蒂固,尤其是刑事司法,更属于一般人根本无法涉足的领域。有学者就担心裁判长在控制诉讼过程中出现所谓

---

① 参见[美]詹姆斯·菲什金,彼得·拉斯莱特主编:《协商民主论争》,张晓敏译,北京:中央编译出版社 2009 年版,第 85 页以下。

② 参见孙浔:《技术民主的两条道路——哈贝马斯和芬伯格技术政治学比较研究》,载《兰州学刊》2008 年第 9 期,第 12 页。

③ 参见王晓升:《用交往权力制衡社会权力——重评哈贝马斯的商议民主理论》,载《中山大学学报(社会科学版)》2007 年第 4 期,第 50 页。

④ 参见 Zachary Corey and Valerie P. Hans, Japan's New Lay Judge System: Deliberative Democracy in Action? 12 *Asian-Pacific L. & Pol'y J.* 72(2010)。

⑤ [美]阿米·古特曼,丹尼斯·汤普森:《民主与分歧》,杨立峰等译,北京:东方出版社 2007 年版,第 149 页以下。

"强权"的问题。即在合议过程中,作为专业法曹的裁判官,左右作为普通人的裁判员的现象。① 另外,对于大多数日本人来说,如果大家都向右,那么向右就是正确的选择。换句话说,和社会大多数人不同,就是错误的选择。换句话说,如果 5 名裁判员中有两个人提出,判处死刑吧,那么剩下的 3 个人很可能会说,那就这么办好了。换句话说,在日本人的气质中,缺乏针对善恶的基本标准,而是以其对于周围的反映作为基准。② 从这个角度,日本采取裁判员与职业裁判官混合组成合议庭的做法,或许还真的可以在某种程度上抵消上述盲目的从众心理。

另一方面,每个社会,都有其既定的文化价值系统,这种文化价值系统是任何人参与社会交往过程的必然的条件。没有语言,没有文化,不存在人们之间共享的文化价值系统,社会交往就不可能。因此,只要公民可以实质参与决策过程,可以自由发表意见,其受不受到其他裁判员或者裁判官的影响,其实并不会动摇这一合议机制本身的正当性。毕竟民主就是一场博弈。谁能在合议过程中占据优势地位,谁就能够保证自己的利益。因此,只要保证平等的发言及表决机会,能够被说服,也证明了合议机制的可操作性。

现代社会中,公民往往对于代表公权力的政治制度,包括司法制度,表现出一种本能的不信任。而这种不信任,又往往动摇着既有权力体制的合法性。司法权的民主化改革,虽然不能从根本上解决司法实践所面临的根本矛盾,却能在很大程度上消解公民对司法独裁的不满与不安。如何能够在既有文化与政治框架中,寻找到一种适合公民直接参与司法的制度化解决方案,将成为包括中国在内的世界各国长期需要解决的问题。

制度无法复制,但可借鉴。

第二节　日本的裁判员制度评述

2004 年 5 月,《裁判员参与刑事审判相关法律》③(后简称《裁判员法》)立

---

① 参见[日]西野喜一『裁判員制度批判』西神田編集室(2008 年),第 22 页。
② 参见[日]田部亜紀子「歴史と国民性から見る陪審制」『変わらぬなら変えてしまおう刑事司法 2000 年度立教大学法学部荒木・中島 2 年ゼミナール研究論文集』(2011 年),第 4 页。
③ 参见「裁判員の参加する刑事裁判に関する法律」(平成 16 年 5 月 28 日法律第 63 号)。

法通过,并于 2007 年 5 月正式生效。同时,2007 年,日本最高裁也出台了配套措施,即《裁判员参与刑事审判之一般规则》①(后简称《裁判员规则》)。二者共同构成了日本裁判员制度的基本法律框架。另一方面,裁判员制度自 2009 年 5 月(平成 21 年 5 月 21 日)施行已过十余年。根据《裁判员法》附则第 9 条,"政府在本法施行 3 年后,应检讨本法的施行状况,并在认为必要的情况下,以其适用结果为基础,以将裁判员参与刑事审判作为我国司法制度的基石的效果充分发挥,采取必要的措施。"现在 3 年期限已过,日本国内就裁判员制度的修改与完善,提出了种种见解。如要求裁判员保守秘密的问题,死刑案件审理中少数服从多数的问题等。2012 年 12 月,日本最高裁判所事务总局,根据调查统计,提出了《裁判员裁判实施状况的检证报告书》②(下文简称《检证报告书》)。《检证报告书》对于裁判员制度适用 3 年间的情况,勾勒出了较为可观准确的现实图景。必须承认,作为日本国"独有"的国民参加司法制度,裁判员制度的立法规制与司法适用,为对其进一步研究提供了客观根据。相关的评价与反思,也必须从法律框架与现实图景的基础出发。下面,结合《裁判员法》《裁判员规则》与《检证报告书》,对于日本裁判员制度的内容与适用,加以介绍。

一、裁判员制度的适用范围

日本裁判员制度,并不适用于所有刑事案件的审理。换句话说,并不适用于所有层级裁判所,亦不适用于所有类型的刑事案件。裁判员制度作为地方裁判所推行的一种刑事裁判制度,并不适用于刑事裁判的控诉审、上告审以及民事事件等。

(一) 日本的裁判所设置与刑事诉讼程序

根据《裁判所法》③相关规定,可将日本各级裁判所的基本设置与相互关系概括为如下图表:

---

① 参见「裁判员の参加する刑事裁判に关する规则」(平成 19 年 7 月 5 日最高裁判所规则第 7 号)(改正平成 20 年最高裁判所规则第 5 号)(改正平成 21 年最高裁判所规则第 1 号)。
② 参见日本最高裁判所事务总局「裁判员裁判实施状况の检证报告书」。
③ 参见「裁判所法」(昭和 22 年 4 月 16 日法律第 59 号)。

	数量	裁判官组成	管辖范围
最高裁判所	1 个	大法庭 15 人 小法庭 3 人	案件的终审 违宪案件的审理
下级裁判所 高等裁判所	本厅 8 个 支部 6 个	3 人 或 5 人	地方裁判所的一审、二审 家庭裁判所与简易裁判所的控诉、抗告案件 地方裁判所、家庭裁判所、简易裁判所的抗告案件 内乱罪的一审
地方裁判所	本厅 50 个 支部 203 个	1 人 合议制 3 人	高等裁判所、家庭裁判所、简易裁判所管辖权外的其他诉讼 简易裁判所负责的民事关联抗告
家庭裁判所	本厅 50 个 支部 203 个 派出所 77 个	1 人 合议制 3 人	与家庭相关的诉讼、调解案件 平成 16 年 4 月 1 日之后,围绕夫妇、亲子关系的诉讼案件 少年保护案件,以及侵害少年福祉的成人的刑事案件
简易裁判所	438 个	1 人	标的为 140 万日元以下的民事诉讼案件,调解案件该当罚金以下的盗窃、贪污等刑事事件

　　在上述裁判所权力与层级设置的基础上,不难发现,地方裁判所是日本司法裁判的主体,大多数刑事案件也是在地方裁判所层级得以解决。具体来说,根据日本《刑事诉讼法》①以及日本弁护士联合会的相关介绍,可以将日本刑事诉讼程序,概括为如下流程:

　　根据《裁判员法》的相关规定,只有地方裁判所才能使用裁判员裁判,换句话说,裁判员制度是依附于以地方裁判所为主体的一审诉讼程序展开的。只有在承认这一前提的基础上,才能更好地理解裁判员制度的适用流程。

---

① 「刑事訴訟法」(昭和 23 年 7 月 10 日法律第 131 号)。该图表参见日本弁護士連合会网站。

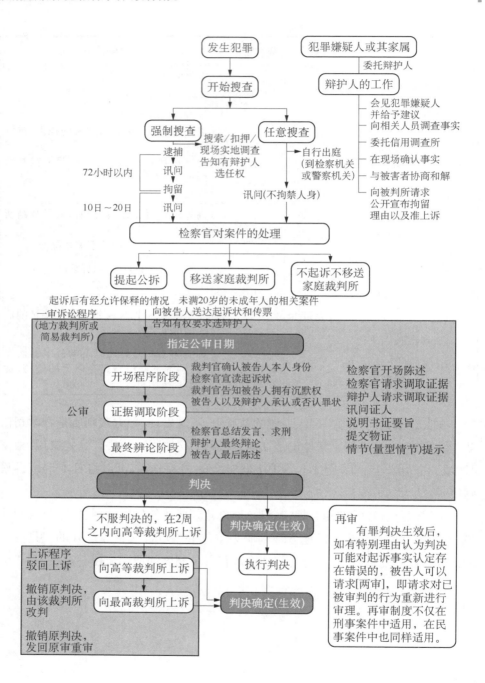

起诉
以适用死刑或无期徒刑的犯罪
为起诉适用对象

第一次公开审理开庭
前的准备程序针对争论问题
进行整理为目的的证据开示

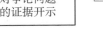

制作裁判员候选人名录，每年
每个裁判所都需要从20岁
以上的选举人中消极地选择
制作选举人名簿

裁判员的选任决定
合议庭原则上有3名裁判官、
6名裁判员组成；在一定的情况下，
可由1名裁判官、4名裁判员组成

裁判员的选任程序针对每起案件，
从裁判员候选人中消极选出裁判员
以上程序需要包括质询程度才能选任
但不适用于裁判员不适格、禁止就职
以及辞退事由等，并不适用质询程序

公开审理
连续开庭
(→参见修正的刑事诉讼法)

合议、判决在有罪、无罪及
量刑的判决中，需要合议庭
超过半数，以及至少1名以
上裁判官和裁判员表示赞成。
对于解释法律以及诉讼程序
中的相关判断，需要裁判官
过半数

宣告判决，裁判员任务履行完毕

上诉审
只能由法官进行审理

裁判员制度适用流程图

（二）日本裁判员制度的适用流程与适用范围

1.《裁判员法》的适用范围

根据《裁判员法》第 2 条，裁判员制度仅仅适用于该当死刑、无期惩役或禁锢的犯罪，以及《裁判所法》第 26 条第 2 项第 2 号所列故意犯罪导致被害者死亡相关的犯罪。具体来说，使用裁判员制度的罪名包括"杀人罪"①、"抢劫致死伤罪"②、"伤害致死罪"③、"（准）强制猥亵致死伤罪"④、"（准）强奸致死伤罪"⑤、"危险驾驶致死伤罪"⑥、"现住建造物放火罪"⑦、"诱拐罪"（以勒索赎金为目的）⑧、

---

① "杀人者、处死刑或无期或 5 年以上惩役。"「刑法」（明治 40 年 4 月 24 日法律第 45 号），第 199 条。

② "抢劫致人负伤的，处无期或 6 年以上惩役，致人死亡的，处死刑或无期惩役。"「刑法」（明治 40 年 4 月 24 日法律第 45 号），第 240 条。

③ "伤害身体，因此致人死亡者，处 3 年以上有期惩役。"「刑法」（明治 40 年 4 月 24 日法律第 45 号），第 205 条。

④ "犯刑法第 176 条（强制猥亵罪）或第 178 条第 1 项（准强制猥亵罪）罪，或上述犯罪的未遂罪，致人死伤者，处无期或 3 年以下惩役。"「刑法」（明治 40 年 4 月 24 日法律第 45 号），第 181 条，1 项。

⑤ "犯第 177 条（强奸罪）或第 178 条第 2 项（准强奸罪），或上述犯罪的未遂罪，致该女子死伤者，处无期或 5 年以上惩役。犯第 178 条之二规定的犯罪（二人以上实施的强奸罪或准强奸罪），或上述犯罪的未遂罪，处无期或六年以上惩役。"「刑法」（明治 40 年 4 月 24 日法律第 45 号），第 181 条，2 项、3 项。

⑥ "实施下列行为，并因此致人负伤的，处 15 年以下惩役，致人死亡的，处 1 年以上有期惩役：

一、在酒精或药物影响下正常驾驶存在困难时，驾驶机动车的行为；

二、以很难制动的高速度，驾驶机动车的行为；

三、不具有制动机动车的技能，驾驶机动车的行为；

四、以妨碍人、车同行为目的，驶入走行中机动车正前方，与其他通行中的人或车显著接近，并以足以导致重大交通危险的速度，驾驶机动车的行为；

五、无视红灯或其他与红灯类似的信号，并以足以发生重大交通事故的速度，驾驶机动车的行为；

六、在禁止通行道路（根据道路标示、标识，或根据其他法令的规定禁止机动车通行的道路或部分道路，在其上通行足以与人或车发生交通危险，从而根据政令规定道路）通行，并以足以发生重大交通事故的速度，驾驶机动车的行为。"「自動車運転死傷行為処罰法」（平成 25 年 11 月 27 日法律第 86 号），第 2 条。

"因为受到酒精或药物的影响，在足以导致妨碍正常驾驶机动车的状态下，驾驶机动车的行为，或者因为酒精或者药物的影响导致正常驾驶陷入困难的状态，致人受伤的，处 12 年以下惩役，致人死亡的，处 15 年以下惩役。受到政令规定的妨碍机动车驾驶的疾病影响，可能会陷入给机动车驾驶造成障碍的状态，驾驶机动车，并因此受到疾病的影响导致正常驾驶陷入困难的状态，使人死伤的，处罚与前项同。"「自動車運転死傷行為処罰法」（平成 25 年 11 月 27 日法律第 86 号），第 3 条。

⑦ "放火，导致现有人居住、使用或者有人的建造物、火车、电车、舰船或矿井烧毁者，处死刑、无期或 5 年以上惩役。"「刑法」（明治 40 年 4 月 24 日法律第 45 号），第 108 条。

⑧ "为了让近亲者对于被掠去或被诱拐者的安危产生忧虑，并基于忧虑交付财物为目的，掠去或诱拐他人者，处无期或 3 年以上惩役。掠去他人或诱拐他人，使其近亲者之外的其他人对被掠去或被诱拐者的安危产生忧虑，并基于忧虑交付财物，或要求其交付财物的，处罚与前项同。"「刑法」（明治 40 年 4 月 24 日法律第 45 号），第 225 条第 2 项。

"监护责任者遗弃致死罪"①以及违反"觉醒剂取缔法"的特定行为,②等。根据《检证报告书》,裁判员制度适用 3 年来,审结最多的是抢劫致死伤罪,涉及这一罪名的裁判员裁判案件,占所有裁判员裁判案件的 24.4%。其次分别为杀人罪,占 20.9%;现住建造物等放火罪,占 9.5%;违反觉醒剂取缔法的相关犯罪,占 8.4%;伤害致死罪,占 8.2%,(准)强奸致死伤罪,占 7.1%;(准)强制猥亵致死伤罪,占 5.8%,等。

而从年份统计来看,截至 2013 年(平成 25 年)10 月末,对于适用裁判员审理的案件数量,可见下表:

适用裁判员审理不同罪名之人数演变表③

	累计	平成 21 年	平成 22 年	平成 23 年	平成 24 年	平成 25 年 (至 10 月末)
总数	7424	1196	1797	1785	1457	1189
强盗致伤罪	1778	295	468	411	329	275
杀人罪	1553	270	350	371	313	249
现住建造物等放火罪	690	98	179	167	128	118
伤害致死罪	643	70	141	169	146	117
违反觉醒剂取缔法	598	90	153	173	105	77
强奸致死伤罪	546	88	111	137	124	86
强制猥亵致死伤罪	487	58	105	105	109	110
强盗强奸罪	350	61	99	83	59	48
强盗致死(强盗杀人)罪	200	51	43	37	37	32
伪造通货行使罪	170	34	60	30	34	12
危险驾驶致死罪	93	13	17	20	27	16
通货伪造罪	85	14	18	20	19	14
逮捕监禁致死罪	48	4	18	21	1	4

---

① "遗弃因为年老、年幼、身体障害或疾病而必须被扶助者,或对于老年者、幼年者、身体障害者或病人承担保护责任者遗弃,或不为其提供必要生存保护,致人死伤,比照伤害罪,从重处罚。"「刑法」(明治 40 年 4 月 24 日法律第 45 号),第 219 条。

② "没有合法理由,向日本或其他国家输入,或从日本或其他国家输出觉醒剂者,处 1 年以上有期惩役。以营利为目的犯前項之罪的,处无期或 3 年以上惩役,根据情节,亦可处无期或 3 年以上惩役,并处 1000 万円以下罚金。"「覚せい剂取締法」(昭和 26 年 6 月 30 日法律第 252 号),第 41 条。

③ 最高裁判所「裁判員裁判の实施状況について」(制度施行~平成 25 年 10 月末·速報)

	累计	平成 21 年	平成 22 年	平成 23 年	平成 24 年	平成 25 年（至 10 月末）
集团（准）强奸致死伤罪	45	13	2	17	6	7
保护责任者遗弃致死罪	37	7	9	12	4	5
违反枪炮刀剑类所持等取缔法的犯罪	35	13	5	3	4	10
违反有组织犯罪处罚法的犯罪	14	6	5	——	——	3
违反麻药特例法的犯罪	13	1	5	3	2	2
违反爆发物取缔罚则的犯罪	12	6			5	1
违反麻药及精神药物取缔法的犯罪	9	1	3	1	2	2
身代金拐取罪	4	——	3	——	1	——
其他犯罪	14	3	3	5	2	1

对于上述类型犯罪的刑事审判，是以裁判员裁判为原则，以不适用于为例外的。如果地方裁判所认为，前条第一项各号所列事项中的被告人、被告人所属犯罪团伙、或团伙的其他成员，对于裁判员候选人或裁判员施行加害行为的，或威胁施行加害行为，导致裁判员候选人、裁判员及其亲属等相关类似人员的生命、身体或财产会被危害，或者此类人员的平稳生活会被影响，由此裁判员候选人及裁判员因为担心恐惧，无法确保裁判员候选人出庭，无法确保裁判员无法遂行职务时选任替代裁判员的，根据检察官、被告人的辩护请求，或依据职权，必须决定由裁判官组成的合议庭审理案件。只有合议庭有权根据前项作出决定或驳回前项请求，但审理上述事项的裁判官，不得参与此类决定。合议庭作出相关决定以及驳回根据同项请求时，依据最高裁判所规则，首先必须听取检察官、被告人及弁护士的意见。合议庭组成后，依据职权作出相关决定时，首先必须听取该合议庭裁判长的意见。针对上述决定，得提出即时抗告，在这种情况下，适用与即时抗告相关的《刑事诉讼法》的规定。①

---

① 参见「裁判員の参加する刑事裁判に関する法律」（平成 16 年 5 月 28 日法律第 63 号），第 3 条。

另一方面,对于非上述类型的刑事案件,如果裁判所认为将这些事项与案件的合并辩论合适的,可决定由《裁判员法》第 2 条第 1 项中规定的合议庭负责处理。裁判所在需要作出前项决定时,根据《刑事诉讼法》的规定,必须作出将同项决定案件的辩论与案件的辩论合并的决定。[①]

依据《刑事诉讼法》的相关规定[②],如果因为撤销或变更处罚,导致案件的全部或一部已经不存在的,裁判所仍然可以允许第 2 条第 1 项规定的合议体处理这一问题。但是,考虑审理状况依据其他情况并且认为合适时,对于相关事项,得由裁判官 1 人或裁判官的合议庭,依据《裁判所法》第 26 条的规定加以处理。[③]

2. 合议体的组成与权限

对于上述类型的刑事判决,合议体(合议庭)由裁判官人数 3 人、裁判员人数为 6 人组成。裁判长由裁判官中的 1 人担任。但是需要强调的是,根据审前整理程序,如果证据准备过程中对于公诉事实不存在争议,从行为内容以及其他情况考虑适当的,裁判所得决定由裁判官 1 人及裁判员 4 人组成合议庭,审理案件及作出判决。裁判所在作出前项决定时,根据公判前整理程序,必须确认检察官、被告人及弁护士对此无异议。这一决定,必须在裁判员等选任程序时效前作出。同时,在做出由裁判官 1 人及裁判员 4 人组成合议体之后,裁判所考虑到被告人的主张、审理状况等事项,认为根据第 3 项的规定组成合议庭审理案件不合适的,可以决定取消根据第 3 项作出的决定,转而适用。[④]

根据日本最高裁的调查,从 2009 年,即平成 21 年开始,到 2012 年,即平成 24 年约 3 年间,日本全国 50 个地方裁判所本厅以及根据《裁判员规则》列明的 10 个地方裁判所,共受理被告人 4862 人。因为每年都有新受裁判员裁判的被告人未能审结的情况,因此接受裁判员裁判的终审人员总数为 3884 人,约占新受被告人总数的 79.9%。每个裁判所年平均新受理适用裁判员裁判的被告人约 26.7 人。其中,年平均新受裁判员裁判的被告人最多的是千叶地裁本厅,为

---

① 「裁判員の参加する刑事裁判に関する法律」(平成 16 年 5 月 28 日法律第 63 号),第 4 条。
② "裁判所在检察官提出请求,且不危及公诉事实的同一性的限度内,必须允许检方修改起诉书的记载、追加处罚,或撤回起诉。裁判所经过审理,在认为适当时,可以命令追加或改变诉因或处罚。裁判所在追加、撤回或变更诉因或处罚时,必须立即将追加、撤回或变更的部分,通知被告人。裁判所认为追加、变更诉因或处罚会对于被告人的辩护导致实质不利之虞时,应被告人或辩护人的请求,必须通过决定,停止审判程序,为被告人提供充分准备所必须的时间。"「刑事訴訟法」(昭和 23 年 7 月 10 日法律第 131 号),第 312 条。
③ 参见「裁判員の参加する刑事裁判に関する法律」(平成 16 年 5 月 28 日法律第 63 号),第 5 条。
④ 参见「裁判員の参加する刑事裁判に関する法律」(平成 16 年 5 月 28 日法律第 63 号),第 2 条。

173.4 人,顺次为东京地裁本厅审理 142.1 人;大阪地裁本厅审理 134.2 人,横滨地裁本厅审理 79.5 人,琦玉地裁本厅审理 77.2 人。反之,年平均审理被告人最少的,是松江地裁本厅,为 3.3 人,之后顺次为鸟取地裁本厅审理 3.6 人,秋田地裁本厅审理 4.3 人,旭川地裁本厅审理 4.9 人,函馆地裁本厅审理 5.9 人。据推测,导致千叶地裁本厅新受裁判员裁判被告人多的原因,大体在于其管内有成田国际空港,觉醒剂等毒品运输案件多发。[1]

就裁判员裁判中,由裁判员与职业裁判官组成的合议体来说,其主要权限为认定犯罪事实、适用法律以及量刑。但除此之外,对于依据法律解释需要作出的判断,与诉讼程序相关的判断(依据《少年法》[2]第 55 条所作决定除外),以及与其他裁判员相关判断以外的判断,需要根据合议庭裁判官的合议。[3] 值得一提的是,整体来看,适用裁判员审理案件的无罪率较裁判官裁判时代,并未出现大太的变化。例如,针对相同罪名,从 2005 年(平成 19 年)至 2008 年(平成 20 年),裁判官审结的案件总数为 7522 人,其中最终被认定无罪这为 44 人,约占 0.6%,裁判员裁判自实施其 3 年间,共审结 3884 名被告人,其中被认定无罪者为 18 人,无罪率约占 0.5%。具体到各个罪名,无罪率的变化也都维持在百分之零点几的水准。[4]

3. 相关争议

就裁判员裁判的适用范围等问题,在司法实践中,还存在如下几点争论。

其一,裁判员裁判适用范围应予限缩。

有观点认为,应将性犯罪从适用裁判员裁判的范围中一律排除,主要理由是保护当事人,特别是受害人的隐私。对此,主流观点认为,对于被害人隐私的担忧,可以通过现行法律制度有效解决。而这,也并非裁判员裁判所独有的问题。事实上在裁判员裁判过程中,从选任阶段开始,就需要采取措施,保障被害人的隐私。特别是要防止庭审过程中,裁判员的询问,对于被害人造成的二度伤害。至于针对性犯罪,裁判员相较于裁判官可能会倾向于重判的问题,但考虑国民对于性犯罪严重性的担忧,如果将其排除在裁判员裁判的范围之外,将使得国民丧

---

[1] 参见日本最高裁判所事务总局「裁判员裁判实施状况の检证报告书」。

[2] "裁判所根据事实审理的结果,认为对于少年被告人采取保护措施具有相当性时,必须决定将案件移交家庭裁判所。"「少年法」(昭和 23 年法律第 168 号),第 55 条。

[3] 参见「裁判员の参加する刑事裁判に关する法律」(平成 16 年 5 月 28 日法律第 63 号),第 6 条。

[4] 参见日本最高裁判所事务总局「裁判员裁判实施状况の检证报告书」。

失对此问题发表意见的机会。①

除性犯罪之外，还有观点认为，走私觉醒剂等毒品案件，往往涉及跨国有组织犯罪，非常复杂，属于国民难以想象的犯罪类型，因此不应受裁判员裁判。对于这些案件的审理，往往很难适用所谓常识进行判断。对此，主流意见认为，裁判员制度，是以重大犯罪为对象，并不是以国民是否熟悉为选择标准。何况除了毒品案件，其他案件中裁判员也需要面对认定被告人主观认识等复杂问题。而对于毒品犯罪的定罪量刑，和其他犯罪一样，从裁判员所代表的是社会感觉判断，并无不妥。②

除了性犯罪、毒品犯罪之外，有观点认为，应当将裁判员审理的案件范围，限制在被害人意见的基础上，但这样以来就会造成被害人需要面对是否选择裁判员制度的巨大压力的问题。况且裁判员制度本身与诉讼当事人的意愿并无关系，因此显然不能将这一制度是否采用，建立在被害人个人意愿基础上。除此之外，对于死刑求刑的案件，有意见认为对于裁判员造成的负担过大，从减负的角度来看，是否需要检讨。一般认为，死刑案件往往受到国民的极大关注，属于最为重要的刑事案件，因此适用裁判员制度意义重大。因此，即使负担很大，也需要承担。这是裁判员作为国民无法回避的义务。为了减少裁判员的负担，应当从检方如果可能，可以在公审阶段结束之后，再提出求刑。③

其二，裁判员裁判适用范围应予扩大。

除了认为性犯罪、毒品犯罪不应该适用裁判员审理之外，还有观点认为，涉及药害、公害、食品事故等案件，与国民的生活息息相关，因此应当考虑纳入到裁判员制度的审理范围之内。对此，反对意见认为，此类案件往往涉及大量专业资料与知识，常人不容易理解，对其适用裁判员审理，会对于裁判员造成较大负担。而且这类案件的罪名往往涉及到业务过失致人死亡罪（業務上過失致死傷罪）等过失犯罪，针对过失认定的前提，即注意义务的范围，往往需要多次开庭，通过审查大量证据才能认定，因此会导致审理长期化的问题。④

除了公害案件之外，对于存在事实争议的案件，更应该体现出国民的认识与判断。因此，有观点认为，将被告人否定检方指控的案件纳入进来，是十分必要的。裁判员制度设立之初，并没有承认被告人对于是否采用裁判员制度，具有选

---

① 参见日本最高裁判所事務総局「裁判員裁判実施状況の検証報告書」。
② 参见日本最高裁判所事務総局「裁判員裁判実施状況の検証報告書」。
③ 参见日本最高裁判所事務総局「裁判員裁判実施状況の検証報告書」。
④ 参见日本最高裁判所事務総局「裁判員裁判実施状況の検証報告書」。

择权,从基本结构来看,裁判员制度对于被告人来说,并不是一项权利。而是通过国民参加,实现更好的刑事裁判。如果说被告人在认为会有损自己利益的情况下,就可以选择不适用裁判员制度,显然与其所代表的国民感觉裁判相矛盾。这样做不仅与现行的法律规定无法保持一致,如果在经济犯罪等案件中适用裁判员制度,可能会大幅度增加裁判员适用的数量,造成审理的长期化,造成一般国民极大的负担。的确,如果审理的案件较为特殊,需要很长时间,往往会导致裁判员的选任十分困难。对于相关的争论,可以通过完善公判前整理程序,以及区分审理制度,对于需要极长时间才能审理结束的案件加以技术处理。因为裁判员的职责往往只能数年一度,因此对于那些选任裁判员较为困难的地方自治体,特别是如少子化,或东日本大地震等自然灾害导致的人口减少等情况,如何建构制度,实现上述冲突的平衡,成为裁判员制度研究的当务之急。[1]

二、裁判员的选任

日本的裁判员的选任,采取被动抽选制为基本原则,一方面尽量通过制度设计,不能给裁判员及替补者[2]的生活造成过重负担,另一方面希望通过制度设计,保证选任的裁判员尽可能公正、适当反映社会各阶层的意见。这种平衡性的基本考量,也贯穿于对于裁判员的基本权利和义务的设置过程当中。例如,一方面,在裁判过程中,裁判员可独立行使职权。[3] 并且需根据最高裁判所规则确定的标准[4],向裁判员及替补裁判员支付旅费、每日津贴以及食宿

---

[1] 参见日本最高裁判所事务总局「裁判員裁判実施状況の検証報告書」。

[2] "裁判所在审判期间,考虑到其他情况且认为必要的情况下,得配置替补裁判员,但替补裁判员者数,不得超过为合议庭配置的裁判员人数。替补裁判员为了能够行使裁判员职权,出席案件审理,如果出现了第2条第1项合议庭配置的裁判员人数不足的情况,根据事先规定的顺序,从替补裁判员中选任替任的裁判员。替补裁判员,得阅览与诉讼相关的文书及证物。"「裁判員の参加する刑事裁判に関する法律」(平成16年5月28日法律第63号),第10条。

[3] 「裁判員の参加する刑事裁判に関する法律」(平成16年5月28日法律第63号),第7条。

[4] 裁判员及候补裁判员的旅费、火车票、船费、交通费以及飞机票等四种交通费用可以报销。火车票是指乘坐火车从事陆路交通所需支付的车费,船票是指乘坐船舶从事水路交通所需要支付的船费,交通费是指在不存在铁路交通或者水路交通的情况下需要花费的路费,飞机票是指在特殊情况下需要从事航空交通时需要支付的费用。火车票、船票以及区间交通费(含码头费及驳船费用),在选择航运或者分等级陆路运输时,如果分3级,则指中级,如果分两级,则指下级)、快车加价(包括时速100公里以上运输区间的所谓特快加价,以及时速50公里以上运输区间的所谓普快加价)及座位选择费(仅指在时速100公里以上运行的普快收取的座位选择费,以及在特定航道航行的船舶收取的座位选择 　（转下页）

费。①但另一方面,裁判员必须依据法令公平诚实地履行的职务。同时必须履行保密义务。不得泄露评议时,以及履行其他职务时所获知的秘密;不得从事有损对于裁判公正的信赖的行为;不得从事有违裁判员身份的行为。② 日本学者将裁判员的选任程序,总结为如下图示:

裁判员的选任程序③

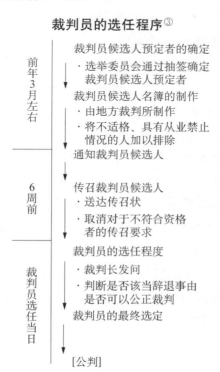

（接上页）费),以每公里 37 日元(不足 1 公里部分不计入在内)计算,飞机票实报实销。因为天灾或者其他不可抗力导致前述规定的费用不足以支付旅行费用的,尽管存在前款限制,裁判所得依据实际发生的费用数额加以确定。除交通费之外,裁判员还可以获得以日计算的津贴。裁判员的每日津贴,是指依据裁判员出庭及其他履行职务的必要天数支付的报酬。裁判员及候补裁判员的每日津贴数额不应高于 1 万日元,在陪审员选任期间裁判员及候选陪审员候选人的每日津贴不高于 8000 日元。另外,裁判员的住宿费,应以其出庭所必要的住宿夜数支付。住宿费的数额,依据《国家公务员旅费相关法律》「国家公務員等の旅費に関する法律」(昭和 25 年 4 月 30 日法律第 140 号)相关规定,甲类地方每夜 8700 日元、乙类地方每夜 7800 日元。旅行费用(不包括机票)、每日津贴及住宿费用等计算的天数,依据最为经济或者最为普通的出差方式计算。但是,如果因为天灾或者其他不可抗力的原因,最为经济或者最为普通的出差方式难以实施,得采用实际发生的路线或者方法计算。「裁判員の参加する刑事裁判に関する規則」(平成 19 年 7 月 5 日最高裁判所規則第 7 号)(改正平成 20 年最高裁判所規則第 5 号)(改正平成 21 年最高裁判所規則第 1 号),第 6 条至第 9 条。

① 参见「裁判員の参加する刑事裁判に関する法律」(平成 16 年 5 月 28 日法律第 63 号),第 11 条。
② 「裁判員の参加する刑事裁判に関する法律」(平成 16 年 5 月 28 日法律第 63 号),第 8 条。
③ 引自[日]石川多佳子「裁判員制度に関する憲法的考察」金沢大学教育学部紀要第 57 号(2008 年)。

具体而言,根据《裁判员法》及《裁判员规则》,可以将裁判员的选任程序,分为如下几个阶段。

(一) 裁判员候选人名簿制作阶段

裁判员候选人名簿,是由各地方裁判所,在市、町、村的选举管理委员会裁判员候选人预定者名簿基础上,制作而成。

1. 裁判员候选人名簿的准备阶段

首先,每年 9 月 1 日,地方裁判所根据最高裁判所规则,在其管辖区域内的市、町、村内,分配第 2 年必要的裁判员候选人人数,并必须将此通知上述市、町、村的选举管理委员会。所谓"裁判员候选人人数",是指根据最高裁判所规则,地方裁判所考察其处理的案件以及相关事项后,计算得出的人数。[1] 其次,因为裁判员是从合格选民中遴选出来,因此,市、町、村的选举管理委员会得到对应地方裁判所关于裁判员候选人数的通知时,须从选举人名簿登录者中,按照通知中列明人数,通过抽签方式选择裁判员候选人的预定者,但根据《公职选举法》[1]的规定,已死亡或已丧失日本国籍者,或根据《政治资金规正法》[2]自动放弃选举权者,不在抽选范围之内。抽签之后,市、町、村的选举管理委员会,须将选定者姓名、住所及生年月日,录入裁判员预定者名簿,并记录在选举人名簿当中,裁判员候选人预定者名簿,可以通过磁盘介质等制作。[3]

---

① 引同上,第 20 条。具体来说,地方裁判所必须计算第 2 年裁判员、候补裁判员的必要人数,裁判员需处理的案件情况、遭传召裁判员候补裁判员的出庭情况,依据《裁判员法》第 34 条第 7 项的规定决定不选任的裁判员候补裁判员的数量,候选裁判员名录的记载情况,以及其他相关事宜。地方裁判所在其所管辖的市、町、村范围内分配前项确定的裁判员候补裁判员人数,针对各市、町、村选举委员会选举人名录上等级的人数,在相对应的裁判员候补裁判员人数当中,首先各市、町、村分配 1 人,剩下的名额,依据各市、町、村选举人名录中等级人数占该地方裁判所管辖范围内区域内选民登记总数的百分比进行分配。在这种情况下,如果出现不满 1 人的小数点情况,在裁判员候补裁判员总数不满的情况下,按照小数点后数字大小的顺序,由数字最大的市、町、村选任 1 人补足。如果地方裁判所成立专门科室处理与裁判员审判的相关事宜,需要计算第 2 年所需要的裁判员与候补裁判员数量,该专门科室,以及没有成立此类专门科室的地方裁判所,必须考虑在其管辖范围内第一项所列事项。地方裁判所设立的专门科室对其所管辖的市、町、村,没有设立此类专门科室的地方裁判所对其管辖的范围内的市、町、村,在管辖范围内分配裁判员候补裁判员数额的时候,参考上述相关规定。「裁判員の参加する刑事裁判に関する規則」(平成 19 年 7 月 5 日最高裁判所規則第 7 号)(改正平成 20 年最高裁判所規則第 5 号)(改正平成 21 年最高裁判所規則第 1 号),第 11 条。
① 参见「公職選挙法」(昭和 25 年 4 月 15 日法律第 100 号)第 27 条,1 项。
② 参见「政治資金規正法」(昭和 23 年 7 月 29 日法律第 194 号)第 28 条。
③ 参见「裁判員の参加する刑事裁判に関する法律」(平成 16 年 5 月 28 日法律第 63 号),第 21 条。

最后,市、町、村的选举管理委员会在得到地方裁判所通知的同年 10 月 15 日前,必须将裁判员候选人预定者名簿,送交发出上述通知的地方裁判所。①

2. 裁判员候选人名簿的登录对象

裁判员候选人必须具有选民资格。② 不是所有选民,都会自动获得裁判员候选人的资格。对于存在法律规定特定条件、身份、职务的选民,必须加以排除。

(1) 不具备基本智识的选民,不得担任裁判员或替补裁判员。

未依据《学校教育法》③规定,完成义务教育的人,不得担任裁判员,但具有与完成义务教育者相同及以上学识者,不在此列。④ 不难看出,对于裁判员或替补裁判员的文化水平,日本实际采取的是一种形式判断与实质判断相互结合的混合方式。目的无非是保证裁判员或替补裁判员有参与较为复杂的裁判活动的基本智识能力。例如,成年后仍然被监护者以及被保证者,都不能担任裁判员或替补裁判员。⑤ 因为身心问题在遂行裁判员或替补裁判员职务时存在显著障碍的,也不得担任裁判员或替补裁判员。⑥

(2) 不具有担任官职资格的选民,不得担任裁判员或替补裁判员。

除了必须具备基本智识这一条件之外,根据《裁判员或替补裁判员法》规定,属于《国家公务员法》第 38 条规定的情况,即被判处禁锢以上刑罚,尚未执行或未执行完毕者;接受惩戒免职未满两年者;担任人事院的人事官或事务总长职务,但在任内违反《国家公务员法》第 109 条至第 112 条规定,被定罪处刑者;以及在日本国宪法施行之后,组成、参加主张暴力反抗日本国宪法以及根据宪法成立政府的正当或其他团体者,不得担任裁判员。另外,因该当禁锢以上刑罚处遇的罪名被起诉,且被起诉之案件尚未终结的,以及被逮捕或拘留的,也不得担任裁判员或替补裁判员。⑦

① 参见「裁判員の参加する刑事裁判に関する法律」(平成 16 年 5 月 28 日法律第 63 号),第 22 条。
② "裁判员从拥有众议院议员选举权的人员当中,依据本节规定,加以选任。"「裁判員の参加する刑事裁判に関する法律」(平成 16 年 5 月 28 日法律第 63 号),第 13 条。
③ 日本宪法规定,"一切国民,按照法律规定,都负有使其所保护的子女接受普通教育的义务。义务教育为免费教育。"「日本国憲法」(昭和 21 年 11 月 3 日憲法),第 16 条 2 项。在此基础上,根据相关法律,日本的义务教育为 9 年,分别是小学校或特别支援学校小学部的 6 年,以及中学校、中等教育学校前期课程、特别支援学校中学部的 3 年。「学校教育法」(昭和 22 年 3 月 31 日法律第 26 号)。
④ 参见「裁判員の参加する刑事裁判に関する法律」(平成 16 年 5 月 28 日法律第 63 号),第 14 条,1 项。
⑤ 参见「国家公務員法」(昭和 22 年 10 月 21 日法律第 120 号),第 36 条,1 项。
⑥ 参见「裁判員の参加する刑事裁判に関する法律」(平成 16 年 5 月 28 日法律第 63 号),第 14 条,3 项。
⑦ 参见「裁判員の参加する刑事裁判に関する法律」(平成 16 年 5 月 28 日法律第 63 号),第 14 条、第 15 条。

（3）从事特定职业的选民，不得担任裁判员或替补裁判员。

从三权分立的权力分野角度，为了保障司法权的独立性，一般认为，具有立法或司法职务的选民，不得担任裁判员或替补裁判员。具体来说，作为立法机关代表的国会议员、国务大臣，以及根据相关法律，符合特定薪酬规定[①]的国家行政机关职员、都道府县知事及市、町、村（包含特别区）负责人、自卫队军官，不得担任裁判员或替补裁判员。另外，为了保障裁判员或替补裁判员能够充分代表一般国民的看法与意见，因此具有法律职业背景的选民不得担任裁判员或替补裁判员，这包括担任裁判官及曾经担任过裁判官的人；担任检察官及曾经担任过检察官的人；弁护士（包含从事外国法事务律师）及曾经担任弁护士的人、专利律师、司法代书人、公证人、履行司法警察职员职务的人；裁判所职员（兼职者除外）；法务省职员（兼职者除外）；国家公安委员会委员、都道府县公安委员会委员以及警察职员（兼职者除外）；持有裁判官、助理裁判官，检察官以及弁护士资格的人；《学校教育法》承认的大学本科、专科及研究生院的法学教授及副教授；司法专业实习生。[②]

不难看出，依据《裁判员法》，免除裁判员义务的国民包括政治家、公务员、司法工作人员或与司法有关联的工作人员、军人。这些人一则工作繁忙，二则拥有一定的公权力。从裁判员的"纯市民性"来考虑，将这部分国民排除在裁判员候选人之外未尝不可，但是，从国民的广泛代表性的角度来考虑，排除了这部分国民后，剩下的国民大都是企业、事业单位的职员、个体经营业者、临时工以及退休人员，选任范围比较狭窄，而且还缺乏普遍的国民基础。我国有学者曾认为：除了政治家、司法机关的工作人员、军人以及地方行政机关的行政长官以外，其他的国民都有义务参与刑事审判。与此相对，虽然公务员和大学法学院系的教授

---

① 适用《一般职员薪酬相关法律》「一般職の職員の給与に関する法律」（昭和 25 年 4 月 3 日法律第 95 号）附录第 11 职等职薪酬表的职员（二部分列明的除外）；适用《一般职任期付职员选用及薪酬特殊规定的相关法律》「一般職の任期付職員の採用及び給与の特例に関する法律」（平成 12 年 11 月 27 日法律第 125 号）第 7 条第 1 项规定的薪酬表，接受同表 7 号俸薪酬月额以上薪酬的职员；适用《特别职职员薪酬相关法律「特別職の職員の給与に関する法律」（昭和 24 年 12 月 12 日法律第 252 号）附录第一及附录第二部分的职员；以及适用《防卫省职员薪酬等相关法律》「防衛省の職員の給与等に関する法律」（昭和 27 年 7 月 31 日法律第 266 号）第 4 条第 1 项的规定，根据《一般职员薪酬相关法律》附录第 11 职等薪酬表的职员，根据《防卫省职员薪酬等相关法律》第 4 条第 2 项规定的《一般职任期付职员选用及薪酬特殊规定的相关法律》第 7 条第 1 项的薪酬表（限于同表 7 号俸薪酬月额以上的）接受薪酬的职员。参见「裁判員の参加する刑事裁判に関する法律」（平成 16 年 5 月 28 日法律第 63 号）。

② 参见「裁判員の参加する刑事裁判に関する法律」（平成 16 年 5 月 28 日法律第 63 号），第 15 条，1 项。

担任裁判员,可能会影响行政机关的正常工作、影响大学的正常教学秩序,但是,他们与民间的企业的职员相比,生活有保障、安全有保障且文化层次相对较高。在日本,国民要想成为公务员,必须要经过国家公务员和地方公务员考试,要通过这样的考试没有扎实的文化功底是不行的,另外,大学法学教授不仅是知识分子,而且是法学方面的专家,这部分人担当裁判员更能准确地处理各类刑事案件。由企业、事业单位的职员、个体经营业者以及临时工担任裁判员,不但会平白无故地增加其工作量,还会影响其正常的工作和生活秩序,同时会加大企业的工作压力。[①] 这种观点显然属于误读,毕竟裁判员所具有的司法,或准司法属性,使其先验性地排除行政权与立法权,因此绝对不可能引入公务员或国会议员等不同权属的参与者。排除法学专业的大学教授,一方面日本公立大学的此类教授属于公务员,更为重要的是,排除法学背景人士的目的,是为了保障或促进,而不是为了削弱裁判员的广泛代表性。

3. 裁判员名簿的制作程序

首先,地方裁判所在市、町、村的选举管理委员会提交裁判员候选人预定者名簿后,以此为基础,根据最高裁判所规则,制作包含裁判员候选人的姓名、住所及出生年月日等信息的裁判员候选人名簿。裁判员候选人名簿,可通过磁盘介质制作。制作过程中,如果地方裁判所发现相关候选人已经死亡,或不具备基本智识、不具有担任官职资格或从事特定职业,须根据最高裁判所规则,将其从裁判员候选人名簿中除名。[②]

其次,向地方裁判所提交裁判员候选人预定者名簿后,市、町、村的选举管理委员会发现裁判员候选人死亡,或不再享有众议院议员选举权时,必须将这一信息送交给上述地方裁判所。但上述情况出现在提交该裁判员候选人预定者名簿第3年及之后出现上述情况的,不在此限。[③]

第三,地方裁判所向市、町、村的选举管理委员会发出通知的第2年,如果认为有必要补充必要的裁判员候选人的,根据最高裁判所规则,应尽快将拟候补的裁判员候选人者数,在其管辖区域内的市、町、村内进行分配,并必须通知相关市、町、村的选举管理委员会。[④]

---

① 参见冷罗生:《日本裁判员制度的理性思考》,载《太平洋学报》2007年第7期,第16页以下。
② 参见「裁判員の参加する刑事裁判に関する法律」(平成16年5月28日法律第63号),第23条。
③ 参见「裁判員の参加する刑事裁判に関する法律」(平成16年5月28日法律第63号),第23条。
④ 参见「裁判員の参加する刑事裁判に関する法律」(平成16年5月28日法律第63号),第24条,1項。

第四，裁判员及替补裁判员的名录，必须依据附录中所列样式制定。

地方裁判所成立专门科室处理与裁判员裁判相关事项的，由其与没有成立此类专门科室的地方裁判所，分别制定裁判员及替补裁判员名录。对此，专门科室针对其管辖范围内市、町、村选举委员会提交的裁判员候选候选裁判员名单，没有成立专门科室的地方裁判所，依据其所管辖范围内市、町、村的选举委员会提交的裁判员候选人名单分别制定。裁判员及替补裁判员名录，除被记载者自己要求公开其中记载相关信息的情况之外，不得公开。①

据统计，自裁判员制度施行的 3 年间，裁判员候选人名簿登录的人员总数为 1241406 人，年均 30 万人左右。就"名簿使用率"，即裁判员候选人名簿登录者中被实际选定的人（并非现实选任，仅指通过书面方式选定）所占比率而言，2009 年（平成 21 年）为 4.5%，显然不高。导致这一现象的原因在于制度刚刚开始施行，适用裁判员审理的案件本身很少。之后的两年的名簿使用率，分别为 36.7% 及 41.7%，持续低于 5 成。裁判员候选人名簿的记载人数之所以保持很高，是因为这一人数是地方裁判所根据对于来年裁判员裁判案件数的预想，以及裁判员候选人辞退率、选任程序日期的出席率等，通过直觉加以计算的结果。因此一般无法正确预测。出于担心候选人数不足，地方裁判所一般都会最大化地计算数值。虽然被记入候选人名簿本身不会造成特别的负担，但是从寄回调查票开始，国民就开始会因此出现心理的影响，因此有观点认为，应减少候选人名簿登记人数。②

（二）裁判员或替补裁判员候选人确定阶段

在这一阶段中，地方裁判所从候选人名簿中，采取抽签的方式，选出相应人数的裁判员候选人。③ 2009 年（平成 21 年），因为制度刚刚施行，很难获得各裁判所的辞退率与出席率，因此对于每起案件，平均选择了 94.5 名候选人。这一数字在第 2 年，大幅度减少为每起案件 84 人，但之后又慢慢有增加的倾向。导致这一现象的原因在于，审理预定日数与选定的裁判员候选人数之间存在一定的比例关系。随着审理预定天数的增加，选定的裁判员候选人数也应增加。对于需要长期间审理的案件来说，的确应当考虑到辞退希望者增加的实情。另一

---

① 参见「裁判員の参加する刑事裁判に関する法律」（平成 16 年 5 月 28 日法律第 63 号），第 12 条。
② 参见日本最高裁判所事务总局「裁判員裁判実施状況の検証報告書」。
③ 参见「裁判員の参加する刑事裁判に関する法律」（平成 16 年 5 月 28 日法律第 63 号），第 25 条。

方面,从裁判员候选人数经年变化的情况来看,对于需要相同审理预定天数的案件,作为整体倾向,候选人数并没有增加。突出的特征在于,需要长期审理的案件比率逐年增加。例如,2009 年,典型的自白案件,作为需要 3 日以内审理的案件类型,在案件全体中,占 62%(这在很大程度上是因为裁判员制度适用之初,是以自白案件为中心的),2010 年(平成 22 年),这一比例为 39.9%,2011 年(平成 23 年)为 27.6%,2012 年(平成 24 年)降至 25.8%。反过来,预定审理天数为 6 日以上 10 日以内的案件,2010 年占到 12.8%,2011 年占 21.8%,2012 年增加到 23.6%。审理预定天数 11 日以上的案件比率,2010 年占 0.6%,2011 年上升至 2.5%,并在 2012 年增加至 6.1%。一般认为,短时间案件性质不会发生如此大的变动,导致审理期间的长期化的原因,与其说是案件性质,还不如说审理到判决的程序全体长期化。而这一长期化也导致了待选裁判员候选人人数的增加。[①]

1. 裁判员候选人的申请排除

选定后,裁判所需要向候选人发送调查票,将这一情况告知裁判员候选人。所谓调查票,并无统一格式,由各地自行设计,但对于符合法定条件者,可提出申请,不被列入裁判员或替补裁判员候选人名录。具体来说,得申请辞任裁判员或替补裁判员的,包括年龄达到 70 岁以上者;地方公共团体议会的议员(限于会期中具有议员身份的情况);全日制学生[②];过去 5 年以内担任过裁判员或替补裁判员过去 3 年以内担任过预定裁判员或替补裁判员者;过去 1 年以内有过出庭记录的作为裁判员或替补裁判员候选人;过去 5 年内根据《检察审查会法》[③]的规定,担任过检察审查员或替补检察审查员职务者。除此之外,对于因为严重疾病或伤害导致出庭困难的,有必须照顾或扶养的日常生活存在障碍的同居亲属的,有必须本人处理的重要事务,否则将对其事业发生显著损害的,以及在出席父母葬礼以及其他社会生活中重要活动的,也可以提出类似申请。[④] 对于不需要采取不传召措施的裁判员或替补裁判员候选人,在通知其裁判员或替补裁判员选任程序日期的同时(送达传召状),同时送达因为预定公判日程等因素,是否

---

① 参见日本最高裁判所事务総局「裁判員裁判実施状況の検証報告書」。

② 参见「学校教育法」(昭和 22 年 3 月 31 日法律第 26 号)第 1 条,第 124 条或第 134 条中所列学校的学生或生徒,但只限于需要每天上学的注册学生。

③ 参见「検察審査会法」(昭和 23 年法律第 147 号)。

④ 参见「裁判員の参加する刑事裁判に関する法律」(平成 16 年 5 月 28 日法律第 63 号),第 15 条,2 項。第 16 条。

有希望被辞退意愿的质问票。之后,基于返回的质问票上的记载,审查申请辞退者是否满足法定要件,对于满足条件的候选人,取消传召呼出,通知其不必在选任程序的日期出席。符合条件且提出申请辞退的选民,可不担任裁判员或替补裁判员。

2. 裁判员候选人的法定排除

除了具有法定情况,可以申请不担任裁判员候选人之外,裁判所根据职权,对于可能和案件具有利害关系者,应排除其担任该案件的裁判员候选人的资格。所谓可能和案件产生利害关系者,是指如待审理案件的被告人或被害者;被告人或被害者的亲属,或曾经有亲属关系者;被告人或被害者的法定代理人、监护人、保证人、保证监督人、辅助人或辅助监督人;被告人或被害者的同居人或雇员;涉案案件的举报人或请求人;涉案案件的证人或鉴定人;涉案案件被告人的代理人、弁护士或助手;涉案案件的检察官或担任过司法警察职员职务的人;涉案案件的检察审查员或履行审查辅助员职务的人,或作为上述人员的替补人员旁听过检察审查会议的人。① 除此之外,裁判所认为无法按照法律规定进行公平裁判者,也不得作为当该案件的裁判员或替补裁判员。②

平均来看,裁判员候选人中,53%至62%会被辞退。所有被辞退者中,在发出调查票的阶段被辞退者约占47.3%,在质问票阶段,被辞退者占44.9%,选任程序阶段中被承认的辞退者占全体的7.7%。选任程序日期时被认定辞退的候选人,占全体的比率大概为4.3%至4.5%。但在选任程序日期前被承认辞退的候选人,占裁判员候选人全体的比例,从2010年(平成22年)以后逐渐增加,从该年的48.4%,上升为2011年(平成23年)的54.7%,以及2012年(平成24年)的57.7%。也就是说,大半辞退者通过书面回答,免除了自己遭到传唤的义务,随着这一比例慢慢增加,现行选任程序作为整体,在减轻国民负担方面,发挥了非常大的作用。对于裁判员候选人的辞退或排除事由来看,在调查票阶段,因为具体审理日期未确定,因此辞退理由往往与时期无关,"70岁以上""学生"等法定的辞退事由所占最多,占69%,其次为"疾病伤害",占18.3%,以及"从事重要工作"等。在质问票阶段,因为案件审理的时期已经明确,作为裁判员的职务开始具体化,因此被辞退的理由最多的是"从事重要工作",占40.9%,"照顾养

① 参见「裁判员の参加する刑事裁判に関する法律」(平成16年5月28日法律第63号),第17条。
② 参见「裁判员の参加する刑事裁判に関する法律」(平成16年5月28日法律第63号),第18条。

育"其次,占16.9%,之后为"疾病伤害"等。在选任程序日期阶段,裁判官直接听取裁判员候选人陈述情况,进行判断,其中"从事重要工作"为根据辞退的最多,占46.2%,其次为"对于精神或经济的损害",占26.2%,之后为"照顾教育""疾病伤害"等。[①] 针对诸如死刑案件,能否依据自己的宗教信条,或者其他类型的个人信念为由,拒绝履行裁判员职责? 显然,没有任何知识的话,在法庭就没有发言权,但事实上,虽然部分主体有能力,也有意愿担任裁判员,但受到个人宗教或其他信仰上的影响,无法行使这一权利。但根据法律,裁判员是一项义务,而非权利,例如,被抽中但不履行职责的,要被科以过料,因此是一个较为棘手的问题。

(三) 裁判员或替补裁判员的选任阶段

如上所述,不难看出,日本裁判员制度中裁判员候选人的选任程序较为复杂。很容易给被选任者带来困扰与不便。为了避免这种情况的发生,在裁判员候选人确定阶段,通过所谓"调查票",排除和具体案件以及具体审理日期等无关的辞退事由,如候选人是否具有年龄、重病等辞退事由,或是否具有职业、生活、亟需办理事务等相对该当的辞退事由。在这一阶段中,候选人可以通过书面形式申请辞退,在是否批准申请的判断过程中,裁判员或替补裁判员候选人无需前往裁判所亲身参与。除此之外,对于无法从书面判断确认是否应当批准辞退的候选人,需要直接听取其理由,对于障害的有无、程度等进行判断的程序。对于听取结果后认为不应辞退者,适用之后的选任程序。经历过上述过程,在选任程序规定的日期出席的候选人,申请辞退的,可以做出批准或驳回的判断。在此之后,检察官、辩护人得行使不说明理由的不选任请求权,在经历过这一程序最终剩下来的候选人中,采取抽签的方式,决定实际参加案件审理的裁判员或替补裁判员与替补裁判员或替补裁判员的选任。

1. 裁判员候选人的传召

首先,裁判所在裁判员等选任程序之前,对于其所选定的裁判员候选人,对其在履行职务的预定期间,是否属于《裁判员法》第13条、第14条、第15条第1项各号、第2项各号或第17条各号所列情况,以及是否能够公平裁判进行判断时,从必要的调查目的出发,得发出调查问卷。裁判员候选人,在裁判员等选任

---

① 参见日本最高裁判所事务总局「裁判员裁判実施状況の検証報告書」。

程序的时效前收到裁判所发出的调查问卷的,根据裁判所的指定,必须寄回或者当面交回该调查问卷。裁判员候选人,不得在调查问卷中作虚假记载。除此之外,裁判员还可以在调查问卷的记载中,列入其他和调查问卷有关的必要事项。[①]

其次,裁判所在裁判员等选任程序中选任裁判员及必要人数的替补裁判员时,如果认为必要,得追加传召必要人数的裁判员候选人。[②] 裁判所必须根据以选任裁判员及替补裁判员为目的的程序所规定的执行时效,传召裁判员候选人。[③] 传召,以传票送到为准。在传票中,必须包含出庭的日期、时间、场所,以及如果不出庭可能面临罚金等警告条款,同时也需要记载其他根据最高裁判所规则应当记载的事项。裁判员等选任程序的时效与向裁判员候选人送达传票的期间,必须设定根据最高裁判所规则确定的供裁判员候选人思考的时间。在发出传票后,到其出庭之日期间,如果发现相关法律规定不得担任裁判员候选人的,裁判所必须立即取消传召,同时必须立即将这一决定通知给相关的裁判员候选人。[④]

第三,遭传召裁判员候选人,必须按照裁判员等选任程序的时效出庭。对于在时效内出庭的裁判员候选人,应根据最高裁判所规则,支付旅费、津贴及食宿费。地方裁判所对于应裁判所传召,在裁判员等选任程序的时效内出庭的裁判员候选人,根据最高裁判所规则,将其从裁判员候选人名簿除名。但是,根据第34条第7项的规定被作出不选任决定的裁判员候选人,不在此限。[⑤]

裁判员制度适用 3 年间,在选任程序日期出席的裁判员候选人合计为

[①] 参见「裁判员の参加する刑事裁判に関する法律」(平成 16 年 5 月 28 日法律第 63 号),第 30 条。

[②] 参见「裁判员の参加する刑事裁判に関する法律」(平成 16 年 5 月 28 日法律第 63 号),第 28 条。

[③] 裁判所传召候选裁判员的时候,除特殊情况外,必须在选任期限开始六周前,向其发出传召令。对于裁判员等的选任期间,以及候选裁判员的传召令状的期限,必须设置不少于两周的宽限期。裁判所得依据职权,或者依据检察官或者辩护人的请求,变更裁判员等选任期限。检察官及辩护人,在必要的情况下提起变更裁判员等选任程序时,必须立即向裁判所具体说明变更事由以及需要延期的期限,同时,必须提交诊断书或者其他书面证明。在这些理由无法成立的情况下,不得变更裁判员等的选任期限。在变更裁判员等选任程序的期限时,如果裁判所依据职权,就必须首先听取检察官以及辩护人的意见,如果一方当事人提出上述请求,必须实现听取对方当事人的意见。一旦做出变更裁判员选任期限的决定,必须送达。裁判所做出变更裁判员选任程序的时候,必须通知选任的裁判员以及候补裁判员这一变更。「裁判员の参加する刑事裁判に関する规则」(平成 19 年 7 月 5 日最高裁判所规则第 7 号)(改正平成 20 年最高裁判所规则第 5 号)(改正平成 21 年最高裁判所规则第 1 号),第 19 条至第 21 条。

[④] 参见「裁判员の参加する刑事裁判に関する法律」(平成 16 年 5 月 28 日法律第 63 号),第 27 条。

[⑤] 参见「裁判员の参加する刑事裁判に関する法律」(平成 16 年 5 月 28 日法律第 63 号),第 29 条。

115695 人。除了根据调查票、质问票结果等辞退者之外,有出席义务者总数为146258 人,3 年间平均出席率为 79.1％。这一出席率本身,和外国陪审裁判相比,自然极高。其中非常重要的理由是,为了不给裁判员候选人造成过重的负担,设置了通过书面予以辞退的制度,这一制度应当灵活运用。但是,出席率在该制度施行之后,从 83.9％逐年下降至 80.6％,78.4％,最后降至 75.7％。虽然这一现状对于裁判员制度的适用,并不会造成实质障碍,但裁判员制度的平顺运用作为重要的支持根据,即在于国民协力,因此是否存在较高的出席率,对其动向应十分关注。如果从审理预定天数与出席率的关系,3 年间平均来看,审理天数 3 日以内案件裁判员候选人的出席率为 80.1％,审理期限 5 日以内案件,裁判员候选人的出席率为 79.6％,10 日以内为 77.2％,11 日以上为 72.8％,审理预定天数越长,出席率愈低下。和辞退率的论述相同,审理长期化对于出席率,也存在影响。①

2. 裁判员的选任程序

首先,在正式选任之前,地方裁判所应进行必要的通知和准备工作。裁判长,或《裁判员法》第 2 条第 3 项规定的裁判官,在裁判员等选任程序的时效开始 2 日前,必须向检察官及弁护士送达记载有被传召裁判员候选人姓名的名簿。裁判长在裁判员等选任程序的时效内,在裁判员等选任程序之前,必须让检察官及弁护士阅读针对裁判员候选人提出的、由其书写的调查问卷。②

其次,裁判员等选任程序,不公开进行,由裁判长负责指挥进行。③ 裁判官及裁判所书记官等列席,同时检察官及弁护士也出席。裁判所认为必要时,得要求被告人出席裁判员等选任程序。④ 在裁判员的选任过程中,裁判长对于裁判员候选人在履行职务预定期间内,是否属于《裁判员法》第 13 条、第 14 条、第 15条第 1 项各号、第 2 项各号、第 17 条各号以及第 16 条的规定,不能或无法履行裁判员职务的情况,以及是否无法公平裁判的情况进行判断时,可以进行必要的调查。出庭的裁判官、检察官、被告人或弁护士为了进行前项的判断,可以请求裁判长,针对裁判员候选人进行必要的调查。对这一情况,裁判长认为适当的情况下,可以针对裁判员候选人,根据相关请求进行调查。裁判员候选人,对于上

---

① 参见日本最高裁判所事务总局「裁判員裁判実施状況の検証報告書」。
② 参见「裁判員の参加する刑事裁判に関する法律」(平成 16 年 5 月 28 日法律第 63 号),第 31 条。
③ 参见「裁判員の参加する刑事裁判に関する法律」(平成 16 年 5 月 28 日法律第 63 号),第 33 条。
④ 参见「裁判員の参加する刑事裁判に関する法律」(平成 16 年 5 月 28 日法律第 63 号),第 32 条。

述调查,无正当理由不得拒绝陈述,不得进行虚假陈述。裁判长或裁判官,根据检察官,被告人以及弁护士的请求,或依据职权,对于符合法定情况的裁判员候选人,必须作出不选任的决定。如果认为裁判员候选人无法公平裁判的情况,也必须做出不选任的决定。这里需要注意的是,弁护士要求不选任特定裁判员候选人的请求,不得违反被告人的明示意思表示。裁判长或裁判员在驳回检察官、被告人或弁护士不选任的请求时,必须给出理由。[①] 检察官及被告人,针对裁判员候选人,各自在 4 人,或在属于《裁判员法》第 2 条第 3 项规定的情况情况时为 3 人的限度内,可以在不表明理由的情况下,申请作出不选任的决定。具体来说,在遴选裁判员候选人时,检察官及被告人可以不表明理由提出不选任请求者数,分别为,能选任裁判员候选人者数是 1 人或 2 人时 1 人,3 人或 4 人的时 2 人,5 人或 6 人时为 3 人。存在不表明理由提出不选任请求时,裁判所针对被提出不表明理由不选任请求的裁判员候选人,作出不选任的决定。[②]

　　第三,根据最高裁判所规则,裁判所只能采取抽签的办法,从裁判员等选任程序的时效内出庭的没有被作出不选任决定的裁判员候选人中,按照第 2 条第 2 项规定者数(当该裁判员候选人者数不足时,该实际人数),作出选任裁判员的决定。作出裁判员的选任决定后,需要通过相同的方法,从剩下没有被作出不选任决定的裁判员候选人中,根据《裁判员法》第 26 条第 1 项规定的人数(当该裁判员候选人者数不足时,该实际人数),根据裁判员的选任顺序,作出选任替补裁判员的决定。对于除此之外没有被选任的裁判员候选人,应作出不选任的决定。[③] 如果选任的裁判员人数不满应选任的裁判员人数时,必须选任不足人数的裁判员。同时,裁判所可以选任合并计算并选任必要人数的替补裁判员。[④]

[①] 参见「裁判員の参加する刑事裁判に関する法律」(平成 16 年 5 月 28 日法律第 63 号),第 34 条。

[②] 参见「裁判員の参加する刑事裁判に関する法律」(平成 16 年 5 月 28 日法律第 63 号),第 36 条。根据本条,裁判所,在检察官及被告人不表明理由就提出不选任请求时,检察官及被告人,各赋予一个不出示理由即可提出不选任请求的机会。在检察官及被告人可以不出示理由即提出不选任请求的情况下,必须向对方当事人以及被不出示理由即不选任的候补裁判员,告知其这一情况。裁判所首先应当面向检察官,赋予其不出示理由即可以提出不选任请求的机会。在存在数名被告人时,裁判所应当按照事先预定的顺序,赋予被告人不出示理由即可以提出不选任请求的机会。检察官及被告人,在被赋予不出示理由即可以提出不选任请求的机会时,如果拒绝,以后将不得再作此申请。「裁判員の参加する刑事裁判に関する規則」(平成 19 年 7 月 5 日最高裁判所規則第 7 号)(改正平成 20 年最高裁判所規則第 5 号)(改正平成 21 年最高裁判所規則第 1 号),第 34 条。

[③] 参见「裁判員の参加する刑事裁判に関する法律」(平成 16 年 5 月 28 日法律第 63 号),第 37 条。

[④] 参见「裁判員の参加する刑事裁判に関する法律」(平成 16 年 5 月 28 日法律第 63 号),第 38 条。

据统计,有理由的不选任情况,发生极少,每起案件平均为 0.1 至 0.2 人。平均每起案件无理由不选任的人数逐年减少,从 2009 年(平成 21 年)的 5 人,下降为 2010 年(平成 22 年)的 4 人,2011 年(平成 23 年)的 3.6 人,以及 2012 年(平成 24 年)的 3.5 人。经历上述程序,最终剩下的人数,就是裁判员选任的基数。据统计,每起案件中,替补裁判员数平均为 2.1 人,也就是说每起案件会出现 6 名裁判员以及 2 名替补裁判员。从无理由不选任请求阶段之前的基数来看,从制度刚施行之后的 33.8 人,逐年递减为 28.3 人,25.1 人,以及 24.1 人。在这一时点的最小必要人数,为裁判员 6 人及替补裁判员 2 人,理论上,加上行使无理由不选任请求权行使的可能人数(在替补裁判员为 2 人的情况下,检察官、辩护人各 5 人),即 10 人,共计 18 人。对此,经过大量观察,成为保证选任裁判员过程中不会出现社会偏见的规模。现在规定的 24 人规模,与理论上必要的 18 人相比相差不少,因此对于适当规模人数,仍需进一步研讨。①

第四,裁判长需要对裁判员及替补裁判员,说明裁判员及替补裁判员的权利、义务以及其他必要的事项。裁判员及替补裁判员,根据最高裁判所规则,必须宣誓依法公平诚实地履行职务。②

第五,不选任决定的救济程序。

检察官、被告人或弁护士提出的不选任请求被驳回时,可以向管辖该案件的地方裁判所提出异议。提出前项异议申请时,需要在裁判所针对该裁判员候选人作出选任决定之前,向原裁判所提出申请书,或在裁判员等选任程序中口头表明申请的原因及目的。接受异议申请的地方裁判所,必须组成合议庭作出决定。对于这种异议申请,适用即时抗告相关的刑事诉讼法规定。但处理时效从收到申请 3 日起改变为收到书面或者口头申请起 24 小时内。③

3. 选任司法文书的制作

依据裁判员等选任期限程序,必须制作裁判员等选任程序的司法文书。④

---

① 参见日本最高裁判所事务总局「裁判員裁判実施状況の検証報告書」。
② 参见「裁判員の参加する刑事裁判に関する法律」(平成 16 年 5 月 28 日法律第 63 号),第 39 条。
③ 宣誓,必须依据宣誓书。宣誓书,必须记载依法公平诚实地履行裁判员职务的宗旨。裁判长必须判令裁判员及补充裁判员朗读宣誓书,并且签字盖章。在裁判员及候补裁判员不能朗读宣誓书的时候,裁判长得令裁判所书记员朗读宣誓书。宣誓必须起立,并且严肃地进行。宣誓必须逐个进行。「裁判員の参加する刑事裁判に関する規則」(平成 19 年 7 月 5 日最高裁判所规则第 7 号)(改正平成 20 年最高裁判所规则第 5 号)(改正平成 21 年最高裁判所规则第 1 号),第 37 条。
④ 参见「裁判員の参加する刑事裁判に関する規則」(平成 19 年 7 月 5 日最高裁判所规则第 7 号)(改正平成 20 年最高裁判所规则第 5 号)(改正平成 21 年最高裁判所规则第 1 号),第 25 条。

首先,裁判员等选任程序的司法文书,必须包括被告案由及被告人姓名;负责裁判员等选任程序的裁判所、年月日及地址;裁判官及裁判所书记官的正式职衔;出庭支持公诉的检察官的正式职衔;出庭的被告人、辩护人及助手的姓名;出庭的裁判员及候选裁判员的姓名;针对候选裁判员所做诘问及其所做陈述;针对诘问,拒绝担任候选裁判员的理由;请求不被选任为陪审员的其他说明;依据《裁判员法》第 35 条第 1 项提出异议,及其理由;裁判员及替补裁判员拒绝宣誓的理由;出庭翻译的姓名;对于翻译的诘问及其回答;决定及命令(刑事诉讼规则第 25 条第 2 项许可的申请、请求、诘问以及陈述除外);列明裁判员及替补裁判员姓名的判决书、《刑事诉讼规则》第 38 条所列司法文书以及检方相关司法文书的文号及选任裁判员的姓名及选定其审理的案由。除此之外,裁判长或裁判官应诉讼关系人的请求或者依据职权所做命令,应记入裁判员等选任程序的司法文书。[①]

其次,裁判员等选任程序的司法文书,必须由书记员签名盖章,并由裁判长盖章确认。在裁判长授权的情况下,得由其他一名裁判官对于此类事项盖章确认。在《裁判员法》第 2 条第 3 项规定的情况下,裁判长(同项所规定的合议庭的情况下,是由裁判官)授权的,可由该裁判所的书记员对于相关事项盖章确认。授权书记员的情况时,裁判长必须对于此类授权盖章确认。[②]

第三,裁判员等选任程序的司法文书当中,在裁判员等选任程序期限完成之后,依据《裁判员法》第 71 条第 1 项,出现提前审理、押后审理的情况,根据《裁判员法》第 76 条出现分案审理以及《裁判员法》第 86 条第 1 项规定的合并审理情况,应当在司法文书准备期限之前,整理安排完毕。[③]

第四,针对与裁判员等选任程序的期限有关的所有陈述或者部分陈述,可以录音。在针对裁判员等选任程序期限问题上,对于选定的裁判员以及替补裁判员对于相关诘问及其陈述录音,或者选定的裁判员及替补裁判员申请对于诘问和陈述要求使用录音的,经裁判所同意,可以使用通过录音形成的裁判员选任程序文书,也可以将录音记录作为裁判员选任司法文书的一部分。检察官及辩护人,可以对裁判员等选任程序司法文书中记载事项的正确性,提出异议。在提出

---

① 参见「裁判員の参加する刑事裁判に関する規則」(平成 19 年 7 月 5 日最高裁判所規則第 7 号)(改正平成 20 年最高裁判所規則第 5 号)(改正平成 21 年最高裁判所規則第 1 号),第 26 条。
② 参见「裁判員の参加する刑事裁判に関する法律」(平成 16 年 5 月 28 日法律第 63 号),第 27 条。
③ 参见「裁判員の参加する刑事裁判に関する法律」(平成 16 年 5 月 28 日法律第 63 号),第 28 条。

前项的异议时,需要在司法文书中记载申请的年月日及主要内容。在此类情况下,书记员需要将裁判长针对异议申请的意见记录在司法文书中,并盖章确认,裁判长也需对此盖章确认。异议的提出,不得迟于针对公审期限的司法文书记载正确性提出异议的时限。依据裁判员等选任期限的程序,在裁判员等选任程序司法文书中所记载事项,只能通过裁判员等选任程序的司法文书加以证明。①

截至目前,还没有出现过由 1 名裁判官与 4 名裁判员组成的合议庭。在裁判员制度适用的前 3 年,平均每起案件的裁判员人数为 6.1 人,这是因为其中包括了审理途中因为解任选任替补裁判员的人数。替补裁判员被选任裁判员的人数,3 年间总计 344 人,其中,在 309 起案件中补任 1 人,在 16 起案件中补任 2 人,在一起案件中补任 3 人。如前所述,通过这一过程选任的裁判员,经观察,并没有出现与社会构成出现偏差的迹象。因为法律规定的法定的辞退事由,导致年满 70 岁以上者所占比例较低。但 20 岁到 60 岁的国民,在构成比率中均衡分布,和国势调查人口比相当一致。这显示出不分年龄,裁判员裁判得到了国民的协力支持。裁判员履行职务天数与职业构成之间,并无太大关系,基本上保持了与国势调查职业分布的构成。即使履行裁判员职务天数较长的案件,也得到了从事勤务者、自营业者、从事家事者的协力,这都表现出对于这一制度理解的深化,以及社会的对应能力。同样,就裁判员男女比例,虽然和国势调查结果相比,男性比率略高,但大体保持了男女平衡的状态。即使在性犯罪审理过程汇总,从案件整体来看,也是如此。②

(四) 裁判员或替补裁判员的解任阶段

对于已经选任的裁判员或替补裁判员,在符合法定条件的情况下,检察官、被告人或弁护士,可以向裁判所提出的解任请求。

1. 申请解任

(1) 解任的理由

对于未能按照要求宣誓的裁判员或替补裁判员;违反出庭义务,或违反出席评议义务,不适合继续履行其职务的裁判员;违反出庭义务,不合适继续履行职务的替补裁判员;违反《裁判员法》第 9 条、第 66 条第 4 项或第 70 条第 1 项规定

---

① 参见「裁判員の参加する刑事裁判に関する規則」(平成 19 年 7 月 5 日最高裁判所規則第 7 号)(改正平成 20 年最高裁判所規則第 5 号)(改正平成 21 年最高裁判所規則第 1 号),第 29 条至第 32 条。

② 参见日本最高裁判所事务总局「裁判員裁判実施状況の検証報告書」。

的义务,或违反第66条第2项规定的发表意见的义务,不适合继续履行裁判员职务的;违反在第10条第4项、第9条规定的义务以及第70条第1项规定的义务,不适合继续履行职务的替补裁判员;裁判员或替补裁判员不满足第13条(包含适用第19条的情况)规定的条件,根据第14条(包含适用第19条的情况)的规定,不能作为裁判员或替补裁判员的情况,或属于第15条第1项各号、第2项各号或第17条各号(包含适用第19条的情况)所列情况的;裁判员或替补裁判员无法公平裁判的;裁判员或替补裁判员在还是裁判员候选人时,在调查问卷中作虚假记载,或在裁判员等选任程序中针对调查没有正当理由地拒绝陈述,或明显想作虚假陈述,不适合继续履行职务的;裁判员或替补裁判员在庭审过程中,不遵守裁判长的命令,或者口出狂言等不妥当言语举动,阻碍审理程序进行的。①

(2)申请解任的程序

裁判所在收到解任裁判员或替补裁判员的请求时,由接受同项请求的裁判官之外的其他裁判官组织合议庭作出判断。如果认为请求明显缺乏理由,应决定驳回请求。除此之外,如果相关请求满足相关解任的法定理由,应决定解任该裁判员或替补裁判员。合议庭作出决定前,需要根据相关要求与规则,首先必须听取检察官、被告人及弁护士的意见。除少数特定情况外,在合议庭决定解任裁判员或替补裁判员前、必须给该裁判员或替补裁判员以陈述的机会。驳回解任申请时,合议庭必须给出理由。②

(3)申请解任的复议

对于裁判所驳回解任申请不服的,可以向作出此决定的裁判官所属的地方裁判所提出异议。接受前项异议申请的地方裁判所,必须组成合议庭作出决定。组成合议庭。与复议决定相关的裁判官,应当保持回避。并且应当在收到申请后一日内,作出复议决定。③

2. 自行解任

(1)解任的理由

除了根据检方、被告人及弁护士申请解任裁判员及替补裁判员之外,裁判所认定裁判员或替补裁判员满足《裁判员法》第41条第1项第1号至第3号、第6号或第9号规定时,根据职权,可决定解任裁判员或替补裁判员。除此之外,如

---

① 参见「裁判員の参加する刑事裁判に関する法律」(平成16年5月28日法律第63号),第41条。
② 参见「裁判員の参加する刑事裁判に関する法律」(平成16年5月28日法律第63号),第42条。
③ 参见「裁判員の参加する刑事裁判に関する法律」(平成16年5月28日法律第63号),第42条。

果有相当的理由让裁判所怀疑存在该当《裁判员法》第 41 条第 1 项第 4 号、第 5 号、第 7 号及第 8 号情况时,由裁判长向其所属的地方裁判所作出附理由通知。收到通知的地方裁判所,认为被怀疑的裁判员或替补裁判员该当相关规定时,决定解任该裁判员或替补裁判员。[①] 另外,被选任的裁判员或替补裁判员,也有权向裁判所提出,自己被选任之后,出现了第 16 条第 8 号规定的事由,履行裁判员或替补裁判员的职务存在困难,因此申请辞任。裁判所在这类申请时,如果认定该理由存在的,必须决定解任该裁判员或替补裁判员。[②]

（2）解任的程序

裁判所自行解任的,必须由合议庭作出,组成合议庭的裁判官、也应当遵守回避的要求。相关程序,与检方或被告人等提出解任申请时的决定程序相同。[③]

(五) 裁判员或替补裁判员的任务完成阶段

在裁判庭作出裁判之后,或者因为《裁判员法》第 3 条第 1 项或第 5 条但书的决定、第 2 条第 1 项规定,将本来由合议庭处理的案件全部由裁判官一人或裁判官组成的合议庭处理时,裁判员及替补裁判员的任务即履行完成。[④] 另外,裁判所认为不需要替补裁判员继续履行职务时,可决定解任该替补裁判员。[⑤] 组成合议庭的裁判员人数不足的情况时,如果有替补裁判员,则根据该替补裁判员选任决定中规定的顺序,决定将替补裁判员选任为裁判员。[⑥]

裁判员选任程序,一方面希望减轻参加的国民负担,一方面希望选任的裁判员能够适当反映社会构成。因此从候选人名簿记载开始,到最终通过抽签选任阶段的整个程序,都要适当反映这一理念。但是,虽然运行时间尚短,但在这一期间也已经呈现出辞退率上升、出席率低下的倾向。对于辞退率上升的问题,从现在的案件数来看,应当考虑更为灵活地适用通过书面审查进行辞退判断的标准。另外一个方面,对于出席率低下的问题,虽然从现状来看情况还不严重,但这也反映出对于这一制度的国民意识,应当根据今后动向,采取适当对策。[⑦]

---

① 参见「裁判員の参加する刑事裁判に関する法律」(平成 16 年 5 月 28 日法律第 63 号),第 42 条。
② 参见「裁判員の参加する刑事裁判に関する法律」(平成 16 年 5 月 28 日法律第 63 号),第 44 条。
③ 参见「裁判員の参加する刑事裁判に関する法律」(平成 16 年 5 月 28 日法律第 63 号),第 43 条。
④ 参见「裁判員の参加する刑事裁判に関する法律」(平成 16 年 5 月 28 日法律第 63 号),第 48 条。
⑤ 参见「裁判員の参加する刑事裁判に関する法律」(平成 16 年 5 月 28 日法律第 63 号),第 45 条。
⑥ 参见「裁判員の参加する刑事裁判に関する法律」(平成 16 年 5 月 28 日法律第 63 号),第 46 条。
⑦ 参见日本最高裁判所事务总局「裁判員裁判実施状況の検証報告書」。

三、裁判员裁判的程序

裁判官、检察官及律师即弁护士，为了不过分增加裁判员的负担，便于其充分履行裁判员的职务，必须努力以尽快且便于理解的方式进行审理。① 这就是日本裁判员参与刑事案件审理的基本立法与司法原则。

（一）公判前整理程序

1. 公判准备程序的意义

根据《裁判员法》，裁判所必须在第一次公审日期前，针对案件开展公判前整理程序。② 一般认为，从案件待审开始，到一审判决开始的期间，都属于公判准备期间。为了避免对于裁判员造成负担，因此需要在案件审理之前，对于控辩双方可能产生的争论点加以整理。这也是公判前整理程序的存在意义与最大价值。根据日本《刑事诉讼法》，裁判所认为对公诉案件的审理持续性、计划性以及迅速性考虑，认为必要时，在听取检察官、被告人及辩护人意见的基础上，在第一次开庭日期前，可决定为了明确案件的争议点及整理相关证据等公判准备，将上述问题通过公判前整理程序加以解决。这一程序可以书面进行，也可以通过出庭陈述的方式进行。③ 因为公判前整理程序的高度复杂性及重要性，因此必须要在被告聘请律师的情况下才能进行。如果被告人没有聘请律师，裁判长必须依据职权，为其指定律师。④

从控辩双方的诉讼实践来看，公判前整理程序与之前的程序相比，也出现了极大的改变。之前，在一审日期确定之后，大多数情况下，检方根据规定请求开始预定开示的证据，辩方在阅览复印这些证据之后，进一步确定是否承认相关证据，然后就犯罪人的犯罪倾向、所实施的犯罪严重程度以及相关情节等进行辩护。换句话说，在看到检方的证据之前，辩方并没有一个明确的辩护方针。相反，是针对检方的主张，特别是其在证据开始时暴露出来的证据薄弱点，思索辩护的路径。但在公判前整理程序中，辩方的后发优势已经不复存在。在类型证

---

① 参见「裁判員の参加する刑事裁判に関する法律」(平成 16 年 5 月 28 日法律第 63 号)，第 51 条。
② 参见「裁判員の参加する刑事裁判に関する法律」(平成 16 年 5 月 28 日法律第 63 号)，第 49 条。
③ 参见「刑事訴訟法」(昭和 23 年 7 月 10 日法律第 131 号)，第 316 条。
④ 参见「刑事訴訟法」(昭和 23 年 7 月 10 日法律第 131 号)，第 316 条之 4。

据开示之后,辩方有义务开示其辩护主张。① 因此,除非万不得已,否则在公判前整理程序结束之后,不得申请调取新证据。② 显然,这根本上改变了控辩双方的斗争策略与斗争方式。

如果和争点或证据相关的整理内容、结果不适当,那么案件审理就不能顺利实施。公判前整理程序的程序合理性,与之后案件审理密切相关。当然,要遵守各种程序法规,进一步保持公判前整理程序所需要的合理性。为了实现以人证为主体的较为简便的审理,在与案件有关系的人记忆还保持鲜活的期间,对于证人进行询问等证据调取,是不可欠缺的。另外,起诉后,让审理迅速开展,尽量缩短被拘留的被告人被限制人身自由的时间,对于保护被告人的正当利益,也是非常重要的。因此,公判前整理程序应当根据案件的不同,尽可能在合理的期间内终了,尽可能早地开始案件审理工作。③

2. 公判准备程序的不同阶段

根据相关法律规定,在公判准备程序中,检察官书面提交预定证明的事项,并提出开示请求出示的证据,之后,辩护人请求开示类型证据,并针对检察官请求的证据,提交辩护人的意见说明、书面预定主张、请求检方开示证据,对此请求,检察官说明意见,辩护人主张检方开示关联证据,最终裁判庭确定开庭时间。④ 具体到裁判员制度中的公判前整理程序,主要包括如下 4 个方面的内容:与证据开示相关的指挥、裁定;对于控辩双方争点的整理;在证据决定基础上的审理计划;相关司法鉴定是否采纳的决定以及审理日期的决定。

具体来说,公判前整理程序,可分为如下 4 个阶段。

第一阶段从适用裁判员审理的案件被提起公诉开始,经裁判所决定,到检察官书面提出预定证明的事实以及请求出示的证据为止。虽然在此阶段,辩护人活动也已经开始,但是根据其与下一阶段的关系,这一阶段以检察官一侧准备活动适当、迅速开展为要点。具体来说,检察官在这一阶段,除了需要开示预定要在法庭上使用的证据之外,还需就上述证据证明力、可信度方面的证据加以开示。对于检察官根据请求调取的证据,裁判庭应当尽速与被告人、辩护人提出的证据相区分,并且必须根据法定的方法加以开示。同时要给予辩护人阅览以及

---

① 参见「刑事訴訟法」(昭和 23 年 7 月 10 日法律第 131 号),第 316 条之 17。
② 参见「刑事訴訟法」(昭和 23 年 7 月 10 日法律第 131 号),第 316 条之 32。
③ 参见日本最高裁判所事务总局「裁判員裁判実施状況の検証報告書」。
④ 参见「刑事訴訟法」(昭和 23 年 7 月 10 日法律第 131 号),第 316 条之 14 至 20。

誊写相关证据的机会。要告知检方申请传召的证人、鉴定人、口译或翻译人的姓名以及住所。对于这些人的供述笔录等,给予辩护人阅览、誊写的方便。[1] 需要注意的是,在这一阶段,检方还可以根据其对于被告方可能提出的诉讼策略,围绕案件可能出现的争论点,如被告人不在场、缺乏责任能力或者具有正当防卫等正当化事由等,请求开示审计。对于《刑事诉讼法》规定的证据类型,需要查考其重要性以及相当性,综合平衡认为弊大于利的,才可批准。[2]

第二阶段主要是由辩护人表明辩护主张。在这一期间,针对检察官请求开示的证据,辩护人准备己方的预定辩护主张。因此,为了能够对于检察官请求证据信用性等进行判断,可以请求检方开示所谓类型证据。[3] 当然,检方也可以不等辩方提出请求,自行决定开示类型证据。

第三阶段,是指到裁判所指定公审日期的期间。在这一期间,在裁判所主导下,对于当事双方的主张,以及裁判庭调取的证据进行整理,整理具体的审理事项,指定公审日期。辩护人可以在这一阶段根据自己预定的辩护主张,请求检方开示其所掌握的相关证据。

第四阶段,从公审日期的指定开始,到一审判决之日为止。在此期间,除了对于剩下的争点以及证据的整理,还需完成公判前整理程序,选定裁判员候选人,送达呼出状(传票),在裁判员选任程序之日选定裁判员。

在公判准备程序中,往往控辩双方会针对被告人责任能力的有无及程度产生争议。为了不会因此给裁判员的审理造成困扰,迟滞正常程序的进行,因此,根据《裁判员法》,往往选择将被告人的精神状况与责任能力问题,纳入到公审前准备程序当中。根据日本最高裁的调查,裁判员制度适用之后的 3 年间,共有约 105 起案件中出现了精神鉴定,这些案件都是在公审前准备程序进行。在这 105 起案件中,有 5 起案件撤回了责任能力主张。剩下的 100 起案件中有 90 起案件,首先采用的是鉴定人向裁判员口头说明的形式,制度施行前往往采用提案的方法,作为鉴定结果报告的基本方法。并且,就报告方法,鉴定人与控辩审有沟通的为 95 件。在实施精神鉴定的案件中,对于裁判员经验者的调查与非实施案件的比较来看,基本上并无太大差异,审理内容容易理解的比例,在实施精神鉴定案件中也很低,对于检察官、辩护人及裁判官说明的容易程度,在实施精神鉴

---

① 参见「刑事訴訟法」(昭和 23 年 7 月 10 日法律第 131 号),第 316 条之 14。
② 参见「刑事訴訟法」(昭和 23 年 7 月 10 日法律第 131 号),第 316 条之 15。
③ 参见「刑事訴訟法」(昭和 23 年 7 月 10 日法律第 131 号),第 316 条之 15。

定案件中也很难得到肯定。[①] 本来,实施精神鉴定案件作为类型案件,对于裁判员言就是非常难以理解的案件,应在审理方法等方面多下工夫。[②]

3. 公判准备程序的长期化倾向

裁判员审理一旦公审开始,除了某些特殊情况之外,连续开庭、评议判决的期间也存在一定限制。因此,公判前整理程序期间的延长,体现的十分突兀。

据统计,在公审前的整理程序期间,无论是被告人自认有罪的案件,还是被告人否认有罪的案件,都呈现出长期化的倾向。也就是说和由裁判官裁判相比,呈现出长期化的趋势。具体来说,对于被告人自认有罪的案件,公判前整理程序的时间,在裁判员制度施行初期为 2.8 个月,2010 年(平成 22 年)为 4.6 个月,从 2011 年(平成 23 年)到 2012 年(平成 24 年)已经发展到大约 5 个多月的长期化状态。另外,对于被告人否认有罪的案件,公判前整理程序的时间,也从 2009 年(平成 21 年)的 3.1 个月,增加到 2010 年(平成 22 年)的 6.8 月,2011 年(平成 23 年)的 8.3 个月,直至 2012 年(平成 24 年)的 8.6 个月,呈现出大幅长期化的趋势。相反,在裁判官审理的案件中,因为公审时间较长,因此公判前整理程序期间本身较短。在裁判员裁判中,一方面出现了公判前整理程序期间长期化,另外一方面其平均审理期间,也比裁判官裁判时代呈现出长期化的趋势。实际上,在被告人否认有罪的案件中,仅公判前整理程序期间就要比裁判官裁判时代平均审理期间更长。调查显示,一旦决定实施鉴定等程序,公判前整理程序期间就会出现长期化。另外,在公判前整理程序经过一年以上,仍然无法决定指定审理日期的案件中,除了上述原因之外,辩护人的辞任、解任等,也成为长期化的要因。另外,诉因变更、需要翻译等因素,都是造成长期化的因素。除了存在上述

---

① 根据学者的总结,裁判员裁判中,对于刑事责任能力的判断,日本刑事司法一般采取所谓"八阶段标准"。在第 1 阶段,主要收集被告人各方面的信息与具体情况,并且由专业人士进行精神病症学、精神病候学的解释。在第 2 阶段,由专业人士对于被告人的精神机能、症状、病态、病理加以认定。第 3 阶段中,通过解读疾患概念、诊断标准,专业人士对于被告人的疾病做出诊断,明确其所患疾病,或处于障害状态的医学名称。在第 4 阶段,解释案件与被告人精神机能、症状、病态、病理的关系。第 5 阶段主要将关注焦点集中在善恶的判断与行动的驾驭等关键点上,在这一部分,需要结合日本刑法第 39 条的相关规定,讨论与被告人心理要素相关的问题。在第 6 阶段,专注讨论被告人的心理学要素,特别是其所具有辨识能力以及控制能力的程度,在这一阶段依然需要根据刑法第 39 条的规定加以考察。第 7 阶段,综合前面的系统研究,针对被告人的辨识、控制能力,作出最终评价。第 8 阶段,对于被告人的刑事责任能力,作出具有法律意义的结论性判断。具体内容,可参见[日]冈田幸之「刑事责任能力判断と裁判員裁判」法律のひろば67 巻 4 号(2014 年),第 232 页。

② 参见日本最高裁判所事务总局「裁判員裁判実施状況の検証報告書」。

特殊要因的案件之外,需要通过一般案件相关的数据,对于公判前整理程序长期化实情和课题进行检讨。①

(1)被告人自认有罪案件公判准备程序长期化的现状与原因

日本最高裁在其所做的《检证报告书》中,对于被告人自认有罪案件进行过调查。截至 2012 年(平成 24 年),此类案件的公判准备程序平均天数,在裁判员制度适用 3 年间平均审理为 162.3 日,检察官书面提出证明预定事实所需要的期间为 19.4 日,辩护人书面提出预定主张的期间为 36.7 日,控辩审相互沟通的期间平均为 40.5 日,从审理日期指定到一审开始期间为 62.1 日。由此不难看出,虽然检察官提出预定证明事实的期间,很多时候都多于 20 天,但后来基本都缩短为 2 周。相反,辩护人书面提出预定主张的时间往往需要 30 天至 40 天。控辩审沟通也需要 40 日左右。整体上,从指定公审日期到一审开始,需要 60 日左右。其中包括大约 3、4 回审前整理,整理日期的间隔,大概为 20 日到 30 日。检察官书面提出预定证明事实的期间,对于审理期间较长的案件,虽然也会稍微出现长期化的倾向,但很少超过 1 个月。与此相对,辩护人的准备期间,对于审理期间为 90 日以下的案件,平均为 12.5 日,审理期间需要 240 日以上的案件,辩护方的准备期间则会大幅度延长至 60 日,另外,在这种案件中,控辩审的沟通时间,也显著增加至 122 日。对此,日本最高裁在其所做的《检证报告书》中认为,检察官书面提出预定证明事实的期间,虽然有所改善,但是辩护人书面提出预定主张的期间,却并没有出现缩短的迹象。对此,虽然存在检察官证据开示的问题,但裁判员裁判经验的积累显得十分重要。控辩审沟通所需要的期间,使人产生是否过长的疑问。如果是被告人自认有罪案件,即使作为对于量刑有影响的事实关系存在争议的案件,也存在需要比现在更短的沟通期间的可能性。最大的理由,可能是双方当事人,就与量刑相关的核心争点意见不同,没有对于审理形成一体化的意见,从无法顺利开展工作。积累公判前整理程序的经验,合理的缩短相关时间,显得十分必要。另外,控辩审沟通时间的间隔存在 20 至 30 日的空白期,是否实际必要,需要进一步检证。从公审日期指定到第一回开庭审理的期间,平均为 60 日左右,也是最需要长时间的部分。在这一期间,《裁判员规则》一般要求 6 周以上,但实际上需要 9 周。除了发送呼出状以及计算裁判员候选人旅费等事务性程序之外,还要计算制定日期和辩护人时间不配合的部分,这

---

① 参见日本最高裁判所事务总局「裁判员裁判实施状况の検証報告書」。

些当然都是以现实的、技术性的问题为中心的。最近,在公判前整理程序终了前,需要根据很大的审理计画,指定公审日期,其中就需要下功夫,确保辩护人的时间。①

（2）被告人否认有罪案件公判准备程序长期化的现状与原因

被告人否认有罪的案件和被告人自认有罪案件相比,可以预想,审理天数会加长。日本最高裁在其所做的《检证报告书》中,以审理天数 7 日以内的案件,限定为研究对象。被告人否认有罪的数据,通常是按月份计算的,因为被告人自认有罪案件的性质不同,因此随着案件的不同,会发生较大的变动。全体平均审理期间为 236 天。其中,截至检察官书面提出预定证明事实需要 20.6 日,到辩护人书面提出预定主张需要 50 日,控辩审沟通需要 96.5 日,公审日期指定到第一回开庭审理为 62.5 日,实审理期间为 6.4 日。其中需要设置 6 回整理日期。对此,不难看出,检察官预定证明事实记载书面提出期间,和被告人自认有罪案件的情况大体程度相同,被告人自认有罪案件同样可以看出有缩短化倾向。辩护人书面提出预定主张的期间,最短 35 日,最长需要 90 日,其长期化程度是被告人自认有罪案件的 1.4 倍。控辩审沟通所需要期间,一般为 60 多天到 130 天不等。一般是被告人自认有罪的案件的 2.4 倍。从指定公审日期到第一回公审开庭,和被告人自认有罪案件相同,需要 60 日左右,并且不随案件变动发生改变。和被告人自认有罪案件的情况相同,检察官书面提出预定证明事实的期间,即使需要延长审理的案件,也只可以延长几天到 10 日的程度,辩护人书面提出预定主张记载的期间,则可以延长 21 日至 80 日,控辩审沟通时间,最短为 13 日,最长 203 日,也呈现出显著长期化的趋势。对于被告人否认有罪的情况,根据争议程度的不同,审理的复杂程度存在极大差异,存在争议的当事人之间对立尖锐化,会对于当事人准备期间,控辩审沟通期间产生极大的影响。对于被告人自认有罪案件,通过积累经验设定规则,处理经常出现的疑难问题,特别是在辩护人方面,如何在被告人自认有罪案件中处理上述问题,也成为课题。但是,根据相关统计,除了鉴定,附加起诉等特殊长期化事由之外,还需要考察被告人否认有罪的情况,特别是辩护人书面提出预定主张,控辩审沟通的时间,今后需要努力加以合理化、缩短化。②

---

① 参见日本最高裁判所事务总局「裁判员裁判实施状况の検証報告書」。
② 参见日本最高裁判所事务总局「裁判员裁判实施状况の検証報告書」。

（3）公判前整理程序的问题点

有观点认为，公判前整理程序与在辩护活动中为证明被告人无罪而采用的手段或方法不同，因此并不属于一种有效的替代方式或对抗手段。也就是说，在第一次公审起始阶段的争点整理，是强制性的公判前整理程序，在这个程序中，相较于可以充分展现证据的检方而言，被告人、辩护人采取的辩护活动显著困难。而裁判官在公判前整理程序前参加这一过程的，会导致予断排除原则的形骸化问题。因此，只有法曹三者在密室中通过秘密协议的方式进行的所谓公判前整理程序，是对于被告人接受公开裁判权利的侵害，其实就是回复了战前的所谓"预审"（予审制）制。可以在公判前整理程序中，对于案件争论点及相关证据加以整理，但是，就公审前的证据整理，是否与予断排除原则有抵触，存在疑问。另一方面，裁判员制度中，裁判员不参加公判前整理程序，不接触证据。但如果要在公审期日整理证据。裁判员应当接触这些证据。但是如果要接触证据，裁判员是否会介入予断偏见呢？① 对于这一程序的质疑，还包括其具有明显的预先判断色彩，容易形成检方起诉书的所谓"一本主义"。② 但这种观点也存在一定问题。公审前的整理程序，是审判的准备程序，因此不适用公开审理，并不违反宪法第 82 条第 1 项的裁判公开要求。这主要是因为整理程序不存在所谓控辩双方的对质，因此不需要公开。③ 也就是说，公审整理程序与公审程序，因为本质不同，前者不涉及定罪量刑的问题。④ 但也有学者认为，对于宪法中规定的所谓"对审"「对审」，应当从宪法条文的文理加以理解。所谓"对审"，是指当事人举证对质，裁判所对其作出有权结论的程序。应当是类似于民事诉讼中的口头辩论，或刑事诉讼程序中的当事人主义的程序设计。问题就在于对于具有口头辩论性质的程序，实质上能否被视为"对审"，进行相同的规范性判断？⑤

公判前整理程序除了本身性质不明导致的争议之外，其在实践中呈现出来

<hr>

① 参见［日］山崎優子、伊東裕司、仲真紀子北「裁判官および裁判員によるヲ収集の違法性が疑われる証拠の採用・不採用が法的判断に与える影響」矯正・保護研究センター研究年報第 2 号（2000 年），第 32 頁。

② 参见［日］山本晶樹「裁判員制度の問題性」中央学院大学法学論叢 25 巻（2012 年），第 66 頁。

③ 最高裁大法廷決定昭和 23 年 11 月 8 日刑集 2 巻 12 号，参见［日］佐藤功『憲法（下）（ポケット註釈全書）』有斐閣（1984 年），第 1070 頁。

④ 参见［日］辻裕教「刑事訴訟法等の一部を改正する法律（平成 16 年法律第 62 号）について」法曹時報 57 巻 7 号（2005 年），第 131 頁。

⑤ 参见［日］土屋公献、石松竹雄、伊佐千尋編著『えん罪を生む裁判員制度陪審裁判復活に向けて』現代人文社（2007 年），第 2 章。

的长期化倾向,对于诉讼相关关系人来说会增加负担,特别是对于被告人而言,无论是物质上还是精神上都存在着严重的压力,有必要尽快结束案件。从刑罚目的来看,无论一般预防还是特殊预防,尽早判决尽早实施刑罚也都是有必要的。[①] 为了解决长期化的问题,东京地方检察厅在东京地裁的配合下,要求对于包括被告人不认罪的所有案件,需要在起诉后两周内,向裁判所提交预定证明事项的书面材料。从而试图改变公审前审理长期化的趋势。[②]

(二) 公审程序

裁判员裁判公审程序,基本上和裁判官裁判没有区别。因为在审理开始前设置了公判前整理程序,双方当事人通过准备,检察官、辩护人作开庭陈述,阐明各自的理念与"故事",双方分别申请调取证据,整个程序都在于确保双方当事能够在对等立场从事诉讼活动。另外,证据调查的内容,因案而异,但需要确保以人证为中心,口头表达容易的方式。公审程序,原则上一旦开始,就需要连日开庭,直至结案(连续审理)。但是,对需要长期审理的案件,从方便裁判员生活以及可能造成的疲劳程度考虑,存在一周审理几天,连续几周审理的方式。[③]

1. 开庭

裁判员裁判的时间、地点,应当以保障裁判员及替补裁判员参与审理为目的。之前裁判所必须将出庭的时间通知裁判员及替补裁判员。公审开庭之日,公审裁判官、裁判员及裁判所书记官出庭,并且在检察官出庭的情况下,公审开庭。[④]

据最高裁判所统计,在裁判官裁判时代,平均开庭间隔为 1.3 个月。裁判员裁判因为原则上连日开庭,开庭间隔就变成了零。裁判员审理案件,从第 1 回开庭,到判决的期间(包括周六周日),平均为 5.7 日,最短为 2 日,最长为 95 日。当然,在被告人自认有罪案件与被告人否认有罪案件之间,公审时间相差悬殊,后者为前者的 1.9 倍。另外,被告人自认有罪案件,被告人否认有罪呈现逐年长

---

① 参见〔日〕池内ひろ、美大久保太郎『裁判長! 話が違うじゃないですか——国民に知らされない裁判员制度「不都合な真実」』小学館(2009 年 4 月),第 101 頁。

② 参见〔日〕横井朗「裁判員裁判の実施状況と検察の取組み(裁判員裁判の現状と課題)」慶應法学 22 号(2012 年),第 87 頁。

③ 参见日本最高裁判所事務総局「裁判員裁判実施状況の検証報告書」。

④ 参见「裁判員の参加する刑事裁判に関する法律」(平成 16 年 5 月 28 日法律第 63 号),第 52 条至第 54条。

期化的倾向。从裁判员制度适用开始 3 年间,被告人自认有罪案件实际审理期间,从 3.5 日增加至 4.7 日。被告人否认有罪的实际审理期间,从 4.7 日增加至 9.9 日。然而,这并非意味着审理、评议的时间随之等比例增加。统计显示,每起案件中平均开庭时间及平均评议时间的确出现了延长,全体从 922 分钟增加至 1250 分钟,约增长了 1.36 倍。被告人自认有罪案件,从 857 分增加至 881 分钟。被告人否认有罪的案件,也从 1178 分钟增加至 1690 分钟,增长了 1.43 倍。但如果将开庭与评议区分开来,开庭时间会出现横向减少。对于被告人否认有罪的案件审理,开庭时间增加,评议时间也存在增加。一个有意思的现象是,审理天数虽然增加,但开庭时间并未增加,相反,每天开庭的时间出现了缩短,从 229.1 分钟缩短为平均 198 分钟。这可能是从减轻裁判员负担考虑。在裁判员制度施行当初,为了减少对于裁判员的拘束天数,一般倾向于在午前结束选任程序,午后直接开始案件审理。之后根据针对裁判员的调查结果,或与有裁判员经验者的意见交换会等机会,很多人都认为,应当选用选任程序日期与公审日期之外的更为容易的方法。特别是在需要长时间审理的被告人否认有罪的案件中,2012 年(平成 24 年),将近半数的裁判员案件审理,裁判员选任程序日期与公审日期不同。[1]

根据《朝日新闻》2009 年 7 月 25 日的报道,最高裁与法务省已经达成共识,在裁判官、裁判员入法庭之前,书记官根据裁判长的电话指示,取下被告人佩戴的手铐、腰绳,之后裁判官、裁判员才可以进入法庭。但实践中,鹿儿岛地裁是在裁判长进入到法庭之后,才指示取下被告人佩戴的手铐、腰绳,另外甲府地裁是在裁判官、裁判员入法庭之后,需要辩方律师提出请求,才可以取下被告人佩戴的手铐、腰绳。[2]

2. 审理

裁判员裁判中,仍然采用检察官与辩护人分别进行开场陈述,然后举证质证的程序。开场陈述中,控辩双方就公判前整理程序中争点与证据整理到达点进行叙述,必须简洁明快地为今后审理,铺陈框架。《裁判员》法明确要求,检察官根据《刑事诉讼法》第 296 条的规定,通过征集证明能够证明的事实时,针对公判前整理程序中双方争议焦点及证据的整理结果,必须说明证据之间的具体关系。

---

[1] 参见日本最高裁判所事务总局「裁判員裁判実施状況の検証報告書」。
[2] 参见[日]大野友也「裁判員裁判傍聴記」鹿児島大学法学論集 44 巻 2 号(2010 年),第 131 頁。

被告人或律师根据同法第 316 条第 30 项的规定,通过证据证明能够证明的事实时,要求同上。①

在调取证据方面,检察官的立证构造往往通过区分书证与人证,对其反复适用。在具体施行过程当中,检方一般贯彻刑事公审直接主义、口头主义等形式,因此,调取证据属于共识,但从制度施行的效果来看,检察官依赖书证的倾向并未得到改善,辩护方在事实关系不存在争议的范围内,即使对于主要的案件关系人,面临接受供述文书的压力也没有改变。对于这种倾向,裁判所还没有充分意识到问题,因此实际上仍然沿用过去主要依赖于书证,以书证为中心的审理模式。这可能是因为在开场陈述部分过于详细,导致需要将大量的搜查结果纳入到审理过程的一种对应方式。虽然裁判所可能基于对于这一倾向的问题意识,在可能的范围内,以人证为中心进行举证,特别是在被告人自认有罪案件中,担负大部分举证责任的检察官与将被害者传至法庭的辩护人很多时候彼此不配合,因此导致了裁判员裁判没有能够实现以法庭中心审理的现状。例如,在2011 年(平成 23 年)以后审结的被告人自认有罪案件中,每个案件中平均传召证人,从最初的 0.2 至 0.3 人,增至同年 10 月以后的 0.4 人,进入到 2012 年(平成 24 年),增加至 0.5 至 0.8 人,但都不满 1 人。另外,同样在被告人自认有罪案件的案件中,检察官询问证人的时间,截至 2011 年(平成 23 年)大体都在 6 分钟至 25 分钟,之后略有上升,到了 2012 年(平成 24 年),大概达到了 31 至 49分钟的程度。同时朗读书证的时间,大约为 1 个小时。和 2011 年(平成 23年)初相比,针对人证询问的时间明显增高,但是在被告人自认有罪案件中出现的犯罪事实,以书证为中心,辅之以对若干人证及被告人的质问,就是现在的适用实情。②

需要特别关注的是,在审理过程中,裁判员有权发问。裁判员在告知裁判长的情况下,可以就与裁判员审理案件相关的必要事项进行询问。③ 对于案件审

---

① 参见「裁判員の参加する刑事裁判に関する法律」(平成 16 年 5 月 28 日法律第 63 号),第 55 条。
② 参见日本最高裁判所事务总局「裁判員裁判実施状况の検証報告书」。
③ 参见「裁判員の参加する刑事裁判に関する法律」(平成 16 年 5 月 28 日法律第 63 号),第 56 条。例如,在鹿儿岛地裁审理的一起共同抢劫银行的裁判员审判过程中,在检方质询被告人之后,裁判长在休庭前,就询问裁判员,"需要质询证人?"经过在休庭期间的协商,决定由一名裁判员作为代表,休庭结束之后,在陪席裁判官质询之后,一名男性裁判员针对被告人之一,作出如下质询:
    裁判员甲:"你说被告人 A 的影响大,那么你认为其在犯罪中发挥的作用比例有多少?"
    被告人 B:"(思考了好久)大致 50%。"
    裁判员甲:"被告人 B,请你把你想说的说出来,你在想什么?"
(转下页)

理相关的必要事项,在组成合议庭的裁判官允许的情况下,裁判员及替补裁判员得在裁判庭外询问证人及其他人,得在裁判所外检证。[①] 根据《刑事诉讼法》第 292 条之 2 第 1 项的规定,被害者等(被害者或被害者死亡,或者心身存在重大障碍时,由配偶者、直系亲属或兄弟姐妹)或该被害者的法定代理人陈述意时、裁判员在陈述之后,为了明确其意义得对陈述者进行诘问。[②] 根据《刑事诉讼法》第 311 条的规定,在被告人供述的情况,裁判员可以随时就与裁判员审理案件相关的必要事项,寻求被告人的供述。[③] 在公审程序开始后,出现了替补裁判员时必须更新公审程序。更新的程序,需要能让新加入的裁判员理解争论点及调取的证据,并且,不能使得这一负担过重。[④]

对于裁判员对于何种审理方式能够接受,并非一个十分容易把握的问题。对此,日本最高裁曾经针对有裁判员经验者,在职务终了后进行调查。同时,各裁判所也组织有裁判员经验者参加意见交换会。据统计,自裁判员制度施行以来,至 2012 年(平成 24 年)中期,共有 21000 名有裁判员经验者提交调查问卷。另外,裁判员经验者意见交换会,截至 2012 年,全国共举办 95 回,累计 592 名裁判员经验者参加。在针对有裁判员经验者的调查问卷中,就公审审理、审理内容易于理解,控辩审法庭说明平均分配时间要易于理解等。其中,认为审理内容容易理解的比例,逐年下降。从全部案件来看,在刚刚开始制度施行的 2009 年(平成 21 年),有 70.9% 的人回答容易理解,但这个数字最近开始逐年下降,从 2010年(平成 22 年)的 63.1%,到 2011 年(平成 23 年)的 59.9%,进一步在 2012 年(平成 24 年)降至 58.4%。这种倾向,同样出现在被告人自认有罪的案件审理当中。特别是在被告人自认有罪案件中所显示的倾向那样,和案件本身性质复杂十分困难的情况不同,显然属于裁判员裁判适用上的问题。从检察官、辩护人、裁判官等的变化状况来看,整体上,辩护人活动理解难易程度低,特别是在被告人否认有罪的案件中,这一倾向尤为明显。这基本上是因为辩护活动中,被告人的辩解难以理解。这意味着,容易理解的主张,应当从立证合理性、了解可能

(接上页)被告人 B:"并没有思考什么了。我倒想听听您为什么不用其他的、不是非此即彼的选择的方式来问。"参见[日]大野友也「裁判員裁判傍聴記」鹿児島大学法学論集 44 卷 2 号(2010 年),第 99 页。

① 参见「裁判員の参加する刑事裁判に関する法律」(平成 16 年 5 月 28 日法律第 63 号),第 57 条。

② 参见「裁判員の参加する刑事裁判に関する法律」(平成 16 年 5 月 28 日法律第 63 号),第 58 条。

③ 参见「裁判員の参加する刑事裁判に関する法律」(平成 16 年 5 月 28 日法律第 63 号),第 59 条。

④ 参见「裁判員の参加する刑事裁判に関する法律」(平成 16 年 5 月 28 日法律第 63 号),第 61 条。

性等方面考量。针对检察官的活动,虽然较辩护人言更容易理解,但其比例也在逐年下降,并且下降率在控辩审中最高。其中,在被告人自认有罪案件中下降尤为显著,可能是因为开场陈述的详细化,以及对于书证依存度高等原因所导致。至于通过意见交换会,听取裁判员就书证与人证哪种更容易理解的观点意见,虽然对于什么形式容易理解,存在不同意见,在整体倾向性上,虽然询问者在很大程度上左右证人的回答,但是询问人证具有临场感,印象很深。与此相对,虽然也有观点认为调查笔录等书证容易理解,但聆听朗读书证本身,很难保持注意力的集中,因为注意力不集中,导致也没有什么印象。这和质询技术相关,但质询证人使人印象深刻这一优点,依然十分明显。①

通过裁判员裁判,希望达成何种公审审理的效果,需要今后对于各种观点进行检讨。在现阶段,某种程度上,在审理模式可以预测的被告人自认有罪案件中,从审理基本的构造角度出发,最为迫切的问题,就是如何在裁判员面前,通过案件审理,展示自己的主张,控辩双方必须通过举证,证明案件实体,影响量刑。为此,就主要事实,在法庭询问证人,应当是一般适用的基本措施。另外,当然必须提升询问证人的技术。公审中心主义,需要摆脱调书裁判,转向用语言表述,对此,只能通过一个一个案件,切实积累经验,才能实现。案件审理的个别性强,在事实关系存在争议的案件中,有必要检讨今后适用的审理方式。事实关系复杂的案件、需要专门鉴定知识的案件、责任能力存在问题的案件,以及涉及重大量刑的案件等,都是今后需要检讨的类型,必须摸索与之相适应的审理方式。裁判所应当介绍裁判员裁判量刑相关司法研究、量刑过程、判决书记载,以及死刑判决动向等研究结果。另外,需要检讨现在裁判员裁判中的评议方法。作为今后研究的重点,在裁判员裁判中有必要检讨审理方法。并且,在推进检讨时,控辩审听取裁判员经验者的意见,极为重要。虽然能够收集到多少数据尚不可知,但在意见听取方法、内容等方面下工夫,履行守密义务,十分有可能收集到改善审理言有益的情报。还需要听取针对裁判员制度,法律专家的意见。②

（1）裁判员制度的适用与隐私权的保护

以较为敏感的性犯罪为例,全日本第一起适用裁判员审理的"性犯罪"③案

---

① 参见日本最高裁判所事务总局「裁判员裁判实施状况の検証报告书」。

② 参见日本最高裁判所事务总局「裁判员裁判实施状况の検証报告书」。

③ 这里所说的所谓"性犯罪",并非一般意义上与性有关系的犯罪,而是指日本刑法第 22 章"猥亵、奸淫及重婚罪"(わいせつ、奸淫及び重婚の罪)中除重婚罪之外的相关犯罪,具体来说主要包括强制(转下页)

件,是 2006 年 7 月,发生在青森县的侵入住宅、抢劫强奸案,本案被告人以盗窃为目的,侵入受害者 A 的家中,因为赶上被害人其间回家,遂对其实施暴力、胁迫压制反抗,实施强奸,并夺取现金 14000 日元,被告人因为受伤,入院 3 天。除其他罪名之外,被告人于 2009 年 1 月因抢劫强奸罪被起诉。同年 9 月 1 日开始裁判员选任程序。在裁判员选任程序中,审理所职员首先要求被害人就特定问题保守秘密,开始分发"当日调查问卷"(当日质问票),在当日调查问卷中,从保护被害人隐私的角度出发,追加了关于被调查者居住地、职业等"可能与本案有关系"的项目。对于这些项目中的问题回答可能有关系的裁判员候选人,需要在其他地点单独进行质询。而且在当日调查问卷中记载的案件经过,被害人的名字被 A 和 B 替代,其住所及案发的市、町、村名也都隐去。程序结束后选出了 6 名裁判员,以及 3 名替补裁判员,其中裁判员 5 男 1 女,替补裁判员 2 女 1 男。本案审理自 9 月 2 日开始,持续两天。第 1 天审判伊始,在检方宣读起诉书时,审理长提醒检方,"对于第一起案件的被害人称之为 A,第 2 起、第 4 起案件的被害人称之为 B,不得提及受害人的住址或年龄等信息"。在告知被告人有沉默权之前,也告诫其"请绝对不要提及 A 和 B 的姓名"。在证据开示及质证阶段,特别是涉及到和性犯罪相关的情况时,考虑到被害人的隐私,法庭关掉了大型监视器,而用裁判官与裁判员手边的小型监视器取而代之。除此之外,检察官在调取被害人与被告人的供述司法文书时,考虑到被害人,并未宣读与其相关部分,而是之后将书面材料提交给裁判官和裁判员。第 2 天,在两名被害人陈述意见时,采用的是电视电话的方式,只有检察官和辩护人可以通过小型监视器才能看到,旁听席完全看不到,因为辩护人席与被告人席成直角,因此被告人也看不到监视器内的情况。审理长会告知被害人"请放心,旁听席、被告人席完全看不到。"①根据日本 2007 年新修改的《刑事诉讼法》新增加的改正的 290 条之 2②,当决定

(接上页)猥亵致死伤罪、强奸致死伤罪、集团强奸致死伤罪,以及刑法第 36 章规定的抢劫强奸罪和抢劫强奸致死罪。但此类犯罪因为往往十分困难复杂,由裁判员制度可能会导致出现很多现实问题。具体而言,容易出现因为不必遵守保密意义,参与裁判员选任但未被选任的候选人泄露案情及当事人隐私,从而导致其二次被害的情况,即使在公审过程中,担任裁判员的 6 名一般人知道案情后可能承担的压力,以及追求并没有在公开审理中加以说明的"过错"的不安等等,都导致很多裁判员申请辞去自己的职务,因此,很多学者主张将"性犯罪"排除出裁判员审理的范围。参见[日]内田亜也子「裁判員裁判の対象事件に関する一考察」立法と調査 298 号(2009 年),第 521 頁。

① 参见[日]竹本真紀「性犯罪事案の量刑が主要争点となった事例」刑事弁護 62 号(2010 年),第 199 頁。
② 参见[日]白木功、飯島泰、馬場嘉郎『『犯罪被害者等の権利利益の保護を図るための刑事訴訟法の一部を改正する法律(平成 19 年法律第 95 号)』の解説(1)」法曹時報 60 巻 9 号(2008 年),第 22 頁。

不公开相关姓名时,从检察官宣读起诉书时开始,针对被害人,不得称其为"被害人",而应称之为 A 先生或 A 女士,对于犯罪现场,应当称之为"青森县内"或"青森县某某市被害人家中"等不涉及被害人特定信息的表达方式。而且,在证据开示过程中,在涉及性犯罪等必要的情况下,关闭法庭内大型监视器,从而防止旁听人获知关于受害人的特定信息。对于保守被害人秘密的合宪性问题,最高审理所也作出了合宪的判决。[①] 但实际情况是,在司法文书中,就有作为犯罪现场的被害人住宅的照片,并且经常向裁判员展示,另外,在调取被害人证言的时候,虽然并未当场宣读,但在读这些司法文书的时候,被害人被奸淫的场面还是会栩栩如生地浮现出来。[②] 取调证据时,检察官也有时会有意无意披露相关的隐私,如被告人的个人信息。在调取书证的过程中,特别是在调取被害人的供述司法文书时,存在检方对于性犯罪的被害状况详细介绍的情况。在被害人出庭的情况下,可能会出现二次被害。对此,能否在朗读过程中,采取技术性手段,做省略等办法,不选读,而是选择配发书面资料的方式。[③]

在青森县的裁判员审理当中,在被害人陈述意见时,会同时并用视频以及遮挡等隐私保护方式。但是,这样的做法也产生出了一些问题,例如虽然采用了视频的方式,但是被害人还是会将自己的相关情况告诉给裁判员,从而导致丧失隐私。根据裁判员的亲身经验,其往往在黑暗的屋子里观看视频,因此无法看得很清楚,即使在外面遇到受害人,也辨认不出来。从被害人的立场来看,采取遮蔽措施,或采用录像的方式,当然非常有意义。特别是在裁判员审理过程中,因为有非职业裁判官的普通国民参与审理,很多不想让别人知道自己被害遭遇事实的被害人来说,参与刑事审判就变得非常困难。从实践效果来看,即使采取了不少措施保护受害人的隐私,但是播放视频的过程中还有声音,是否会因为声音导致被害人特定隐私的丧失,也是悬念。毕竟根据现行的裁判员选任方法,存在选任与被害人居住在同一市、町、村的裁判员的可能。因此是否可以采取变声措施从而避免这种情况的出现,就成为一个尚待解决的问题。[④]

----

① 最判平成 20 年 3 月 5 日(判集 1266 号 149 頁)。参见[日]松本哲治「被害者特定事項の非公開決定と公開裁判を受ける権利」平成 20 年度重要判例解説(2009 年),第 513 頁。

② 参见[日]平野潔「性犯罪と裁判員裁判」人文社会論叢 28 号(2012 年),第 111 頁。

③ 参见[日]上冨敏伸、小野正典、河本雅也、酒卷匡「〈座談会〉法曹三者が語り合う本格始動した裁判員裁判と見えてきた課題」法律のひろば63 卷 1 号(2010 年),第 78 頁。

④ 参见[日]坂根真也、村木一郎、加藤克佳、後藤昭「〈座談会〉裁判員裁判の経験と課題」法学セミナー 660 号(2009 年),第 251 頁。

（2）裁判员制度的适用与司法鉴定

日本刑事司法审判中的鉴定，是指根据刑事诉讼法第 223 条进行的起诉前鉴定，以及起诉后在裁判所要求下，根据刑事诉讼法第 165 条进行的鉴定，基本上是指针对刑事责任能力与诉讼能力相关的精神鉴定，包括身体医学检查、神经学检查、心理检查、酒精测试、药物负荷试验等。精神鉴定往往需要在证据取调程序中，通过 PPT 等形式，进行 30 分钟左右的说明，之后，检方、辩方、裁判所等依照顺序各自进行大约 30 分钟左右的质询，询问鉴定人，需要遵守刑事诉讼法 171 条的规定。但能否在如此短的时间，用裁判员能够听懂的语言，对十分复杂的专业概念加以说明，还存在一定问题。适用裁判员制度之后，因为对于鉴定人的质询，要以让作为裁判员的普通人可见、可理解，如何在 30 分钟之内，用尽可能不晦涩的概念和方式加以说明。①

以对被告人责任能力的鉴定为例，某案被告人为 20 多岁男性，案发时用打火机点燃报纸，试图引燃自己当时居住的残障人士保障住宅，未果。被起诉犯有"现住建造物放火未遂"罪。裁判所作出的鉴定命令中所列鉴定事项包括"被告人的认知能力、资质、性格、与犯罪行为相关的心理历程以及防止再犯所必须的其他处遇措施的参考意见等。"因为被告人之前曾经有过放火前科，并且包括简易程序在内，接受过至少 3 次精神状况鉴定，因此鉴定的首要任务就是在认定其责任能力之前，考察其反复纵火的原因，从而明确今后防止此类行为发生的心理学根据。裁判所并没有要求被告人提供书面的鉴定结论，而是要求鉴定人于公开审理时到庭口头说明情况，鉴定人仅仅需要事先提交说明用的 PPT 以及说明概要。鉴定人在拘留所会见被告人，就其生活史、家族关系、既往历史、本次犯行的经过以及相关心理状态，除此之外，还要考察被告人生活设施中相关职员、医生进行面谈。针对被告人，还进行了智能测试，最终，鉴定人认定，被告人智商为55、语言智商为 60、动作智商为 57，这一检查结果与之前的检查类似，可以认定被告人罹患轻度认知障碍。被告人虽然能够理解一般的普通语言，但对于较为复杂的表述，则存在理解障碍，而其在资质、性格方面，情绪与意欲的变动很大；缺乏安全感；感觉不快乐，欲求不满；自尊心较低；有对象希求性。而被告人纵火的动机在于，其对自己所生活的残障人士收容设施感到不满，认为如果放火烧毁

---

① 参见［日］須藤明「裁判員制度における経験科学の役割—情状鑑定事例を通して」駒沢女子大学研究紀要 18 号（2011 年），第 21 頁。

这个设施,就可以从中逃离。综上,鉴定人认为,防止被告人再次实施纵火十分困难,通过分析收容设施的情况,从职员的角度出发,存在防止其再犯的手段和措施。可以从被告人再犯相关的认知与活动的相关阶段特质,特别是前兆入手,寻求预防其再犯的可能。因此,对于被告人,不仅需要刑罚打击,也需要社会福祉的支持。这就需要一方面,从预防再犯等计划出发作出个人的支援计划,同时保持其与其他社会成员间的关系。①

(3)裁判员制度的适用与庭审技巧

首先,审判用语的通俗化。

在裁判员制度中,为了让作为一般市民的裁判员能容易理解,必须以简单的表现形式和易懂的语言将案件的本质表达出来。如果审理过程难以理解,裁判员不能实质参与到审理之中,和原有的审判制度也就没有了本质性区别。裁判员制度实施后,审理就不应使用,或应减少使用过去令一般市民难以理解的专门用语,对于刑法或刑事诉讼法上的概念等应用易懂的语言表达,对于刑罚的意义以及量刑根据等事项也应作出相应的说明。同样,辩护人的辩护如果简单易懂,对被告人而言也是有利的,所以在法庭陈述、证据调查、证人询问、辩论等各个阶段,也同样应使用裁判员易懂的语言进行辩护活动。② 战后日本刑事诉讼法为了实现中立、公正的审理,采取起诉一本主义。《刑事诉讼法》第256条规定,"在起诉状之中,不得附有使裁判官对案件产生预断之虞的文件或物品,并不得引用其内容",即裁判官如果不开始审判,就无法事前接触到一切证据,可以说是从"白纸状态"开始审理。起诉一本主义的转换,给审判实务带来重大影响。由于案件卷宗所记载的内容庞大,裁判官在案件审理之初,根本就无法全面了解到案情,通常是在初次开庭之后,将警察或检察官制作的相关供述书或者资料拿回家里阅读而形成心证,裁判官基于强有力的搜查,已经堕入调书审理、精密司法之中。这种状态并不符合刑事诉讼的直接主义、口头主义的要求。但在裁判员制度之下,如果要让作为一般市民的裁判员理解案件,原有的那种通过查阅庞大的案件卷宗,形成心证的方法已经不可能实现,裁判员在法庭上用眼睛看,用耳朵听将成为一种常态的审理方式。这就使得原有的调书审理必须改变,而实现审理的直接主义和口头主义。裁判官和参审员只能根据法庭上的朗读才能形成心

---

① 参见[日]原田國男「裁判員裁判における量刑傾向—見えてきた新しい姿」慶應法学27号(2013年),第69页。

② 参见日本最高裁判所事务总局「裁判員裁判実施状況の検証報告書」。

证，因此，搜查记录只需将案件中最重要、最核心的部分以简明的方式表述出来。借由裁判员制度，实现从"精密司法"到"核心司法"的转变。①

其次，裁判员裁判的被害人参与。

被害人在被告人在场的情况下出庭作证，需要面临重大的压力，存在"二次被害"的危险。根据 2000 年修订并施行的刑事诉讼法，为了减轻被害人作为证人出庭时的负担，采用视频连线的方式，并且对证人加以遮掩，除此之外，在被害人表达意见的时候，也应当承认采取必要的措施。② 这样做的部分原因在于保护被害人的隐私，但更为重要的考量，则在于保障被害人的心理感受免受来自于裁判员裁判的伤害。反过来，有裁判员经验者认为，通过视频陈述意见时，因为看不到被害人的脸及表情，因此对于其真实的心情或想要表达的意见，无法作出令人信服的判断，更缺乏当面反驳或反对的机会。③ 最高裁认为，对于受害人采取遮蔽措施，以及采取视频措施的方法合宪。但同时最高裁也承认，即使采用遮蔽措施或视频方式，也不能侵犯宪法第 37 条第 2 项前段规定的证人审问权。就遮避措施而言，能够听到相关供述，能够进行寻问，进一步来说，这些措施，只能在辩护人出庭的情况下，才能采用，不能干扰辩护人观察证人供述态度等的观察。在适用录像放送声音图像的时候，需要能够看到证人的表情，听到其供述，并且可以对其提问。这才不会侵犯被告人对于证人审问权。④ 在很大程度上，最高裁将其视为审问权的一部分。因此，在性犯罪当中，如果看不到表情的情况下询问证人，是否侵犯证人审问权，存在问题。因此在被害人或证人出庭的情况中，适用投影或视频的，也需要清楚地看到证人的表情，换句话说，应当保证清楚地看到辩护人以及证人的供述态度。就被害人来说，作为证人出庭的被害人参加庭审，必须要经历各种压力或者隐私遭到侵犯的痛苦。为了缓和痛苦和压力，需要对于被害人参加刑事审判，对于裁判员审理参加更便宜的环境进行整理。⑤

---

① 参见孙晶晶：《日本裁判员制度及其对刑事司法的影响》，载《北京科技大学学报（社会科学版）》2010 年第 4 期，第 98 页以下。
② 被害人可以自身作为证人出庭、质询证人、进行意见陈述。参见［日］松尾浩也编著『逐条解説犯罪被害人保护二法』有斐閣（2001 年），第 66 页以下。
③ 曾经有强奸伤害案的被害人，根据被害人参加制度参与审判时，穿着戴着帽子的运动衫，用披肩将自己鼻子以下部分遮住，同时还佩戴墨镜等，以掩人耳目。相关情况可参见［日］井上正仁、大澤裕、川出敏裕编『刑事訴訟法判例百選［第 9 版］』有斐閣（2011 年），第 152 页以下。
④ 参见［日］川出敏裕『刑事程序における被害人の保護』ジュリスト1163 号（1999 年），第 129 页。
⑤ 参见［日］平山真理『裁判員裁判と性犯罪』立命館法学 327・328 号（2009 年），第 42 页。

(三) 评议程序

案件审理结束之后,由组成合议庭的裁判官及裁判员进行评议。而裁判员出席评议时,必须阐明意见。[①]

1. 评议方法

评议,是指裁判官与裁判员的协同作业。如果要充分发挥裁判官与裁判员之间协同作业的效果,开诚布公、畅所欲言十分必要。评议的开展,通常需要裁判官(通常是裁判长)主持进行。裁判官,就通过审理所明确的争议点以及作出最终结论所需要的判断过程,向裁判员做简要动员,要求裁判员必须根据逻辑的顺序,进行评议。另外,需要对于裁判员提出的疑问,作出适当的回答。适当接受、考虑裁判员的意见,对于形成最终的全体意见的努力,十分必要。[②] 因此,裁判长认为必要时,必须对裁判员解释与裁判官合议时所需要遵守的法令,并向其说明相关诉讼程序。裁判员根据这些介绍进行判断时,必须严格依法履行职务。裁判长在进行评议时,需要仔细向裁判员说明相关法令的内容,同时以裁判员易于理解的方式整理评议,给予裁判员充分发言的机会,保证裁判员充分履行职务。[③] 主审裁判官在合议庭评议过程中,为了让裁判员能够各抒己见,需要保证合议庭成员充分地交换意见。裁判长在辩论终结前进行评议时,应首先向裁判员说明,根据裁判员法第六条第一项的规定,裁判员只能在辩论结束后进行的相关活动。[④]

裁判员裁判的合议过程保密,组成合议庭的裁判官及裁判员进行的评议,以及允许裁判员旁听的只能由组成合议庭的裁判官进行的评议,不得对评议经过以及裁判官及裁判员的意见和投票结果加以泄露。[⑤] 因为评议非公开进行,对其具体运行的细节,往往很难把握。但在具体案件中,对于得出最终结论的过程,进行一般实情的检证,是十分可能的。以下就是结合评议实际情况,对于参与评议的裁判员的观点,进行检讨。

[①] 参见「裁判員の参加する刑事裁判に関する法律」(平成 16 年 5 月 28 日法律第 63 号),第 66 条。

[②] 参见日本最高裁判所事務総局「裁判員裁判実施状況の検証報告書」。

[③] 参见「裁判員の参加する刑事裁判に関する法律」(平成 16 年 5 月 28 日法律第 63 号),第 66 条。

[④] 参见「裁判員の参加する刑事裁判に関する規則」(平成 19 年 7 月 5 日最高裁判所規則第 7 号)(改正平成 20 年最高裁判所規則第 5 号)(改正平成 21 年最高裁判所規則第 1 号),第 50 条。

[⑤] 参见「裁判員の参加する刑事裁判に関する規則」(平成 19 年 7 月 5 日最高裁判所規則第 7 号)(改正平成 20 年最高裁判所規則第 5 号)(改正平成 21 年最高裁判所規則第 1 号),第 70 条。

2. 评议实态

从评议时间来看,对于被告人自认有罪的案件,大概评议时间为 7 小时 20 分到 30 分。被告人自认有罪案件,以及被告人否认有罪的评议时间,都有增加的倾向,这一倾向,在被告人否认有罪的案件中,特别明显。被告人否认有罪案件的评议时间,全体平均来看,在平成 24 年度为 12.9 小时,根据案件的不同,差别极大。一般来说,开庭次数如果增加,需要检讨材料的增加,都会导致评议时间出现增加的倾向。但是,开庭回数 6 回以上,需要长期审理的案件,在 2012 年(平成 24 年),平均需要评议 18.2 个小时。对于评议时间,裁判员多数,约有58.4%认为适当。认为评议时间段的比例,约占 30.8%。对于评议的实质,认为评议对话通俗易懂,内容充实感等问题,认为比较容易理解的人,虽然每年都超过 70%,但仍呈现下降的趋势。大体上,认为评议本身还行的人,要比回答难以理解的人比例更高。对于评议内容的充实度,能够充分讨论的回答,每年都超过 70%,在不同犯罪的审理中,讨论的充实度,并无太大变化。针对评议,因为只有裁判官与裁判员出席,因此不容易把握其真实样态。但是,除了上面提到的外部数据之外,裁判员大多对评议评价很高,认为其内容十分充实,满足感较高。今后,有必要从应该评议事项相对应的相关建议,特别是法学家与裁判员出现种种不同的观点。裁判所为了从上述观点中推进司法研究,有必要同具有裁判员经验的人进行意见交换。[①]

在评议过程中,裁判长的作用包括主持评议的进行,如听取争议点、听取针对具体事实的意见、提示相关材料、指示特定的思考方式、补正裁判员的意见,整理议论意见,等。除此之外,裁判长负责总结控辩双方争议点。在评议过程中要促进裁判员发言,听取裁判员的意见,告知裁判员裁判官、检方以及辩方的意见。同时,在这个过程中,所谓听取裁判员意见的行为,不仅是单纯的发言,还包括其他与案件有关方的意见。裁判官需要提供自己的经验及专业知识。相较于裁判长,陪席裁判官的作用包括构成评论体、促进裁判员的发言、听取裁判员的意见,以及发表作为裁判官的意见,帮助裁判员参与评论,保证裁判员没有后顾之忧,畅所欲言,辅助裁判长,提供专门的知识。值得一提的是,裁判官指南的长度,约为裁判员指南的 1.3 倍。而其人数又显著低于裁判员的人数,因此,在评议过程

---

① 参见日本最高裁判所事务总局「裁判員裁判実施状況の検証報告書」。

中,裁判官的作用或发挥角色所占比重,似乎显著多于裁判员。①

3. 评议结果

裁判员合议庭通过合议,对于被告人进行定罪量刑。和所谓陪审制度不同,现行日本的裁判员制度中,裁判员同裁判员一道认定事实,并且做出量刑判断。如果将事实认定程序与量刑程序分立,容易导致相关信息遴选以及裁判员先入为主进行判断等担心。但问题在于,国民一般缺乏法律知识,无法通过自身的感觉进行量刑判断,从而导致感情用事的可能性。②

被告人的定罪,需要组成合议庭的裁判官及裁判员过半数。需要注意的是。根据裁判员法第 67 条第 2 项,在包括裁判官、裁判员的多数意见当中,将对于被告人不利的意见顺次排序,并将其中对被告人最有利的结果,例如在事实的认定过程中,针对被告人是否具有杀人故意,或者被告人是否是犯罪人,无法按照上述规则达成多数意见时,就应该认定检方没有满足证明义务,或者说,针对犯意等举证不充分,无法认定被告人该当犯意。③ 针对量刑,如果存在不同意见,无法形成包含裁判官及裁判员的多数意见时,依据对被告人最不利的意见顺次排序,并选择其中对被告人最有利的意见。④ 替补裁判员,得旁听组成合议庭的裁判官及裁判员进行的评议,得听取替补裁判员的意见。⑤ 对于裁判员制度设置的多数表决机制,有学者批判认为,不管是简单多数,还是复杂多数,这种少数服从多数的表决基准,与刑事案件中存疑有利于被告的规定是否冲突? 毕竟一个裁判体中,可能会有一名或几名成员,对于被告人是否构成犯罪保持怀疑,甚至反对的意见。⑥

(1) 罪名与量刑分布

根据日本最高裁的调查,在裁判员制度适用 3 年来,裁判员裁判适用的罪名以及量刑分布中,有 14 个被告被判处死刑,77 名被告被判处无期惩役,3686 名

---

① 参见[日]荒川步「評議におけるコミュニケーションコミュニケーションの構造と裁判員の満足・納得」社会心理学研究第 26 卷第 1 号(2010 年),第 321 頁。

② 参见[日]吉岡沙樹等「裁判員制度改革:重すぎる刑罰」ISFJ 政策フォーラム(2013 年),第 29 頁。

③ 参见[日]辻裕教「『裁判員の参加する刑事裁判に関する法律』の解説(3)」法曹時報 60 卷 3 号(2008 年),第 39 頁。

④ 参见「裁判員の参加する刑事裁判に関する法律」(平成 16 年 5 月 28 日法律第 63 号),第 67 条。

⑤ 参见「裁判員の参加する刑事裁判に関する法律」(平成 16 年 5 月 28 日法律第 63 号),第 69 条。

⑥ 参见[日]大野友也「裁判員制度をめぐる諸問題の検討:下福元町強盗殺人事件を手がかりとして」鹿児島大学法学論集 46 卷 1 号(2012 年),第 329 頁。

被告被判处有期惩役(其中有 597 名被告适用为缓刑),有 18 名被告被判无罪,有两名被告人被判罚金。从罪名来看,和之前裁判官裁判相比,裁判员裁判的量刑分布,在杀人未遂、伤害致死、强奸致伤、强制猥亵致伤及强盗致伤罪,大多数情况下都体现出重刑化倾向。但在杀人既遂、杀人未遂、强盗致伤及现住建造物等放火等犯罪中,缓刑的机会也在上升。[①]

(2)检方求刑与裁判员裁判实刑的关系

对于适用有期惩役实刑判决以下的案件,从实刑判决与检方求刑的比较来看,在裁判官裁判中,大概有 97.4% 的案件,在裁判员裁判中,有 94.2% 的案件中,最终适用的实刑在检方求刑之下。在裁判员裁判中,求刑与量刑相当的占总案件的 5%,量刑超过求刑的仅占到所有案件的 0.9%。[②]

(3)裁判员裁判判决书的特点

在裁判员裁判中的第一审判决书,应当十分明白简洁地叙述犯罪事实与量刑判断的重要争点。的确,就立证对象调取严选的证据,基于在公审庭上的直接见闻,裁判官与裁判员进行评议,因此可以期待摆脱从前的裁判官裁判中,基于庞大的书证进行绵密详细判决的方式。[③] 因此,目前还处于试行错误阶段,裁判员裁判中判决书类型、记载内容等问题,都需要后续的讨论。

4. 裁判员合议制度的问题点

(1)针对裁判员量刑职能的争论

裁判员制度要求裁判员参与量刑,目的在于使得量刑反映健全的社会常识。[④] 但如果说可以用此作为刑罚适用正当性根据的话,就会出现至少两方面的问题,首先,对于适用多大程度的惩罚,社会公众缺乏预测可能性。且对于社会关注程度较高,媒体大幅报道的案件,因为招致社会义愤的程度很高,很可能会导致重刑,那些无人关注的案件,虽然犯罪行为类似,却可能不会得到相同的惩罚。检察官的求刑,与裁判官的量刑之差,在司法实务界,被戏称之为由 8 块布组成的日本传统服饰"八掛け",意思是最终量刑是求刑的八成,如果不足 80%,则为轻判,如果超过了 80%,则为重判。[⑤] 引入裁判员制度之后,这种量刑

---

① 参见日本最高裁判所事务总局「裁判员裁判实施状况の検証报告书」。

② 参见日本最高裁判所事务总局「裁判员裁判实施状况の検証报告书」。

③ 参见日本最高裁判所事务总局「裁判员裁判实施状况の検証报告书」。

④ 参见[日]原田国男『量刑判断の实际〔第 3 版〕』立花书房(2008 年),第 47 页。

⑤ 参见[日]小栗実「鹿児岛地裁における裁判员裁判」鹿児岛大学法学论集 46 卷 2 号(2012 年),第 233 页。

传统显然受到了一定冲击,从而使得量刑丧失了可预测性。因为裁判员对于刑事裁判规则知之甚少,因此在评议时,应当深化意见交换等检讨措施,在最终评议开始之前,更多给裁判员以发言的机会,营造氛围,在询问证人时,事先将询问重点告知裁判员,询问之后,询问裁判员是否理解,减少疑问。同时也要注意,裁判官尽量避免诱导式提问,努力保证裁判体的每一个成员都畅所欲言。需要采取措施,确保充分合议。就所谓替补裁判员是否参与评议的问题,因为替补裁判员与裁判员存在立场上的差别,因此在程序设计中,不应该设置替补裁判员发言的机会。就裁判员的量刑问题,经过数据的积累,建立裁判员量刑检索系统,为类似案件的量刑提供参考。其次,从一般预防、特别予防的目的刑论及消极的报应刑论出发,虽然没有完全排除市民参与量刑的余地,但市民充分发挥影响力的事例并不多见。而这种做法与宪法精神之间的关系来看,如果市民参与量刑导致刑罚背离罪刑均衡原则,则会违法宪法的基本精神。即使承认这一做法,也只有当其轻于裁判官根据经验所厘定刑罚的情况下,才能够加以承认。①

（2）被害人参与制度对于裁判员评议的影响

根据 2000 年适用的所谓"犯罪被害者保护二法"②,日本刑事司法实践开始导入被害人的意见陈述。这意味着与刑事程序无关的被害人,开始作为独立主体,参与刑事案件的审理。③ 被害人的意见陈述,作为与量刑有关的资料,开始出现在判决书的"量刑理由"中。④ 很多学者开始担心,在量刑过程中正式承认被害人报复感情,是否会导致刑事裁判,特别是裁判员裁判,受到被害人感情的不当影响。⑤ 换句话说,被害人参加诉讼活动,是否会影响裁判员,从而导致重罚化的悬念。例如,在青森县适用裁判员审理的 6 起性犯罪案件中,4 件适用了被害人参加制度。但这并不是意味着可以简单比较。毕竟在很多案件中,虽然名义上适用所谓被害人参加制度,但实际上,被害人只是作为证人出庭。就求刑

① 参见［日］本庄武「裁判員の量刑参加」一橋論叢 129 卷 1 号（2003 年）,第 422 页。
② 所谓"犯罪被害者保护二法",是指导入证人身份、样貌遮蔽设施,或通过视听方式佐证的「刑事訴訟法及び検察審査会法の一部を改正する法律」以及对于旁听的犯罪被害人,裁判长承担相关照顾义务,允许被害人阅览、旁听庭审记录的「犯罪被害者等の保護を図るための刑事手続に付随する措置に関する法律」等两部法律。相关解释,可参见［日］松尾浩也編著『逐条解説犯罪被害者保護二法』有斐閣（2001 年）。
③ 参见［日］高井康行、番敦子、山本剛『犯罪被害者保護法制解説』三省堂（2008 年）,第 41 页。
④ 参见［日］白木功、飯島泰、馬場嘉郎『「犯罪被害人等の権利利益の保護を図るための刑事訴訟法の一部を改正する法律（平成 19 年法律第 95 号）」の解説（2）』法曹時報 60 卷 10 号（2008 年）,第 49 页。
⑤ 参见［日］川崎英明「犯罪被害人二法と犯罪被害人の権利」法律時報 72 卷 9 号（2000 年）,第 221 页。

意见而言,必须根据量刑材料来进行加重或减轻的判断。虽然被害人参与审理,也不会导致重刑化的倾向。[①]

值得一提的是,所谓刑罚的轻重,并不是一个绝对的概念,相反,其不仅与检方求刑的轻重相观念,还与个人的主观感受相关,后者受到性别、年龄、经历等诸多特定因素的影响。例如,男性与女性裁判员,对于检察官就性犯罪人求处惩役6年的请求,担任裁判员的女性认为量刑较轻,当然,而男性裁判员认为检察官的量刑适当。虽然因为评议过程保密,导致裁判员男女构成对于量刑的影响很难进行深入的研究,并且可能会面临各种问题。但一种很有力的观点认为,受害人的出庭或发言,不仅在很大程度上不会起到影响量刑的效果,而且很有可能导致事与愿违的判决。[②]

四、死刑的裁判员裁判

(一)区分审理程序

在裁判员适用过程中,根据被告人所具有的特殊情况,以及案件本身的复杂程度,可能出现诸如精神鉴定以及分案或合并审理的特殊程序。所谓区分审理,是指一名被告人,在多个案件中被起诉的情况,考虑到裁判员的负担,不对其一并审理,而是将不同案件分别按照各自的裁判员构成,顺次进行审理的情况。在这种情况下,先行的案件事实审理称之为区分裁判,最后案件事实认定及全体量刑的裁判,称之为并和裁判。区分审理制度的设定目的,一方面在于保障社会各阶层的裁判员参加案件审理,同时在量刑阶段一并进行,从而确保适当的结论,是这一制度的设置的目的。根据日本最高裁的统计,自裁判员制度施行以来,共有34名被告人的案件被区分审理。[③] 区分审理制度的典型程序,是指针对同一被告人,存在适用裁判员裁判的A案件以及B案件。对此,根据《刑事诉讼法》第313条第1项进行的公判前整理程序,就合并案件的整体,制定审理计划。在必要的情况下,裁判所可以决定区分审理,并制定审理程序等审理计划。针对该

---

① 参见[日]青木孝之「裁判員審理における量刑の理由と動向(下)」判例時報 2074 号(2010 年),第 63 頁。

② 参见[日]白岩祐子、唐沢かおり「被害者参加人の発言および被害者参加制度への態度が量刑判断に与える影響」実験社会心理学研究 53 巻 1 号(2013 年),第 341 頁。

③ 参见日本最高裁判所事務総局「裁判員裁判実施状況の検証報告書」。

决定,对于案件 A、案件 B 进行顺序审理的情况下,首先,针对 A 案件,选任该案件的裁判员,针对被告人的有罪、无罪,作出部分判决,在这一时点,担任 A 案件的裁判员,任务就实施完毕。在此之后,针对 B 案件的审理,以及合并审理的案件的整体,选任裁判员,除了对于 B 案件进行审理之外,还需要在必要的范围内,对于 A 案件的公审程序加以更新,针对 A、B 案件的情况进行审理,对于包括量刑在内的整个案件进行判决。合并审理整体进行判决。对此,可以概括为如下图示。①

区分审理流程图

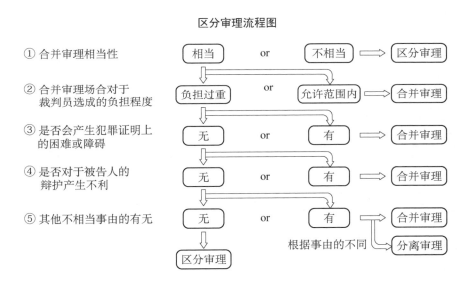

(二)死刑案件的审理

截至 2012 年(平成 24 年),检方共在 18 件裁判员裁判案件中求处死刑,其中 14 件案件宣告死刑。日本刑法对于死刑的适用较为谨慎,除从未真正适用过的内乱、外患罪之外,基本上都要求发生致人死亡的危害结果,且前者一般不在地方裁判所审理②,因此,本书以杀人既遂罪为例,讨论裁判员制度下死刑适用

---

① 参见[日]大西直树「裁判員裁判における区分審理制度制度の概要と実務における活用の可能性について」慶應法学 22 号(2012 年),第 241 頁。

② 根据日本刑法第 77 条第 1 项,内乱罪的首谋者应当死刑;除此之外,第 81 条规定的外患诱致罪、第 82 条规定的外患援助罪、第 108 条规定的现住建造物等放火罪、第 117 条规定的激发物破裂罪、第 119 条规定的现住建造物等侵害罪、第 126 条第 3 项汽车颠覆致死罪、宪法第 146 条规定的水道毒物等混入致死罪、第 199 条规定的杀人罪、第 240 条规定的强盗致死罪、强盗杀人罪、第 241 条规定的强盗强奸致死罪等。除此之外,有组织杀人罪(「組織的な犯罪の処罰及び犯罪収益の規制等に関する法律」,第 3 条)、杀害人质罪(「人質による強要行為等の処罰に関する法律」,第 4 条)、航空机强取致 (转下页)

的问题。因为杀人动机十分复杂,因此会出现从缓刑到死刑的不同分布。有学者曾比较不同犯罪裁判员量刑的特点,给出其在刑法适用的程度、广度、缓刑适用的比例等,都较裁判官裁判有很大扩展。这也反映出裁判员裁判更加关注被害人感情,更加关注被告人的反省与改变,因此才会将很多未遂犯罪作为既遂犯罪加以惩罚,如强奸,将很多底层犯罪做高层级犯罪惩罚,如将强制猥亵视为强奸,将伤害致死视为杀人,同时特别重视被告人的前科以及损害赔偿的支付情况。可以将杀人既遂罪的裁判官、裁判员裁判量刑分布对比,用下图表示。①

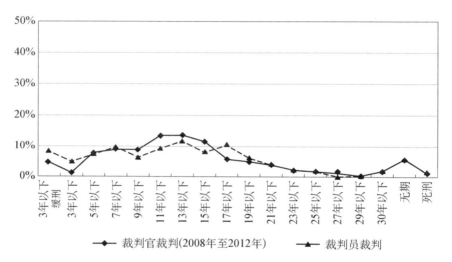

1. "永山"基准与裁判员裁判

日本最高裁在永山案件中,明确了死刑适用的标准,这就是所谓"永山"基准。② 根据这一基准,死刑适用,需要通过考察犯罪的本质、动机、杀人手段、方法样态体现出的杀人的残忍性与执着性、被害人数量等所体现的结果的重大性、遗族的被害情感、社会的影响、犯人的年龄、前科以及犯行之后的情况综合判断,考察被告人的罪责重要性。例如,被告人将两名受害人监禁后,抢劫了 1000 余万日元之后,用水果刀和电锯将受害人的头切了下来,分别触犯遗弃遗体罪、杀

(接上页)死罪(「航空機の強取等の処罰に関する法律」,第 2 条)、船舶強取・运行支配、船舶内的财物強取等、劫掠船舶内的人、人质強要致死(「海賊行為の処罰及び海賊行為への対処に関する法律」,第 2 条)以及使用爆炸物(「爆発物取締罰則」,第 1 条)等。

① 参见[日]原田國男「裁判員裁判における量刑傾向見えてきた新しい姿」慶應法学第 27 号(2013 年),第 41 頁。

② 参见最高裁判所第二小法廷昭和 58 年 7 月 8 日判決(刑集 37 巻 6 号 609 頁)。

人罪、强盗杀人罪、损害尸体罪、觉醒剂取缔法中规定相关犯罪,违反关税法、妨碍公务罪等罪名。裁判所包括裁判员在内的合议体,根据永山基准所列举的量刑因子,根据与具体犯罪相关的犯罪情节,即行为的残忍性、动机的恶劣性、行为的计划性、危害后果的严重性、被告人作用的重要性等,认定本案的被告罪责深重,没有明显的从轻情节,从罪刑相适应以及一般预防的角度,不得不对其判处死刑。这就是适用裁判员制度之后首次适用死刑的案件,即所谓"横浜电锯割头案"(又被称之为"横浜港バラバラ殺人事件")。①

永山基准,作为认定被告人死刑的标准,需要裁判员等考察、认定人的内心活动,而这在很大程度上是不可能的,如何对此科学认定,就成为裁判员制度必须面对的问题。② 与美国的死刑遭遇的司法困境③不同,日本死刑适用面临的一大问题,在于可预测性的缺失。事实上,在裁判员制度适用之后,日本死刑、无期惩役的判决激增。出现了裁判官的判决,重于检察官求刑的情况。导致这种情况的原因,一方面在于近期刑法的重罚化,更为重要的问题在于,裁判员制度适用之后,一般民众的常识被纳入进来。这里需要指出的一个概念,就是所谓量刑相场,这是指同种、同性质、同程度的行为案件相对,适用同等的刑罚是较为适当的。这也是常年从事司法实务的熟练裁判官本身应该具有的判断基准,④但裁判员制度适用之后,既有的经验法则不再继续适用,从而导致可预测性的缺失。被告人在裁判开始之前,根本无从获知检察官是否求处死刑,因此,裁判员对于被告人的人生经历或状况等没有办法深入探讨,虽然在死刑的量刑程序中,存在"暧昧"的所谓永山基准,但这一基准,对于决定生死的人来说,完全没有任何的指引。例如,适用裁判员审理之后第一起被告人被认定无罪的案件,即著名的"鹿儿岛高龄者夫妇杀害案件",不仅历时最久(公审时间超过 40 天)、辞退裁判员候选人人数最多(295 人中有 233 人遭辞退)⑤,像本案这样高度复杂,对于职

---

① 横浜地裁平成 22 年 11 月 16 日判决(公刊物未登载),可参见[日]畑桜「裁判員制度下における手続二分制の有効性」立命館法政論集 9 号(2011 年),第 211 页。

② 参见[日]曽本弘文「裁判員制度における死刑のあり方について」奈良大学紀要 38 号(2010 年),第 541 页。

③ 对于美国死刑问题的详细研究,参见李立丰:《民意与司法:多元维度下的美国死刑及其适用程序》,北京:中国政法大学出版社 2013 年版。

④ 参见[日]倉橋基「裁判員制度導入後の量刑判断についての一考察—量刑判断の再構築」法学研究 9 号(2007 年),第 93 页。

⑤ 本案检察官指控 71 岁的无业被告人,为了获得财物,侵入其前雇主住宅,残忍伤害了高龄夫妇,因此犯有强盗杀人、住居侵入罪。而辩护人与被告方的观点与此针锋相对,认为被告人无罪,本案没(转下页)

业裁判官而言也很难判断的重大案件,让毫无审判经验的裁判员进行正确的事实认定,并且通过单纯多数制的死刑判决,最终通过简单多数决制决定,是否正当,存在疑问。多数决制与无罪推定原则之间,是否具有根本矛盾? 除了可预测性的缺失之外,死刑案件也没有任何特别的裁判员选择程序,只要最终过半数的裁判体包含裁判官与裁判员的双方即可,且允许以 5 比 4 的简单多数认定死刑。有观点认为,在判决对被告人不利的场合,特别是作出死刑的场合,是否要裁判员过半数,同时裁判官过半数,才能作出。对此,根据现行《裁判所法》第 77 条第 1 项的规定,裁判适用简单多数。裁判员裁判没有理由与此不同。所谓简单多数,是指裁判官及裁判员双方意见过半数,在这个构成中,裁判员与裁判官共同协作,而这也是裁判员制度的宗旨之一。从保持裁判体的稳定性角度,也不宜做上述复杂规定。况且,在裁判员制度设立过程中,就否决了所谓特别多数制,即必须达到裁判体 2/3 才可决的建议。如果仅仅在裁判员裁判的场合,作特殊规定,对于其他被告人不公平。对于死刑案件的裁决,虽然实际上根据裁判员法第 3 条,大部分由裁判员审理,但如果要求全员一致,实际上会导致由一名裁判员即可决定被告人生死的诡异局面。[①]

2. 死刑判决给裁判员造成的心理负担

在死刑案件的裁判员审理过程中,一个突出的问题,是审理死刑案件对于裁判员造成的负担与压力问题。根据日本最高裁的调查,就裁判员选任程序,有必要检讨因为心理负担沉重,导致裁判员候选人辞退数量增加的问题。这点在检

(接上页)有目击者,物证非常少,虽然在侵入住宅处的玻璃碎片上附着的指纹,以及在抽屉里现金上的掌纹,在侵入口窗户上发现的人体细胞,与被告人的 DNA 鉴定一致,但辩论方认为,存在第三者,如真犯人或警察"捏造""伪装"的可能性。对于本案,控辩双方意见根本不同,都缺乏直接证据,因此裁判员面临非常大的困难。从普通国民的角度判断,被告人已经得到现金、存折,为什么还要继续坚持残虐的杀害被害人? 裁判员认为,本案中,证明被告人就是犯人且有罪在事实认定方面十分困难,且如果认定其有罪,就必须要在死刑或无期惩役之间做出取舍,但是因为被告人一直否定其有罪,因此缺乏情状酌量的余地,必须做出死刑判决。本案的裁判员,并不是要在死刑或无期惩役之间进行选择,而是被迫要在死刑或无罪之间进行终极的选择。虽然无法获知具体的评议内容,一定有某些裁判员认为,检方并没有确定无疑地证明被告人为犯人,因此从无罪推定的原则出发,当然推定被告人无罪。检方的唯一证据,是所谓指纹与掌纹以及被告人的 DNA,但因为存在捏造证据的可能,而且警方主张 DNA 已经无法再次鉴定也很不可思议。在缺乏被告人目击证言,被视为凶器的金属片上没有发现细胞,在被告人衣服或车上,没有发现血痕,逃走路线不明,现场残留的足迹与被告人也不一致等疑问基础上,基于存疑有利于被告人的基本原则。参见[日]木村朗「裁判員制度における人権侵害の落とし穴:鹿児島高齢者夫婦殺害事件を題材に」立命館法學 5・6 号(2010 年),第 251 頁。

① 参见[米]デイヴィッドT. ジョンソン「死刑と日本の裁判員制度」青山法務研究論集 5 号(2012 年),第 88 頁。

方求处死刑时,表现的尤为突出。虽然有些裁判员认识到自己被传召审理的案件,可能是求处死刑的重大案件,也有很多人没有此种认识。就选任程序开始当天的出席率来看,在案件审理预计时间长度相同的前提下,当日辞退率影响不大。针对有裁判员经验者的调查结果反映,在死刑案件审理过程中,针对辩护人及裁判官的相关说明,难易程度差别不大。在死刑案件的评议阶段中,平均评议时间,和无期惩役相比更长,大部分为 30 小时以上。和被告人自认有罪案件相比,增加了 27 小时以上。这是因为在求处死刑的案件中,就是否求处死刑这一点,需要特别长的时间来进行评议。另一方面,针对有裁判员经验者调查的结果显示,越来越多的裁判员认为,在求处死刑的案件中,评议的充实度并不十分充分。但在整体上,求处死刑的案件和其他的案件相比,并未出现太大的变化。求处死刑的案件同其他案件的平均审理期间相比,前者准备时间需要的时间更长。从裁判员参与裁判的感想调查来看,求处无期惩役的案件与求处死刑、无期惩役以外的案件中,与参加裁判经验相关积极,消极评价的分布差别不大,但有求处死刑参加经验的裁判员,积极的评价所占比例不高。[1]

的确,对于作为普通人的裁判员来说,要在"死刑"与"无罪"之间进行所谓"恶魔的选择",和职业裁判官相比,后者具有压倒性的知识与经验优势,加之日本文化的特殊的国民性,因此在裁判员裁判中,一定会出现裁判官主导的结果。虽然名义上裁判员制度的目的旨在通过国民参加,实现透明、公正、迅速的裁判与民主的刑事司法,但日美两政府与法曹三者、官僚、财界强力推进的裁判员制度,实际目的却是为了实现从"精密司法"到"核心司法"的转变,保证裁判的迅速化、缩短审理期限。因此,为了减轻裁判员的负担,牺牲案件真实性或判决的公平性,也属正常。[2] 如果这种观点成立,那么在死刑案件中,裁判员所面临的巨大心理负担,与其承担的巨大责任之间的紧张关系,就成为一个根本无解的僵局性问题。一方面,有学者认为,死刑的适用会导致所谓的逆效果,甚至出现了为了求死而实施的恶性杀人事件,如大阪教育大学附属池田小学校儿童杀伤事件,虽然针对该被告人的精神能力存在争议,但是最终裁判员还是作出了死刑判决。[3]

---

[1] 参见日本最高裁判所事务总局「裁判員裁判実施状況の検証報告書」。
[2] 参见[日]木村朗「裁判員制度における人権侵害の落とし穴——鹿児島高齢者夫婦殺害事件を題材に」立命館法学 5・6 号(2010 年),第 21 頁。
[3] 参见[日]藤吉和史「裁判員制度における死刑問題」志學館法学 13 号(2012 年),第 255 頁。

3. 适用缓刑、保释等处遇措施的情况

裁判员裁判过程中,被认定有罪的被告人中适用缓刑的被告人所占比例,和裁判官裁判中的 13% 相比,上升至 15.6%。被缓刑的被告人,附带保护观察的比例,从裁判官裁判时期的 35.8% 上升至 55.7%。[①]

适用裁判员制度审理的案件,因为属于《刑事诉讼法》第 89 条第 1 号所规定的重大案件,一般不承认保释权,因此在裁判官裁判时代,类似案件中适用保释的比例就不高。但是,如果要推进公审前准备程序中的争点、证据整理,为了对应连日开庭,准备诉讼活动,被告人与辩护人的沟通必要性增大。从这些点来看,在裁判员裁判中,应当更有弹性地适用保释。在被拘留的被告人中,在判决宣告前保释释者所占比例,即"保释率",保释率在裁判官裁判时代,总数为 4.5%,其中被告人自认有罪的为 4.8%,否认的为 4%,在裁判员制度施行后,总数为 8.5%,其中被告人自认有罪的为 10.2%,否认的上升至为 5.9%。本来,罪名不同,保释率也会出现不同。因此,裁判员裁判判决的被告人人员较多的 15 个罪名中,除了不得保释的强盗强奸、强盗致死(强盗杀人)之外,保释率也变高。另外,在判断是否批准保释的时候,应当将可能被判处的量刑考虑在内。对于宣告实刑的判决,上述 15 个罪名中,保释率都出现了上升。[②]

4. 裁判员案件的上诉审程序

在导入裁判员制度时,控诉审,以第一裁判决为前提,内容必须清楚无误地加以记录,从而使得事后对于案件加以点检的事后审查可以进行,才能为裁判官组成的裁判体,推翻由裁判员裁判的判决提供正当化。从尊重裁判员参与的第一审裁判的意味出发,控诉审才能彻底发挥事后审这一控诉审本来趣旨,这也是实务上的一般做法。以此为基础,担当控诉审的裁判官中,在控诉审中事实方面,必须严格遵守《刑事诉讼法》382 条规定的义务,即只能在不得不的情况下调取,限制事实取调范围的这一相对狭义意见,得到了毫无疑问的支持。因此,对于事实误认的审查,应当导入根据各个证据的评价以及相关推论的第一裁判决认定,应该审查的是是否存在违反逻辑、经验法则的情况。并且,对于量刑不当的审查,除了明显不合理的情况以外,应当尊重一审判断。在裁判员裁判对象案件当中,判决被告人最多的 15 个罪名中,同裁判官裁判时代的控诉率相比,裁判

---

① 参见日本最高裁判所事务总局「裁判员裁判实施状况の检证报告书」。
② 参见日本最高裁判所事务总局「裁判员裁判实施状况の检证报告书」。

官裁判时代的控诉率为 34.3％,裁判员裁判当中为 34.6％,控诉率并未发生太大变化。从不同罪名来看,药物案件控诉率相当程度低下,差别也不太大。并且,虽然(准)强奸致死伤控诉率有所上升,但强奸致死伤、强制猥亵致死伤、强盗强奸、集团(准)强奸致死伤合计来看,控诉率没有发生改变。从控诉审终局人员及控诉理由来看,同裁判官裁判时代相比,检察官控诉的案件终局件数减少,这是因为检察官提出控诉申请的案件本身显著减少。根据调查,以事实误认为理由,推翻第一裁判决的割合,在裁判官裁判时代为 2.6％,在裁判员裁判时代为 0.5％;以量刑不当为理由推翻的比例,在裁判官时代与裁判员时代分别为 5.3％和 0.6％,判决后情状为理由推翻的,各自比例分别为 8.4％和 5％,明白现实出现降低的倾向。在控诉审中事实取调的实施状况比较来看,在取调事实的案件比例中,第一审裁判官裁判的为 78.4％,在裁判员裁判时下降为 63.1％。其中,在被告人质问与以外证据调取并行的案件比例,在第一审裁判官裁判的情况为 41％,在裁判员裁判的情况,减少为 23.9％。推翻裁判员裁判决的比例及事实取调的比例都明显出现降低,在制度施行后的控诉审中,应当考虑能够反映相关舆论的表达方式。控诉审中对于事实误认的审查,需要综合判断裁判员裁判决所采证据的信用性,参照逻辑、经验等判断其对于事实的认定是否合理,在具体适用方法方面,也需要深入检讨。同裁判官裁判时代的分布相比,裁判员裁判中上告审的推翻率(推翻人员数÷上告审终局人员数)在裁判员裁判中,推翻率为 0.38％,而在裁判官裁判时代,这一比例达到了 4.1％。[①]

第四节　青少年死刑与裁判员裁判

裁判员量刑的重刑化倾向,还表现在针对所谓"少年"的刑事裁判当中。根据日本《少年法》[②],区分少年与成人的年龄标准为 20 岁。而对于不满 20 岁的所谓少年,在量刑时需要考虑被告人的年龄、人格的成熟度、是实施非法行为、保护处分的经历、犯罪情节的轻重、犯行之后的情节、成长经历中的问题点、科刑的弊害与影响、与共犯者的处遇均衡等要素,考察保护处分的有效性,以及保护处分

---

① 参见日本最高裁判所事务总局「裁判员裁判实施状况の検証报告书」。
② 参见「少年法」(昭和 23 年 7 月 15 日法律第 168 号),第 2 条,第 55 条。

的容许性。而裁判员裁判中,需要彻底贯彻直接主义、口头主义,这就与少年的情操保护、信赖性的确保等出现深刻矛盾。① 对此,有学者主张,通过导入所谓"程序的二分法",分别进行定罪程序与量刑程序,刑事被告人可以确保罪责认定程序的纯粹性以及公平性,辩护人也可以针对罪责认定程序以及量刑程序,分别专注于定罪与量刑。②

时年 19 岁零 9 个月的青少年 A,持偷来的手枪,在不到 1 个月的时间内,流窜作案 4 起,爆头杀死 4 名保安。③ 时年 18 岁零 7 个月的青少年 B 持铁棒反复殴打女友头部,并伙同他人持剔骨刀闯入女友家中,杀死其年仅 19 岁的姐姐及另外一名未成年女性,同时刺中姐姐男友胸部,致其重伤。④ 时年 18 岁零 1 个月的青少年 C 伪装送货人入室抢劫并杀人奸尸,之后还将目睹其罪行的 11 月大婴儿杀害。⑤ 对于 A、B、C 这样的青少年被告人,能否判处死刑? 应否判处死刑? 前者,属于实然层面的罪刑法定问题;后者,属于应然层面的刑事政策问题。以此矛盾为表征的青少年刑事司法困局,已由刑事诉讼的本质先验预设,又在死刑适用问题上达到极致。对此困局的解决,在很大程度上取决于如何通过制度建构,在公平适用刑罚与满足受害方法感情、限制司法擅断与保护青少年之间寻求可能的平衡。相对而言,司法民主化因为内化的民意拟制与表达机制,可被视为实现上述平衡的最可行选项。在我国正在试行人民陪审员改革试点工作的当下,将与我国刑事司法制度、司法文化具有亲缘性的日本裁判员制度下青少年死刑适用经验作此问题的研究摹本,就显得极为重要、极有意义。

一、刑事司法中的青少年保护主义⑥

所谓"青少年保护主义",是指在刑事立法、司法阶段,刑事立法或司法机

---

① 参见[日]青木孝骏「裁判员裁判初の少年に対する死刑判决」骏河台法学前号第 25 卷第 2 号(2012 年)。
② 参见[日]畑樱「裁判员制度下における手続二分制の有效性」立命館法政論集 9 号(2011 年)。
③ 根据日本"永山事件"相关案情改写,具体可参见[日]西原春夫「死刑制度を考える—永山事件を契機として」法学教室 38 号(1983 年),第 84 页。
④ 根据日本"石卷 3 人杀伤事件"相关案情改写。具体可参见「裁判员少年に死刑:仙台地裁判决石卷 3 人殺傷」朝日新闻 2010 年 11 月 25 日速报号外。
⑤ 根据日本"光市母子杀害事件"相关案情改写,具体可参见[日]土本武司「少年と死刑の適用」搜查研究 684 号(2008 年),第 116 页。
⑥ 下文主要参见李立丰:《青少年保护主义的刑事司法实现路径——以日本裁判员制度下青少年死刑适用经验为视角》,载《青少年犯罪问题》2015 年第 4 期,第 46 页以下。

关在同等情况下,对于青少年做出的较之成年人更为有利的事前规制或事后处遇。

(一)"青少年特殊论"的刑事法表达侧重司法层面

本质上,刑事法中的"青少年保护主义",建立在所谓"青少年特殊论"这一社会学前提基础上。首先,青少年的心智水平不如成年人。根据美国相关医学研究,青少年的大脑机体一般直到 20 岁左右才发育成熟,其中控制冲动的部分是最后发展完全的。换句话说,人脑中负责计划、控制冲动和推理的额叶在 20 岁之后仍然处于发育过程之中。[①] 其次,因为青少年在心智方面尚未完全发育,因此需要在法律上获得区别对待。从国际法层面来看,指导各国青少年刑事立法与司法实践的《联合国少年司法最低限度基准规则》[②]就将能否以"不同于成年人的方式进行处理"[③]作为界定所谓青少年的基准。从国内法层面来看,各国虽然对于青少年的年龄认定存在差异,但基本上都在立法与司法层面,体现了"青少年特殊论"[④],使其获得一定程度的优待,这就是所谓刑事法语境中的"青少年保护主义"。

相较于刑事立法的事先规制,青少年保护主义更多体现在刑事司法的事后处遇方面。以日本为例,该国少年法明确规定所谓"少年",是指不满 20 岁的人,而"成人"是指已满 20 岁的人。[⑤] 同时,该国刑法规定"不满 14 岁的人的行为,不罚"。[⑥] 这意味着日本刑事法语境下的"青少年保护主义",一方面体现为 14 岁以下的绝对不罚,另一方面体现为 14 岁以上 20 岁以下青少年如何处罚。相比较而言,后者显然更为复杂,也更为重要。换句话说,刑事司法中青少年保护的实现程度,将在实质上决定刑事法中青少年保护主义的实现程度,二者具有实质等价性。

日本主要通过设立独立于成人司法体系的家庭裁判所,并在二者之间设立

---

① 参见 Victor L. Streib, Standing Between the Childand the Executioner: The Special Role of Defense Counsel in Juvenile Death Penalty Cases, 31 *Am. J. Crim. L.* 67(2003)。

② 对于这一被称之为"北京规则"的国际法文件及其对于中国的早期影响,参见林文肯:《〈联合国少年司法最低限度标准规则〉在中国的贯彻》,载《中外法学》1991 年第 2 期,第 74 页以下。

③ 《联合国少年司法最低限度标准规则》,大会第 A/RES/40/33 号决议附件 2.2(A)。

④ 美国联邦最高法院曾指出"常识以及科学都倾向于证明较之于成年人,青少年在整体成熟程度与责任感养成方面存在缺失。"参见 *Johnson v. Texas*, 509 U. S. 350(1993)。

⑤ 参见「少年法」(昭和 23 年 7 月 15 日法律第 168 号),第 2 条。

⑥ 参见「刑法」(明治 40 年 4 月 24 日法律第 45 号),第 41 条。

一整套精密、复杂的案件移交制度来体现刑事司法语境下的青少年保护主义。在日本,青少年实施的违法行为原则上应由家庭裁判所审理结案,只有在青少年实施了该当死刑、惩役或禁锢刑犯罪的行为,根据调查结果、犯罪本质及情节给予刑事处遇具有相当性时,才能作为所谓"少年逆送案件",从家庭裁判所移交给裁判所进行刑事审判。① 需要强调的是,作为例外的少年案件逆送制度并非一种单向度的存在,而是一种双向度的循环。对于家庭裁判所移送来的青少年刑事案件,裁判所根据事实审理的结果,在认为对于少年被告人采取保护处遇较为相当时,还应通过决定将案件再次移送给家庭裁判所。② 例如,2011 年,千叶县家庭裁判所以拒绝认罪为由,将一名实施强盗致伤犯罪的中国籍少年转送检察官提起公诉,检察官求处惩役 4 年以上 6 年以下的不定期刑,对此,东京地裁认为,案件移送之后,该少年表现出学习日语的欲望,能够深刻反省,本着旨在促使少年改过自新这一至高指导原则,应对该少年采取保护处分,故将案件再次移交家庭裁判所审理。③ 司法实践中,这一案件流转的动态过程往往需要首先判断是否该当保护处分,之后才会判断刑事处分的相当性,即使在裁判所将被逆送的青少年案件再次移送给家庭裁判所的,是否采取所谓保护处分,仍然由家庭裁判所最终决定。④ 应该说,日本青少年司法程序的全过程,都体现了一定程度的青少年保护主义。和普通刑事案件中的"检察官先验主义"或"起诉便宜主义"⑤不同,只要存在青少年的犯罪嫌疑,就必须将全案移交家庭裁判所。家庭裁判所在调查取证阶段,一方面要根据调查机关的移送书、物证等资料证明存在违法犯罪,另一方面要由家庭裁判所调查官根据"调查前置主义"⑥、"全案调查主义"⑦形成青少年调查记录。家庭裁判所根据上述记录,结合案件事实与相关法律,决定将案件移送给儿童福利机构、决定不开始审理、定移送检察官提起公诉或决定开始审理。⑧

---

① 参见「少年法」(昭和 23 年 7 月 15 日法律第 168 号),第 20 条。
② 参见「少年法」(昭和 23 年 7 月 15 日法律第 168 号),第 55 条。
③ 参见[日]丸山雅夫「少年刑事事件と裁判員裁判」社会と倫理第 25 号(2011 年),第 203 页。
④ 参见[日]門野博「刑事裁判ノート:裁判員裁判への架け橋として(9)」判例タイムズ1337 号(2011 年),第 55 页。
⑤ 根据犯人的性格、年龄及境遇、犯罪轻重、情节以及犯罪后的情况认为没有必要提起公诉时,得不提起公诉。参见「刑事訴訟法」(昭和 23 年 7 月 10 日法律第 131 号),第 248 条。
⑥ 参见「少年法」(昭和 23 年 7 月 15 日法律第 168 号),第 8 条。
⑦ 参见「少年法」(昭和 23 年 7 月 15 日法律第 168 号),第 9 条。
⑧ 参见[日]丸山雅夫「少年法 20 条における『刑事処分相当性』」産大法学 3 号(2000 年),第 321 页。

(二)"青少年特殊论"的刑事司法表达遭遇"量刑困境"

对于家庭裁判所移送的青少年刑事案件,如果被告人认罪①,检方必须在刑事裁判所提起公诉。和普通刑事案件不同,青少年被告人享有一定"特权",如无论是否需要,裁判所都应根据职权为少年被告人指派弁护士;与其他成年被告人隔离;在不妨碍审理的情况下独立于其他审理程序;虽然允许旁听公审程序,但禁止对于青少年被告人的具体身份等个人信息做出报道,等。② 但问题在于,对于青少年刑事司法程序性的特殊保护如何合法、合理地过渡到对于青少年犯罪人的有利刑罚处遇。对此,存在两种可能。首先,享有更多程序保障权利会导致青少年被告人最终获得更为有利的实体判决。其次,如果更多的程序权利不足以必然导致有利的实体判决,那么是什么导致了青少年应当享有更为轻缓刑罚这一"必然结论"?

日本刑法理论认为,量刑需要兼顾犯罪行为的危害结果以及犯罪人的非难可能性。从 3 阶层犯罪论体系的角度来看,未成年人的行为满足构成要件该当性以及违法性,但因为发育尚未完成,因此有责性降低,也就是说应当从轻处罚,同时有不应该完全免责,从而防止潜在的犯罪人危害社会,以此实现社会预防的效果。③ 换言之,真正影响青少年刑罚轻重的变量,与犯罪行为或犯罪结果无关,而与青少年的可责性有染。日本刑事诉讼法将查明案件真相与保障人权作为两大目标。犯罪事实包括与量刑有关的事实,自不待言。④ 而在这些事实中,只有年龄,是青少年犯罪不同于普通刑事犯罪的关键因素。

年龄影响量刑似乎是一个再浅显不过的道理,似乎根本不用如此繁琐地加以论述。但问题却远非如此简单。通常情况下,青少年刑事司法不涉及"是否"适用刑罚这一从"0"到"1"的问题,因为是否适用刑罚,以及是否使用死刑⑤等特

---

① 日本刑事案件被告人的认罪率高达 99%。因此检方事实上极少在被告人不认罪的情况下提起公诉。参见 J. Mark Ramseyer & Eric B. Rasmusen, *Why is the Japanese Conviction Rate So High?*,30 J. *Legal Stud.* 53(2001)。

② 参见[日]丸山雅夫「少年刑事事件と裁判員裁判」社会と倫理第 25 号(2011 年),第 203 页。

③ 参见[日]本庄武「少年事件で死刑にどう向き合うべきか：世論と専門的知見の相克の中で」季刊刑事弁護 70 号(2012 年),第 106 页。

④ 参见[日]山口直也「少年刑事被告人の刑事裁判のあり方に関する一考察」立命館法学 3 号(2010年),第 178 页。

⑤ 对于犯罪时不满 18 岁的人,应当处死刑的,处无期刑。对于犯罪时不满 18 岁的人,即使应被判处无期刑,也可以对其判有期惩役或禁錮。在这种情况下,刑罚范围为 10 年以上 20 年以下。参见「少年法」(昭和 23 年 7 月 15 日法律第 168 号),第 51 条。

定刑罚,是立法论解决的范畴,与司法无关。有日本学者曾经针对普通国民进行过一项调查,在其他变量相对一致的情况下,被告人的年龄与量刑之间呈现出一种大致反比增长的样态。

被告人的年龄与量刑判断[①]

	被告人 18 岁零 7 个月		被告人 14 岁		被告人 30 岁	
	死刑	其他刑罚	死刑	其他刑罚	死刑	其他刑罚
男	72％	28％	11％	89％	92％	8％
女	69％	31％	5％	95％	89％	8％
全体	72％	28％	9％	91％	91％	9％

从日本国民的法感情来看,对于实施死刑犯罪的青少年犯罪人,如果年龄较小,则不倾向于适用死刑,而对相同情况下的成年犯罪人则倾向于适用死刑。问题在于,对于刚满 18 岁但不满 20 岁,属于法律规定的青少年犯罪人,是否可以使用死刑? 如前文提到的犯罪人 A、B 或者 C,这 3 名犯罪人虽然年龄逐渐降低,开始接近 18 岁这一死刑适用年龄底线,但其实施的罪行在残暴程度方面却呈现逐渐增高的趋势。这 3 名犯罪人是否要一概而论地适用死刑或不适用死刑? 是否需要做出某种区分,有些人适用死刑,而有些人不适用死刑? 如果区分,实质性的区分根据又是什么?

二、青少年死刑适用的合法性困境

造成青少年刑事司法面临死刑适用困境的根本原因,在于"死刑特殊论"与"青少年特殊论"的宿命性遭遇。

(一) 青少年死刑适用的立法困境与司法擅断

死刑之所以特殊,是因为生命不会失而复得。[②] 正因如此,死刑的司法适用,如适用死刑的犯罪范围、适用死刑的主体范围等才会格外具有争议。例如,

---

① 转引自[日]山崎優子、石崎千景、サトウタツ「死刑賛否に影響する要因と死刑判断に影響する要因」立命館人間科学研究第 29 号(2014 年),第 86 页。

② 事实上,任何刑罚方式,在被设计出来并且加以实施的过程当中,都是独一无二的。参见李立丰:《终身刑:死刑废止语境下一种话语的厘定与建构》,参见《刑事法评论》2012 年第 1 期,第 200 页。

过去半个世纪以来,围绕针对普通强奸罪以及精神耗弱者能否适用死刑,美国刑事司法曾经历过十分痛苦的反思与挣扎。[1] 特别是对于未成年人的死刑适用问题,美国联邦最高法院就曾多次就宪法第八修正案是否禁止对于青少年适用死刑进行过处理与认定,最终于 2005 年在其审理的"鲁珀斯诉西门思案"(*Roper v. Simmons*)[2]中明确对于犯罪时不满 18 岁的未成年人不得适用死刑。无独有偶,中国、日本等国家,也将死刑适用年龄规定为 18 岁。这就产生了一个问题:为什么是 18 岁,而不是 17 岁、19 岁,或者 18.5 岁?

之所以强调青少年死刑适用所面临的这一立法困境,是因为有心理学者指出,和认知能力在 16 岁基本成熟相比,心理的社会成熟性要到青年期中期才开始发达,并且一直持续到成年期。也就是说,11 岁至 16 岁的未成年人,在心理的社会成熟性方面,并不存在实质差别。但 16、17 岁这一年龄组别与 22 岁至 25 岁这一年龄组别,18 岁至 21 岁与 26 岁至 30 岁这一年龄组别之间,存在实质性的差别。[3] 这一研究结果在很大程度上印证了之前提到的针对被告人的年龄与量刑判断的国民法感情调查结论,但却没有办法为立法者将 18 岁,或者任何其他特定的年龄作为死刑适用基准[4]提供令人接受的合理性解释。事实上,无论选择哪种年龄基准作为死刑这种"是"或"否"、"1"或"0"的非此即彼选择,都将面临基于不同立场、不同视角的争论甚至反对。之所以明知如此,仍然由立法者对死刑适用年龄基准加以确定,是因为没有更好的选择。无法想象在一个现代民主社会,一方面保留死刑,一方面又不事先设定死刑适用根据,完全将生杀予夺的权力交由职业法官的做法。

虽然立法者选择 18 岁或其他年龄作为死刑适用年龄基准的做法也存在各种

---

① 可参见李立丰:《民意与司法:多元维度下的美国死刑及其适用程序》,北京:中国政法大学出版社 2013 年版,第 9 章。

② 在本案中,联邦最高法院维持了密苏里州最高法院对于被告西蒙斯不判处死刑而判处终身监禁不得假释的判决,并且明确认定对于犯罪时不满 18 岁的青少年适用死刑违宪。参见 *Roper v. Simmons*,543 U. S. 569(2005)。

③ 参见 Laurence Stelnberg, et Al. , Are Adolescents Less Mature Than Adults?: Minors' Access to Abortion, the Juvenlle Death Penalty, and the Alleged A PA "Flip-Flop",64 *Am. Psychologist* 583(2009)。

④ 例如,在 1988 年审理的"汤普逊诉俄克拉荷马州案"(*Thompson v. Oklahoma*)中,美国联邦最高法院认为"所有未满 15 岁的犯罪行为人皆缺乏该当死刑的可责心态","目前一般认为青少年较之于成年人在智识、责任感等方面皆有不足。"但是一年之后,美国联邦最高法院在"斯坦福诉肯塔基州案"(*Stanfordv. Kentucky*)中认定针对犯罪时年龄为 16 岁或者 17 岁的青少年适用死刑合宪。参见李立丰:《青少年刑罚的科学建构:以美国青少年终身监禁不得假释实践为视角》,载《青少年犯罪问题》2012 年第 4 期,第 42 页。

问题,但其最大的优势在于可以借由共和民主制度,为这种立法困境解套。一般民主理论认为可以通过选民选出自己的代表,让他们代替自己制定法律。但这种民主范式,重点关注的是谁适合做"统治者",而不是如何进行"统治",其制度设计侧重于民主的"准入"程序,而不是民主的"决策"过程。[1]换句话说,简单票数决定结果的"多数派暴政"缺乏公民直接参与决策的形式价值,虽然可以为诸如死刑最低适用年龄等重大问题提供形式合法性根据,但会在后期执行过程中,被执行主体以诸如成本分析、社会影响、配套措施不完备等客观条件加以再次过滤或改造,从而造成相关决策结果更加背离决策初衷。[2] 而这也正是司法机关在面对诸如 A、B、C 等青少年被告人时所面临的尴尬处境。一方面,法律规定了不得针对犯罪时不满 18 岁的人适用死刑,但却没有规定针对所有犯罪时已满 18 岁的人必须一律适用死刑。另一方面,对于一名第 2 天才过 18 岁生日的杀人奸尸者不适用死刑,但对于实施完全相同犯罪但刚刚过完 18 岁生日的被告人适用死刑,虽然都具有形式合法性,但仅仅因为生日相差一天,就导致生与死的巨大差别是否公平,显然存疑,如果不对于后者适用死刑,形式同样合法,但却可能引发针实施了完全相同犯罪的 40 岁被告人是否应当适用死刑的循环质疑。概言之,无论是否对于 A、B、C 等青少年被告人适用死刑,裁判者都面临司法擅断的指控。

(二) 裁判员制度下的民意拟制与表达[3]

从历史来看,解决司法擅断的路径,无非是 2 类方式、4 种形式。

第 1 种即为公民或公民代表直接参与个案审理的方式。根据公民直接参与司法的范围、程度及权属设置,又表现为 3 种具体形式。其中最"民主",亦最原始的形式,即排除职业法官,由公民代表组成合议庭,行使认定诸如犯罪事实是否存在、被告人是否有罪以及应如何处罚等全部职权。这种形式虽然在当代社会中极为罕见,但并非不能存在。其较为典型的例子,即为卢旺达大屠杀后适用的"冈卡卡"法庭。[4] 除此之外,公民直接参与司法的具体表现形式即广为人知

---

[1] 参见燕继荣:《协商民主的价值和意义》,载《科学社会主义》2006 年第 6 期,第 28 页以下。
[2] 参见 Michael C. Dorf & Charles F. Sabel, A Constitution of Democratic Experimentalism, 98 *Columbia Law Review* 267(1998)。
[3] 详见李立丰:《政治民主与司法"独裁"悖论的制度破解:以日本裁判员制度为视角》,载《比较法研究》2015 年第 3 期,第 26 页以下。
[4] 参见李立丰:《种族屠杀犯罪处理实效的批判与反思——基于卢旺达冈卡卡法庭模式的考察》,载《法商研究》2010 年第 2 期,第 101 页以下。

的陪审制与参审制。需要强调的是,陪审制与参审制的核心共同点都在于公民直接参与案件的审理,其核心差异点在于在这两种直接参与司法的形式当中,公民承担的权利义务不同,行使权利义务的形式也不同。

第 2 种方式,是指公民借由当代政党政治,通过直接选举或代议制,任命法官或裁判官的形式。其中最为典型的,就是公民直接选举法官。以美国为例,一方面联邦法官的任命制广受诟病,另一方面各州法官的产生办法以选举为主。除了少数几个州,如加利福尼亚州、缅因州、新泽西州以及弗吉尼亚州之外,美国其他 46 个司法区,基本都通过选举方式选任法官。美国各州法官的具体选举方式,又可进一步分为"委员会提名的普通选举模式""跨选区超党派选举模式",以及传统的"政党选举模式"。[1] 无论何种形式,公民都可以通过直接投票,对于法官人选加以取舍。

为了解决民主化与司法"独裁"的这种悖论,日本学界通说主张藉由国民参与司法的方式来加以破解。这样做,可以将政治民主加以贯彻,通过践行司法民主抗制司法"独裁"、提升案件质量、增强公众的司法认同、提升司法的公信力与正当性。1997 年,日本内阁设立"司法改革审议会",并将"裁判员制度"上升为日本司法改革的 3 大主攻方向之一,将其视为司法的"国民基础"。针对以国民主权为基础的统治构造一部分的司法而言,国民秉持自律性与责任感的同时,为了充分发挥司法作用,也应期待国民以多样的形式参加到司法当中。如果国民与专业法律人士一样对于司法适用具有广泛相关性的话,那么国民与司法的接触面就会扩大,就会增进国民对于司法的理解,不仅对于司法结果,而且对于司法过程的理解,也将变得更为容易。这将导致司法更加坚固地建立在国民的基础之上。总之,允许国民参与刑事司法,在刑事判决当中体现国民的常识性认识,已经成为日本立法、司法与理论界的前提性共识。[2]

三、裁判员制度下青少年的死刑适用

2009 年 5 月 21 日,《裁判员参加刑事裁判相关法律》(以下简称"裁判员法")正式施行。对于裁判员裁判来说,最令人感到苦恼,也最难判断的,就是对

---

① 参见 G. Edward White, *The American Judicial Tradition*: *Profiles of Leading American Judges*, Oxford University Press(2007), p. 69。

② 参见[日]篠倉満「国民の司法参加序説(一)」熊本法学 69 号(1991 年),第 49 頁。

犯罪时还是"青少年"的被告人适用死刑的问题。

（一）青少年死刑的适用基准

颇具违和感的是，日本现行死刑基准，恰恰是通过一起青少年死刑案件，即作为青少年 A 案件原型的永山案件确立起来的所谓"永山基准"。[①] 但在青少年 C 的原型案件，即"光市母子杀害事件"[②]中，日本最高裁对于青少年的死刑判决适用基准做出了与永山基准不同的判决，从而导致了青少年死刑判决基准出现不确定状态。[③]

在永山案件中，作为一审法院的东京地方裁判所根据少年法第 1 条之规定，基于保障青少年健全育成这一目标，对死刑适用秉持歉抑原则，并未对于被告人判处死刑，而是判处无期惩役，对此日本最高裁认为，"现行法律制度下的死刑制度，需要从决定犯罪本质、犯罪动机、犯罪样态（杀人手段、杀人计划的执拗性、残虐性）、犯罪结果的重大性（被杀害数量、遗属的被害感情、社会的影响、犯人的年龄、前科、犯行后的情节）等各种情节合并考察，被告人 A 的刑事责任十分重大，不能不说从罪刑均衡以及一般预防的角度来看，只能选择死刑。也就是说，在慎用死刑的前提情况下，如果犯罪情节极端恶劣，仍然可以使用死刑。就永山判决中十分关键的年龄问题，日本最高裁提出，年龄与精神的成熟度之间，不能简单进行实质的等价替换。换句话说，在没有足够证据证明被告人的精神成熟度可以与不满 18 岁的少年等同的情况下，不得以此为前提，根据少年法第 51 条不适用死刑。[④]

永山基准的问题点在于，首先，在永山案件的判决中，虽然日本最高裁判所将被告人的年龄作为死刑适用需要考察的要素，但并未就如果被告人 A 的精神成熟度实际不满 18 岁的水平是否可以适用死刑做出明示。[⑤] 其次，永山基准对

---

① 19 岁零 9 个月的犯罪人用偷来的手枪，在不到一个月的时间内，先后实施两起杀人，两起强盗杀人，犯罪人被判处死刑，这就是著名的"永山案件"。参见最判昭和 58 年 7 月 8 日（刑集 37 卷 6 号 609 頁）。

② 18 岁零 1 个月的被告人入室杀人并奸尸，之后将目睹其罪行的 11 月大婴儿杀害。2012 年 2 月 20 日日本最高裁判所维持了被告的死刑判决。这就是著名的"光市母子杀人事件"。参见最判平成 18 年 6 月 20 日（判時 1941 号 38 頁）。

③ 参见［日］天白郁也「少年事件における死刑選択基準の一考察——光市母子殺害事件第一次上告審判決を通じて」早稲田社会科学総合研究（2013 年），第 31 頁。

④ 参见［日］西原春夫「死刑制度を考える—永山事件を契機として」法学教室 38 号（1983 年），第 84 頁。

⑤ 参见［日］岩井宜子、渡邊一弘「死刑の適用基準—永山判決以降の数量化基準」現代刑事法 35 号（2002 年），第 78 頁。

于量刑情节采取综合判断的模式,但并未就不同情节设定位阶并赋值,这就导致其实际适用存在不透明的"黑箱"作业可能。例如,永山案件的二审裁判认为,犯罪人在一审之后经历了一系列家庭变故,从言行上表现出悔罪的态度,并提出用狱中写作的自传收入补偿受害人,被害人家族的法情感因此得到了一定的平复。但是否以这些事后出现的被害人遗属感情或社会的影响,就可以实现从死刑到无期惩役的跨越?[①]

在作为青少年 C 案件原型的"光市母子伤害案件"中,就永山基准存在的上述问题,日本最高裁判对于青少年的死刑标准做出了一定调整,认为本案并没有需要特殊考虑的从轻情节,因此不得不说只能选择死刑。和"永山基准"不同,"光市基准"主张死刑并非属于一种例外性的刑罚,从犯罪的客观方面来看,恶质的犯罪原则上应该被判处死刑,只在存在需要特别考虑的从轻情节的情况下才会选择不适用死刑。[②] 因此,可以将本案视为与永山基准截然相反的走向。[③] 对于被告人 C 刚满 18 岁这一事实,最高裁认为,少年法第 51 条规定,犯罪时不超过 18 岁,不得适用死刑,根据这一精神,对于犯罪人刚满 18 岁这一情节,在判断是否适用死刑时当然应予考虑,但并不能说其本身就构成了不适用死刑的决定性因素。[④]

和"永山基准"综合各情节进行判断的做法不同,"光市基准"更倾向于首先应从案件客观方面入手,判断是否适用死刑,之后才考虑应被酌情考虑的主观方面。虽然其并没有将不满 18 岁这个因素单独作为不适用死刑的理由,但将被告人在犯罪时刚满 18 岁作为其具有可塑性,肯定其改过自新的可能性,并将其作为有利于被告人的主观情节,但却没有在客观方面考虑任何与被告人年龄有关的情节。[⑤] 最高裁判所虽然也承认不能说 C 没有改过自新的可能性,但并未言及可能性的程度。但辩方认为,被告人的精神成熟度低于同龄人,根据少年法

---

① 参见[日]三枝有「死刑選択の基準:永山事件判決より」(刑事判例研究(五)」中京法學 21 巻 2 号(1987 年),第 150 頁。

② 批评意见认为,针对青少年的歪曲人格,对其加以矫正,使其改恶向善的可能性很大,终结其生命的办法只能作为少年刑事司法的最后手段。因此,如果从现行法律考察,只有在那些完全没有矫正可能性的,即极为罕见的残虐犯罪上,才能适用死刑。参见[日]倍原由香「裁判員裁判初の年長少年に対する死刑判決」季刊教育法 169 号(2011 年),第 104 頁。

③ 参见[日]平川宗信「光市母子殺害事件上告審判決」ジュリスト1332 号(2007 年),第 161 頁。

④ 参见[日]土本武司「少年と死刑の適用」捜査研究 684 号(2008 年),第 116 頁。

⑤ 参见[日]天白帝也「少年事件における死刑選択基準の一考察—光市母子殺害事件第一次上告審判決を通じて」早稲田社会科学総合研究(2013 年),第 40 頁。

51 条 1 项的形式基准,精神的成熟度只属于一般情节,根据北京规则以及少年法的相关规定,应当将其视为不满 18 岁,不适用死刑。[1]

(二) 裁判员对于死刑适用基准的合理适用

无论"永山基准",还是"光市基准",最大的问题都仍然在于司法权在死刑适用标准问题上的暧昧态度。那么,借由裁判员制度这一司法民主化机制,青少年死刑案件的审理,是否会对于暧昧的死刑适用标准有所澄清,甚至改变青少年死刑的适用标准呢?

裁判员制度适用之后处理的第二起死刑案件就涉及到所谓"青少年死刑"。2010 年 11 月 25 日,日本仙台地裁对于作为青少年 B 案件原型的"石卷三人杀伤事件"中的青少年被告人做出了死刑判决,辩护方提出,将年龄作为量刑因素,认为其可以避免再犯,重新做人,不应该被判处死刑。[2] 但包括裁判员在内的裁判体认为,"根据永山基准,考虑到遗族感情,对于犯罪时已满 18 岁的被告人没有回避死刑的必要。"本案的控辩双方主要针对的问题,也是少年被告人是否具有更生的可能性。[3] 本案的量刑理由,可总结如下:根据永山基准设定的死刑适用条件,不存在保护处分的相当性;犯罪属于抢劫杀人等重大犯罪;犯罪形态极为执拗、冷酷、残忍;犯罪计划一方面非常的拙劣,但也体现出其对于生命的不重视;后果严重,受害人家属要求严惩;犯罪动机体现为极端的自我为中心;无法忽视本案的社会影响;就犯罪人改过的可能性,其犯罪性根深蒂固,具有异常性人格与反社会倾向,虽然也表示了认罪与反省,但流于表面,如此看来,也不能不说其改过自新的可能性很低;犯罪时年龄为 18 岁零 7 个月的事实,不能说构成不判处死刑的决定性的事由。综合各种情节,对此不应过分重视。[4]

作为裁判员制度适用之后的第一起青少年死刑案件,"石卷案件"看起来与之前的"永山案件"或"光市案件"在适用方式与适用结果方面并无不同。这是否意味着对于青少年死刑案件而言,裁判员制度并未发挥任何作用,或者并未发挥赋予制度合法性这一核心作用呢? 答案应该是否定的。

---

[1] 参见[日]本庄武「少年事件で死刑にどう向き合うべきか: 世論と専門的知見の相克の中で」季刊刑事弁護 70 号(2012 年),第 111 頁。

[2] 参见[日]山口直也「少年司法手続における審判非公開及び逆送の再検討——子どもの成長発達論からのアプローチ」龍谷大学・矯正・保護研究センター年報第 7 号(2010 年),第 173 頁。

[3] 参见「速報: 裁判員少年初死刑)」北陸中日新聞 2010 年 11 月 25 日。

[4] 参见[日]原田國男「裁判員裁判における死刑判決の検討」慶應法学第 22 号(2012 年),第 110 頁。

首先,裁判员制度适用之后,仍然坚持对于诸如 B 之类青少年罪犯适用死刑,恰恰反映出裁判员制度对于民意的拟制与表达属性。

根据裁判员制度开始前进行的调查,对于未成年被告人,裁判官十分重视量刑的轻缓化,与此形成鲜明对比的是,超过半数的市民认为不应该对未成年被告人有特殊对待,甚至还有大约 1/4 的受访者认为应当从重处罚。[①] 与之相对应的是,在针对"石卷案件"进行的调查中,一方面,只有 67% 的受访者赞成死刑制度,另一方面,有 71% 的受访者认为"石卷案件"的被告 B 应被判处死刑。[②] 在这个意义上,石卷案件虽然是裁判员审理的第一起少年死刑案件,但却延续了日本国民对于青少年犯罪的严刑化预期。这也是为什么有日本学者担心,在裁判员制度适用后,职业裁判官之间针对青少年死刑案件从轻处理的"潜规则"显然无法继续适用,甚至可能导致出现针对青少年的死刑适用的极端化。在这个意义上,"永山基准将不再具有指导力,社会舆论反而变得非常重要"[③]的原因。

其次,裁判员制度下青少年死刑案件的适用获得了更大合法性。

在裁判员裁判中,裁判员享有与裁判官类似的权力,需要就构成要件该当性、违法性及有责性,以及是否以及该当何种刑罚处遇加以评议。[④] 这意味着作为普通人的裁判员,需要就决定犯罪是否成立的事实加以认定,并且适用法律确定罪名、厘定刑罚。[⑤]

就事实认定部分来说,对于本案认定被告人 B 改过自新可能性不大的事实认定,有前裁判官认为在没有充分听取专业鉴识人员以及家庭裁判所调查官意见的情况下,做出此类判断,从专业判断的角度很难让人信服。[⑥] 这一观点看似

---

① 参见[日]司法研修所编『量刑に関する国民と裁判官の意識についての研究』法曹会(2007 年),第 125 頁。

② 参见[日]山崎優子、石崎千景、サトウタツ「死刑賛否に影響する要因と死刑判断に影響する要因」立命館人間科学研究第 29 号(2014 年),第 90 頁。

③ 参见[日]本庄武「少年事件で死刑にどう向き合うべきか: 世論と専門的知見の相克の中で」季刊刑事弁護 70 号(2012 年),第 101 頁。

④ 参见[日]司法研修所编『平成 19 年度司法研究(第 61 輯第 1 号)難解な法律概念と裁判員裁判』法曹会 2009 年,第 9 頁。

⑤ 当然,这并不意味着裁判员与裁判官的权限完全相同,在刑事司法过程中,裁判员与裁判官的人员配属与权力组合,极其复杂,且颇具争议。就日本裁判员制度中裁判体的组成与权力配属,具体参见李立丰:《司法民主与刑罚适用:以日本裁判员制度为视角》,北京:中国政法大学 2015 年版相关章节。

⑥ 参见[日]門野博「刑事裁判ノート:裁判員裁判への架け橋として(9)」判例タイムズ1337 号(2011 年),第 55 頁。

颇为有力,但却窠臼于司法精英主义,没有认识到刑事司法的目的不能,也不可能是追求绝对事实。① 除了上帝,没人能完全还原真相。刑事司法中的错案几率,与人类的认识能力成反比。在这种能力不能短期发生质变的前提下,如何能够通过司法民主化,为刑事司法的运转提供合法性背书,使其不会因为个案的差错丧失权威,就成为亟待解决的关键问题。

就法律适用部分,在日本刑法中,作为构成要件的犯罪类型包括范围较广,法定刑的幅度也很宽泛。单纯从条文来看,很难明确判断,因此往往也会参考所谓裁判例加以判断。因此有学者担心,在裁判员参与审理的过程中,虽然其可以要求裁判官解释相关法律,但作为普通人的裁判员是否会做违反宪法的类推解释,显然并不可知。② 另外,对于是否适用非刑保护措施的判断,本来应当交由专业人士进行,但这里交由普通人担任的裁判员进行判断的,是否合适? 动辄上升为科学的相关社会学或心理学理论,是否允许作为普通人的裁判员加以反驳?③ 这种观点依然体现着类似于"职业法曹"的精英主义优越感。作为普通人在专业法律素养与司法经验方面不及职业法曹,乃是再正常不过的事情。裁判员制度的设计者之所以将普通人引入裁判体,当然也不会为了倚重其专业法律知识,而是为了给裁判体引入代表社会一般观念的常识性认识,相对多数的裁判员配置,一方面可以尽可能扩大其代表性,更可以通过表决机制的设计,将某些极端观点加以过滤。

再次,适用裁判员制度审理青少年死刑案件,不会对于青少年的情操保护、健全育成产生不好的影响。

有观点认为随着裁判员制度的导入,青少年被告人需要在由 3 名裁判官和 6 名裁判员组成的裁判体以及众多旁听者的注目下,很可能压力过大,无法充分参与审判,从而产生负面效果,而这是否侵犯青少年的成长发展权,仍然存在问题。④ 这种担心并非毫无道理,但其忽视了随着 2007 年刑事诉讼法修订后导入

---

① 正如日本学者所言,和查明案件真相相比,消除因为犯罪行为导致的不稳定状态,消除被告人的犯罪嫌疑状态,才更应该是刑事司法追求的目的。参见[日]田口守一『刑事訴訟の目的』成文堂(2007 年),第 33 頁以下。
② 参见[日]浅田和茂「裁判員裁判と刑法——『難解な法律概念と裁判員裁判を読む』」立命館法学 5・6 号(2009 年),第 2 頁。
③ 参见[日]角田正紀「少年刑事事件を巡る諸問題」家庭裁判月報 6 号(2006 年),第 30 頁。
④ 参见[日]山口直也「子どもの成長発達権と少年法 61 条の意義」法学論集 48 号(2001 年),第 87 頁。

被害者参加制度,日本青少年刑事案件审理生态产生的极大变化。在强化青少年刑事事件对审之争的氛围中,片面强调青少年被告人的隐私保护已经不再具有绝对意义。事实上,在裁判员制度导入之后,可以通过制度设计,保证青少年被告人在旁听人面前不佩戴戒具,庭审过程中背对被告人旁听席,保证旁听者看不到少年被告人的相貌,在质问的过程中,对于少年被告人尽量使用昵称,隐没其住所等具体身份信息。①

反观我国,虽然借由 2012 年《刑事诉讼法》的修订,通过全面调查制度、附条件不起诉制度、犯罪记录封存制度、强制指定辩护制度等程序性保障措施,青少年保护主义在我国刑事司法过程当中得到了一定程度的保障与体现,但这些程序性保障措施无法从根本上解决刑事实体法对于刑事责任年龄等硬性规定所导致的罪刑法定主义与青少年保护主义之间的矛盾。在公诉人和警察中间流传一句名言,"(年龄)足够大犯罪,(年龄)足够大接受刑罚"。② 这句话其实表达的是刑事责任年龄与是否构成犯罪,是否接受惩罚之间关系的一种常识性判断。死刑作为刑罚的顶点,如果对于适用对象的年龄不加区分,在某种意义上,成年人与未成年人的概念区分也就随之消解了,未成年人成为变相的成年人。另一方面,任何对于成年人与未成年人之间界分的立法建构,即使具有合法性基础,也需要在司法层面面临司法擅断的质疑。③ 解决这一困境的可行办法,目前只能是建构有效的刑事司法民众参与机制,借由民意拟制与导入机制的建构,为刑事司法在青少年死刑案件中建构合法性基础。在这一方面,日本裁判员制度的相关经验,为我国正在试行的人民陪审员制度改革试点提供了很好的参考,如何通过建构有效、合理的民意的拟制与导入机制,借由司法民主化解立法民主自身固有的僵化弊端。

---

① 参见[日]前田領「裁判員裁判レポート 強盗致傷被告事件中国籍の少年が逆送された事例」刑事弁護 69 号(2012 年),第 153 页。

② Victor L. Streib, *Standing Between the Child and the Executioner:The Special Role of Defense Counsel in Juvenile Death Penalty Cases*, 31 *Am. J. Crim. L.* 67(2003).

③ 因此,2011 年 10 月日本弁护士联合会才提议,对于因为成长环境不佳而犯罪的少年人,不应由其独自承担死刑责任,因此,对于犯罪时不满 20 岁的少年,应当废止死刑适用。参见日本弁護士連合会「罪を犯した人の社会復帰のための施策の確立を求め、死刑廃止についての全社会的議論を呼びかける宣言」(2011 年)。http://www.nichibenren.or.jp/activity/document/civil_liberties/year/2011/2011_sengen.html,2015 年 4 月 29 日最后访问。

第五节　日本裁判员制度之评价

一、裁判员制度的功利主义考量

裁判员制度的设立与适用,是日本司法制度的重要改革措施之一,不仅对于特定被告人的个体命运产生了极大影响,更为反思日本司法制度提供了可供检验的切入点。客观来说,日本裁判员制度的设计本身较为精细,而其适用也较为谨慎,在很大程度上,实现了裁判员制度的设定初衷,也得到了日本国民的理解与支持。但另一方面,如前所述,裁判员制度的设定初衷存在一定形式矛盾,更为重要的是,裁判员制度设立的根本动因在于为具有独裁属性的日本司法制度,寻求根本意义上的合法性。这就不难理解为什么有人认为,60 年前德国纳粹设计的参审制度,就是以"裁判员制度"的名义,狡猾地导入国家权力的做法。例如,通过导入公判前整理程序,和辩护人活动相比,检方手里的证据范围,也更为广泛。① 小泉政权主导裁判员制度的真正目标,是将其作为结构改革、规制缓和的一环,从而解决司法改革中裁判迅速化的课题。这种改革不仅受到了日本产业、金融界及美国的压力,同时,"日弁联"、市民团体和劳动组合代表等,都要求政府采取措施,克服刑事裁判等公审程序的形骸化。作为对策,才导入陪审员制度,这也是为什么日本才有采取可能严格限制裁判所、法务省权力的参审制度以恢复陪审制的原因,从而尽早实现妥协的结果。② 这种功利主义的动因考量,导致日本裁判员制度的设计与适用,成为一种宏观方向预定、微观制度精密的结合体。和之前的官僚司法体系一样,裁判员体系中,发挥最重要作用的,反而不是普通人中选任的裁判员,却仍然是之前裁判官体系中的所谓"法曹三者"。

"日本在很长一段时间内曾经是德国民法的子法,现在恐怕正处于嫁给普通法的阶段"。③ 这段论述的精辟之处在于说明了日本法律体系左右摇摆的深刻原因,这种浸透着实用主义的国民性,同样深刻地影响着日本刑事法制度。日本

---

① 参见[日]梓澤和幸、田島泰彦编著『裁判員制度と知る権利』現代書館(2009 年),第 29 頁以下。
② 参见[日]郷原信郎『思考停止社会——「遵守」に蝕まれる日本』講談社現代新書(2009 年),第 4 章。
③ [德]K. 茨格威特、H. 克茨:《比较法总论》,潘汉典等译,贵阳:贵州人民出版社 1992 年版,第 518 页。

的刑事实体法无疑师承德国刑法,直到今日,日本刑法教学中仍然大量参考乃至仿效德国刑法及其理论。但是在刑事程序法方面,出于其特殊的历史背景,二战后日本刑事程序法却并没有一味与刑事实体法保持同向而行的态势,转而倒向美国法。特别是裁判员制度的适用,在很大程度上杂糅了大陆法与普通法中国民参与司法制度的某些特征,从而形成了裁判员制度这一日本"独有"的特殊司法制度。

虽然裁判员制度形式上具有超越法系的"创新性",但有观点认为,裁判员制度本身具有危险的本质,因为其本质上仍然属于官僚裁判制度。在国民司法参与的名义下,利用国民维护裁判官的既有地位。因此,离真正的司法国民参与还相去甚远。[①] 这一看法固然尖锐,但在很大程度上彰显出针对裁判员制度,日本国内的多元反思与批判。也只有从这些反思与批判入手,才能从一个宏观的层面,较为理性、客观地评价日本裁判员制度。

二、裁判员制度的不足

(一) 定罪阶段的混杂化

裁判员制度的设立初衷,名义上固然在于保证国民的司法参与,但实际上,日本法务、检察、警察等公权力机关承认裁判员制度的理由,根据市民参加、迅速化这一名目,一切搜查与公审活动,都是以"为了获得有罪判决的效率化"。[②] 客观而言,提高审理效率,与保证裁判员制度的顺利进行之间关系非常密切。如前所述,很多人不想履行裁判员义务的原因,就在于担心裁判的拖宕,影响其正常工作、生活,为自己造成不必要的麻烦。裁判员制度要求速度,而日本宪法第 37 条则要求公平,两种矛盾的目标,如何兼容? 据不完全统计,截至 2011 年 12 月,裁判员审判的最长期限为 60 日,到了 2012 年,这一期限被扩展至 100 日,因为间接证据的积累,因此不得不用如此长的时间加以审理。但让一般民众参与司法,这种长期化似乎又是不可避免的。在韩国试行的所谓"国民参与裁判",原则上必须一天内审结。如果只能让那些有大量时间参与审理,估计作为裁判员制度基础的被动抽选方式,及其所代表的代表性,将会崩解。在被告人被起诉多个

---

① 参见[日]土屋公献『弁護士魂』现代人文社(2008 年),第 134 頁。
② [日]五十嵐二葉「裁判員制度への官僚と国民の見方」日本の科学者 47 卷 2 号(2009 年)。

罪名的情况下,能否有不同的裁判员进行审理,最终进行总体判决,从而避免审理的长期化,也是需要从制度层面解决的问题。①

虽然名义上,裁判员制度是让刑事审判体现所谓国民感觉,但因为裁判员在案件审理之后需要遵守保密义务等原因,无法得到充分的检验。有研究者经过大量的亲身旁听,惊讶地发现,检察官、辩护人等,在适用图板等便于裁判员理解的审理方式方面,并不充分,而是认为这样做感觉很奇怪,或者会增长审理时间等。② 有学者曾经担心审理长在控制诉讼过程中出现所谓"强权"的问题。在担心因为法官指导下的审理拖冗,从而导致可能有裁判员不再出庭。③ 除此之外,大量案件因为合并审理,或者存在事实争议、责任能力的争端,因此往往导致公判前整理程序的期限约为 1 年。这样一种案件审理的长期化,导致未决拘留常态化,因为被告人的处遇尚未决定,从而导致其自暴自弃。另外,时间、场所制约的拘留所内接见等界限较为不明。裁判员审理的重罪案件较多,所需要面对的一般困难点也较多,因此需要设置更为缓和的保释条件。对于辩护人来说,也需要有权请求开始法定的类型证据,对于相关主张的解释、回应等争论点加以明确化。在证明诸如被告人的犯意等关键概念时,因为裁判员制度往往属于密室评议,因此辩护人在公判前整理阶段无法确认裁判官如何向裁判员说明。而在公判前阶段,因为要提出鉴定书,从而往往导致审理程序要暂停下来,等待鉴定结果,从而导致审理进程的停滞。对此,应当实现针对书面证据调取的集约化、简略化,在公审过程中缩短证据调取的时间。④

但加速审理效率,强调短期内审结适用裁判员审理的重大刑事案件,又很可能因为时间的限制,导致其无法在短期内厘清案情。正如有学者所担心的那样,裁判员制度并非减少误判,甚至可能增加误判。这是因为裁判员制度并非单纯的国民参与司法制度,其核心目的是为现行法律体制寻求正当性。和毫无法律经验的普通裁判员形成鲜明对比的是,日本的职业裁判官,大多从未担任过检察官以及弁护士,为了保证其所谓公正性,甚至与普通人经常保持一定距离,社会

---

① 参见［日］土屋美明「裁判員制度の背景と課題:世代を超えて課題の克服へ定着させ、豊かな司法を」総合法律支援論叢 1 号(2012 年)。

② 参见［日］小栗実「鹿児島地裁における裁判員裁判」鹿児島大学法学論集 46 巻 2 号(2012 年),第 133 頁。

③ 参见［日］西野喜一『裁判員制度批判』西神田編集室(2008 年),第 22 頁。

④ 参见［日］髙畑満「公判前整理手続について:弁護人の立場から(裁判員裁判の現状と課題)」慶應法学 22 号(2012 年),第 287 頁。

经验缺乏,因此,职业裁判官在认定事实方面,也存在很多问题。① 正因如此,虽然很多人都原则上支持国民参与司法制度,但担心裁判员制度容易造成一个人左右判决结果的情况。②

冤罪产生的原因,固然具有一定的特殊性,需要从其产生的时间、地点等具体情况进行判断。但日本刑事司法的传统,就是习惯于通过各种手段,获得犯罪嫌疑人的自白,因而衍生出大量人质司法、证据开示不彻底等问题。裁判官习惯于调书审理,高度信任乃至依赖检方制作的自白司法文书。对此,有学者主张,应当通过犯罪嫌疑人的国选辩护人制度,实现证据调取的部分可视化、证据开示的范围的扩充、直接主义、口头主义的实质化、自白调书、检察官调书的消极化,另一方面,针对被疑者国选辩护人制度,不应当限定适用案件的类型范围,而是应当将其与犯罪嫌疑人或被告人的经济状况挂钩。除此之外,还应当关注辩护活动的质的问题,提升辩护活动的质量。因此,应当提升国选辩护的报酬,积极提升辩护技术,尊重弁护士的自主性。在其他方面,应当尊重裁判员的第一审立场,在事实认定的范围内,除非极为意外,否则不能对于推翻事实认定。③

另外,因为杀人嫌疑被逮捕并被移交起诉的犯罪嫌疑人,原封不动被检察官以"杀人罪"罪名起诉的,在裁判员制度适用后大幅减少,根据报道,适用裁判员审理的"强奸致死伤罪""强制猥亵致死伤罪""轮奸致死伤罪"的起诉率,从 2005 年的 72％,下降为 2010 年的 43％。换言之,因为裁判员制度,导致大量性犯罪者无法得到适当的处罚。其他的重大犯罪也差不多与此相同,"抢劫致死罪"的起诉比例从 39％下降为 27％,"强奸罪"的起诉率从 56％降为 40％。在裁判员制度下,检察官因为担心裁判员对于杀人故意、行为、结果或者因果关系的认定存在疑问,往往会为安全起见选择比原犯罪较轻的罪名。这就是所谓的"罪名降格"(罪名落ち)。对此,负责案件侦办的警察意见很大。④

---

① 参见[日]嶋津格「裁判員制度擁護論のためのメモ」千葉大学人文社会科学研究科研究プロジェクト報告書 165 号(2008 年),第 321 頁。

② 参见[日]本間道子、斉藤真美、舘瑞恵「集団意思決定における専門性とアンカー効果新裁判員制度における評決の量刑判断に関して」日本女子大学紀要.人間社会学部 19 号(2008 年),第 487 頁。

③ 参见[日]木村恵理子「裁判員裁判時代の課題―冤罪抑止効果システムへの期待と改善―」龍谷大学大学院法学研究 12 号(2010 年),第 87 頁。

④ 参见[日]西野喜一「裁判員制度の現在―施行 3 年の現実」、法政理論第 46 巻第 1 号(2013 年),第 22 頁。

（二）针对特定犯罪的从重处罚倾向

在日本裁判员制度中，裁判员不仅需要在定罪阶段认定事实，适用法律，而且还需要在量刑阶段参与量刑。因为一个裁判员只能在一个案件中担任该职务，因此很难在数个案件中形成所谓的"量刑相场"，即使形成了此类"量刑相场"，这种对于裁判员形成的拘束力能否反映"国民的健全社会常识，也是存疑的。①

现在实行的裁判员制度中，被害人参与制度导致被害人感情对于裁判员判断产生影响。另外，在裁判员量刑过程中，还需要面临来自社会伦理、司法信念乃至宗教信仰等多种因素的影响。与一般市民相比，职业裁判官因其具有专业的法律知识和较多的断案经验，所以在法适用方面具有较多的优势。而在事实认定方面，很多事实认定的依据并非法律上的规定，而是要根据社会生活常识或各种生活经验进行判断，这方面职业裁判官有时还不如一般市民。在量刑方面，通常认为一般市民厌恶犯罪，特别是对严重的犯罪，可能要求采取更为严厉的刑罚措施。但事实上，一般市民加入到量刑中，会从多个角度对量刑的各种情节、因素进行讨论，使量刑更加符合社会认知。②

但这种看法显然有失偏颇，事实上，为了迎合伴随着裁判员参与司法而进入到司法过程的处罚情感，在裁判员裁判时，检方求刑严罚化的倾向也变得十分明显。例如针对性犯罪，社会的关心程度较高，性犯罪的被害人往往会因此失去自己的人生。因此，在一般市民参与此类案件的审理时，基于对于性犯罪的严重危害性的认识，适用重刑。2009 年 10 月日本大分县第一次适用裁判员制度的案件中，检察官求刑是 16 年，最后法庭判决是 14 年，其中裁判员就认为，被告人并不是坏人，如果有人能教导一下是能够获得新生的。由此可见，裁判员的加入有可能使量刑所考虑的因素更多，更合理一些。③ 又例如，在青森地裁适用裁判员审理的一起性犯罪案件中，检方求刑惩役 15 年，并最终获得该判决。而在原来，从专业法曹的经验来看，被告人只需要求刑惩役 12 年前后，15 年惩役对于被告人来说，是非常严厉的判决。但对此，包括辩护人也必须承认并接受这种被冠以

---

① 参见［日］植村立郎「裁判員制度と量刑」ジュリスト 1370 号（2009 年），第 113 页。
② 参见［日］吉村真性「裁判員制度の概略とその問題点裁判員裁判における公平な裁判の実現」九州国際大学法学論集 15 巻 3 号（2009 年），第 387 页。
③ 参见孙晶晶：《日本裁判员制度及其对刑事司法的影响》，载《北京科技大学学报（社会科学版）》2010 年第 4 期，第 99 页。

"国民"名义的判决。根据最高裁 2010 年的统计,对于强奸致死伤罪的判决,在裁判官裁判时代 158 名被告人中,有 64 人被判决 3 年以上 5 年以下惩役,而在裁判员时代的 89 名被告人中,被判处惩役 5 年以上 7 年以下的为 28 人,即使在强制猥亵致死罪中,和裁判官时代共有 33 人被判 3 年惩役相比,裁判员时代超过 20 人被判处惩役 3 年以上 5 年以下惩役。这也显示出一般市民的裁判员对于性犯罪的强烈处罚感情。①

三、裁判员的负担与权利保障

制约裁判员制度效能的重要因素,还包括裁判员履行义务期间所需要面对的负担压力,以及裁判员制度对于裁判员相关权利的保障程度。

如前所述,裁判员制度违宪论的论点之一,就在于强调这一制度给国民造成的负担属于苦役,缺乏宪法保护的根据。虽然被抽中担任裁判员的几率和中大奖差不多,但是一旦被抽中,所要承担的压力的确非比寻常。甚至有可能是在违反其自己意愿的情况下,勉强为之的某种苦役。谨慎诚实生活的人,突然被迫出现在裁判所,进入到一个完全陌生的世界,面对悲惨的被害人,听到各种狡辩或冰冷的证言,被法官要求,"喂,请讲出你的结论。"说这是痛苦的回忆,显然不是夸大其词。②

在工作压力较大、竞争比较激烈的日本,法律要求国民参与司法会加重国民的负担。裁判员不是一种固定的职业,相反,大都是兼职的。国民除了固定的工作外,还有一定的家务活动,如再添加参与司法的工作,势必加重工作量,给国民造成负担。国民参与审理暴力团伙和过激派犯罪的案件中会遭到威胁和报复,一定程度上会给参与司法的国民及家人的人身安全带来危害。司法裁判时间过长,会影响国民的工作和家庭生活。在日本,刑事案件的起诉和审判要经过许多次审查和审判,而且为了排除外界的干扰,参与司法的国民常常被安排在宾馆住宿,这样的做法会影响参与司法的国民的正常工作和生活秩序,最后国民参与司法还要得到单位的协力。对于以营利为目的的企业来说,无形之中会加大企业

---

① 参见[日]佐藤惠子、山田典子「裁判員裁判と性犯罪被害者支援のあり方」青森保健大雑誌 12 号(2011年),第 87 頁。
② 参见[日]高野隆「裁判員制度って本当に大丈夫か? 第 17 回大東文化大学・公開法律シンポジウム「現代の法律問題を考える」大東文化大学法学研究所報. 別冊 16 号(2008 年),第 214 頁。

的压力,影响企业正常的生产和工作。①

曾经担任过裁判员的人会抱怨,"被遗体照片所冲击。直到睡前这些影像都挥之不去""感觉好累""无法进食""因为噩梦而睡眠不足""精神上造成了极重的负担""负担沉重""性犯罪者具体的性癖好闻所未闻""对于法律知识的高度要求不堪重负""对于自己及家族所产生的影响而感到不安""因为无法熟睡导致时常头疼""看到遗体照片就像要贫血一样从而根本无法直视""被害人家属一言一语如此沉重,不禁在审理中潸然泪下"等等,不一而足。"死刑判决可以判判试试,换句话说,在被告面前说让其去死的裁判员,从审判他人的角度来看无疑认为自己是伟大的。即使自己不是被告人,但如果所有陪审员都是这样的,无疑会让人不寒而栗。"让国民参与司法活动,让司法反映国民感觉,就不可避免地会反映国民的偏见,如对于残障者的歧视,这也是在适用陪审制的国家,充斥偏见的判决屡见不鲜的原因。②

司法改革审议会建构裁判员制度的初衷,就是让作为统治主体的国民,作为自律的社会存在,相互协力建构自由、公正的社会。赋予国民以统治主体的位置,期待其发挥积极的作用,期待其积极参与、讨论民主主义。宪法所采取的民主主义,规定了市民作为裁判员参与审判的义务,这种义务的设置,当然不能违反宪法,构成宪法第 18 条规定的违反宪法的苦役。③

不可否认,履行裁判员义务,势必会对于自己的生活乃至工作造成不便,但这种负担,与宪法第 19 条所保护的"思想、良心的自由"④不同,对于良心的自由,需要绝对的尊重。不存在所谓必要最小限度的比较考察问题。与此相比,裁判员给国民造成的负担,可以在相对有限的范围内,被法律允许,被国民接受。

裁判员裁判中,应当将裁判员的负担限制在最小,同时,至于涉及到证据能力的证据,才需要当面查证。因此,在公判阶段,针对证据能力的问题,应当尽量在公判前整理程序中加以解决。裁判所需要彻底贯彻措施,减轻裁判员的心理负担。应当告知裁判员,在获得其他裁判员同意的情况下,可以交换联络方式。

---

① 参见徐莉:《日本刑事程序中国民参与司法制度的反思与借鉴》,载《法学杂志》2011 年第 2 期,第 122 页。

② 参见[日]西野喜一「裁判員制度の現在—施行 3 年の現実」法政理論第 46 巻第 1 号(2013 年),第 27 頁。

③ 参见[日]緑大輔「裁判員制度における出頭義務・就任義務と『苦役』:憲法 18 条との関係」一橋法学 2 巻 1 号(2004 年),第 166 頁。

④ 参见[日]芦部信喜著、高橋和之補訂『憲法(4 版)』岩波書店(2007 年),第 101 頁以下。

如果裁判员希望,之后裁判所不得与其联系。经裁判员要求,可以与心理科医生会面咨询。明确保密的具体范围,告知其裁判所专门针对裁判员设立的支持窗口的功用。在裁判员选任阶段,裁判所应告知裁判员候选人常用的联系方式。审理、评议过程中,裁判官需要时刻关注裁判员的状态,留意是否对其造成了不当的负担。①

四、裁判员裁判的配套措施改革

很多学者担心,形式上导入裁判员制度,不进行配套的刑事程序法改革,无法彻底实现刑事司法的民主化。这样的裁判员制度,仅仅是一种躯壳,甚至会成为一种"弊害"。② 必须承认,这种观点极具见地。对于日本裁判员制度,不能孤立理解,而应当将其纳入到日本刑事司法改革的大框架内进行解读,同时必须通过考察其与其他配套程序的关系,才能更为现实、更为准确地理解这一制度。刑事诉讼法,经常被称之为应用宪法,在日本宪法具有实际内容的 99 条中,有 10 条与刑事程序相关,特别是列明了其中涉及的基本权利,从这个意义上,刑事诉讼法是将宪法价值具体化的法律。③

对于裁判员制度配套的程序改革,首先应当进行充分、迅速的事前准备,一方面要实现连续开庭,集中审理,这就要求审理所充分行使诉讼指挥权,在开庭前完成所有的证据调取,保证各方严格按照程序进行,防止滥用程序,妨害审判的情况出现。另一方面,要实现案件审理前准备程序的充实化,主要包括在公审前完成对于证人的询问,完成一般证据的收集、整理,提供当事人阅读对方申请取调的证据,保证互相了解对方的争议点等。最后,还要实现刑事诉讼程序易于开展。如保证争议焦点的明确化,保证证据取调的明确化,即保证围绕争议焦点,明确焦点可能对于案件审理结果的影响,明确围绕焦点需要调取何种证据,明确调取的证据明确且易于理解。除此之外,还需要采取措施,保障裁判员的任职安全保障,并对于裁判员给予经济保障。裁判员的任职安全主要防止对裁判

---

① 参见[日]辻裕教「刑事訴訟法等の一部を改正する法律(平成 16 年法律 62 号)について(1)」法曹時報 57 巻 5 号(2005 年),第 237 頁。

② 参见[日]愛知正博「『裁判員制度』管見」中京法學 38 巻 3・4 号(2004 年),第 87 頁。

③ 参见[日]辻本典央「裁判員制度刑事司法にみる『この国のかたち』」近畿大學法學 54 巻 4 号(2007 年),第 134 頁。

员打击报复,对于遭到打击报复,或在任职期间因公受伤或死亡的,需要向行为人支付相当数额的赔偿金。当然,围绕无业裁判员的经济补偿,是否需要除差旅费、日津贴和住宿费之外,还需要支付额外费用,也有不同看法。①

从具体的诉讼程序来看,公判前整理程序的性质作为公判准备程序,需要在公开的法庭进行。但实际上,其往往并非在公开法庭内进行,而是在裁判官室内或准备室内等法庭之外的地点进行,这样做是否违反了宪法第 82 条第 1 项的所谓"对审"的规定,显然存疑。这里的对审,是指作为裁判过程中的,在裁判官面前,在诉讼当事人之间进行直接、口头的辩论。在刑事诉讼中被称之为公判程序,而在民事诉讼中被称之为口头辩论。控诉审在同一立场,作为事后审,在第一回国民审理判决之后,上诉审对其加以推翻的做法是否合适的争论将一直继续。② 现行的一审中心主义,容易导致其过度"肥大"。更有学者提出,适用裁判员审理的案件,全部由职业裁判官组成的裁判体,不能自行改判,而是应当发回重审。如果将防止错判作为第一要义,这可能导致过度倾向于一审中心主义,实际上,上诉审自行改判的情况很多,但是在裁判员制度下,坚持发回重审与三审制度之间的矛盾关系很难理顺。③ 的确,裁判员制度针对的是一审,但从一审与控诉审之间的关系来看,有必要进行进一步的检讨。针对裁判员制度,如何建构一审,已然成为十分困难的问题之一。在一审程序发生重大变化的时候,通常情况下上诉制度也需要发生相应的变化。必须与一审制度相适应。因此,如何改革上诉制度,就成为颇为迫切且棘手的问题。④

日本创立裁判员制度,让一般市民实质性参与刑事诉讼程序,使得刑事诉讼的实态发生了重大转变,促进了刑事诉讼的迅速化和直接主义、口头主义原则的实现。⑤ 在采用新的裁判员制度之后,包括专家证人等大量质证程序的出现,从传统调书审理向口头辩论模式的转变,特别是要让作为外行的裁判员听懂、理解艰涩的专业法律词汇,而这就涉及到复杂的语言学问题,特别是如何通过语言

---

① 参见冷罗生:《日本裁判员制度的理性思考》,载《太平洋学报》2007 年第 7 期,第 16 页以下。
② 参见[日]河本雅也「講演:裁判員裁判はじまる——裁判員制度の実施に向けて」芦屋大学論叢 46 号(2007 年),第 27 頁。
③ 参见[日]渡辺直之「裁判員制度の理念の位置付けと、憲法との関係及び今後の検討課題についての一考察」修道法学 28 巻 1 号(2005 年),第 625 頁。
④ 参见[日]後藤昭「裁判員制度に伴う上訴の構想」一橋法学 2 巻 1 号(2003 年),第 64 頁。
⑤ 孙晶晶:《日本裁判员制度及其对刑事司法的影响》,载《北京科技大学学报(社会科学版)》2010 年第 4 期,第 99 页。

学,对于这种转换加以正当化、程序化与规范化的问题。① 另外,在存在争议的情况下,存在如何进行 DNA 鉴定的问题,如 DNA 鉴定所适用的理论标准、技术、程序,是否得到了学会的一般认可。对此,需要日本 DNA 多型学会的会员、科警研委员、日弁联委员设定方针加以确定。除此之外,DNA 鉴定还涉及到很多复杂的技术性问题,如对于相关治疗的管理、采取,防止相关样品受到污染,还需要对于资料的接受、保管、鉴定、处理等,明确相关鉴定机关的任务,采取适当的措施,等。② 另外,在刑事案件中,对于怀疑患有自闭症等不同于心神丧失、心神耗弱等传统精神状态的人如何鉴定,能否对于具有高度杀人可能性的如"杀人症候群"等类型被告人单独框定等③,都需要进一步完善。针对裁判员制度的表决机制,有学者建构数学模型,对于裁判员制度的表决机制进行分析发现,如果 6 名裁判员都认定被告人有罪,而 3 名裁判官都认定被告人无罪,其可靠性要高于裁判员与裁判官加起来必须超过 5 人才能做出认定的规定,换句话说,要求至少有 1 名裁判官属于多数派的做法是否合适存疑。而且 9 个人过半数的表决机制的可靠性,不如之前 3 名职业法官的表决机制可靠,因此,不应该适用简单多数的 6 人,而是应该增加到 7 人。④ 另外,裁判员 1 人,裁判官人认定有罪的情况下,无法得出有罪的判决,但在裁判官 1 人、裁判员 4 人的情况下,就可以得出有罪的判决。同样的事实因为适用了裁判员制度,结果发生了根本性的改变。⑤ 在裁判员审理过程中,经过调查与实验,司法过程中的翻译,一般需要经过 30 分钟左右的休息,才能保证其较为正确、高效地完成翻译工作,确保庭审的顺利进行,因此,安排 1 名翻译的做法显然是不合适的。让 1 个人长期从事翻译,容易损害译文的正确性。⑥ 因此,应当适当对此问题进行完善。

不难看出,针对裁判员制度,除了从宪法学理论进行的质疑观点之外,还包

① 参见[日]橋内武「参见ジョン・ギボンズ教授の基調講演『裁判員制度と法言語学：若干の問題提起』法と言語学会設立総会」国際文化論集 40 号(2009 年),第 231 頁。
② 参见[日]中川深雪「裁判員制度導入後の鑑定のあり方」法政理論第 41 巻第 1 号(2008 年),第 542 頁。
③ 参见[日]井上敏明「刑事裁判における『アスペルガー症候群』の診断を巡って裁判員制度を目前にした司法の臨床心理学的視点導入の提言」芦屋大学論叢 46 号(2007 年),第 15 頁。
④ 参见[日]松田走一郎「裁判員制度における判決の信頼性(論文・事例研究)」オペレーションズ・リサーチ：経営の科学 52 巻 12 号(2007 年),第 117 頁。
⑤ 参见[日]天野聖悦「裁判員制度の違憲性」相模女子大学紀要 72 号(2008 年),第 623 頁。
⑥ 参见[日]水野真木子、中村幸子「要通訳裁判員裁判における法廷通訳人の疲労とストレスについて」金城学院大学論集.社会科学編 7 巻 1 号(2010 年),第 323 頁。

括针对裁判员制度实际运行中出现的问题而出现的挑战,如裁判员的选任容易导致不公平的结果出现、保证裁判效率与裁判员履行义务、检方举证等造成困扰。在裁判员审理过程中,分案程序等容易侵害被告人的权利,推行裁判员制度,需要投入庞大的费用等。① 更有学者指出,对于裁判员制度,将其适用范围限制在杀人、伤害致死、强盗致死、强盗致伤、强奸致死等重大案件,而不是从小案件入手,是否存在本末倒置的问题。另外,让年满 20 岁的人参加这样重要案件的审理,是否太过草率等等现实质疑与挑战。② 对于裁判员制度,日本社会中存在坚定的反对者,不仅定期组织讨论会,还利用出版物等方式,宣传裁判员制度违宪或其他的不合理性。

第五节 小 结

针对裁判员制度的实际适用,以及在这个过程中暴露出来的问题,有观点认为,应当冻结或废止裁判员制度,转而恢复陪审员制度,同时全面修改自白获得中心主义,废止人质司法与代用监狱,实现搜查、证据取调的全面可视化,及实现对于犯罪嫌疑人的全面的录音、录像以及弁护士的出席、修改起诉便宜主义、起诉裁量主义、起诉独占主义,改革并重组检察审查会,修改、废止判检交流,改变裁判所与检察厅粘结结构,实现法曹一元制度,从日弁连等等具有一定资历的弁护士中选择裁判官,从而实现裁判官供给源多样化与多元化,更为重要的是法务省与最高裁事务局的司法官僚,不能再对于裁判官进行不当支配,全面修改差别体制,修正裁判官任命程序以及裁判官人事制度,充分保证裁判官独立性,克服官僚司法制度的弊害。③ 这些建议或批评,虽然颇为深刻,但却未必周全公允,其最大的问题,就在于没有正确理解或承认设立日本裁判员制度的真实动因。

裁判员制度的成立,是一个谜一样的过程。长期以来,追求复活、践行陪审

---

① 参见[日]諏訪雅顕「刑事司法の変革に対する危惧裁判員制度を題材として」信州大学法学論集 4 号(2004 年),第 227 頁。

② 参见[日]馬場昭夫「裁判員制度の発足と刑事裁判の危機」新潟経営大学紀要 12 号(2006 年),第 253 頁。

③ 所谓法曹一元,是指裁判官应当具有丰富的法学素养,并且通过民主的选考程序,从具有丰富法曹经验的人当中选拔。参见[日]石田榮仁郎「司法改革:法曹一元制導入の是非を中心に」法政論叢 36 巻 2 号(2000 年),第 14 頁。

员制度的日弁联,在某个时点突然转换接受裁判员制度,并对其保持同调。裁判员制度在参众两院非常迅速地审议通过,据说改革受到了来自于美国的压力,以及财界的意向,美国要求日本放松管制,逐步过渡到类似于美国那样的诉讼型社会,并将裁判迅速化作为司法改革的优先课题。而公判前整理程序,以及裁判员制度,都只是服务于这一制度的手段。裁判员制度在 3 个月内便迅速过关。因此有学者认为,国会对于法案内容并没进行实质的集中审议,为什么参众两院可以一致通过?①

　　对此问题,不同立场的人,如日弁联、市民团体、劳动组合与裁判所、法务省、检察厅之间,就裁判员制度意义、目的的认识存在巨大差异。弁护士或市民团体认为日本刑事司法让人绝望,冤案丛生、人质司法、自白强制等问题堆积如山,为了彻底解决这一问题,只有引入国民司法参加的帮助才能解决。与此相对,裁判所、法务省一方则认为,现在刑事司法并没有特别重大的问题,没有必要进行彻底的改变,国民参与司法制度,可以维持社会安全的责任以及国民意识,如果能够实现上述目标,就已经非常好了。而在推动裁判员制度的小泉政权看来,日本面对困难,需要同时推动政治改革、行政改革、地方分权及经济结构改革,其中的司法制度改革,是上述改革措施,特别是"法支配"下的有机组合。② 恰恰是这种目标与手段的冲突,决定了日本裁判员制度具有先天的矛盾性,只要继续适用现行的裁判员制度,就无法解决这种先天的矛盾性。对此,只能通过制度设计,从微观层面进行妥协与理顺。

---

① 参见[日]関岡英之『拒否できない日本アメリカの日本改造が進んでいる』文春新書(2004 年),第 15 頁以下。
② 参见[日]西野喜一『裁判員制度批判』西神田编集室(2008 年),第 226 頁。

第五章　美国死刑适用中的
陪审机制评解

第一节　美国陪审制度评述

一、美国宪法第 6 修正案的背景[①]

1791 年,美国通过宪法第六修正案,规定"被告享有由犯罪行为发生地的公正陪审团予以迅速和公开审判的权利",美国宪法的第 3 条第 2 款则规定:"除弹劾案外,一切犯罪由陪审团审判",而这是美国 1789 宪法规定的为数不多的对于个人权利保障的条款。

事实上在宣布独立之前,1774 年第一次大陆会议做出的《权利宣言》当中就呼吁陪审团审判权。有 12 个州在制宪会议之前制定了书面刑法,而这 12 部宪法唯一的共同点就是对于刑事被告受陪审团审判权利的规定。而在制宪会议上,对于受陪审团审判权的要求也成为联邦党人和反联邦党人之间最为一致的共识。

美国宪法起草者对于陪审团的广泛接受在很大程度上是缘于独立战争之前陪审团在抵制英国统治过程中所扮演的积极角色。[②] 例如,在独立战争之前,陪

---

① 相关内容参见参见[美]阿尔伯特·阿斯楚兰:《美国刑事陪审制度简史》,李立丰编译,载《社会科学战线》2010 年第 11 期,第 231 页以下。

② 较之十七世纪,十八世纪的北美殖民地的刑事陪审已经变得十分普遍。但需要指出的是,不同的殖民地在陪审团的使用问题上差别巨大。例如,在新英格兰殖民地当中,罗德岛是一个极端,通常在危害超过酗酒罪以上的所有刑事诉讼过程当中使用陪审团,而另一个极端就是纽黑文地区试图用神意法取代英国法,从而事实上废止了陪审团制度。

审团使得在殖民地的诽谤法事实上处于失效的状态。在英国,十七、十八世纪共有几百人因为诽谤而获罪,而同时期,北美殖民地诽谤罪的指控却不超过 6 起,最终也仅有两起被判罪名成立。除此之外,北美殖民地的陪审团也制约了其他的英国法的适用。当时马萨诸塞总督就抱怨当地陪审团所参与的审判是由被告的同伙,至少是对被告持友好态度的人所进行的非法交易。[①] 有鉴于此,后期英国统治者开始对于北美地区陪审团的权限进行限制,例如当时的英国国会就曾经恢复了亨利八世(Henry VIII)时代的一项法律,将被指控犯有叛国罪的殖民地居民递解回英国进行审判。[②]

而也正是由于这一原因,1776 年《独立宣言》当中直接列举了对于英皇乔治三世(George III)剥夺北美人民受陪审团审判权的种种挞伐。15 年之后,宪法第六修正案承诺在所有的刑事审判当中,美国人民都享有受到陪审团审判的权利。

二、陪审团构成的变迁

学界一般认为将美国宪法的权利分配分为两类:即分配政府权力的结构性权利以及对于个体的保障性权利。[③] 巧妙的是,享有陪审团审判权即是刑事被告人的权利,也是民治的一种体现,也就是说,美国宪法第 6 修正案中对于陪审团审判权利的规定兼顾,或者融合了上述两种基本的权利分配模式。

近些年,美国很多学者开始强调宪法起草者所表征的精英主义,而陪审团制度同时也被认为是这些精英所建构的民主化试验的重要一环。[④] 但吊诡的是,最初美国陪审团的体系设计显然无法满足时下的一般"民主""平等"理念。当时每个州都将充当陪审员的权利赋予男性,除佛蒙特州之外,其他州中只有有产阶级或者纳税人才可以充当陪审员,有 3 个州同时仅仅允许白人成为陪审员,而马里兰州则取消了无神论者的陪审员资格。[⑤]

---

① 参见 Stephen Botein, *Early American Law and Society*, RandomHouse, 1983, p. 57。
② 参见 Edmund Burke, *Letter to the Sheriffs of Bristol*, LittleBrown, 1889, pp. 189 – 192。
③ 参见 Akhil Reed Amar, The Bill of Rights as a Constitution, 100 *Yale L J*, 1183(1991)。
④ 例如参见 Jennifer Nedelsky, *Private Property and the Limits of American Constitutionalism:The Madisonian Frame work and Its Legacy*, University Of Chicago Press, 1990, pp. 35 – 38。
⑤ 南卡罗来那州,佐治亚州和弗吉尼亚州不承认黑人的选举权,参见 Albert Edward McKinley, *The Suffrage Franchise in the Thirteen English Colonies in America*, Pennsylvania University Press, 1905, pp. 475 – 476。

(一) 早期美国陪审制度对于白人男性的限制性规定

在英国,尽管陪审员的资格没有像竞选下院议员那样严苛,但是有产的要求仍然使得 3/4 的成年男性不能成为陪审员。然而,在美国,因为土地价格低廉并且存量较大,情况就显得与英国完全不同。即使在全民的投票权成为现实之前,已经有至少过半数的成年白人男性可以参加选举,绝大多数有选举权的人同时有资格成为陪审员。

1789 年通过的《联邦司法法》(The Federal Judiciary Act)将陪审员资格的厘定权从联邦法院转移到了州。大多数情况下,州对于陪审员资格的规定参考其对于选举权的规定。然而,很多州又规定了额外的要求——诸如智力、品行之类,还包括特别的要求诸如纳税或者持有财产。①

到了十九世纪早期,美国经历了选举权从针对有产者到针对成年白人男性的普选制的变革。② 但这种对于选举权要求的民主化并没有伴随着对于陪审员适任资格规定的民主化。事实上陪审员资格的民主化总是非常严重地滞后于选举权的民主化。在很多州,很多没有财产的白人男性、黑人以及妇女在其获得了选举权之后很久才获得担任陪审员的资格。

一直到 1946 年,美国联邦最高法院才运用自身的对于联邦司法的监督权推翻了那些将工薪阶级排除出陪审团的规定,从而开始使得陪审制度逐渐摆脱之前一直被作为经济和社会上优势族群的特权工具的窠臼。③

事实上,特别是在十九世纪的前半段,形式上的陪审员遴选资格规定不能如实地反映究竟是什么样人在司法实践中充当陪审员。当时的司法官员在征召陪审员时具有非常大的自主权。如果适格的陪审员没有出现,法院工作人员可以让不适格的旁观者填补这个空缺。在很多司法区当中,适格陪审员的缺席以及旁观者的填补都是非常常见的。当时印第安纳州梅伦郡 60% 刑事案件的陪审员都是由旁观者临时充当的。④

---

① 例如,1811 年达拉威尔州法就要求征召那些清醒、有判断力以及合法财产的所有人来充当陪审员。参见达拉威尔州 1829 年法典第 118 条。

② 1777 年,佛蒙特州成为第一个建立白人男性普选制的州。参见 Chilton Williamson, Property, Suffrage and Voting in Windham, 25 *VtHist*, 135(1957)。

③ 参见 *Thiel v. Southern Pacific Co.*, 328 US 217(1946)。

④ 参见 David J. Bodenhamer, *The Pursuit of Justice: Crime and Law in Antebellum Indiana*, Garland Press, 1986, pp. 83 - 88。

在十九世纪的美国,对于陪审团的诟病往往集中于陪审员的素质低下。例如,印第安纳州的一位观察家将陪审员描述为混沌之徒,并且基本上是酒鬼。在内战之后在西部的一次游历之中,马克·吐温笔下的陪审员也认为乱伦和纵火是一回事。① 他评价到,"我们所拥有的陪审制度是举世无双的,但这样的制度受制于找到 12 个无所不知的陪审员的困难性。"

(二)早期美国陪审制度中的非洲裔美国人

陪审员资格的平等之路对黑人和妇女来说更为的艰险,对他们而言,至今这还是一段未尽的征程。

美国最初的 13 个州当中只有 3 个正式地否认美国黑人的选举权,而有一个时期自由的黑人的确在美国南部双方都大量地参与了选举。然而到了 1830 年,很多州都剥夺了黑人的选举权。或许,正如黑人有的时候会具有选举的权利一样,少数美国黑人在早期陪审团当中的确也扮演了若干角色。据考证,1860 年,黑人作为陪审员第一次出现在马萨诸塞州的沃塞斯特,而这也被认为是历史上美国陪审制度中第一次正式出现非洲裔美国人的身影。②

1864 年,美国国会立法允许黑人在联邦审判中出庭作证,而内战结束之后,其又立法承认黑人在各州审判当中作证的权利。对于这种措施持反对意见的人认为如果允许黑人作证来指证白人的话会不可避免地导致以后将黑人纳入到陪审团当中来。然而,支持者却对此嗤之以鼻。后者认为尽管儿童和妇女可以作为证人出庭,但其不可以作为陪审团成员,即否认黑人作为证人和作为陪审团成员之间的必然联系。

战后,南方的黑人强调了对于陪审团整合的重要性。而战后重建时期某些司法区也开始承认黑人可以作为陪审员。这一时期,美国刑事陪审当中出现了 4 个值得注意的法律进展。首先,在 1868 年,宪法第 14 修正案规定,州不能制定或者实施任何违反美国公民合法权利的法律。该修正案还禁止州否认任何人受法律平等保护的权利。其次,两年之后,宪法第 15 修正案规定,"合众国公民的选举权,不得因种族、肤色或以前是奴隶而被合众国或任何一州加以拒绝或限制。"再次,1875 年通过的《联邦民权法》规定美国公民不得因为所属种族而被剥

---

① Mark Twain, *Roughing It*, AmericanPress, 1872, pp. 342 – 343.
② 参见 Leon F. Litwack, *North of Slavery：The Negro in the Free States*, University Of Chicago Press, 1961, pp. 1790 – 1860。

夺在美国的任何州,或者任何法院担任大陪审团或者陪审团成员的资格。^① 最后 1879 年通过的《联邦陪审员遴选法》推翻了早期国会的法案,重新规定了在联邦司法体系当中种族歧视的陪审制度,从而将重建时期所进行的对于陪审团的改革推向了死胡同。直到 1880 年,美国联邦最高法院才在"斯陶德诉西弗吉尼亚案"(*Strauder v. West Virginia*)^②中认定此类成文法违宪。

(三) 早期美国陪审制度中的女性

较之黑人在陪审制度中的差别对待,美国女性所面临的歧视有过之而无不及。事实上直到 1920 年,美国也只有几个州允许女性担任陪审员。^③ 直到二十世纪四十年代,美国妇女才开始享有普遍参与陪审团的权利。

三、陪审团解决法律问题权利的废止

(一) 美国陪审团对于事实和法律的认定权

美国陪审团在何时以及通过何种方式获得了解决法律问题的权利现在尚不清楚。实际上,直到十八世纪北美殖民地陪审团开始挑战英国统治权利的政治案件出现之前,陪审团解决法律问题的权利似乎从来没有受到重视。美国陪审团的解决法律问题的权利大致也可以认为产生于当时的这样一种特定情况,即在缺乏法律书籍和受过良好训练的法官的情况下,陪审员似乎和其他人一样也可以解决法律问题。

尽管美国陪审团判断法律问题的权利或许产生于缺乏法律训练法官的时代,但这样的一种受陪审团审判的权利被视为是公共司法信任的一种象征。新罕布式维尔最高法院的一位农民出身的法官指令陪审团应当依据常识而不是普通法对于案件加以认定,他认为,清醒的头脑和诚实心灵的价值远远大于律师的法律。与此同时,约翰·亚当斯也认为,让陪审团违背自己的意见、判断以及良知而一味听从法官的法律指引来进行案件审理是十分荒谬的。^④

---

① 参见 1988 年美国法典第 18 章第 243 条。

② *Strauder v. WestVirginia*,100 US 303(1880).

③ 犹他州,华盛顿州,堪萨斯州和新泽西州。

④ 参见 Richard E. Ellis, *The Jeffersonian Crisis*:*Courts and Politics in the Young Republic*,OxfordPress,1971,p. 115.

(二) 对于陪审团判断法律问题权利存废的论争

独立战争之后,约翰·亚当斯的观点日益受到挑战。就陪审团是否有权进行法律认定这一问题开始出现质疑,十九世纪末,法律专业主义开始明显占据上风。

在 1850 年之后,很多法院开始认为法官,而不是陪审员享有解决法律问题的权力。在 1850 年和 1931 年之间,至少 11 个州明确了法官的司法解释专属权。

时至今日,美国 50 个州中只有 3 个州的宪法[①]规定陪审员可以判断事实和法律问题。但这也仅仅是形式上的规定而已,在具体的司法实践中并没有真正适用。[②] 美国其他司法区的司法实践也清楚地表明,法律问题由法官来决定。陪审团对于案件的最终厘定必须采纳法官做出的法律指导意见。[③]

(三) 争议的问题所在

二十世纪的美国陪审制度,虽然形式上受制于命令式的法律指导,但事实上却往往对其置若罔闻。而十九世纪早期的陪审团,形式上允许抛弃咨询性质的法官指导,但却经常遵循这样的指导。事实上,对于这个问题习惯性的说法——该由法官还是陪审团解决法律问题——倾向于掩盖所涉及的问题实质。这样的区分以及其与法官和陪审团之间责任的关系并不明显,甚至可能并不存在。在殖民地的北美州,只要遵守了基本的公正和适当程序,解决问题机构身份的界定似乎并不重要。

然而在可以使用的制定法的增加的同时,两种类型的法律判断之间的紧张关系也在增加,而机制性的安排不能很快地对此加以适应。有时,陪审员被要求解决法律上的技术问题。有的时候律师也在陪审团面前就这些问题采用多少类似于在法官面前一样的方式加以争论。随着美国社会的日益多元以及陪审员范围的扩大,认为陪审员的良知会产生良好的、共同的、对于法律一致的回答无疑是不符合实际情况的。

---

① 佐治亚,印第安纳,马里兰。
② 参见 *Sparks v. State*,91 Md App 35(1992)。
③ 参见 Mortimer R. Kadish and Sanford H. Kadish, *Discretion to Disobey：A Study of Lawful Departures from Legal Rules*, Stanford UniversityPress, 1973, p. 50。

(四) 可能的解读

尽管陪审团享有解决法律问题的权利具有很重要的象征意义，但这种象征代表了一类界定法律系统的问题。对于美国陪审团解决法律问题权利的丧失仍然有不同种解读：

对于司法研究运动的批评家、公共选择学者或者马克思主义者而言，这样的发展似乎是美国司法专业主义私利作用的结果。

但是对于由法官代替陪审员这种现象也同样存在各种解释。陪审员最开始是用来解决法律书籍和专业人员短缺的难题。政府式的争议解决服务的消费者倾向于法律原则的指引而不是具有原始状态的群体性争议解决办法，商业上的利益或许可以用来衡量法律专业化所能提供的确定性。

两种假设当中或许都有合理的成分。在殖民地时期，美国陪审团是最能代表社会大众的政府部门。独立之后，州立法机构和其他机构或许能够更好地代表整个社会。更为民主的立法使得陪审团对于法律的功能更加弱化。而由殖民地时期陪审团所承担的民主角色现在更好地为其他机构所承担。陪审团解决法律问题能力的丧失部分上也是对于法律的回归。或许，美国司法体系本身就是精神分裂性质的，因为在法庭之上的法律太多，而在幕后有效地解决问题的办法则不够。

四、法庭对于宪法第六修正案的实际废止

如果询问在美国是否还可以发现陪审团审判，答案是肯定的。法院每年会提供样本来供公众检查，有线电视频道也充斥着此类报道。

然而，一项数据统计可以用来引领对于现在美国陪审团审判制度的现实讨论。在州法院的重罪审判当中 93％ 的被告承认有罪。通过诉辩交易进行的重罪判决比例高于轻罪案件。而且，接近半数的判决是在没有审判的情况下由法官所决定的。

宪法规定所有的刑事案件，除了弹劾，都由陪审团审理。其还规定，在刑事起诉当中被告享有及时且公开的由公正的陪审团审判的权利。对此，有学者认为美国人似乎应该将法律文本当中的"所有"这个词替换成"实际上没有"，毕竟，

现实版本的刑事犯罪解决系统与宪法版本的理论建构存在根本性的不同。①

　　在宪法第 6 修正案制定的时候,由法官审理严重的刑事案件还没有听说。仅仅在 1930 年联邦法院才允许非陪审团的审判。有人在 1928 年做了一项研究,报告了从 1839 年开始 88 年里重罪判决当中陪审团审判和认罪审判之间的比例。在这个期间开始的时候,只有 25％的判决是根据有认罪请求而审理的。在曼哈顿和布鲁克林,这个比例甚至更小,只有 15％。该世纪末,诉辩交易的比例为 80％,1926 年为 90％,目前已经上升为 96％。②

　　诉辩交易已经成为解决美国十九世纪末二十世纪初本国严重犯罪的主导手段。美国刑事程序已经从司法程序更多地演变成为行政程序。

　　与此相对,少数由陪审团所进行的审理却几近拖沓冗长,在 1990 年,美国历史上历时最长的陪审团审判案件在历经 2 年 9 个月之后终于完结。③

　　程序的过度繁琐已经感染了美国的陪审团审判制度。冗长的,有违隐私权的陪审团选择程序,蹩脚的证据规则,频繁的证人质证程序,法庭上专家证人之间的斗争等都使得陪审员面对更多不可理解的问题和事项,并且使得审判成为少数人的专利。

　　美国人受到陪审团审判的权利已经成为明日黄花。无产的白人、黑人、少数族裔、妇女终于在音乐厅当中寻找到了自己的位置,可这个时候,乐队解散了。十九世纪关于究竟是法官还是陪审团是解决法律问题的主角的争论已彻底告终,现在,检方已经俨然成为法律和事实的最终判断者。

第二节　美国的死刑适用

　　在美国死刑适用的早期阶段,美国联邦死刑发展的另一个重要里程碑出现在 1897 年。在此之前,截至 1829 年,全美范围内共进行过 138 次联邦死刑审判,出现过 118 起死刑判决,共有 42 人被执行死刑,64 人被赦免。但到了

---

① 参见 John H. Langbein, On the Myth of Written Constitutions: The Disappearance of Criminal Jury Trial, 15 *Harv J L & Pub Pol* 119(1992)。

② 参见 New York State Division of Criminal Justice Services, 1990 *Crime and Justice Annual Report*, Bureau of Criminal Justice Statistical Services, 1991, p. 162。

③ 参见 Bruce Buursma, LA Child Abuse Case Ends in Acquittals, *ChiTrib*,(Jan19,1990). p. c1。

十九世纪末期,因应当时限制死刑的形式与压力,美国国会通过了旨在限制死刑适用的法律,其主要改革措施一方面限制了死刑犯罪的数量,另一方面将刚性死刑适用改变为选择性适用,即赋予陪审团以针对联邦犯罪适用死刑的决定权。[①] 而本书,也正是从这一点着眼,尝试对于美国死刑中的陪审团加以评述。

一、美国死刑的适用现状

美国死刑历史上非常著名的是"福尔曼诉佐治亚州案"(*Furman v. Georgia*)[②]。该案之所以具有如此重要的标志性,不仅仅因为本案在历史上暂停了美国所有死刑的适用,将之前联邦以及各州已经判决死刑的600余名死刑候刑者免于处死的命运,得以被改判终身监禁,还因为本案通过适用宪法第8修正案和第14修正案,认定了之前很多州的死刑成文法违反宪法。这种将死刑与宪法绑定的做法,其意义甚至可以等同于"布朗案"(*Brown v. Board of Education*)[③]之于美国种族问题。但福尔曼案也存在致命的缺陷,这就是美国联邦最高法院法官在究竟是死刑本身违反宪法,还是特定的死刑认定或者执行方式违法上存在严重分歧,所有法官都罕见地对于这一问题独立发表了自己的看法,据有的学者考证,这些意见堪称美国联邦最高法院史上最长的意见,并且当时只有两名美国联邦最高法院大法官,即布里南(Brennan)与马歇尔(Marshall)对于死刑直接表达了反对意见。[④] 美国联邦最高法院在福尔曼案中意见的分歧使得美国死刑没有彻底地走向历史的终结,在包括得克萨斯州[⑤]在内的支持死

---

① 参见 Rory K. Little, The Federal Death Penalty: History and Some Thoughts about the Department of Justice's Role, 26 *Fordham Urb. L. J.* 347(1999)。

② *Rudolph v. Alabama*, 375 U. S. 889(1963).

③ *Furman v. Georgia*, 408 U. S. 238(1972).

④ 参见 Wayne A. Logan, When the State Kills: Capital Punishment and the American Condition. By Austin Sarat, 100 *Mich. L. Rev.* 1336(2002)。

⑤ 以得克萨斯州为例,该州的新死刑法要求陪审团针对和谋杀犯的故意程度以及其未来危险性相关的所谓"特别事项"进行表决。另外,该法还限制了死刑适用的数量。如果陪审团对于这些特别事项达成一致意见,那么死刑就需要被自动适用。德州是第一个采用新的成文法体系,包括将注射作为新的死刑执行方式,将未来的危险性作为量刑因素的州。参见 Michael Kuhn, House Bill 200: The Legislative Attempt to Reinstate Capital Punishment in Texas, 11 *Hous. L. Rev.* 410(1974)。

刑各州①根据本案修正了各自的死刑适用法律之后,美国死刑得以重新恢复执行。得以有使得州创制新的成文法规则从而使得其满足州最高法院的要求。随即美国联邦最高法院在 1976 年审结的"杰里科诉德克萨斯案"(*Jurek v. Texas*)②中承认了德州新死刑成文法的合宪性。1976 年美国死刑恢复适用,并一直适用至今。

总体来看,这一阶段美国死刑适用的情况大体上呈现出如下两个特点:

首先,美国各州死刑适用的差异性扩大。

这一时期美国死刑适用呈现出了明显的地区性差异,即绝大多数死刑集中于美国传统南部地区,而在南部地区,美国死刑的执行也多寡不均。例如加利福尼亚州虽然属于美国西南部地区,并且死刑候刑者人数众多,但死刑执行却是十分少见。事实上该州直到 1992 年才第一次执行死刑,且执行死刑数量极少。与此同时,截至 2003 年的不完全统计,德克萨斯州、弗吉尼亚州、密苏里州与佛罗里达州自 1976 年起已经累计执行了 521 起死刑,大约占全美死刑执行人数的 60%。③ 与之相比在北部州当中死刑适用最为积极的伊利诺斯州从 1976 年起才总共有 12 个人被执行死刑。

除了地方层级死刑执行的差异之外,1976 年以后美国联邦死刑的适用虽然多少有些显得微不足道,④但却也呈现出一种与地方差异性相呼应的状态。总体上,联邦死刑判决的数量在稳步增加,从 1990 年的 20 起左右,发展到 1999 年的 34 起。在 2004 年,联邦死刑候刑者名单上有大概 31 个人,但需要强调的是,

---

① 截至 1976 年,已有 35 个州重新制定了死刑法。参见 Jonathan R. Sorensen & James W. Marquart, Prosecutorial and Jury Decision-Making in Post-Furman Texas Capital Cases, 18 *N.Y.U. Rev. L. & Soc. Change* 743(1991)。

② *Jurek v. Texas*, 428 U.S. 262(1976)。

③ 得克萨斯州的死刑适用频率为美国之冠,死刑执行的数量约占到美国死刑执行数量的 1/3,且大幅领先于其他南部适用死刑的各州,其死刑执行数量甚至是美国第 2 大死刑适用司法区弗吉尼亚州的 3 倍,而德州死刑执行的人数也是剩下美国前 5 名死刑执行州的数量总和。参见 James E. Harrison, The Juvenile Death Penalty in Florida: Should Sixteen-Year-Old Offenders Be Subject To Capital Punishment? 1 *Barry L. Rev.* 159(2000)。

④ 与全美数千名死刑候刑者相比,联邦死刑在执行数量上的确显得不成比例。但即使如此,联邦死刑的规定及适用仍然成为美国政治生活,特别是联邦政治生活的核心争论点之一。1988 年共和党候选人老布什在竞选总统期间就曾以死刑问题为手段攻击对手。无独有偶,1992 年民主党候选人克林顿也将死刑问题作为自己的竞选策略充分加以运用。导致这种情况出现的原因,与美国特别的选举体制,以及死刑适用大州,如得克萨斯州、加利福尼亚州等在美国联邦选举中所占重要地位不无关系。参见 Norman J. Finke, Prestidigitation, Statistical Magic, and Supreme Court Numerology in Juvenile Death Penalty Cases, 1 *Psych. Pub. Pol. and L.* 612(1995)。

在这 30 多人当中,绝大多数仍然来自于传统中南部各州,如密苏里州、路易斯安那州以及弗吉尼亚州都有超过两个人入选,而得克萨斯州更"贡献"了其中的 6 人。除此之外,美国联邦死刑还呈现出某种独特的"矛盾性",一方面美国联邦政府不断通过立法的方式增加联邦死刑犯罪的类型与数量,[①]另一方面又试图通过程序设计等方式保证联邦死刑适用免遭社会公众的指摘与诟病。[②]

其次,美国联邦最高法院对于死刑适用形式的宪法性主导与细分。

如前所述,自二十世纪初的"威姆斯案"(Weems)开始,美国联邦最高法院开始逐渐掌握了美国宪法的主导性话语权,这种话语权在 1976 年之后开始愈发显明,并呈现出不断细化的趋势。

一般都将 1976 年美国联邦最高法院审结的"格雷格诉佐治亚州案"(Gregg v. Georgia)[③]作为当前美国死刑适用的阶段性起点。在本案当中,美国联邦最高法院认定佐治亚州根据修改后的死刑认定程序对于谋杀罪适用死刑并不违反宪法第 8 修正案及宪法第 14 修正案。事实上,除格雷格案之外,最高法院同时还在"杰里科案"[④]与"普罗夫棣案"(Proffit)[⑤]中认定修改后的德州以及佛罗里达州死刑法合宪。但相较而言,最高法院在格雷格案中所提出的观点最为具有代表性。

"格雷格案"被认为在美国死刑适用历史上具有里程碑意义。一方面,格雷格案肯定了死刑本身的正当性。正如美国联邦最高法院大法官斯图尔特(Stewart)所言,尽管围绕死刑一直存在道德性或者功利性的争论,但毫无疑问的是一直以来大多数美国人都将死刑视为一种适当且必要的刑事制裁措施。[⑥]

---

① 联邦死刑被扩展到了超过 60 种不同的犯罪,其中包括间谍罪、叛国罪、谋杀特定的政府官员、绑架并且造成他人死亡、雇凶杀人、性虐待导致他人死亡、危险驾驶并且同时开枪射击、劫持汽车导致他人死亡以及一些不涉及具体致人死亡的犯罪,如操纵或者组织规模庞大的犯罪组织等行为。参见 Robert Woll,The Death Penalty and Federalism:Eighth Amendment Constraints on the Allocation of State Decision making Power,35 *Stan. L. Rev.* 787(1983)。

② 如法律规定,联邦死刑被告有权雇佣两名律师,并且其中至少一人需要具有死刑辩护经验。联邦死刑被告人除了可以获得通常意义上的程序性权利保护之外,还可以享受额外的联邦诉讼程序保护。例如目前美国司法部掌握着所有联邦死刑案件的审查权,包括起诉权。如果联邦检察官(即所谓的政府律师)想要起诉某人死刑的话,就必须向位于华盛顿特区的美国总检察官办公室死刑委员会提出申请,并在获得批准后方可提起。对此,死刑被告人的辩护律师得向该委员会提出己方反对的根据。参见 John H. Blume and Sheri Lynn Johnson,Killing the Non-Willing:Atkins,the Volitionally Incapacitated,and the Death Penalty,55 *S. C. L. Rev.* 93(2003)。

③ 参见 *Gregg v. Georgia*,428 U. S. 153(1976)。

④ 参见 *Jurek v. Texas*,428 U. S. 262(1976)。

⑤ 参见 *Proffitt v. Florida*,428 U. S. 242(1976)。

⑥ 参见 *Gregg v. Georgia*,428 U. S. 153(1976)。

其次,在肯定死刑正当性这一前提的基础上,"格雷格案"明确了符合宪法的死刑适用成文法应满足的具体条件。"格雷格案"从宪法角度确定了死刑成文法需满足的宪法性要求。根据最高法院的多数派观点,死刑成文法的规定必须十分明晰;对于陪审团认定被告人实施了相关死刑犯罪能够提供具有操作性而非任意性的指导意见;被判处死刑的行为人必须具有十分严重的可责性,在满足犯罪构成要素的同时还需要具备法定的加重情节等。① 自此,美国各司法区的死刑认定基本上都开始采取后"格雷格案"时代的标准范式,即要求死刑适用采用两阶段的定罪与量刑程序,法官必须对于陪审团决定是否适用死刑时对加重和减轻情节的衡量进行指导,各州最高法院必须对于每起死刑判决的适当性进行审查等。基于美国联邦最高法院的上述背书,在"格雷格案"之后,至少 37 个州通过了效法佐治亚州的新的死刑成文法,这些新的成文法试图通过建构复杂的程序,减少死刑裁判与执行的任意性与错案的发生。② 在有些学者看来,这就导致了一个问题,即美国死刑判决人数与死刑实际执行人数之间出现了巨大的落差。而这种落差的存在,给美国民众造成了某种奇怪的错觉,似乎死刑仅仅是一种华而不实的样子货。③

总之,"格雷格案"为日后美国死刑的适用与发展设定了一个非常重要的基调,"死刑作为刑罚在其严重性与不可撤销性方面存在独特性。"④换句话说,"死刑,是特殊的。"⑤正是从这一前提出发,结合美国宪法的相关规定,美国联邦最高法院开始通过个案甄别的方式,不断地明确死刑的使用范围与使用程序,以期

① 参见 Gregg v. Georgia, 428 U. S. 153(1976)。

② "格雷格案"所设定的标准是十分严格的,因此哪怕是十分接近这一要求的成文法也无法满足美国联邦最高法院的要求。例如俄亥俄州于 1974 年制定的死刑成文法内容十分贴近 Gregg 案中所设定的要求,但美国联邦最高法院仍在 4 年之后,即 1978 年的 Lockett v. Ohio 案认定其违宪。参见 David L. Hoeffel, Ohio's Death Penalty: History and Current Developments, 31 Cap. U. L. Rev. 659(2003)。

③ 参见参见 Allan D. Johnson, The Illusory Death Penalty: Why America's Death Penalty Process Fails to Support the Economic Theories of Criminal Sanctions and Deterrence 2001, 52 Hastings L. J. 1101 (2001)。

④ Gregg v. Georgia, 428 U. S. 187(1976).

⑤ "死刑特殊论"可以被视为是当今美国死刑问题研究的基本话语前提。但美国学界对此一直多有质疑。例如有学者提出,死刑特殊论导致在制度设计上反而会造成对于死刑被告的程序性权利设置少于其他类型的被告人。参见 James S. Liebman, The Overproduction of Death, 100 Colum. L. Rev. 2030 (2000)。更有学者担心最高法院在本案中的固执坚持反而会使得立法机关可以在立法技术上满足相关宪法性要求之后,恣意地扩大死刑适用范围以及使用数量,而不用担心任何来自司法方面的阻遏。参见 Douglas A. Berman, Appreciating Apprendi: Developing Sentencing Procedures in the Shadow of the Constitution, 37 Crim. Law Bull. 627(2001)。

增加死刑适用程序的可靠性。

1977年,美国联邦最高法院在"库克诉佐治亚州案"(*Coker v. Georgia*)①中明确,对于强奸犯罪适用死刑违反了美国宪法第8修正案。库克案的意义在于明确了美国联邦最高法院对于死刑适用范围的基本态度,即仅对于剥夺他人生命的犯罪适用死刑,在刑罚与犯罪之间建立一种直接的对应关系。

1982年,美国联邦最高法院在"艾蒙德诉佛罗里达州案"(*Enmund v. Florida*)②中明确,对于造成死亡结果的共同犯罪中没有亲自实施杀人行为,没有实施杀人未遂行为,并且没有杀人故意的参与人,不得适用死刑。

1986年,美国联邦最高法院在"福特诉沃思莱特案"(*Ford v. Wainwright*)③中明确,宪法第8修正案应当"与时俱进",与社会的进步与发展保持同步。因为对于精神耗弱人士执行死刑违反了普通法传统,并且从现在的时点来看无法实现刑罚目的,因此针对精神耗弱的人执行死刑违反了美国宪法第8修正案。另外,在本案当中美国联邦最高法院还明确对于精神耗弱的认定不能由行政部门专权,而是应该通过司法程序加以认定,在针对被告人或者被执行人精神状况的认定过程当中,必须充分保证其应该享有的宪法性程序权利,如律师辩护以及交叉质证等。

1988年,美国联邦最高法院在"汤普森诉俄克拉荷马州案"(*Thompson v. Oklahoma*)④中明确,根据"与时俱进"的观点,美国大多数司法区以及主要的西

---

① 参见 *Coker v. Georgia*, 433 U. S. 584(1977)。本案的被告库克(Erlich Anthony Coker)曾因犯强奸、绑架以及一级谋杀入监服刑,后成功脱狱。在潜逃过程中,库克闯入佐治亚州某地的一户人家,强奸了女主人并抢劫了她的汽车逃离。本案的审理过程当中,陪审团认定被告所实施的强奸行为应被判处死刑,因为其满足了至少两项加重情节,即之前曾经犯过死罪,以及在抢劫的过程当中实施强奸行为。

② 参见 *Enmund v. Florida*, 458 U. S. 782(1982)。艾蒙德(Earl Enmund)伙同他人实施入户抢劫,而其负责在现场外把风开车。他的同伙在实施抢劫过程中遭遇受害人反抗,因此枪杀了受害人。后艾蒙德等人驾车逃离现场。根据佛罗里达州法律,在抢劫或者抢劫未遂过程中又实施杀人行为的,构成了一级谋杀。虽然艾蒙德提出了向佛罗里达上诉法院提出了上诉,主张自己并未实施杀人行为,也没有杀人的故意,但被驳回。最后,案件被提交给至美国最高法院。

③ 参见 *Ford v. Wainwright*, 477 U. S. 399(1986)。福特(Alvin Bernard Ford)1974年因谋杀罪被判处死刑,在候刑期间,他的精神状况出现了问题,表现出明显的偏执型幻想症状。但佛罗里达州的一个精神疾病评估委员会鉴定认为福特虽然罹患精神失常,却仍然可以理解死刑的本质以及对其自身的意义。后来本案被提交至美国最高法院。

④ 参见 *Thompson v. Oklahoma*, 487 U. S. 815(1988)。汤普森(William Wayne Thompson)在实施绑架、杀人犯罪的时候年仅15岁。因为长期受到自己姐夫的虐待,汤普森伙同其他3人残忍地将自己的姐夫杀死。俄克拉荷马州地方法院对汤普森进行了精神状况评估之后,认为其符合相关资质要求,因此将其作为成年人进行了审判,后被陪审团认定罪名成立,并判处死刑。

方国家都已经不再对犯罪时不满 16 周岁的行为人适用死刑,因此俄克拉荷马州对犯罪时年仅 15 岁的行为人判处死刑的做法违反了美国宪法第 8 修正案,属于"残忍且不寻常的刑罚"。

2002 年,美国联邦最高法院在"亚特金斯诉弗吉尼亚州案"(*Atkins v. Virginia*)①中明确,对于第 8 修正案含义解读的所谓"与时俱进"标准,最佳的参考指标就是各个司法区立法机构的规定。针对智力低下人士的死刑适用,美国大多数司法区都已经明确表示反对,因此,可以认定,美国国民在禁止对智力低下犯罪人适用死刑这一问题上已经达成了共识。因为对于智力低下的犯罪行为人执行死刑无法满足任何合理的刑罚目的,因此这样的一种做法违反了美国宪法第 8 修正案,构成了所谓"残忍且不寻常的刑罚"。

2002 年,美国联邦最高法院在"瑞诉亚利桑那州案"(*Ring v. Arizona*)②中明确,宪法第 6 修正案要求由陪审团,而不是由法官来认定对于被告人是适用死刑所需要的加重情节。本案的重要意义在于美国联邦最高法院对此问题意见摇摆不定的局面得到了解决。事实上本案推翻了之前美国联邦最高法院 1990 年在"沃尔顿诉亚利桑那州案"(*Walton v. Arizona*)中③允许法官独自认定被告人是否具有死刑适用的加重情节。另外,本案也在实际上否定了之前美国联邦最高法院在"斯帕基诺诉佛罗里达州案"(*Spaziano v. Florida*)④中允许法官在陪审团建议终身监禁的情况下独自决定使用死刑的决定。另外,从刑罚适用的角度,本案之前,美国联邦最高法院一般对于犯罪构成要件与量刑情节加以区分,并认定美国宪法第 6 修正案要求陪审团认定犯罪构成要件,而法官可以认定量刑情节。但这一范式在日后受到了一系列质疑,并最终在 1999 年美国联邦最高

---

① 参见 *Atkins v. Virginia*, 536 U. S. 304(2002)。1996 年,18 岁青年阿特金斯(Daryl Atkins)在酗酒、吸毒后,伙同他人抢劫了一名美国空军,因不满所获赃款的数额,阿特金斯等人随后残忍地杀死了受害人。本案的证据十分充分,唯一有意思之处在于阿特金斯与另外一名被告都宣称是对方实施的枪杀行为。但从证言来看,阿特金斯的供述存在前后矛盾之处。并且有其他人作证,阿特金斯曾经承认过自己实施了杀人行为。在本案的量刑过程中,被告律师提供了相关证据以及鉴定报告,试图证明被告人阿特金斯的 IQ 为 59,稍微低于正常值 60。但被告还是被认定罪名成立,被判处死刑。

② 参见 *Ring v. Arizona*, 536 U. S. 584(2002)。1994 年,瑞(Timothy Ring)伙同他人在亚利桑那州抢劫了一辆运钞车,并杀死了运钞车司机,劫得数十万美金现钞。后来被人举报,瑞落网。根据该州的法律,特别是重罪谋杀规则,瑞的行为构成了一级谋杀。根据该州法律,在决定是否对其适用死刑的过程中,可由法官自行对于是否存在加重情节进行认定。本案中,法官认定瑞的行为满足两项法定加重情节,图财害命以及犯罪手段特别残忍,最终判决其罪名成立,适用死刑。

③ 参见 *Walton v. Arizona*, 497 U. S. 639(1990)。

④ 参见 *Spaziano v. Florida*, 468 U. S. 447(1984)。

法院审结的"阿普兰蒂诉新泽西州案"(*Apprendi v. NewJersey*)[①]中被间接推翻,在阿普兰蒂案中,美国联邦最高法院认定任何使得被告人所遭受刑罚超过法定最高刑的量刑情节都必须经过陪审团排除合理怀疑地证明,或者经过被告人的自愿承认。美国联邦最高法院的多数派意见承认死刑的适用也应适用"阿普兰蒂案"所划定的基本框架。

2005 年,美国联邦最高法院在"鲁珀诉西门斯案"(*Roper v. Simmons*)[②]中明确,根据"与时俱进"原则,对于犯罪时不满 18 岁的行为人适用死刑违反了宪法第 8 修正案。从这个角度,该案将之前美国联邦最高法院在"汤普森诉俄克拉荷马州案"(*Thompson v. Oklahoma*)中所设定的死刑适用年龄提高了 2 岁。该案的意义在于代表本案多数派意见的肯尼迪法官(Kennedy)[③]通过援引相关社会学数据,提出了著名的"青少年特殊论",即强调未成年人与成年人在心智、控制能力以及可责性等方面巨大差异。因此几乎美国各个州都规定了 18 岁以下的未成年人在包括选举、结婚等方面不享有与成年人完全类似的权利。对此,可以认定美国国内存在共识,并且这种共识也符合世界上主流民主国家的做法。

2008 年,美国联邦最高法院在"肯尼迪诉路易斯安那州案"(*Kennedy v. Louisiana*)[④]中明确,宪法第 8 修正案禁止路易斯安那州对于没有导致受害者死亡,且行为人并没有造成受害人死亡意图的强奸幼儿行为适用死刑。通过考证国内各司法区的做法,美国联邦最高法院认为对于这样的一种观点已经形成了一致意见。本案的重要意义在于最高法院对于故意实施的一级谋杀,与其他没有导致受害人死亡的犯罪进行了区分。虽然后者在严重程度上可能会非常令人

[①] 参见 *Apprendi v. NewJersey*,530 U. S. 466(2000)。

[②] 参见 *Roper v. Simmons*,543 U. S. 551(2005)。1993 年,时年 17 岁的西门斯(Christopher Simmons)伙同他人,事先策划,预谋实施夜盗,并杀人灭口。计划是半夜闯入他人家中,洗劫财物后将受害人绑架并运至荒野,推入河中溺毙。虽然计划执行过程中出现了一些状况,但基本上实施完毕。本案的证据确凿充分,因此陪审团认定被告罪名成立,并向法官建议适用死刑。西门斯提出上诉。

[③] 对于肯尼迪法官的描述,可参见 Jeffrey Toobin,*The Nine:Inside the Secret World of the Supreme Court*,Anchor (2008)。

[④] 参见 *Kennedy v. Louisiana*,554 U. S. 407(2008)。肯尼迪(Patrick O. Kennedy)采取令人发指的手段,残忍地强奸了自己年仅 8 岁的继女,造成了女孩终身残疾。陪审团认定被告罪名成立,并判处其死刑。被告认为仅仅实施强奸幼女的行为不应被判处死刑,自己的判决违反了宪法第 8 修正案,属于残忍且不寻常的刑罚。但受理上诉审的路易斯安那州最高法院认为,美国联邦最高法院在"库克案"案中认定对于成年女性实施强奸行为不该当死刑,但本案与"库克案"案不同,而对于以残忍手段强奸幼女的犯罪适用死刑并不违反罪刑相适应原则。

发指,但从公民一般道德的层面判断,仍然无法与死刑相提并论。因此,美国联邦最高法院明确承认,在受害人的生命未受剥夺的情况当中不得适用死刑。但颇具深意的是,与此同时,美国联邦最高法院的多数派意见将毒品犯罪、叛国、间谍以及恐怖主义犯罪等标注为针对国家的犯罪,而不是所谓针对个人的犯罪,因此不在本案规范之列。

不难看出,在这一阶段,美国联邦最高法院已经牢牢掌握起美国死刑问题的最终话语权,并且开始通过个案司法审查的方式对于美国死刑的实际运行进行细化,取得了一定的进展。但对此也有学者诟病,认为目前美国联邦最高法院所建构起来的整个死刑框架存在成本高昂、程序复杂的弊端,并且没有从根本上扭转死刑认定的恣意性。[①]

在这一阶段,与美国联邦最高法院上述司法活动伴生的还包括死刑执行方式以及立法机关的相关活动。如 1982 年,得克萨斯州率先适用注射死刑执行方式[②];1988 年联邦立法规定毒品犯罪可以适用死刑,1994 年美国联邦将死刑罪名扩大到 60 余个;1996 年,美国国会通过立法,限制死刑上诉,削减死刑上诉国家救助等资源投入,等等。

二、美国死刑的适用程序

对于美国死刑,或者毫不夸张地说,所有美国刑法的理解,需要建立在宪法语境、程序法语境与证据法语境这 3 个前提基础上。美国刑事法的特点之一即在于其实体法与程序法的密接,而这一点被国内的学者称之为“刑事一体化”。[③]事实上,相较于实体法,刑事程序法对于个案结果的影响更为直接,更为具有决定性。美国法官在刑事审判过程中一直试图兼顾判决的准确性、程序的公正性、对于政府收集及使用证据的权力的限制,以及审判的效率等几大目标。[④] 反之,程序对于刑事审判结果的影响也显而易见。以死刑为例,美国历史上唯一一次

---

① 参见 Scott W. Howe, The Failed Case for Eighth Amendment Regulation of the Capital-Sentencing Trial, 146 *U. Pa. L. Rev.* 795(1998)。

② 美国最高法院在 *Baze v. Rees*, 553 U. S. 35(2008)中,维持了注射死刑这种死刑执行方式的合宪性。围绕美国死刑执行方式的论争,将在后文加以详述。

③ 参见储怀植《美国刑法》及相关论文。

④ 参见 Joshua Dressler and George C. Thomas III, *Criminal Procedure: Investigating Crime*, West Publishing (2003), p. 42。

在全国范围内中止死刑适用的起因就在于对陪审团毫无限制地享有死刑裁量权的程序性质疑。1972年,在"福尔曼诉佐治亚州案"①当中,美国联邦最高法院大多数法官认定当时佐治亚州死刑程序法因为在死刑量刑过程中赋予陪审团较大自由裁量权而违反了美国宪法第8及第14修正案。福尔曼案后,美国各州开始反思,并重新修正其死刑成文法,特别是死刑程序法。而在这一时期,各州都没有太多可供借鉴的范本或者根据,因此,大多数州选择效法模范刑法典。模范刑法典死刑量刑范式的特征之一在于强调死刑案件定罪程序与量刑程序的分离,之所以强调这种两阶段的审理模式,主要的原因在于根据美国刑事程序法与证据规则,很多从人情或者常识角度与被告是否该当死刑相关的证据都无法在单一审理程序中被检方或者辩方提出。除此之外,还有一些州选择了另外一条改革路径,即对于特定的死刑犯罪规定了刚性的死刑适用,从而从根本上消除死刑适用的任意性。② 最终,美国联邦最高法院对于上述两种进路进行了最终选择。在"罗伯茨诉路易斯安那州案"(Roberts v. Louisiana)③中,路易斯安那州对于一级谋杀、结果加重型强奸、结果加重型绑架及叛国罪的强制死刑适用被判违宪。1976年,美国联邦最高法院在"格雷格诉佐治亚州案"(Gregg v. Georgia)④中针对死刑量刑程序,规定了两大原则:首先,死刑量刑过程中的自由裁量权必须受到限制,必须为相关裁量权的行使建构客观标准,而这种客观标准必须可以在上诉审过程中被加以检验;其次,在死刑量刑过程中,量刑者必须将被告人的性格与相关个人信息考虑进来。在格雷格案中,佐治亚州相对宽泛,要求陪审团平衡加重情节与减轻情节的死刑程序法被认定合宪。但在后续的判例中,美国联邦最高法院又承认,州在规定死刑程序法的时候,

---

① 参见 Furman v. Georgia, 408 U.S. 238(1972)。
② 福尔曼案之后美国各司法区针对死刑案件的审理,出现了两种主要的量刑模式。有14个州采用了模范刑法典中列明的所谓"指导下的任意性死刑成文法",即要求量刑者评价加重情节与减轻情节。另外一种模式是所谓的"刚性死刑成文法",少数州规定对于某些特定的死刑犯罪,必须适用死刑。这说明,美国司法机关围绕死刑的司法适用路径产生了很强烈的分歧,主流意见认为陪审团必须考虑每个案件所涉及的单独情节,而且必须在评价这些要素的时候得到足够的指引,这样的一种做法被认为是死刑程序合宪的试金石。参见 Hertz & Weisberg, In Mitigation of the Penalty of Death: Lockett v. Ohio and the Capital Defendant's Right to Presentation of Mitigating Circumstances, 69 Calif. L. Rev. 317 (1981)。
③ 参见 Roberts v. Louisiana, 428 U.S. 153(1976)。
④ 参见 Gregg v. Georgia, 428 U.S. 153(1976)。

不需要为陪审团综合评估加重情节与减轻情节提供任何衡定标准。① 除此之外,对于所谓"准刚性死刑适用程序",美国联邦最高法院也持一种暧昧的支持态度。② 更有甚者,美国联邦最高法院还在"斯帕基诺诉佛罗里达州案"③中认定宪法并未要求死刑判决一定要由陪审团作出,从而变相地否认了死刑案件被告享有陪审团量刑的权利主张。因此,正如一位美国学者所言,针对死刑量刑程序的反思与研究应该专注于如何从宪法第 8 修正案,特别是适当程序的角度反思如何对于死刑审理程序进行规范与限制,从而确保被告人享有宪法所保障的程序性权利。④

死刑案件作为一类特殊的刑事案件,其审理过程必须遵守一般的刑事程序,又因为死刑的特质性而具有不同于一般刑事程序的特点。根据学者的总结,按照时间顺序,可以将美国死刑案件的一审程序做如下图示。⑤

案件发生

⇩

阶段 1.警方调查⑥

⇩

阶段 2.逮捕

⇩

阶段 3.传讯⑦

⇩

---

① 参见 *Zant v. Stephens*，462 U. S. 862(1983)。

② 例如,1990 年,美国联邦最高法院在"博依德诉加利福尼亚州案"*Boyde v. California* 中认定州法中规定某些陪审员必须考虑的量刑情节的做法并不违反美国宪法。同年,在"布莱斯通诉宾西法尼亚诈案"(*Blystone v. Pennsylvania*)中,美国联邦最高法院认定要求陪审员在发现一个以上州定加重情节,同时没有发现任何减轻情节的情况下适用死刑的成文法合宪。参见 Stephen P. Garvey, Note, Politicizing Who Dies, 101 *Yale L. J.* 187(1991)。

③ 参见 *Spaziano v. Florida*，468 U. S. 447(1984)。

④ 参见 Conference：The Death Penalty in the Twenty-First Century, 45 *Am. U. L. Rev.* 239(1995)。

⑤ 以下内容部分参见 http://capitalpunishmentincontext. org/resources,2011 年 10 月 10 日最后访问。

⑥ 因为在美国死刑犯罪往往涉及震惊社会的残忍罪行,因此警方需要背负沉重的破案压力,因此,警方为了破案,往往会动用各种措施进行破案。甚至为了平息民愤,警方会围绕某个主观推断有罪的嫌疑人组织、收集证据。

⑦ 传讯,是所有刑事案件的最初阶段,在这一阶段,被指控犯罪的嫌疑人将被以送给司法机关,被告也将被明确告知其被起诉的罪名,也可以在这一阶段提出诉辩交易。

阶段 4. 预审①

⇩

阶段 5. 大陪审团裁判②

⇩

阶段 6. 起诉③

⇩

阶段 7. 对于审前动议的听证程序④

⇩

阶段 8. 检方表达求处死刑的意愿⑤

⇩

定⎧阶段 9. 陪审员遴选⑥
罪⎪阶段 10. 案情概述（开场陈词）⑦
⎪阶段 11. 交叉质证
阶⎨阶段 12. 观点陈述（结案陈词）⑧
段⎪阶段 13. 法官对于陪审团的法律指导⑨
⎩阶段 12. 判决⑩

⇩

---

① 大陪审团通常由 23 人组成,大陪审团的任期至少 1 个月以上,并由其决定是否对于被告提出起诉。如果确定证据确实充分,将会做出一个明确指控犯罪嫌疑人某项罪名的书面决定。

② 预审的主要目的是来确定是否有足够的证据来证明被告人有罪。如果有足够的证据证明被告人有罪,则在这一阶段确定被告人是否提交给大陪审团。

③ 如果没有所谓大陪审团的决定,检方可以自行对于轻罪提出相关的指控,当然,这样的一种做法在某些情况下也可以适用于重罪。

④ 一般而言,这一程序主要明确案件审理过程中的重要法律问题,某些情况下,证人会出庭作证。

⑤ 在案件的审理过程中,检方明确提出,如果被告被认定有罪,将对其求处死刑。

⑥ 在陪审团的遴选过程中,法官,或者律师决定某位陪审员候选人符合相关陪审员的资质条件,在死刑案件中,需要确定陪审员符合死刑案件审理的资格,即是否有能力考查相关的加重及减轻情节,并将其适用于具体的案件审理过程。

⑦ 在案件审理的最初阶段,双方律师将告知陪审团或者法官案件的大致事实情况及可能提起的相关证据。随即,检方、辩方分别就案件的事实部分提出自己的证据。一般来说,检方需要承担排除合理怀疑地证明被告的行为构成相关罪名的证据,虽然辩方一般不承担证明己方无辜的责任,但往往需要提出证据,削弱检方的观点,或者证明自己的无辜。

⑧ 在案件审理的最后阶段,检方与辩方都有机会结合案件的事实与法律,说服陪审团或者法官接受自己认定被告人有罪或者无罪的观点。

⑨ 所有上述程序结束之后,法官需要告知陪审员审理本案必须运用的法律进行说明。

⑩ 亦即陪审团认定是否可以排除合理怀疑地认定被告构成被指控之罪的阶段。

量〔阶段 12.受害人影响因素评估①

刑〔阶段 13 被告人具有的加重减轻情节的评估

阶〔阶段 14 量刑建议②

段〔阶段 15 法官量刑③

　　从上述图示可见,相较于一般刑事案件的一审程序,死刑案件的审理程序在如下几个方面呈现出一定的特质性:首先,检方在定罪程序正式启动之前,需要明确表达求出死刑的意愿;其次,死刑案件陪审团的遴选过程中有不同于一般刑事案件的特殊要求;再次,死刑量刑阶段需要评估被告人具有的加重及减轻情节。以此为出发点,可以从纵向与横向两个维度对于美国死刑的审理程序加以解析。其中,对于加重与减轻情节的评价属于案件审理的纵向阶段中需要重点考察的问题。而检方求处死刑的请求权及死刑案件的陪审团遴选程序因为涉及被告人之外的其他方面,因此姑且可以将其归于死刑案件审理程序的横向参与者这一维度当中加以反思。

(一) 美国死刑案件审理程序的纵向阶段

1. 美国死刑案件的量刑:加重情节与减轻情节

　　从司法实践来看,在决定是否需要对于死刑罪名成立的罪犯适用死刑的第二阶段,美国各司法区一般都选择由陪审团作量刑决定。④

　　具体而言,1976 年美国联邦最高法院在"格雷格案"⑤中认定修改后的佐治亚州死刑程序法符合宪法,自此,保留死刑各州开始纷纷效法,从而构建了当今美国死刑程序法的基本样态。以佐治亚州为代表的死刑程序法最为重要的特点

---

① 主要在量刑过程中通过证言或者证人的方式介绍被害人及其家庭因为犯罪所受到的影响。

② 在考察加重情节与减轻情节之后,陪审团就被告人的量刑提出建议,在死刑案件中,被告人可以选择建议对其适用死刑,或者适用终身监禁不得假释,终身监禁或者徒刑等。

③ 在考察了陪审团的量刑建议之后,法官最终正式对于被告宣判。在某些州,法官必须接受陪审团的量刑建议,而在某些州,法官可以改变陪审团的量刑建议。

④ 也有个别州规定由法官对于死刑案件进行量刑。参见 Gillers, Deciding Who Dies, 129 *U. Pa. L. Rev.* 1(1980)。需要特别注意的是,虽然美国最高法院 1984 年在"斯帕基诺诉佛罗里达州案"中认定被告人在死刑量刑阶段由陪审团量刑并不属于一种宪法性权利,但其后,美国最高法院虽然在 2002 年通过"瑞诉亚利桑那州案"实际上否定了之前做出的法官可以不顾陪审团做出的终生监禁不得假释建议独立做出死刑判决的认定,但仍然没有彻底改变被告人享有由陪审团排他性地做出死刑判决的权利。

⑤ *Gregg v. Georgia*, 428 U. S. 153(1976).

之一即在于在量刑阶段,陪审团需要就与被告人相关的加重情节与减轻情节进行审查,只有具有一种以上加重情节的被告人,才可以被适用死刑。加州的死刑成文法规定得更为具体。根据该州法律,如果陪审团认定被告实施了一级谋杀的犯罪行为,并且具有一个以上的加重情节的情况下,才可以完成死刑犯罪的定罪阶段,在量刑阶段,同一个陪审团对于犯罪人所具有的加重情节和减轻情节进行平衡,并且认定加重情节具有压倒性的情况下认定死刑成立。①

---

① 加利福尼亚州死刑成文法中共规定了 22 种法定加重情节,为美国各司法区之最。加州刑法典规定(California Penal Code Section 190.2):

(a) 对于那些被判一级谋杀罪名成立的被告人,如果同时满足下列情节之一的,得被判处死刑或者终身监禁不得假释:

(1) 谋杀行为属于被告有意为之,并且目的在于获得经济利益。

(2) 被告人之前曾经被判决犯有 1 级或者 2 级谋杀罪。对于被告人在其他司法区所实施的犯罪,如果发生在加州,将会被作为一级或者二级谋杀罪的,可以被视为属于本项所规定的一级或者二级谋杀。

(3) 被告人被同时判处一个以上的 1 级或者二级谋杀罪。

(4) 实施谋杀的手段是通过隐藏在任何地点、地区、建筑物、住所或者建筑结构当中的破坏性装置、炸弹,并且被告知道,或者应该知道自己的行为将对于 1 个以上的人的生命构成威胁。

(5) 谋杀行为的实施目的旨在避免或者抗拒合法抓捕,或者从事、意图从事从合法监禁状态脱逃。

(6) 实施谋杀的手段是通过邮寄或者投送,或者试图邮寄或者投送破坏性装置、炸弹或者爆炸物的方式实施,并且被告知道,或者应该知道自己的行为将对于 1 个以上的人的生命构成威胁。

(7) 被告人谋杀的受害人属于本法 830.1,830.2,830.3,830.31,830.32,830.33,830.34,830.35,830.36,830.37,830.4,830.5,830.6,830.10,830.11,或者 830.12 当中所规定的执法人员,谋杀行为属于故意,被害人遇害时正在执行公务。并且被告人知道,或者应该知道被害人正在执行公务的执法人员。或者被害人属于,或者曾经属于上述条款中所规定的执法人员,因执行公务而遭遇报复被故意杀害。

(8) 被告人谋杀的受害人属于联邦执法人员或联邦执法机构雇员,谋杀行为属于故意,被害人遇害时正在执行公务。并且被告人知道,或者应该知道被害人正在执行公务的执法人员。或者被害人属于,或者曾经属于上述条款中所规定的执法人员,因执行公务而遭遇报复被故意杀害。

(9) 被告人谋杀的受害人属于本法 245.1 所界定的消防员,谋杀行为属于故意,被害人遇害时正在执行公务。并且被告人知道,或者应该知道被害人正在执行公务的消防人员。

(10) 被告人谋杀的受害人是某起刑事犯罪的证人,谋杀行为属于故意,目的在于阻止其在一般刑事程序,或者青少年司法活动中出庭作证。或者受害人曾经是某起刑事犯罪的证人,因为曾出庭作证而被报复所故意杀害。而本项中所提到的所谓青少年司法程序的定义,可参见 Section 602 or 707 of the Welfare and Institutions Code。

(11) 受害人是,或者曾任本州或者任何其他州,或者任何联邦检察官办公室的检察官,或者助理检察官,谋杀行为属于故意,目的在于报复,或者防止受害人的公务行为。

(12) 受害人是,或者曾任本州或者任何其他州法官,或者联邦法官,谋杀行为属于故意,目的在于报复,或者防止受害人的公务行为。

(13) 受害人是获选出任,或者受任命,出任州或者联邦政府公职的官员,谋杀行为属于故意,目的在于报复,或者防止受害人的公务行为。

(14) 谋杀手段极度凶恶、残忍、凶暴或者丧心病狂。本项所规定的所谓"凶恶、残忍、凶 (转下页)

无独有偶,纽约州的死刑成文法也规定在认定被告人一级谋杀罪名成立之后,必须单独通过量刑阶段确定对其适用死刑还是终身监禁不得假释。绝大多数情况下,量刑阶段的审理必须有认定被告人有罪的同一陪审团做出。在定罪阶段,陪审团所考察的加重情节都是定罪阶段已经被排除合理怀疑地证明了的,对此,不得提出异议。除此之外,在量刑阶段,纽约州允许政府方面证明(a)在本罪判决之前的 10 年间,被告人曾经被判两个以上的罪名成立,其中包括纽约州法所规定的 A 级或者 B 级重罪,或者在其他司法区发生,并且可能导致 1 年以上监禁刑,并且涉及使用、威胁使用致命性武器意图伤害或者杀害他人的情况。而根据纽约州的规定,如果能够证明上述情况,即可将其视为一种法定的加重情节。对此,陪审团必须排除合理怀疑地一致加以认定,同时允许控辩双方对此进行质证与反驳,检方也必须事先告知辩方自己意图提起此类证据的意愿。至于减轻情

（接上页）暴或者丧心病狂"主要指一种对于受害人造成不必要痛苦的无良,或者令人唾弃的犯罪。

（15）被告人通过截候的方式杀害被害人。

（16）被害人因为自己的种族、肤色、宗教、国籍或者原住地而被故意杀害。

（17）谋杀行为发生在被告人作为主犯或者共犯所实施的,或者试图实施的下列重罪过程当中:

（A）本法 211 或者 212.5 当中规定的抢劫罪。

（B）本法 207,209,或者 209.5 当中规定的绑架罪。

（C）本法 261 当中规定的强奸罪。

（D）本法 286 当中规定的鸡奸罪。

（E）本法 288 当中规定的针对不满 14 岁未成年人所实施的秽淫行为。

（F）本法 288 当中规定的口交行为。

（G）本法 460 当中规定的 1 级或者 2 级夜盗行为。

（H）本法 451 当中规定的纵火行为。

（I）本法 219 当中规定的颠覆列车行为。

（J）本法 203 当中规定的残害肢体行为。

（K）本法 289 当中规定的受意强奸。

（L）本法 215 当中规定的劫持汽车行为。

（M）为了证明本项(B)规定的绑架,或者(H)当中规定的纵火中规定的特殊情节,如果其中包括杀人的直接故意,只需要通过证明上述重罪的构成要素即可证明。这就是说,即使绑架或者纵火重罪的目的主要,或者只是用来实施谋杀,也可以采用此种证明方式。

（18）谋杀犯罪为故意实施,且行为手段涉及酷刑。

（19）被告通过投毒而故意实施杀害受害人的行为。

（20）受害人是,或者曾任本州或者任何其他州,或者任何联邦司法活动中的陪审员,谋杀行为属于故意,目的在于报复,或者防止受害人的陪审行为。

（21）谋杀是通过从机动车当中使用武器,目的在于造成机动车之外的其他人死亡。本项当中所规定的机动车,主要参见 Section 415 of the Vehicle Code。

（22）被告人实施故意杀人的时候属于 186.22(f)当中所界定的帮派组织成员,而谋杀行为的目的在于实施帮派的犯罪活动。

节,纽约州法律规定,辩方必须提出压倒性的证据,对于减轻情节加以证明。对此,检方只能在质证阶段对其提出证据,加以反驳。纽约州法承认的减轻情节包括:(a)被告人从未有过针对他人使用暴力的犯罪历史;(b)犯罪时被告人处于一种精神愚钝,或者因为精神障碍无法严格遵守法律的状态;(c)被告人当时处于遭人胁迫的状态;(d)被告人属于从犯;(e)被告人实施谋杀犯罪时处于醉酒或者吸毒状态;并且(f)以及其他任何与犯罪或者犯罪人有关的减轻情节。在综合考查所有相关加重与减轻情节之后,如果陪审团能够一致排除合理怀疑地相信加重情节相对于减轻情节具有压倒性,就可以对于被告人认定死刑,但必须明确对其决定产生影响的加重情节或者减轻情节。如果陪审团一致确认被告人该当终身监禁,则必须判处其终身监禁。而纽约州死刑成文法最为遭人非议的部分在于其规定,如果陪审团无法就适用死刑或者终身监禁得出一致意见,则由法官判处被告人 25 年监禁至终身监禁的刑罚,而这种规定在美国来说也算是较为另类的了。很多批评意见认为,这样的一种量刑程序缺乏逻辑,并且可能会导致被告人得到不当的宽待,因为根据这样的一种规定,被告人虽然被判处终身监禁,但仍有可能被提前假释。①

事实上,上述判例与成文法的核心特质即在于强调死刑量刑的具体化、个人化。这一点在与格雷格案具有同等意义的"伍德逊诉北卡罗来纳州案"(*Woodson v. North Carolina*)②中体现的尤为明显。在本案中,多数派法官认定量刑时,不仅要考虑犯罪事实,而且需要考虑和被告人性格、秉性以及犯罪情节相关的种种要素。"伍德逊案"的意义在于从宪法的高度将死刑量刑的个别化固定起来。

简言之,美国死刑量刑的具体化、个别化是通过由陪审团综合考察针对被告人存在的所谓加重情节与减轻情节得以实现的。但司法实践中,针对加重情节与减轻情节的具体认定,仍然存在诸多问题。

(1) 死刑量刑过程中加重情节的司法适用

任何接触过司法实践的人都会对于相关事实细节的庞杂与无序感触颇深。事实上,围绕所谓加重情节的司法认定更是如此。其中,一个非常吊诡的问题是,大多数美国司法区在成文法当中都没有对于加重情节进行立法界定,而是采

---

① 参见 Deborah L. Heller, Death Becomes the State: The Death Penalty in New York State-Past, Present and Future, 28 *Pace L. Rev.* 589(2008)。

② 参见 *Woodson v. NorthCarolina*, 428 U. S. 280(1976)。

取列举的方式对其加表述,同时,美国死刑案件的量刑阶段还会出现适用所谓非法定加重情节,即成文法规定之外的加重情节的情况。这就导致了在适用加重情节的过程中非常容易出现混淆。对此,美国联邦最高法院通过一系列判例对于死刑量刑过程中加重情节的司法适用进行了明确。

首先,死刑成文法中的加重情节规定应该尽可能明确,避免模糊。

1980年,美国联邦最高法院在"古德佛瑞诉佐治亚州案"(*Godfrey v. Georgia*)①中认定佐治亚州死刑成文法中对于加重情节的规定违反宪法。该州法律规定,如果陪审团可以排除合理怀疑的认定某项犯罪"因为涉及对于受害人进行折磨或者丧心病狂的殴打,因而十分残暴或者恣意卑劣"(Outrageously or wantonly vile, horrible or inhuman in that it involved torture, depravity of mind, or an aggravated battery to the victim),即可判决被告人死刑。对此,联邦最高法院多数派法官认为,这样的一种规定因为语焉不详,较为模糊,因此并没有充分限制陪审团量刑的任意性,故判定其违反宪法第8及宪法第14修正案。值得一提的是,在多数派意见中,有法官质疑本案被告古德佛瑞的行为与其他没有被判处死刑的一般杀人行为区别不大。而这也暗含了笔者前文所提到的死刑量刑过程中法定加重情节的模糊性问题。陪审团在审理本案时似乎将案件性质本身作为了一种加重情节加以考虑。8年后,美国联邦最高法院在"梅纳德诉卡特怀特案"(*Maynard v. Cartwright*)②中对于这一问题进行了进一步明确。在本案中,俄克拉荷马州的一个陪审团认定被告的犯罪行为符合两个法定加重情节,其中一个就认为被告人的犯罪行为"穷凶极恶,极端残忍"(Especially heinous, atrocious, orcruel)。对此,美国联邦最高法院认定此种法定加重情节因为太过模糊而违反宪法。在其看来,类似于这样的规定违反了福尔曼案以降试图通过明确死刑成文法,限制陪审团量刑自由裁量权的初衷,容易造成陪审团量刑阶段的自由擅断。事实上,俄克拉荷马州死刑成文法中的类似规定与之前美国联邦最高法院通过古德佛瑞案所否定的佐治亚州死刑成文法没有实质性区别。虽然诸如上面提到的佐治亚州与俄克拉荷马州死刑成文法因为对于加重情

---

① 参见 *Godfrey v. Georgia*, 446 U. S. 420(1980)。本案的被告古德佛瑞(Godfrey)醉酒后与妻子发生口角,后者起诉离婚,古德佛瑞随后持枪前往其岳母家,枪杀了岳母及妻子。

② 参见 *Maynard v. Cartwright*, 486 U. S. 356(1988)。本案中,一位被一对夫妇炒鱿鱼的前雇员,进入到该夫妇的家中,先是向女受害人连开两枪,随即枪杀了男主人,再反过来用刀将女性受害人的喉咙割断,并连续两次用刀刺击该受害人。

节规定的过于模糊而被判违反宪法,但一个无法否认的事实却是语言的特征之一即在于其本身所具有的模糊性,换句话说,只要存在语言,就一定会存在所谓模糊性的问题。也正是基于这样的一种前提,美国联邦最高法院在"亚乌亚诉格里奇案"(*Arave v. Creech*)①中对于加重情节的立法设定标准进行了明确。在本案中,控辩双方争议的焦点在于爱达荷州死刑成文法中所规定的法定加重情节"谋杀行为本身,或者与其相关的情节所表明的行为人针对他人生命的毫不在意"(Utter Disregard For Humanlife)。对此,美国联邦最高法院认定,爱达荷州死刑成文法中所规定的"对他人生命的毫不在意"这一法定加重情节本身符合宪法。在本案中,美国联邦最高法院明确提出,死刑成文法,尤其是法定加重情节必须具有"明确且客观的标准"(Clear and Objective Standards),从而为陪审团的死刑量刑提供明确且具有操纵性的指导,限制其自由裁量权。对于何谓"明确且客观的标准",可以将其理解为三步走的判断方式。首先,法定加重情节本身是否含混、模糊、语焉不详;其次,如果法定加重情节较为模糊,立法机构是否对此进行过立法解释;最后,此种立法解释是否充分。

其次,非法定死刑加重情节的司法适用。

除了上述法定加重情节之外,美国死刑适用过程中还会出现所谓的非法定加重情节,检方可以在庭审过程中提出某些作为死刑判决基础的和被告本人相关的要素。允许检方提出所谓的非法定加重情节理由似乎较为简单,因为成文法的概括性、事后性与固定性都无法涵盖具体犯罪发生过程中可能出现的具体情况。因此,允许在死刑量刑阶段适用非法定加重情节实际上可以通过给量刑者提供关于被告本人的信息来满足量刑的个性化。司法实践中最为常见的非法定加重情节主要指所谓人身危险性,即被告人对于社会未来可能造成的危险性。② 对此,美国联邦最高法院也通过1976年的杰里科案③加以肯定。阿拉巴马、加利福尼亚、佐治亚州、伊利诺斯州、路易斯安那、密苏里、蒙大拿、内华达、新

---

① *Arave v. Creech*,507 U.S. 463(1993). 本案中,格里奇(Creech)本为正在服刑的重罪罪犯,后其在监狱当中残忍地杀害了一名狱友。

② 从立法角度来看,虽然像得克萨斯州、弗吉尼亚州将人身危险性作为死刑适用的前提条件,但很多州,如爱达荷、俄克拉荷马以及怀俄明等州通过立法,明确将被告人的人身危险性作为死刑案件的加重情节。另外还有一些州,如科罗拉多、马里兰以及华盛顿州规定了所谓"反向"的法定加重情节,即明确将缺乏人身危险性规定为死刑量刑的减轻情节。参见 William W. Berry III, Ending Death by Dangerousness A Path to the De Facto Abolition of the Death Penalty, 52 *Ariz. L. Rev.* 889(2010)。

③ 参见 *Jurek v. Texas*,428 U.S. 262(1976)。

墨西哥、北卡、俄亥俄、宾夕法尼亚、南卡以及犹他州都允许将人身危险性作为死刑量刑阶段的非法定加重情节。除此之外，亚利桑那州和佛罗里达州允许被告人主动提交能够证明自己缺乏人身危险性的证据，并将其作为减轻情节加以考量。在司法实践中，对于所谓人身危险性，主要通过被告人所实施的暴力威胁的证据，持续使用暴力的证据，使用武器的证据，以及能够证明被告人具有较低的教化可能、缺乏悔意、在假释的时候从事不端行为以及被告的精神状态等加以判断。[①]

2. 死刑量刑过程中减轻情节的司法适用

和死刑量刑过程中加重情节所遇到的问题类似，减轻情节本身也面临着认定过程中存在模糊情况的困境。根据 1994 年加利福尼亚州以大学生为摹本所做的调查，只有不到一半的模拟陪审员可以解释什么是减轻情节。[②] 1978 年，通过"罗凯特诉俄亥俄州案"（Lockett v. Ohio）[③]，美国联邦最高法院明确了死刑量刑过程中对于减轻情节考察的基本原则。在本案中，俄亥俄州针对谋杀的结果加重犯规定了强制适用的死刑，并规定此种强制性死刑适用仅在法定的三种减轻情节存在的情况下才可以不适用。美国联邦最高法院认定俄亥俄州的上述立法因为对于死刑量刑阶段的减轻情节进行立法限制，因此违反了宪法第 8 修正案及宪法第 14 修正案。在此基础上，美国联邦最高法院进一步明确，美国宪法第 8 及第 14 修正案要求死刑的量刑者，除极特殊情况外，在所有死刑案件的量刑过程中，不得排除任何被告人所提出的用来减轻刑罚的性格或者犯罪事实等减轻情节。在本案中，因为俄亥俄州死刑成文法不允许陪审团考察法定减轻情节之外的与被告人有关的其他减轻情节，因此可能导致死刑适用的不适当。10 年后，美国联邦最高法院通过"米尔斯诉马里兰州案"（Mills v. Maryland）[④]，对于减轻情节的适用标准进行了明确，即对于死刑案件中减轻情节的认定，不需

---

① 参见 David J. Novak，Trial Advocacy：Anatomy of a Federal Death Penalty Prosecution：A Primer for Prosecutors，50 *S. C. L. Rev.* 645(1999)。

② 参见 Craig Haney & Mona Lynch，Comprehending Life and Death Matters：A Preliminary Study of California's Capital Penalty Instructions，18 *Law & Hum. Behav.* 411(1994)。

③ 参见 *Lockettv. Ohio*，438 U. S. 586(1978)。本案的被告被怂恿参与武装抢劫，并担任实行犯的接应者，后因为实行犯的抢劫行为导致了他人的死亡结果，因此被控谋杀罪，并被求处死刑。

④ 参见 *Mills v. Maryland*，486 U. S. 367(1988)。在本案中，一名在马里兰州服刑的罪犯因为谋杀自己的狱友而被判处谋杀罪名成立。该名罪犯认为马里兰州的死刑量刑程序违反宪法，因为根据该州法律，如果陪审团无法就某一具体减轻情节达成一致意见，即使某些陪审员承认存在减轻情节，也仍然要求对其适用死刑。

要陪审团达成一致，也不需要排除合理怀疑地加以证明。综合来看，在司法实践当中，未成年①、积极服刑改造②等都在某种程度上可以被用来作为死刑案件审理过程中的减轻情节。事实上，在"希区柯克诉达格案"（*Hitchcock v. Dugger*）③中，美国联邦最高法院已经明确，死刑案件审理阶段减轻情节不应被局限在法定减轻情节的范围内。

有学者批判，美国现行的死刑量刑模式存在以下几点致命缺陷。首先，法官没有对于陪审团进行明确的法律指导，从而使其充分地认定以及理解减轻情节，从而违反了美国联邦最高法院在"福尔曼案"中的相关判决。其次，目前美国死刑案件的量刑阶段允许，甚至纵容不适当的加重情节的适用，从而违反了美国联邦最高法院此前的相关判决。第三，目前死刑量刑过程当中大量使用成文法规定之外的加重情节，从而违反了美国联邦最高法院在"罗凯特案"当中的判决。事实上，对于某些较为模糊的情节，其究竟是可以作为减轻情节，还是作为加重情节存在的可能性是模糊的。④

3. 美国死刑的上诉程序

一般而言，美国司法实践中的上诉程序十分复杂，而这一点在死刑案件的审理过程当中体现的更为明显。美国死刑案件的审理记录往往超过 3 000 页，控辩双方的争议事项可能会数以十计。因为死刑案件的重要性、复杂性，美国死刑案件的上诉一方面是法定的必然程序，另一方面，因为死刑上诉一般历时较长，可能会导致出现诸多问题。⑤

以得克萨斯州死刑上诉程序为例，从发展顺序来看，如果陪审团认定某人死刑罪名成立，并且判处其死刑，可能会导致出现两个结果。首先，被判处死刑的罪犯可以在发现新的事证的情况下，在一审判决作出 30 日内申请再审。其次，如果不申请再审，被判处死刑的罪犯必须向德州的最高刑事法院提出上诉。在

---

① 参见 *Johnson v. Texas*，509 U. S. 350(1993)。

② 参见 *Skipper v. SouthCarolina*，476 U. S. 1(1986)。

③ 参见 *Hitchcock v. Dugger*，481 U. S. 393(1987)。

④ 参见 Joshua N. Sondheimer，A Continuing Source of Aggravation：The Improper Consideration of Mitigating Factors in Death Penalty Sentencing，41 *Hastings L. J.* 409(1990)。

⑤ 参见 S. Adele Shank，The Death Penalty in Ohio：Fairness，Reliability，and Justice at Risk——A Report on Reforms in Ohio's Use of the Death Penalty Since the 1997 Ohio State Bar Association Recommendations Were Made，63 *Ohio St. L. J.* 371(2002)。

上诉过程当中,和原审一样,地区检察官作为州的代表出席。① 目前,德州为了加快程序,提高效率,采取了一种所谓的整合模式,即死刑案件的强制上诉程序与人身保护程序同时进行。在强制上诉过程中,上诉人只能根据案件记载范围内的法律问题进行主张,而不能提出一审范围之外的事实。但在人身保护程序当中,申诉方可以就案件审理的公平公正性提供新的证据:例如,是否辩护律师在审理过程中表现适当,是否检方隐藏了关键物证,是否陪审团的行为不当,等等。这些问题显然必须通过新的事实才能加以验证。例如,如果律师经过调查发现,检方没有提供一名关键证人曾经说谎的证据,就可以因此启动人身保护程序。②

一般而言,上诉审是程序审,即上诉法院不倾向于接触案件的实质部分。但事实是否确实充分,亦即司法机关是否在做出有罪判决提出了足够的证据,一直是死刑案件审理过程中一个必须面对,无法回避的问题。对此问题,德州刑事上诉法院通过一系列判例认定自身有权力在包括死刑案件在内的刑事案件中对于事实的充分性进行考察。

从反思的角度来看,对于德州,或者类似于德州的死刑上诉程序,存在不同的批评意见。其中一种观点就是认为死刑审理十分容易出现错误,而冗长的上诉程序让所有的错误都可能暴露无遗,从而事实上使得所有死刑判决在上诉阶段都被推翻。其他的一些人认为基于种种考量,上诉审法官一般不愿推翻死刑,从而造成死刑上诉程序往往流于形式。③

(二)美国死刑案件审理程序的横向阶段

1. 美国死刑适用过程中的检方

检方在死刑案件中所起的作用是显而易见的,某种程度上,检方的自由裁量权成为决定被告人生死的最为重要的因素。然而,当检方的自由裁量权受到某种非法要素的不当影响——如检察官的种族偏见、地方政治的干预、对于个人地位或者金钱利益的贪婪等——如何对于死刑案件中检方的自由裁量权加以限制

---

① 参见 Guy Goldberg & Gena Bunn, Balancing Fairness & Finality: A Comprehensive Review of the Texas Death, 5 *Tex. Rev. Law & Pol.* 49(2000)。

② *Brady v. Maryland*, 373 U. S. 83(1963)。

③ 参见 David Blumberg, Habeas Leaps from the Pan and into the Fire: Jacobs v. Scott and the Antiterrorism and Effective Death Penalty Act of 1996,61 *Alb. L. Rev.* 557(1997)。

与规范就成为一个非常现实,同时又非常重要的问题。①

一般而言,地方检察官在行使求处死刑的自由裁量权时主要考虑如下两点因素:首先,相关犯罪的具体情节,尤其是针对犯罪公众的一般法情感。如具罪行十分残忍,或者公众对于犯罪感到极度反感,如涉及多名受害人、杀人过程中还实施了强奸及其他重罪、滥杀无辜或者陌生人等案件,检方都容易对其实施者求处死刑。其次,求处死刑成功的概率。换句话说,检方需要综合考察已有证据的合法性与结论性。因为预算有限,加之对于个人政治前途的考量,地方检察官一般很担心自己会在死刑案件中落败,同时担心死刑上诉所引起的媒体关注和严格的审查。因此,其往往会将有限的资源集中在少数最有可能获胜的案件,对其求处死刑。② 在综合考量上述两点要素之后,如果检察官决定对于被告人求处死刑,还需要履行特定的程序。以联邦地区检察官办公室求处死刑的步骤为例③,基本上需要遵循如下 3 个步骤:首先,地方检察官办公室,或者地方死刑检查委员会决定对于被告求处死刑;其次,将这一决定送交美国联邦总检察长办公室死刑检查委员会加以审查;最终,美国联邦总检察长对于是否对于该被告人求处死刑的最终决定。④

和上诉问题相关的另外一个问题还在于检方是否应该在事先将求处死刑的意愿告知辩方。对此,在美国各司法区曾经出现过相关论争。例如,有人曾针对

---

① 例如在福尔曼案恢复死刑适用之后,得克萨斯州达拉斯县地区检察官办公室仅在一起死刑案件中败北,而导致其在死刑案件的起诉中几乎百战百胜的武器就在于为了胜诉不择手段,甚至包括故意干扰辩方提出减少被告可责性的证据,唆使证人作伪证等。在这些检察官看来,如果能够确认被告实施了杀人犯罪,那么用什么手段将其送上绞刑架就成为一个不是问题的问题。参见 Brent E. Newton, *A Case Study in Systemic Unfairness:The Texas Death Penalty*,1973 - 1994,1 *Tex. F. on C.L. & C.R.* 1(1994)。

② 参见 Guy Goldberg & Gena Bunn, *Balancing Fairness & Finality:A Comprehensive Review of the Texas Death Penalty*,5 *Tex. Rev. Law & Pol.* 49(2000)。

③ 美国联邦司法部一般认为死刑案件具有地方属性,因此,一般应该由案发所在州的司法系统来加以处理。在相关的工作规范当中,联邦检察官只有在对于特定案件求处死刑所能达成的联邦利益超过州或者地方的利益的时候才可以对于该被告求处死刑。在衡量联邦利益与州或者地方利益的时候,需要考量如下三点要素:

    (A) 死刑起诉中能够在多大程度上体现州的利益;

    (B) 犯罪在多大程度上超越了地方的司法管辖范围;

    (C) 相关州对于该被告人求处死刑的意愿与能力。

    参见 David J. Novak, Trial Advocacy:Anatomy of a Federal Death Penalty Prosecution:A Primer for Prosecutors,50 *S.C.L. Rev.* 645(1999)。

④ 参见 Kevin McNally, Race and the Federal Death Penalty:A Nonexistent Problem Gets Worse,53 *DePaul L. Rev.* 1615(2004)。

伊利诺斯州死刑成文法提出违宪指控,认为该州死刑成文法因为没有规定检方应该事先告知对于被告求处死刑的决定,因此剥夺了被告应该享有的宪法第 14 修正案所规定的适当程序权。伊利诺斯州最高法院认为,适当程序是具有灵活性的,因此检方告知辩方求处死刑的具体时间与被告所享有的适当程序之间没有必然联系。[①]

应该承认,除了检方在求处死刑问题上作出的决定之外,在死刑适用过程中,检方还会通过遴选陪审员、交叉质证等具体手段执行其求处死刑的决心,限于篇幅,这一部分内容可参见本章相关部分的论述。

2. 美国死刑案件审理过程中的律师

在很大程度上,辩护律师在死刑案件中发挥的作用是独一无二的。死刑辩护律师需要调查案件事实和与案件有关的法律,需要遴选陪审员,需要在陪审团面前作开篇立论和总结陈词,提出和反驳实体证据,询问及交叉询问证人,满足陪审团审理案件的其他要求。死刑案件对非死刑案件中初审律师的角色增添了一些重要且独特的标准和要求。辩护律师一开始介入案件,注意力就要集中在两个方面,即为定罪阶段和量刑阶段作准备。在死刑案件中,辩护律师在有罪判决后必须准备完整的"第二次审判"以决定当事人的生死。因此,辩护律师和对这种努力持批判态度的减刑专家一起工作是非常普遍的现象。另一个几乎是死刑案件特有的方面是律师必须不断地考虑真正死刑判决之前的每一步的结果。当陪审团的挑选开始,被告人被判死刑之前,有希望成为陪审员的人会被仔细的询问对死刑的看法。控辩双方律师都已经为死刑辩论做了准备,所以陪审团的选择对审判阶段的结果是十分关键的。定罪阶段的证据出示和质证与量刑有关联,所以在定罪阶段,整个辩护技巧的设计旨在为量刑提供帮助。所有这些因素都表明,死刑案件中辩护律师的关键责任就在于一边关注时间,一边关注被告人最终是否应该被判死刑。[②]

美国死刑案件审理过程中一个经常遭人诟病的现象即在于死刑辩护过程中律师提供的法律服务质量不高的问题。导致这种情况出现的原因十分简单,一方面,死刑案件的审理程序及审后程序十分复杂,需要十分专业的律师付出大量

---

① 参见 Daniel S. Reinberg, The Constitutionality of the Illinois Death Penalty Statute: The Right to Pretrial Notice of the State's Intention to Seek the Death Penalty, 85 *Nw. U. L. Rev.* 272(1990).

② Victor L. Streib, Standing Between the Child and the Executioner: The Special Role of Defense Counsel in Juvenile Death Penalty Cases, 31 *Am. J. Crim. L.* 67(2003).

时间、精力，需要大量的资源与金钱；另一方面，大量死刑案件的被告都经济拮据，根本无力支付高昂的律师费用。[①] 以得克萨斯州为例，根据相关学者的调查，有大约75％—95％的死刑被告人没有经济能力雇佣律师，因此需要法院为其提供免费的指定律师。而这个数字在死刑审后程序当中几乎可以达到100％。[①] 上述两种因素共同作用的结果就导致律师在死刑案件的审理过程中往往无法提供高质量的法律服务。于是，在死刑案件的审理过程中，出现睡着或

---

① 1位曾代理死刑案件的知名律师曾如此回忆，"我的当事人1947年生于马萨诸塞，后被人收养，早年一直是1个问题儿童。他先后被判过27项罪名成立，其中包括盗窃、贩毒、攻击、私藏武器、轻率驾驶等等。在我第一次看到他时，他37岁，是爱达荷州矫正机构的第18362号犯人，正在等待被执行死刑。我是他的现任律师，1985年我第1次在监狱中见了我的当事人。他体重300磅，呼吸困难，身带脚镣手铐，努力不让手捧1箱文件的自己失去平衡，而其所说的话也都是市井俚语，他的胳膊上纹着1只竖起的中指，旁边是大大的'FuckYou'二字。他一直在竭力掩饰自己的绝望，仿佛整个世界都是他的敌人，不仅自己的同伙背叛了自己，警官、检察官、法官甚至之前的律师也和自己过不去。他不希望再有任何律师为自己辩护。我一直在听他大放厥词，而且我发现自己并不喜欢他。我是来自纽约的律师，极少出庭辩护，更从来没有接手过死刑案件。我之所以同意我免费为他辩护的理由是因为我相信宪法当中的相关理念。当时很多州甚至对于没有律师辩护的人也判处死刑。或许对于我的当事人而言，我只是另外的1个会出卖他的律师而已。或许，只有在这种情况下，1位毕业于常青藤名校法学院的新人才可能被看作是会从事出卖行为的人。我告诉自己并不一定要喜欢这名当事人。然而，即使从来没有研究易变的死刑理论，我却丝毫不怀疑我可能是他人生当中的最后1个机会。但那个时候我并没有想到的是，在为这个愤怒的人辩护之后的16年当中，他会丰富我的生活并且成为我的一个朋友。无论当时我对我的当事人印象为何，我都分明能够感觉到自己将输掉这个死刑案件的挫败感，目睹自己的当事人被处死的无能为力的感觉。这样的一种担心经常在某些特别的时候来袭：在纽约地铁的人群当中、在中央公园漫步的时候、在和朋友在康涅狄格州共进午餐的时候、在晚上讨论公司法律问题的时候，等等。随着死刑执行期限的日益迫近，似乎胜诉的希望变得愈发渺茫，我自己对于美国司法体系存在的意义是为了维持公正的理念也在发生着动摇。我甚至认为我担任辩护律师的唯一作用仅仅是为爱达荷州处死我的当事人提供形式合法性，如果没有我的介入，或许可以让爱达荷州的死刑执行显得更加难看。我越来越感觉到自己仿佛也成为一场杀人事件的直接参与者。我当时供职于某个世界级的律师事务所，从事的业务也几乎全部集中于不动产及金融，而非刑事案件，更惶论死刑案件的辩护了。因此，最开始我所供职的律师事务所并不支持我接手这起死刑辩护，甚至连我的父母也对我是否有能力处理刑事案件表示怀疑。而我在的律师所最开始的时候是反对我接手这样的案件的，理由很简单，我们律师事务所从不代理刑事案件，因此应该对于时间加以最大化利用，为律师事务所赚取最大化的利益。虽然经过争取，律师事务所的执行委员会最终同意我的代理请求，但没有人，包括我在内，能够预想案件的诉讼过程会如此漫长，如此困难。从1985年接手案件一直到2001年案件终结，我从来没有后悔过。我很快就发现我不能自己单枪匹马地处理这起案件，在这16年当中，我所在律师事务所的大量律师都关注，并且帮助我代理本案。我在这个案件上花费了上千小时，放弃了夜晚和周末。年复一年，花费了大量的金钱，如果没有这样的一种无声的，毫不附带条件或者代价的帮助，以及那些受到NAACP法律辩护资金资助的律师的支持，我的当事人很有可能已经早就被执行死刑。"参见 Edwin Matthews, Jr., Death Penalty Symposium: Essay: What Justice Takes, 35 *U. Tol. L. Rev.* 625 (2004)。

① 参见 Brent E. Newton, A Case Study in Systemic Unfairness: The Texas Death Penalty, 1973-1994, 1 *Tex. F. on C.L. & C.R.* 1(1994)。

者喝醉了的律师、出现出庭前不做任何准备的律师、出现在庭审过程中噤声不语的律师,出现仅用一天就将死刑案件的陪审员遴选完毕的律师,以及出现在死刑量刑阶段不提出任何可能对于被告人有利的律师就显得再正常不过了。[①]

（3）死刑案件代理律师的遴选资格

因为死刑案件事关生死,且往往案情复杂,因此,对于代理律师的职业素质与执业经验也往往要求较高。即使法院对于经济拮据的死刑被告人所指定的律师,也必须满足特定的要求。对此,美国各司法区,甚至各司法区内部都做出了具体规定。例如,德克萨斯州达拉斯县规定,只有具备以下 3 个条件的律师才可以被法院指定担任死刑案件的辩护律师。首先,担任死刑案件的代理律师必须有 5 年以上代理严重刑事案件的执业经历;其次,在达拉斯县境内代理死刑案件的律师必须参加由该县法院组织的为期 3 天的专门培训;再次,通过专门的执业资格测试。在另外的塔伦特县,如果要在死刑案件当中获得担任首席或者次席律师的资格,相关方必须满足如下的条件:首先,该律师必须具有德州或者其所执业的司法区所要求的律师资格;其次,该律师必须熟悉德州刑法;再次,该律师必须接受持续且十分严格的死刑辩护训练。除此之外,被指定担任死刑案件首席律师的人需要 10 年以上刑事辩护经历,同时具备德州特殊法律事务委员会所出具的刑事案件执业资格的证明。因此,在塔伦特县,能够被法院指定担任死刑案件首席辩护律师的人必须具备相当丰富的刑事辩护经验,并且至少一次曾担任过死刑案件辩护律师的经历。对于死刑审理阶段担任辅助作用的次席律师,以及代理上诉等审后程序的律师,要求相对宽泛,仅需要具备 5 年以上刑事辩护经历,并且对于担任第二律师或者上诉律师的要求则相比之下显得较为宽泛。这些律师必须有 5 年的刑事案件辩护经历,并且有处理重大疑难刑事案件的实际经验。[②]

（三）死刑案件代理律师执业情况的认定标准

由于司法资源的相对有限性,法院往往无法为死刑案件的被告聘请高质量的专业律师,也因此导致了很多问题的出现。很多当事人以政府指定律师表现不专业,甚至出现错误为由,要求推翻已决的死刑判决。对此,1984 年,美国联

---

① 参见 Paul Calvin Drecksel, The Crisis in Indigent Defense, 44 *Ark. L. Rev.* 363(1991)。

② 参见 Guy Goldberg & Gena Bunn, Balancing Fairness & Finality: A Comprehensive Review of the Texas Death Penalty, 5 *Tex. Rev. Law & Pol.* 49(2000)。

邦最高法院在"斯蒂克兰德诉华盛顿案"（*Strickland v. Washington*）①中，将宪法第 6 修正案规定被告享有律师辩护权的目的解读为确保审判公平，这也是为什么法庭需要为无力聘请律师的被告人指定辩护律师的原因。但律师本身的存在与否并不是宪法第 6 修正案的终极目的，换句话说，刑事案件中被告人所聘请的，或者法庭为其指定的律师必须具有能够与检方进行有效对抗的经验与能力。因此，美国联邦最高法院通过本案，为评价被告人主张刑事辩护律师所提供的法律服务无效是否成立设定了两项客观评价标准：首先，被告必须证明律师的表现是存在重大缺陷的，因为没有完成宪法第 6 修正案对于律师职能的预期。其次，律师表现过程中出现的"重大缺陷"剥夺了被告享有公平审判的权利。只有在同时满足上述两个条件的情况下，被告人因为律师表现不力质疑自己所受死刑的正当性的主张才有可能被法院所支持。司法实践中，对于何谓"重大缺陷"必须依照客观理性标准加以判断，这意味着除非有客观且具有说服力的证据，否则美国法院一般推定律师的执业表现是符合相关要求的。从很大程度上，这样一种客观理性标准并未明确规定律师必须履行的特定辩护义务或者应该采取何种特定的辩护技巧，而是尊重律师在面对复杂的具体案情时应该享有的高度自由裁量权。但这并不意味着律师可以为所欲为，相反，律师必须承担合理决定是否进行调查，或者不进行特定调查的义务。在冗长的死刑案件审理过程当中，提起公诉的政府律师与辩护律师都有犯错的可能，因此，错误是不可避免的，也是必须接受的。换句话说，宪法保障刑事案件，特别是死刑案件中的被告人获得较为具有能力的律师代理其诉讼的权利，但并非保障其获得完美辩护的权利。②例如，在"维金斯诉史密斯案"（*Wiggins v. Smith*）③中，美国联邦最高法院认定，如果辩护律师没有有效地调查被告人儿童时期的不幸遭遇，就可以认定为构成了辩护过程中的"重大缺陷"。

---

① 参见 *Strickland v. Washington*，467 U. S. 1267(1984)。本案中，斯蒂克兰德在 10 年期间，作恶多端，实施过 3 起非常残忍的重罪谋杀、绑架及谋杀未遂。斯蒂克兰德对于自己的罪行供认不讳，并且与检方达成了诉辩交易，但辩称自己是因为无法供养自己的家人而遭受巨大的精神压力，不得已才从事犯罪。在庭审过程当中，他不顾辩护律师的反对，决定放弃陪审团量刑，由法官对其刑罚进行厘定。进入量刑阶段之后，辩护律师因为自己的当事人已经认罪，故仅仅提交了斯蒂克兰德遭受巨大精神压力这一减轻情节，并没有要求对于被告人进行精神状况评估，并没有提出任何其他的减轻情节。最终斯蒂克兰德被判处死刑，并以辩护律师提供辩护服务不力为由申请人身保护令。

② 参见 Guy Goldberg & Gena Bunn, Balancing Fairness & Finality: A Comprehensive Review of the Texas Death Penalty, 5 *Tex. Rev. Law & Pol.* 49(2000)。

③ 参见 *Wiggins v. Smith*，539 U. S. 510(2003)。

三、美国死刑中的陪审团

在美国，陪审制度与其说是一种刑事司法体制，倒不如说是一种政治体制。美国的创建者痛感英国殖民时期不堪的历史回忆，坚持将被告人享有受陪审团审判的权利规定在宪法当中，旨在以此保护刑事被告人免受栽赃陷害，预防、限制法官的恣意擅断。但从本质上来说，宪法起草者希望藉由陪审团防止联邦或者地方检方、法官甚至立法者沆瀣一气，陷害政治上的异议者。① 这一点在当前体现得尤为明显，随着时间的推移，美国立法、行政、司法等权力机关都在试图削减陪审团所拥有的权力，从而扩展自己的权力空间，因此，目前陪审团在刑事案件中的审理频率与重要性都处于边缘的状态。② 2008 年，美国约有 96.3% 的刑事案件是通过诉辩交易，而非陪审团解决的。③

虽然陪审团在美国刑事司法当中的作用日益式微，但几乎所有的死刑案件却又都是由陪审团进行定罪量刑，从某种意义上，陪审团对于美国死刑案件的具体审理结果所产生的作用是具有决定性的，例如，陪审团有权选择是否应对于被告适用死刑还是适用终生监禁不得假释④，并且陪审团选择适用死刑的原因也往往会出现悖离宪法目的的情况。⑤ 因此，考察陪审团对于美国死刑发挥影响的作用机制与影响要素，就成为理解美国死刑适用的重要方面。

（一）死刑案件陪审团的遴选及其宪法意义

因为在死刑案件的审理过程当中，陪审团肩负认定被告罪名成立及是否适

---

① 参见 Rachel E. Barkow, Recharging the Jury: The Criminal Jury's Constitutional Role in an Era of Mandatory Sentencing, 152 *U. Pa. L. Rev.* 33(2003)。
② 参见 William G. Young, Vanishing Trials, Vanishing Juries, Vanishing Constitution, 40 *Suffolk U. L. Rev.* 67(2006)。
③ 参见 Douglas A. Berman, Originalism and the Jury: Article: Making the Framers' Case, and a Modern Case, For Jury Involvement in Habeas Adjudication, 71 *Ohio St. L. J.* 887(2010)。
④ 参见 *Simmons v. South Carolina*, 512 U. S. 154(1994)。美国联邦最高法院在本案中明确，在死刑案件的量刑过程中，陪审团应该被告知是否可以选择判处被告终身监禁不得假释。对此，联邦适当程序条款禁止政府律师以及审理法官误导陪审团。
⑤ 据统计，在约 160 起死刑判决当中，有 35 名黑人被告被全部由白人组成的陪审团判处死刑。参见 Richard L. Wiener, The Death Penalty in the United States: A Crisis of Conscience, 10 *Psych. Pub. Pol. and L.* 618(2004)。

用死刑的重大责任,并且需要对于案件事实,特别是证据进行考察,因此保证死刑案件由尽可能公正的陪审员进行审理就成为适用陪审团对于死刑案件进行审判的前提条件。

从美国司法实践来看,确保陪审员能够在死刑案件审理过程中保持相对公正的目的是通过正向(遴选)与负向(排除)两种措施来加以保障实现的。当然,陪审员的遴选过程与排除过程实际上是同时进行的,而且对于特定陪审员的排除也成为陪审员遴选机制的实质内涵。一般而言,审理死刑案件的美国法院允许控辩双方在审前陪审团遴选阶段通过特定的测试标准对于陪审员候选人加以排除。[①] 当然,对于陪审团遴选程序的最终决定权取决于控辩双方及法官,同时,陪审团遴选程序需要满足如下几点要求。首先,考察陪审员候选人的总体背景与其对于死刑的一般看法;其次,陪审员的遴选标准应该尽量客观统一;最后,应该由法官,而不是控辩双方来主导陪审员的遴选过程,从而避免当事方通过选择陪审员来对于案件审理结果事先进行不当干预。[②]

概况来说,目前美国死刑司法实践当中围绕排除陪审员候选人正当性的争论主要集中在两点,即所谓针对陪审员主观态度的排除,及针对陪审员客观特征的排除。[③]

1. 基于陪审员候选人对于死刑态度而进行的排除

显而易见,陪审员候选人对于死刑的信念很有可能影响其在死刑定罪量刑过程所做成的具体判断,因此,美国联邦最高法院明确承认,在陪审员遴选过程中需要对于候选人对于死刑的态度进行考察,并且通过一系列判例建构起这样一种理念,即如果陪审员候选人的个人信念可能防止其在死刑案件的审理过程中公平地发挥作用,即可以在陪审员遴选过程中对其加以排除。

在 1968 年审结的"维泽斯普恩诉伊利诺斯州案"(*Witherspoon v.*

---

① 参见 David J. Novak, Trial Advocacy: Anatomy of a Federal Death Penalty Prosecution: A Primer for Prosecutors, 50 *S.C.L. Rev.* 645(1999)。

② 1963 年德克萨斯州达拉斯县检察官培训手册当中指出,"无论犹太人、黑人、墨西哥人或者其他任何少数族裔多么富有,或者受到过多好的教育,都不要选择其担任陪审员。"虽然这样的一种书面指导意见已经被废止,但不可否认,仍然有大量的检察官秉承这样一种理念来排除少数族裔陪审员候选人。参见 Richard C. Dieter, Blind Justice Juries Deciding Life and Death with Only Half the Truth, www.deathpenaltyinfo.org/BlindJusticeReport.pdf, 2018 年 10 月 23 日最后访问。

③ 参见 Kenneth Miller and David Niven, Mixed Messages: The Supreme Court's Conflicting Decisions on Juries in Death Penalty Cases, 5 *Crim. L. Brief* 69(2009)。

Illinois)①中,美国联邦最高法院明确一项伊利诺斯州成文法中授权检方可以将任何表达对于死刑某种程度反对意见的候选人加以排除的规定违反宪法。后来在"亚当斯诉德克萨斯州案"(*Adams v. Texas*)②中,美国联邦最高法院进一步完善了之前在维泽斯普恩案中所表达的观点,认定一部德克萨斯州成文法所规定的要求陪审员宣誓死刑强制适用将不会干扰其对于被告人是否构成死刑犯罪的判断的做法违反了美国宪法。通过上面两个判例,美国联邦最高法院实际将排除陪审员的根据明确为不得以任何较之于遵守法律、服从陪审员誓言更为宽泛的理由。在"摩根诉伊利诺斯州案"(*Morgan v. Illinois*)③中,美国联邦上诉法院承认辩方有权将那些表示会对于死刑罪名成立的被告人直接适用死刑的陪审员候选人加以排除。在美国联邦最高法院看来,和那些无条件反对死刑的陪审员候选人必须被加以排除一样,那些对于死刑犯罪坚持适用死刑的陪审员候选人无法合理有效地听从并正确适用法官的法律指导,更不可能有效地考察死刑案件中必须考量的加重情节与减轻情节,因此违反了宪法适当程序公正审理案件的要求。

除了根据陪审员候选人对于死刑的主观态度对其加以排除的遴选机制之外,美国死刑司法当中还出现过针对陪审员候选人宗教信仰对其加以排除的做法。一方面因为这种做法的最终目的仍然是考察陪审员候选人对于死刑的观点,另一方面相关的叙述本书讨论宗教与死刑互动的一章当中多有涉及,因此这里不再详述。

2. 基于陪审员候选人的客观特征与属性而进行的排除

相较于考察陪审员候选人主观认知与态度的复杂情况不同,美国历史上还曾经长期出现过仅仅凭借陪审员的种族、肤色等客观属性对其加以排除的现象。对此,美国联邦最高法院在"巴斯顿诉肯塔基州案"(*Batson v. Kentucky*)④当中明确,不得单纯以陪审员的种族为根据在遴选过程中对其加以排除,并认为这样的一种做法违反了宪法第 14 修正案所规定的平等保护条款。但对于这一判决的理解不应流于形式。1990 年,在"霍兰德诉伊利诺斯州案"(*Holland v.*

---

① 参见 *Witherspoon v. Illinois*,391 U. S. 510(1968)。

② 参见 *Adams v. Texas*,448 U. S. 38(1980)。

③ 参见 *Morgan v. Illinois*,504 U. S. 719(1992)。

④ 参见 *Batson v. Kentucky*,476 U. S. 79(1986)。

Illinois)①中,一名白人被告提出,审理本案的一个全部由白人组成的陪审团侵犯了其受到不同种族,特别是黑人行使陪审的权利。对此,美国联邦最高法院认为,巴斯顿案的真正含义在于,宪法保障的不是一个具有种族多元性的陪审团,而是一个具有公正性的陪审团。虽然如此,但美国联邦最高法院通过2003年审结的"米勒诉柯克莱尔案"(*Miller-El v. Cockrell*)②证明,虽然不能说陪审团与陪审员的种族之间存在某种必然的对应关系,但绝对不应在陪审员的遴选过程中出现明显的种族歧视现象。在本案中,德克萨斯州达拉斯县检察官使用10次不需要说明原因的排除权,将全部黑人陪审员候选人加以排除。对此,美国联邦最高法院认为这样做明显是一种种族歧视行为。③ 这一态度也被贯彻在死刑案件当中。2005年,在"米勒诉德莱克案"(*Miller-El v. Dretke*)④中,美国联邦最高法院认为本案陪审团的选择过程违反了平等保护条款。在本案中,负责提起公诉的地区检察官办公室的内部工作规范要求在同等条件下,尽量排除黑人陪审员候选人,并详细规定了具有歧视性的排除技巧。对此,美国联邦最高法院法院这种工作规程违反了宪法平等保护条款。而这也传递了一种明确的信息,即对于陪审员遴选过程中对于少数族裔的排除应当十分谨慎,并且极有可能需要考察相关的记录与司法文件。⑤

(二) 死刑案件中陪审团的职责及反思

用一句话概括死刑案件中陪审团的职能,就是在定罪阶段认定被告人是否罪名成立,在量刑阶段认定被告人是否该当死刑。⑥ 因此,从某种程度上,考察死刑案件中陪审团的职责及归属实际上就是针对宪法第6修正案相关条款的解读问题。⑦

---

① 参见 *Holland v. Illinois*, 493 U. S. 474(1990)。

② 参见 *Miller-El v. Cockrell*, 537 U. S. 322(2003)。

③ 参见 Gary J. Simson & Stephen P. Garvey, Knockin' on Heaven's Door: Rethinking the Role of Religion in Death Penalty Cases, 86 *Cornell L. Rev.* 1090(2001)。

④ 参见 *Miller-Elv. Dretke*, 545 U. S. 231(2005)。

⑤ 参见 David S. Friedman, the Supreme Court's Narrow Majority to Narrow the Death Penalty, 28 *Human Rights* 4(2001)。

⑥ 某些司法区规定死刑案件的被告人可以选择在死刑的量刑阶段是否由陪审团来对其量刑,这里的表述属于一种概括性的描述。

⑦ 参见 Kenneth Miller and David Niven, Mixed Messages: The Supreme Court's Conflicting Decisions on Juries in Death Penalty Cases, 5 *Crim. L. Brief* 69(2009)。

从程序上来看,死刑的定罪阶段与量刑阶段包含了美国刑事司法程序的最基本要素,即犯罪要素与量刑情节,排除合理怀疑的认定标准[1]等等。1970 年美国联邦最高法院[2]中明确了我们所熟知的排除合理怀疑标准的证明标准,从本案开始,美国刑事案件的被告人只有在被指控罪名所有实质要素被排除合理怀疑地加以证明的情况下,才可以被认定罪名成立。1986 年,美国联邦最高法院在"麦克米兰诉宾夕法尼亚州案"(*McMillan v. Pennsylvania*)[3]中对于排除合理怀疑这一证明标准的适用范围进行明确,认定被告人所享有的宪法第 6 修正案的权利仅仅限于犯罪要素,而不限定在量刑情节。至于什么要素是构成要素,什么要素是量刑情节,则属于一种立法建构的问题。

2002 年,美国联邦最高法院在"瑞诉亚利桑那州案"中认定,阿普兰蒂案[4]得适用于死刑案件,认定宪法第 6 修正案要求由陪审团认定死刑适用的加重情节。瑞案实际上确定了美国联邦最高法院放弃了之前对于所谓犯罪实质构成要件与量刑情节的形式性划分,而是采用了一种更为功能性的实质性区分,换句话说,任何使得被告人可能被处以更高刑罚的事实,无论是所谓犯罪实质构成要件,还是量刑情节,都必须由陪审团对其加以认定。总之,被告有权要求陪审团认定自己被指控犯罪的犯罪构成要素,陪审团必须排除合理怀疑地对于这些犯罪构成要素加以确认,即便存在量刑指南的情况下,任何增加被告人法定刑的事实都必须被判处合理怀疑地加以认定。除了规范对于死刑案件中加重情节的认定程序与认定标准之外,美国联邦最高法院还通过一系列判例对于死刑案件中减轻情节的认定进行了规范。1988 年美国联邦最高法院[5]中认定,法官对于陪审团如何适用死刑的法律指导意见中对于加重情节的认定进行了明确,但却没有对于陪审团如何认定减轻情节提出任何说明的做法,如果其中包括了要求陪审团的

---

[1] 在那些适用排除合理怀疑认定标准的州,通常沿用的是 1850 年马萨诸塞州在"马萨诸塞州诉韦伯斯特案"(*Commonwealth v. Webster*)中所采用的标准:"合理怀疑并不是一种单纯的怀疑,而是一种与人们行为方式有关的拟制意义上的道德怀疑。换句话说,所谓排除合理怀疑是指在充分比较证据,进行综合考察之后,陪审员认识到在这样的一种情况下自己不能认为特定的判决可以具有约束力的道德上的确定性。"另外,美国联邦最高法院在 *Victor v. Nebraska* 案中明确提出,排除合理怀疑并不需要一种"绝对或者数学上的确定性。"参见 Craig M. Bradley, A (Genuinely) Modest Proposal Concerning the Death Penalty, 72 *Ind. L. J.* 25(1996)。

[2] 参见 *In re Winship*, 397 U. S. 358(1970)。

[3] 参见 *McMillan v. Pennsylvania*, 477 U. S. 79(1986)。

[4] 参见 *Apprendi v. New Jersey*, 530 U. S. 466(2000)。

[5] 参见 *Franklin v. Lynaugh*, 487 U. S. 164(1988)。

判决应建立在所有证据的基础上的规定,即可被认定符合宪法。

应该承认,美国死刑的死法适用过程绝对不应被理解为一种由陪审团主导的简单的加减法过程,被告人是否该当死刑,绝对不是加重情节与减轻情节数量上的单纯比较,而是陪审团对于案件及被告人的一种主观定性。换言之,即使死刑案件中陪审团发现加重情节压倒了减轻情节,仍然可以选择不适用死刑。[①]在某些极端情况下,即使客观上加重情节不具有压倒性,陪审团还是可能基于种族、性别或者其他非法定因素选择适用死刑。

应该承认,包括种族、性别等因素在多大程度上会影响陪审员在死刑定罪或者量刑过程中的判断或者决定极难评价。但似乎可以认定,作为民意的拟制与表达机制,作为陪审团决定所表达出来的最终意志,往往可以在很大程度上弱化陪审员个人的偏好,陪审员的个人特质往往会在集体决定的厘定过程中丧失殆尽。[②] 或许,也正是在这个意义上,《失控陪审团》(Run Away Jury)[③]才永远只能存在于荧屏之上。

第三节 小 结

死刑审理程序是整个死刑问题研究的形式核心。

从某种程度上,作为刑罚一种具体表现形式的死刑问题必须纳入到程序法当中进行研究,而这种情况在美国死刑问题研究中体现的更为明显。具体而言,美国死刑问题研究的最重要立脚点应该是从程序法、证据规则视角切入的死刑审理程序。

在美国死刑审理过程中,检方、辩方、法官、陪审员及专家证人等多种变量共同作用,各自充分利用自身所具有的法定权利,围绕死刑的是否适用进行博弈。

---

① 参见 Rory K. Little, the Federal Death Penalty: History and Some Thoughts about the Department of Justice's Role, 26 *Fordham Urb. L. J.* 347(1999)。

② 参见 Theodore Eisenberg, Stephen P. Garvey and Martin T. Wells, Forecasting Life and Death: Juror Race, Religion, and Attitude Toward the Death Penalty, 30 *J. Legal Stud.* 277(2001)。

③ 《失控陪审团》(Run Away Jury)一片由美国二十世纪福克斯公司2003年出品,主要描绘了一起针对美国某枪支制造企业提起的侵权诉讼过程中,围绕陪审团的选择与控制,围绕人性的丑陋与善良所展开的生死博弈的故事。剧中主人公是审理本案陪审员之一,并向诉辩双方提出要价,宣称可以通过利用其他陪审员人性的弱点,掌握陪审团最终判决的方向。

应该说,这种互动过程建立在死刑存在并且实际适用的前提基础上,因此,能够在很大程度上揭示美国死刑运行的实态及可能存在的问题,并从问题入手,探讨美国死刑量刑程序的补足机制与未来发展方向。

前美国联邦最高法院大法官布里南(William J. Brennan)曾耐人寻味地提出,"或许死刑最让人感到毛骨悚然之处不仅仅在于其适用过程中存在的歧视或者恣意,更在于在某些情况下,无辜者也很有可能被处死。"[1]这一观点显然不是无的放矢,据统计,从 1973 年至今,美国共有 138 名死刑候刑者被无罪开释。[2]其中,最具典型意义的案件莫过于特洛伊·戴维斯(Troy Davis)案。[3] 在本案中,美国联邦最高法院罕见地动用了"联邦人身保护令"(Federal Habeas Corpus)的初始管辖权,责成佐治亚州的一个联邦地区法院收集能够证明戴维斯无辜,但在原审时无法收集到的相关物证、证言。虽然在 2010 年因为该联邦地区法院认为没有明确且具有说服力的证据证明戴维斯实属无辜,美国联邦最高法院驳回了戴维斯的人身保护令申请,但本案却彰显出目前美国死刑审理过程中具有一整套具有一定操作性的审后救济程序,而当事人也可以藉由这种法定程序尽可能地争取得到公正的判决。

---

[1] 参见 W. Brennan, Jr., Neither Victims nor Executioners, 8 *Notre Dame J. of Law*, *Ethics & Public Policy* 1(1994)。

[2] 参见 Innocence and the Death Penalty,http://www. deathpenaltyinfo. org/innocence-and-death-penalty,2016 年 7 月 3 日最后访问。

[3] 参见 *In Re Troy Anthony Davis on Petition for Writ of Habeas Corpus* No. 08 - 1443,557 U. S. ____,(2009)。1989 年 8 月,本案被告戴维被指控在佐治亚州谋杀了警官马克·麦克菲尔(Mark MacPhail)。1991 年,戴维斯被判处死刑。在原审及上诉审的过程当中,戴维斯一直坚称自己无罪,并认为证人指证犯罪嫌疑人的时候出现了错误。在第 1 次上诉之前,9 名曾指认戴维斯为杀人凶手的目击证人在私下里部分或者全部推翻了自己的证词。首先指认戴维斯并一直坚持这种看法的证人思瓦尔特本来是本案的主要犯罪嫌疑人。案发当晚,思瓦尔特形迹可疑,并且有人证明在 1 次聚会中,思瓦尔特曾夸口自己杀害了 1 名警官。2008 年 11 月,戴维斯第 2 次向美国第 11 巡回上诉法院申请人身保护令,理由是自己之前从未单独主张过自己是无辜的,并且其他法院也从来没有调查过那些改变自己证言的证人。在第 11 巡回上诉法院驳回其申请之后,2009 年,美国联邦最高法院很罕见地要求佐治亚州的一个联邦地区法院收集本案的相关证据,从而确定戴维斯的主张是否成立。

第六章　中国死刑适用民意
拟制与导入机制批判

在我国轰动一时的"佘祥林案"①、"赵作海案"②中，都出现了"死者归来"，但所谓杀人凶手却面临被处死刑的奇异情况。对于此类案件的反思，我国司法机关的通常习惯是"深刻反省"、"总结经验"以期"根本杜绝"，但笔者认为，刑事审判过程中所谓错案是无法根本杜绝的。寡臼于人类认识水平的有限性，以及相关资源的有限性，司法机关能做的仅仅是在既定的时空条件下，基于既定的证据，对于案件的性质进行界定，对于行为人进行归责。换句话说，求真绝对不是刑事司法的唯一价值追求，社会民众也没有理由苛求国家提供的刑罚服务毫无瑕疵。但恰恰是基于这样一种现实，对于死刑这样一种具有终局性、不可逆性的

---

① 参见"湖北佘祥林'杀妻'案：冤案是怎样造成的"，http://www. cnicw. gov. cn/info_disp. php? id=2079，2013 年 7 月 3 日最后访问。佘祥林是湖北省京山县雁门口镇何场村人。1994 年 1 月 20 日，佘祥林的妻子张在玉失踪后，其亲属怀疑是被佘杀害。同年 4 月 11 日，吕冲村一水塘发现一具女尸，经张的亲属辨认与张在玉的特征相符，公安机关立案侦查。因事实不清、证据不足，"杀妻"案迟迟未判。1998 年 6 月，京山县法院以故意杀人罪判处佘有期徒刑 15 年，同年 9 月，荆门市中级法院裁定驳回上诉，维持原判。11 年来，佘祥林在狱中写了厚厚的申诉材料，并记下了好几本日记，但冤情依旧。2005 年 3 月 28 日，被"杀害"的妻子张在玉突然归来，而此时，因"杀妻"被判处 15 年有期徒刑的佘祥林，已在狱中度过了 11 个春秋。张在玉突然回家后，当地一片哗然。慎重起见，公安机关通过 DNA 鉴定，证实了她的身份。3 月 30 日，湖北省荆门市中级法院紧急撤销一审判决和二审裁定，要求京山县法院重审此案。4 月 1 日，39 岁的佘祥林走出了沙洋苗子湖监狱。

② 参见"铭记错案深刻教训坚决杜绝错案发生"，http://hnfy. chinacourt. org/public/detail. php? id=118875，2015 年 7 月 3 日最后访问。1999 年，河南省商丘市柘城县老王集乡赵楼村人赵作海，因同村赵振晌失踪后发现一具无头尸体作为疑犯被拘，2002 年，被商丘市中级人民法院以故意杀人罪判处死刑，缓刑 2 年。2010 年 4 月 30 日，"被害人"赵振晌回到村中，2010 年 5 月 9 日，河南省高级人民法院召开新闻发布会，认定赵作海故意杀人案系一起错案，宣告赵作海无罪，同时启动责任追究机制。2010 年 6 月 2 日下午，河南省高级人民法院召开会议，将每年的 5 月 9 日确定为全省法院的"错案警示日"，组织广大干警围绕案件深刻反思，查找漏洞，避免错案再次发生，并作为一项制度长期坚持下去。河南省高级人民法院、法制日报社和北京师范大学刑事法律科学研究院还在第一个"错案警示日"来临之际，在郑州联合召开了"5·9"错案警示座谈会。

刑罚,才需要从制度上建构一种具有经济性、便宜性及可操作性的审后救济程序,从而在最大限度上减少死刑错案发生的几率。①

但必须承认,这种事后救济的方式,充其量只能在很大限度上减少死刑被错误"执行"的概率,却无法回溯性地影响到死刑案件的"判决"过程。如果承认包括死刑适用在内的错案无法避免,那么对于上述问题的解决方案,恐怕无法通过单纯的废除死刑简单加以解决。这不仅让我们想起一个颇具哲理的故事:"在一个寒冷的深夜,一艘船触礁沉没。一名精疲力竭的水手在海上漂流了一夜,挣扎求生。第二天凌晨,他终于在一个不知名的海滩登陆,放眼所及,所看到的仅仅是一个绞刑架,但他却暗自庆幸,'感谢上帝,这里还有文明。'"②

---

① 事实上所谓审后救济程序是一个概括性的概念,除了最为典型的"人身保护令"之外,还存在诸如"特赦"(Clemency)等其他救济措施,但特赦等救济措施虽然在客观适用效果上与人身保护令类似,但在性质上并不属于司法救济措施,而是一种行政措施。这种行政赦免权主要是指政府首长对于被判有罪之人部分或者整体地免除刑事责任的做法。虽然行政赦免的适用对象可以是任何类型的犯罪人,并不仅限于死囚,但一般都将这一概念理解为在任州长将该州的死刑被告减刑为徒刑,主要是终身监禁的做法。从法源上来看,美国总统与50个州长所享有的行政赦免权都来自于英国国王所享有的宽恕权。一般认为,在如下几种情况下,可以行使这种行政赦免权:"(1)存在证明无辜,或者起码证明无辜的压倒性证据;(2)存在违反适当程序的问题。但这样的一种理论解读与现实相去甚远,首先,(1)这与允许州长考虑多种非法定因素,并享有极大自由裁量权的现实不符;(2)与普通法及美国宪法语境下与赦免权的历史、法律以及道德角色存在冲突;(3)司法权与行政权的冲突也导致了特赦适用的局限性。特赦长久以来一直被视为一种高度政治化的活动,历史上,行政赦免一直被用来笼络政治支持者,或者作为竞选运动的口号,募集竞选基金的手段。毫不夸张地说,美国每个司法区都有一套专属的行政赦免程序,并且这些行政赦免程序在具体个案的适用过程中所取得的适用情况也不一致。具体而言,大多数州将行政赦免权下放给某些委员会或者类似的组织,其中,14个州几乎完全照搬联邦特赦体制,10个州允许州长不受任何团体或者机制限制的情况下自由裁量是否使用行政赦免,11个州采用分权模式,即要求州长和行政赦免委员会一道进行作出决定,还有3个州干脆规避了州长,由专业委员会负责行政赦免事务。以加利福尼亚州为例,申请行政赦免的人需要向位于萨哥拉门托市州长办公室提出申请,填写申请表。申请时间没有任何时效限制,申请内容包括申请人的个人信息、相关犯罪的信息、要求宽恕的请求、犯罪的情节、监禁期间的表现,等。根据加州刑法典,相关的信息同时必须报送原审法院,而相关法院必须签署知情书。而在死刑案件中,相关法院应该是最高法院。如果死刑执行确定,那么在此之前必须进行听证,而在听证之前10天,申请人必须被告知。在听证之后的60日之内,可以确定执行日期。各方的官员都要参与听证过程。一旦执行日期确定,那么州长法律事务秘书就将询问申诉人的律师是否申请宽恕,并且确定日期,为准备申诉状,地区检察官的意见以及申诉方对于这一意见的反驳准备时间。州长可以随时将相关申请提交给刑期委员会(BPT),并要求其进行调查,建议。通过走访检方、法官以及其他当事人,其会准备一份包括案情、前科、服刑情况等综合信息的报告。虽然申请人可以申请听证,但却只能在州长的自由裁量权下享有这一权利。在听证之后,委员会可以做出不具有约束力的建议报告。除此之外,州长还可以自行听证。如果批准,则需要提交给司法部、调查局,并最终提交给国务卿与立法机关,进入官方文档。参见 Jonathan Harris and Lothlorien Redmond, Executive Clemency: The Lethal Absence of Hope, 3 *Crim. L. Brief* 2(2007).

② Walter Berns, For Capital Punishment: Crime and the Morality of the Death Penalty (1979). 转引自 Richard A. Devine, Book Review: The Death Penalty Debate: A Prosecutor's View: Scott （转下页）

的确,从实质角度判断,与其说死刑是一个法律问题,倒不如说是一个文化问题,或者更准确地,一个政治问题。死刑和人类社会一道获得了通向文明阶段的准生证。无论是死刑的流变,亦或是死刑的存废;无论是对于死刑的褒奖,亦或是对于死刑的坚持,都仅仅是一种与民意相关的政治选择。

应该承认,所有目前与死刑问题相关的争论或者反思都可以在历史上寻找到类似的影踪。唯一不同的是,当今社会的民意表达相较于之前,更为直接、更为多元、更为自由、更为有力。现在,决定死刑这种人类行为方式最终走向的力量已经不再是某位高高在上,睿智或者昏庸的君王,而是被媒体、利益集团所加持,甚至臆造出来的民意。

但吊诡的是,民意本身又并非作为实体概念存在的。换句话说,民意是被一种被拟制出来的,极易受到人为操纵,仅能在有限空间与时间存在的相对概念。将死刑未来发展的方向维系在这样一种民意之上固然是危险的,但又是所谓"民主"社会所不得不支付的一种代价。

第一节　中国刑事司法中的民意拟制与导入机制

一、民意的拟制与操纵[①]

"民意",显然是现代社会无法回避的一个重要概念范畴。现代民主国家所标榜的重要进步之一,就在于"无差别地"赋予一般民众表达自身观点,并且通过这种表达,直接或者间接地改变社会进程的权利(权力?)。这种表达或者改变,理论上应该被纳入到法治轨道中进行。正如孟德斯鸠所说的那样,原始时代,人生而自由、平等,社会让人们失掉了平等,只有通过法律才能够恢复平等。[②]

在目前的通行话语当中,民意的法治表达大体上分为两类。核心意义上的民意表达,体现为基于绝对多数或者相对多数的机理,通过投票或者表决的形式

（接上页）Turow, Ultimate Punishment: A Lawyer's Reflections on Dealing with the Death Penalty, 95 *J. Crim. L. & Criminology* 637(2003)。

① 内容参见李立丰:《民意的司法拟制——论我国刑事审判中人民陪审制度的改革与完善》,载《当代法学》2013 年第 5 期,第 110 页以下。

② 参见[法]孟德斯鸠:《论法的精神》,张雁深译,北京:商务印书馆 1987 年版,第 114 页。

实施的政治运行模式,其典型样态体现为现代意义上的政治选举机制。非核心意义上的民意表达,则体现为法治国家当中,社会民众透过一定媒介对于相关问题所进行的意见说明,其典型样态体现为社会舆论。

从民意本身(假设其真的存在),到最终体现为投票结果或者社会舆论的客观现实,整个过程实际上是对于民意的一种拟制过程。这种客观现实,及以各种形式存在的社会舆论,或投票结果,仅仅是对于民意的一种"还原性"描摹或者表达。从实质意义而言,这种对于民意的描摹或者表达一定是失真的,民意与其拟制过程当中存在的结构性问题,决定了这种失真无法根本消除。

(一) 民意概念本身存在结构性的缺陷

民意是什么?似乎没有人可以对其进行准确界定。作为一种非个体性的观点表达,不仅民意的内涵不明,而且民意的"相对概念"也并不明确。假定民意存在,那么其一定是应该存在于一个既定的话语体系当中,即相对于民意,一定需要存在一个对应概念。如果将民意的对应概念界定为"官意",即"国家意志",或者,甚至进一步扩大至有权方意志,那么又如何解释针对并不涉及公权力的一般社会现象出现的社会舆论?诸如赡养、抚养等涉及家庭义务产生的争端,如果达到一定烈度,显然也会吸引社会大众的关注,并引发特定观点的出现。与此类似,就影视作品等大众传媒以及影视明星的个人生活,社会公众也会根据自身的好恶发表意见,这种舆情显然也可以被纳入到民意的表达之列。[①] 可以认为,民意概念本身具有模糊性。因为针对民意并不存在相对稳定的概念界定,同时因为民意在不同语境下具有不同的对应概念,这种前提性缺失,直接导致对于民意的表达如果不是无的放矢,也需要面对如何准确把握被表达对象的外延这一棘手问题。

(二) 民意的表达机制所具有的制度性缺陷

尽管民意本身的界限十分含混,但现代社会对于民意的拟制却从来没有因

[①] 例如,围绕歌手王菲与其前夫李亚鹏之间的婚姻纠纷,特别是二人共同创立的"嫣然天使基金"资金去向及使用规范问题,在很长的一段时间内一直成为坊间热议的焦点问题。参见"李亚鹏:我很清楚这一生我要做什么",载《三联生活周刊》2012 年第 51 期,及"周筱赟:我为什么揪住李亚鹏不放",载《北京青年报》2014 年 2 月 17 日 A5 版。当然,更具有代表性的公共舆论事件,是围绕诸如薛蛮子、郭美美等所谓"公众人物",特别是其背后舆论推手的揭露与还原。

此间断或者减少。相反,在很大程度上,民意的拟制扮演着为相关机制或者决策提供合法性的角色。事实上,未经拟制,以"裸"的状态体现的民意并不存在。根据拟制过程中"拟制主体是否具有有权身份""民意拟制的结果是否具有法律效力"这两个变量,可以将民意的拟制过程大体分为两种,即"民意的直接有权拟制"与"民意的间接无权拟制"。

所谓"民意的直接有权拟制",主要是指国家立法或者授权,民众通过投票或者表决等方式,将自身对于特定意见的看法固定下来的动态过程。这一模式最为典型的表现形式,为选举公职人员或者就重大事项的全民公决等。但这一经典民意拟制模型,存在着制度性缺陷。一方面,这一模式实际上前提性地限制了民意的表达空间。换句话说,任何参加过选举的人都会面临十分有限的选择,选,或者不选;选这个,或者不选这个。因此,有学者提出,"通过大多数居民有机会参与竞选选出政权的主要领袖的民主,仅仅是民意的表达——民主的一个属性——意志性。这种属性仅仅归属于公民对公共事务参与的政治领域,是一种政治参与政治表达行为。"①另一方面,这一民意拟制模型是建立在"多数人暴政"基础之上的。正由于现代社会对多数裁定原则无法摆脱的依赖性,多数人的意志,自然而然地担当起了事物评判"审判官"的角色。出现了民主意味着"政治取决于大多数人的意志,大多数人的意志就是正义"②的理论和制度设计。承认民意本身,或许就是一种意见的集合与表达,但这种拟制模式显然是以牺牲少数派意见为代价的。③

民意的无权间接拟制,并非有权或者被授权机构依法组织,因此在某种程度上更为多元,即可以体现更多的不同声音。从这一意义而言,民意的无权间接拟制,在一定程度上规避了有权直接拟制模式所带来的弊端。但必须承认,体现为民意测验结果或者社会舆论的民意拟制范式,仍然存在明显的缺陷。一方面,因为无权拟制的民意未经合法固定,因此不仅仅其表达方式可以多种多样,更容易出现观点的随意反复。例如1965年,时任美国总统的约翰逊宣布武装介入越南

---

① 胡东、李雪洋:《关于民意的民主性思考》,载《政治学研究》2006年第2期,第46页。

② 应复克等编著:《西方民主史》,北京:中国社会科学出版社1997年版,第5页。

③ 较为典型的案例为,2004年3月19日,台湾地区领导人选举过程中,发生了神秘的"枪击案",陈水扁、吕秀莲在台南扫街拜票时双双"中弹",这给本来就白热化的选战更增添了一层扑朔迷离的色彩。第二天,陈、吕仅以0.2%的微弱多数获胜,泛蓝自然不服,进行了持久的抗争,并要求重新验票,台湾的选举进入了一场旷日持久的司法诉讼,进而导致了整个台湾社会的进一步分裂,参见陶文钊:《2004年台湾地方领导人选举和美国对台政策》,载《美国研究》2004年第4期,第42页。

的决定之前,只有 42% 的民众支持这一政策;但在政策公布之后,便得到 72% 的民众支持。1989 年,当时的老布什政府决定武装推翻巴拿马诺列加政权之前,民意测验表明,高达 67% 的民众反对美军入侵巴拿马,但在老布什采取武装干涉行动两个月之后,80% 的美国人却认为派军进入巴拿马是正当的。[①] 另一方面,民意的无权间接拟制虽然较为多元,但这种以多元样态呈现的民意往往十分原始粗陋,甚至仅仅是一种情绪性的表达,并且这种情绪性的意见表达,具有十分明显的地域性或者集团性色彩。正如有学者所概括的那样,舆论并不总是“社会”或“全体”的声音。在通常情况下,舆论几乎是一部分人,一个团体、一种职业、一个民族、一个地域,甚至是一个临时性的利益同盟的声音。[②]

(三) 民意的影响与操纵

无论是民意的有权直接拟制,还是民意的无权间接拟制,影响拟制结果对于“真实民意”(如果真的存在,如果真的可以确定)还原程度的要素,除却上述结构性或者制度性的缺失之外,对于民意的影响与操纵显得更为重要。对于民意的影响与操纵,本质上都属于特定主体对于民意拟制结果的人为控制,只不过二者在程度及正当性上存在差别。之所以会出现对于民意拟制结果的人为干预,一方面是因为民意本身作为个人意志的一种简单结合,十分容易受到外界变量的介入与影响。“群体根本不会做任何预先策划,可以先后被最矛盾的情感所激发,但又总是受当前刺激因素的影响。他们就像被风暴卷起的树叶,向着每个方向飞舞,然后又落在地上。”[③]更为重要的是,民意拟制过程当中资源分配不平均。因为信息不对称,能够率先接触到内幕信息且掌握传播手段的人,就成为影响社会舆论乃至相关立法等民意拟制结果的重要影响力量。[④] 在极端情况下,民意的拟制甚至可以缺乏事实根据,纯粹捏造。此种虚假信息,因为受到控制信息源的利益集团大肆渲染或者炒作,在公众对于该信息还保持关注度的“有效

[①] 参见陈文鑫:《塑造还是反映民意? ——民意测验与美国的对外政策》,载《美国研究》2003 年第 4 期,第 67 页。
[②] 参见王梅芳:《舆论与舆论监督:正义、公正与制衡》,载《武汉大学学报》2004 年第 3 期,第 355 页。
[③] [法]古斯塔夫·勒庞:《乌合之众——大众心理研究》,冯克利译,北京:中央编译出版社 2000 年版,第 26 页。
[④] 记者之所以被称之为“无冕之王”,就是因为其对于民意的强大左右能力,例如,美国总统尼克松就因为媒体曝光的“水门事件”而引咎辞职,晚近的例子还包括在美国现任联邦最高法院大法官托马斯(Clarence Thomas)任职听证期间,媒体所发挥的近乎毁灭性的影响力。参见 Clarence Thomas, *My Grandfather's Son: A Memoir*, Harper Collins Publishers(2007)。

期"内,虽然并非真实信息,但因为可以在第一时间占据主要的信息渠道,从而成为很难质证或者很难消除的"事实信息"。①

正是因为民意本身的特殊属性,以及民意拟制过程当中体制、结构性的缺陷,加之拟制过程中大量出现的人为操纵,导致对于真实民意的追求成为实际的不可能。沉默的大多数,在自觉与不自觉间,在现代传播媒介保持的民意拟制与表达机制中,逐渐失语。这一现实决定了对于民意的相关研究应该注意到民意的拟制特征。②

二、中国现行刑事司法语境下的民意表达

从张金柱案、刘涌案,到几乎成为举国话题的"许霆"案③,各种被拟制出来的民意在中国刑事审判当中所扮演的角色,越来越多地进入到社会公众的视线当中,也成为学界热议的话题之一。

舆论的鼓噪与学者的论辩固然无可厚非,但无论正反观点,似乎都有些值得商榷之处。

如果承认拟制的"民意"对于刑事审判的重要影响力,不仅仅从根本上动摇了司法独立、罪刑法定的基本原则,而且因为被拟制民意的失真效应,容易造成对于具体案件当事人权利的不当侵害。④ "顺从民意适用死刑,可能恰好违背了法律的规定和精神。以张金柱案为例,尽管张金柱的犯罪行为令人发指,但是,

---

① 在网络时代,著名搜索引擎往往把持着海量信息的来源与排序,百度等网络信息服务提供商对于相关信息的所谓"竞价排名",是尽人皆知的"行业规则",而微博时代某些"大V"的话语权,更是令人不敢置信。某微博大V在被保安阻拦进入会场时说,"我是薛蛮子,我有987万粉丝,让我进去。"参见《华商报》2013年1月15日A7版。

② 学界对于民意问题的研究往往很少关注与民意的拟制,而是笼统地以民意概括之,或者通过"舆论""判意"以及"民愤"等概念对其加以简单替换,如有学者提出,在国家的法律与基层社会之间,民愤发挥着重要的作用,民愤会成为传统法官行使判断权的重要依据,同时关心案件结果的人,也会以民愤作为着力点影响甚至操控案件进程。参见梁治平:《法意与人情》,北京:中国法制出版社2004年版,第119页。

③ 甚至笔者在美留学的聚会期间,美国教授也曾专门就这一案件向笔者求证,其受关注程度可见一斑。

④ 有媒体曾报道2008年,时任最高人民法院院长王胜俊在履新之后,就死刑适用表态。他主张把"社会和人民群众的感觉"作为死刑适用的依据之一,但后来似乎不再提及。参见《秋风专栏:司法过程与群众感觉》,《南方都市报》2008年9月20日AA31版。这种提法立意其实相当不错,但因为缺乏制度合法性,往往被误读为违背司法独立以及罪刑法定原则,从而导致这种提法最终不了了之。而这,也正是中国刑事司法改革缺乏理性分析与制度设计的一种"宿命"。

根据客观、全面的证据能够证明的案件事实,张金柱罪不致死。司法机关顺从民意判处张金柱死刑,恰好违背了罪刑法定原则的要求。正因为如此,该案在法律界经常被作为'媒介审判'."①

如果不承认拟制的民意对于刑事审判的重要影响力,显然有掩耳盗铃之嫌。姑且不论现实中国社会中人情事理的强大势力,以及政治对于司法的介入之深。但就司法本身,根本摆脱不了拟制民意所留下的痕迹。司法本身的建构、刑事实体法与程序法等等,在理论上,都是代议制立法的产物,属于本章所主张的民意的有权直接拟制,换句话说,刑事司法的合法性在于民意的肯定,或者拟制民意的肯定。② 司法的对象又面对大众。用卡多佐的话来说,"司法过程是有一个理想的预设——一个以实用主义为基础的面向社会、面向大众的过程。"③当某种意见具备"民意"的属性时,无论其内容和理由怎样,这种意见就已经获得了需要司法机构加以考虑的理由。④

两种观点显然都不无道理,造成这种两难局面的根本性原因,其实是学界关注焦点的误置。例如,有学者指出,在责任主义的观点来看,即使是表明了违法性程度的事实,如果与行为者的责任没有关联,也应当从量刑情节中排除去。所谓社会影响的大小,虽然在广义上属于行为的后果,但由于这一因素本身不能归责于行为者,把它作为责任评价的对象是存在疑问的。⑤ 这种窠臼于刑事实体法的立场的观点非常具有代表性。这其实意味着,单纯从部门法角度思考刑事司法的合法性与合理性,是完全行不通的。

如果从实用主义角度全面反思,不难发现,问题并不在于目前聚讼纷纷的"民意"应该不应该对于刑事司法产生影响,而在于被拟制的民意如何减少失真,如何在成本相对较低的情况下获得合法进入到现行刑事司法的体制内管道,同时抗制体制外拟制民意对于刑事审判所产生的不当影响。之所以这样认为,并不是因为上述正反观点本身的合理性,而在于拟制民意与刑事司法本身的密接

---

① 左坚卫:《民意对死刑适用的影响辨析》,载《河北法学》2008 年第 2 期,第 36 页。
② 很多学者主张司法的最终正当性在于民意,参见苏力:《法条主义、民意与难办案件》,载《中外法学》2009 年第 1 期,第 99 页。
③ [美]本杰明·卡多佐:《司法过程的性质》,苏力译,北京:商务印书馆 1998 年版,第 251 页。
④ 参见顾培东:《公众判意的法理解析——对许霆案的延伸思考》,载《中国法学》2008 年第 4 期,第 172 页。
⑤ 参见[日]西原春夫:《日本刑事法的形成与特色》,李海东等译,北京:法律出版社 1997 年版,第 147 页。

性。事实上,由于拟制民意与刑事司法的本质联系,才导致相关合理性问题的出现。

刑事司法是国家为纳税人提供的一种特殊公共服务,即纳税人通过参与立法,将自身私力救济的权力让渡给国家,通过纳税支付国家报酬,获得国家承诺为纳税人提供抗制不法侵害,或者为遭受不法侵害的公民提供救济的服务。但国家允许公民在紧急情况下,保留自行救济或者救济他人的权利。从国家与国民的这种刑罚服务关系来看,显然不可割裂二者的本质联系。[①] 承认这种密接性的同时,并不代表承认"体制外"拟制民意对于刑事判决应该产生任何影响,只是由于目前中国刑事司法体系缺乏对于拟制民意的有效"体制内"表达机制,才使得被拟制的民意无法以适当方式进入刑事司法的运行机制,补强刑事审判的合法性。相反,受到诸多因素影响的民意表达,在"体制外"不正当地干涉了司法独立,动摇了刑事审判的合法性基础。[②]

目前,中国刑事司法"体制内"的民意表达,大体可以分为 3 类。

(一) 拟制民意的有权直接表达

拟制民意的有权直接表达方式,主要是指刑事实体法、刑事程序法等。这些法律由民众选举的代表草拟,从法理而言,可以被视为民意的一种有权表达。但一方面,由于法律稳定性本身所带来的滞后性、概括性,使立法无法贴切、实时地反映具体案件中当事人的诉求乃至社会预期;另一方面,由于代议制立法过程中,民意的传导与表现机制具有诸多弊端。两种原因的共同作用,造成了目前中国刑事立法这种有权直接民意表达方式的前提性失真。

(二) 刑事审判过程当中对于"民意"的技术性拟制

此类技术性拟制主要是指法官在适用刑法的过程当中,对于"社会一般人"这个概念的技术性适用。例如,根据中国刑法第 15 条对于过失的规定,"应当预见自己的行为可能发生危害社会的结果,因为疏忽大意没有预见,或者已经预见

---

① 参见李立丰:《美国刑法犯意研究》,北京:中国政法大学出版社 2009 年版,第 35 页。

② 有消息称,孙大午案的庭审是典型的做秀,原因在于,这是一个受到民众、媒体和高层关注的案件。据《财经时报》2003 年 11 月 5 日报道,"徐水县对这次审判进行了非常认真细致的准备,甚至拨专款重新装修了法庭。"《21 世纪经济报道》2003 年 11 月 4 日对此案的报道则提到,"有消息说,为了搞好这起审判,法院曾做了类似彩排的演练。"参见刘李明:《社会舆论与司法审判互动的个案研究》,载《甘肃政法学院学报》2007 年第 11 期,第 112 页。

轻信能够避免,以致发生这种结果的,是过失犯罪。"刑事司法实践中,对于这一规定的具体适用,往往要考虑到社会一般人在行为人所处具体情况下对于危害结果的认识与判断能力。这种对于社会一般人观念的考量,可以被认为是对于民意的一种技术性拟制。恰恰由于这种技术性,导致其本身和非技术性民意表达在刑事审判中的导入与影响不产生必然联系。换句话说,无论是否认同拟制民意应该对于刑事审判产生影响,司法人员都会在认定过失等具体犯罪构成时,沿用此种技术性拟制。

(三) 中国刑事司法对于民意的组织性拟制

这一点主要体现为目前适用的人民陪审员制度。通过将民众直接纳入到案件的审理过程当中,可以建构民意对于具体案件定罪量刑的直接拟制管道,属于司法"体制内"具体案件民意直接拟制的"标准范式"。从这一意义而言,人民陪审员制度理念本身存在正当性。用作为民意拟制的人民陪审员,直接影响具体判决结果,可以避免在国家立法时,所谓"精英"对于司法话语的篡夺。[①] 同时通过制度设定,将民意的司法导入纳入到合法、有序的司法机制当中,避免庞杂,甚至受操纵民意对于司法判决的无序、非法介入,避免民意表达对于司法审判合法性的侵蚀。通过民意拟制的制度化导入,可以为刑事司法审判提供合法性根据。

中国现行的人民陪审员制度,主要根据的是 2018 年 4 月全国人大常委会通过的《中华人民共和国人民陪审员法》。但随着几年来的实践,现行人民陪审制度也暴露出很多问题。这些问题包括人民陪审员的资格准入、人民陪审员在具体案件审理中相应职权的设定等诸多方面。这些问题在制度层面,抑制了民意在司法体制内的拟制发生正常效能,因此亟待改革与完善。

三、建构重大刑事案件中民意的体制内拟制与导引

无疑,目前中国以重大刑事案件为代表的司法实践,与以舆论为代表的民意表达之间,存在着某种"危险"又"微妙"的紧张关系。就中国目前司法实践中民

[①] 精英们通过所谓的理性裁剪了生活,其制定的法律背离了公众的真实生活,这种现象反过来却被法学精英们指责为公众对法律的背离。参见周安平:《许霆案的民意:按照大数法则的分析》,载《中外法学》2009 年第 1 期,第 87 页。

意拟制的 3 种基本范式来看,相关实体法与程序法对于民意的直接有权拟制,固然可以通过对于法律的修正或者变更得到调整,但目前学界对于中国立法、司法等问题的研究存在一种倾向,即专注于问题的暴露,指出问题所在,就问题形成的机理加以阐述,并呼吁改革。与此相比,较少出现的是,通过对于问题机理的把握,提出具体的制度性应对措施。换句话说,大家都在追逐社会热点,分析问题的形成,呼吁改革,然后就此了事。偶有学人提出的改革意见或者泛泛,或者根本不具有可操作性。动辄呼吁重新立法或者根本性改革体制,这种解决方案所需成本极高,实施起来的可能性自然较低。同时,这种调整不仅需要较高的时间以及社会成本,频繁变更的法律更加不利于法的安定感,从而有害于国家的整体法治文化与氛围。

诸如在刑事案件审理过程中,对于社会一般人的技术性民意拟制,相对于非技术性民意的拟制与表达过程所体现出的活力与多元,体现出一定的惰性。无论外界舆论就相关案件的事实认定或者法律适用导向为何,都不会直接影响到这种司法技术操作。相比较言,作为直接将拟制的民意导入具体案件审理过程的人民陪审员制度,无论在可操作性、改革成本以及其可能产生的整体效益方面,都应该成为破解司法与"民意"之间僵持局面的突破性环节。更为重要的是,建构合理的司法"体制内"民意表达机制,不仅有助于具体案件审理结果的公平性,更具有其独有的边际效益,即消解、抗制社会舆论等一般民意表达的负面作用,从避免庞杂民意对于司法的恣意绑架,稳固现行司法体制的合法性与权威性,缓和社会矛盾与冲突。这是因为理想状态下,司法体制内的民意拟制,与包括社会舆论在内的体制外民意拟制,会达成实质的吻合。司法体制内民意拟制的存在,将在很大程度上抵消体制外民意鼓噪的负面影响。

对于中国现行的人民陪审制度,应从如下几个方面进行认识与理解:

(一) 人民陪审员制度是一种司法体制内"合法"的民意拟制与表达机制

有学者认为,人民陪审员制度并不属于民意拟制机制。在其看来,"人民陪审员或英美国家的陪审团等制度,吸纳了民意,但我不认为是司法民主化。严格说来,其主要功能是分权,是制衡,不是民主,不是反映民意。如果了解美国陪审团成员的实际选择过程,更可以发现与民主无关,陪审团成员的挑选往往是把那些了解并反映主流民意的人筛选出去,中国法学人津津乐道的'辛普森'案(The

Simpson Case)就是一个典型例证。"①"辛普森"案的确是研究民意拟制与司法实践互动的绝佳案例,但和该学者的解读不同的是,本案中的陪审团之所以做出了似乎有悖于所谓"主流民意"的判决,并不是陪审团民意拟制或者表达机能的实效,恰恰说明了,司法体制可以对于民意的拟制与表达进行合法、有效限制。②事实上,在随后进行的民事侵权诉讼过程当中,因为证明标准从排除合理怀疑标准,下降至所谓"压倒性证明标准"(Preponderance of Evidence)③,陪审团认定辛普森应当承担侵权责任。陪审团的这种体制内民意表达机制,显然契合了社会舆论的一般民意表达,从而使得二者达成较为完美的统一。从本案民意拟制的表达机制与过程来看,可以得出两个基本结论。其一,让普通民众加入到案件审理过程当中,是一种有效的民意司法拟制导入机制,因为这一机制"可以将普通公民带入法庭的专业世界,他们可以在司法程序的核心领域代表公众发出决定性的声音。这种参与会把对司法制度的信赖感在参加陪审团的人以及一般社会公众中逐渐传递。"④其二,司法拟制法律机制的建构,可以有效地疏导民意的拟制过程乃至结果,从而说明民意的司法拟制可以借由法律的调整,减少因民意的舆论炒作或者人为操纵可能给司法判决带来的不当影响与干涉。

(二) 中国现行人民陪审制度存在的问题与缺失

如果承认作为人民陪审制度的合理内涵,民意的体制内司法拟制具有正当性,那么适用人民陪审制度以来,中国司法实践为什么仍然在面临体制外民意拟

---

① 苏力:《法条主义、民意与难办案件》,载《中外法学》2009 年第 1 期,第 101 页。还有学者认为司法应该下与民意保持距离,上和权力保持距离。正是在这个意义上,司法才可以成为沟通这两级的桥梁,才能够真正制约权力,取得民众的信赖。因为法治就是以一种理性的,而不是情绪化的规则来约束权力,保障权利的事业。参见贺卫方:《司法应与权力和民意保持距离》,载《21 世纪经济报道》2004 年 1 月 19 日第 18 版。

② 因为美国刑事司法对于检方在证明标准上,要求"排除合理怀疑",而这意味着,陪审员在做出有罪判决的时候,不能对于经过控辩双方质证并被法庭最终采信的证据所形成的被告可责性,存在哪怕千分之零点一的怀疑。辛普森案最终的结果不是陪审团出了问题,而是检方在案件证明过程当中,存在明显不能自圆其说之处,而关键证据的不被采信使得整个案件的证据链发生断裂,最终导致陪审团做出无罪判决,相关内容可参见 David Robinson, The shif to the Balance of Advantage in Criminal Litigation: The Case of Mr. Simpson, 30 *Akron L. Rev.* 1(1996)。

③ 对于压倒性证明标准的具体内容,可参见 Amy Chmielewski, Defending the Preponderance of the Evidence Standard in College Adjudications of Sexual Assault, 2013 *Educ. & L. J.* 143(2013)。

④ 参见[英]麦高伟等主编:《英国刑事司法程序》,姚永吉等译,北京:法律出版社 2003 年版,第 347 页。

制时,仍然显得无所适从? 为什么具体案件的审理结果仍然可以,并常常为社会舆论所左右?

在一个开放的社会当中,信息的流动已经相对自由,处于这一社会背景下的司法活动,必然会受到包括社会舆论中不同意见的指摘与评判。司法活动本身不应刻意,或者借助其他手段压制不同声音,而应着力寻找自身合法性上的缺陷,并借由体制的变革对其加以完善。目前中国虽然已经践行人民陪审制度,但这种体制内的民意司法拟制却在若干方面存在根本性的缺失。

1. 人民陪审员在民意拟制方面,代表性不足

这种代表性的缺失具体体现在"质"与"量"两个方面。就前者而言,目前在中国,人民陪审员的选任呈现出所谓"精英化"趋向。[①] 即便根据 2018 年最新修订的《中华人民共和国人民陪审员法》第 5 条第 4 款,"担任人民陪审员,一般应当具有高中以上文化程度"。姑且不论这种表述是否准确,但人为地限定陪审员选任的学历或者其他身份,显然预设性地剥夺了社会当中大多数人进入到司法个案审理的体系性管道。由占据社会少数的部分人作为人民陪审员的候选对象,从法理上无论如何都无法解释其代表性。

另一方面,中国现行人民陪审员制度在人民陪审员的数量配给上也存在一定的问题。根据 2018 年最新修订的《中华人民共和国人民陪审员法》第 14 条,"人民陪审员和法官组成合议庭审判案件,由法官担任审判长,可以组成 3 人合议庭,也可以由法官 3 人与人民陪审员 4 人组成 7 人合议庭。"对于 3 人法庭这种笼统性规定存在极大的弊端,因为这种规定的上限不明、下限虽有规定,但却幅度过于宽泛。根据中国相关法律的规定,允许陪审员参与审理的合议庭组成只有两种情况,即总数 3 人与总数 7 人,由于没有明确规定人民陪审员的上限,导致有可能出现偶数法官与奇数陪审员的情况,如果法官出现偶数的结果,显然与要求法官为奇数的一般司法原理不符,造成奇数陪审员在法官持相悖意见时,相对权力过大。同时由于仅仅规定了人民陪审员的下限为不少于 1/3,即只需大于等于 1/3,这就意味着仅需 1 名陪审员即可满足此种要求,单一人民陪审员

[①]《关于完善人民陪审员制度的决定》第 4 条规定,"担任人民陪审员,一般应当具有大学专科以上文化程度。"而在地方法院在具体操作过程当中的做法,更体现为对于学历等硬性身份标准的苛刻要求。如成都市中级人民法院选定的 403 位人民陪审员中,博士 7 人,硕士 22 人,学士 173 人,大专 181 人。参见涂文:《我为什么当不了"人民陪审员"?》,载《廉政瞭望》2005 年第 5 期。

能否充分体现民众的集体性诉求，显然存疑。①

2. 中国现行司法实中种民意拟制的配置机制缺失

《关于完善人民陪审员制度的决定》明确规定，人民陪审员"对事实认定、法律适用独立行使表决权"。这就意味着目前中国司法实践中对于民意的拟制是全方位的，既包括事实认定，又包括法律适用；在刑事审判当中既包括定罪，又包括量刑。根据 2018 年最新修订的《中华人民共和国人民陪审员法》第 21 条"人民陪审员参加 3 人合议庭审判案件，对事实认定、法律适用，独立发表意见，行使表决权。"第 22 条"人民陪审员参加 7 人合议庭审判案件，对事实认定，独立发表意见，并与法官共同表决；对法律适用，可以发表意见，但不参加表决。"国内有人提出，中国目前的这种人民陪审员制度并不合理，主要论据是，欧美国家的陪审制度中，陪审员往往只负责事实的认定部分，法律部分由法官负责。② 这种观点从表面上看固然没错，但并没有从陪审制度的运行机理上对其加以深刻地把握。以美国为例，虽然刑事审判中由陪审团基于事实认定被告人的可责性，由法官负责通过法律指导意见的形式向陪审团进行法律方面的要求，但因为法官控制了控辩双方的质证过程，即控制了进入到陪审员视野的最终证据，因此法官其实已经在前提上控制了案件事实架构的整体脉络，不能认为法官在陪审体制下对于事实部分没有任何影响。③ 在定罪量刑部分，虽然大部分情况下，法官根据量刑指南自由裁量刑罚，但就保留死刑的州而言，陪审团一般仍然掌握死刑的量刑权。因为美国的刑事审判由定罪与量刑两个阶段构成，故在死刑的量刑阶段，陪审团可以听取其他的事实陈述，从而决定是否对于被告适用死刑。因此可以看出，以陪审团模式为基准的司法民意拟制所强调的，并不仅仅是单纯的分工，而是在强调作为专业人士的法官主导下，司法裁决集体内部的相互制衡与量刑互动。反观中国目前的人民陪审员制度，缺失的正是这种机制内部民意表达与法

---

① 在法国，要求审理中有 9 名陪审员和 3 名法官，德国一般要求 3 名陪审员和 2 名法官。参见孙笑侠、熊静波：《判决与民意——兼比较考察中美法官如何对待民意》，载《政法论坛》2005 年第 5 期。而在适用裁判员制度的日本，裁判员法规定，裁判官 3 名及裁判员 6 名（在针对公诉事实双方无争议的情况下，由裁判官一名及裁判员四名）组成裁判体。参见《裁判员参与刑事审判相关法律》「裁判員の参加する刑事裁判に関する法律」（平成 16 年 5 月 28 日法律第 63 号），第 2 条第 2 项及第 3 项。

② 参见吴丹红：《中国式陪审制度的省察——以〈关于完善人民陪审员制度的决定〉为研究对象》，载《法商研究》2007 年第 3 期，第 137 页。

③ 参见李立丰：《美国法中的刑与非刑》，载《环球法律评论》2009 年第 2 期，第 100 页以下。

律专业意见之间的互动平台与机制。①

3. 完善与调整中国重大刑事案件人民陪审制度的具体措施

制度的变迁并非易事,法律制度的改革尤应尊重法律的稳定属性。因此,在考虑中国司法实践中人民陪审制度的改革与完善时,应该坚持几个基本原则,例如应该考虑司法改革的成本与效率问题,应该考虑如何发挥既有规章最大潜力的问题,应该考虑克服缺乏体系性背景的盲目借鉴与移植等前提。②

从中国目前的司法资源、一般国民的参与意识等具体情况出发,目前应着力完善的重点应该集中于重大刑事案件,而非相反。③ 之所以选择此类案件作为改革完善人民陪审制度的突破口,一方面固然因为对于此类案件,社会舆论等一般拟制民意较为关注,更为重要的原因在于,此类案件涉及对于当事人基本人身权利,甚至生命的剥夺。目前中国司法实践中,人民陪审制度似乎偏向于对于非刑事案件的审理。这种做法不仅耗费了大量的司法资源,且没有实际的意义。根据2018年最新修订的《中华人民共和国人民陪审员法》第30条"人民陪审员参加审判活动期间,由人民法院依照有关规定按实际工作日给予补助。人民陪审员因参加审判活动而支出的交通、就餐等费用,由人民法院依照有关规定给予

---

① 关于事实审与法律审的区分。按照《试点方案》逐步实行事实审与法律审区分的要求,试点法院积极探索在5人以上合议庭中区分事实审和法律审,实践中主要适用于5人、7人、9人及以上合议庭。试点中,我们发现,在区分事实审和法律审的前提下,5人合议庭中的法官至少要有3人,人民陪审员仅有两人,由于人数较少而不敢发言的情况较为普遍;如采用9人及以上合议庭,各地法院现有的法庭设施需要进行大规模改造,开展陪审工作的成本也会大大增加。在延期试点期间,部分试点法院采用7人合议庭审理有重大社会影响的案件,取得比较好的效果。一方面,7人合议庭已能满足审理重大案件的需要,法庭设施也不需要大规模改造;另一方面,7人合议庭由4名陪审员和3名法官组成,数量配比相对平衡,陪审员的心理优势和"存在感"得到增强,参审的积极性得到较大提升。因此,我们建议,在3人合议庭中,以不区分事实审与法律审为宜,人民陪审员与法官有同等权利;对一些社会影响重大的案件,由3名法官和4名人民陪审员组成7人合议庭,人民陪审员只参与审理事实认定问题,不审理法律适用问题。参见2018年4月25日《最高人民法院关于人民陪审员制度改革试点情况的报告》。
② 目前学界对于比较法的研究,往往会以将研究结果对于中国司法实践的价值或者意义作为收篇结语。这种做法的长短自然无可指摘,但剥离了文化背景、司法体制等本土特征,单纯移植与借鉴规则是否合适,的确值得商榷。笔者在美国留学时注意到,即使没有明显交通标识,开车者都会老远就减速,并示意行人先行通过。探究原因,固然与文明程度相关,可也听说美国交通法规中有礼让行人的规定。试想此项规章如果移植回国内,想必初衷甚好,但执行的效果却一定很差。理由很简单,美国西部地区车比人多,笔者经常是路上唯一的行人。而在国内,人比车多,让一个两个行人尚可,如果一直让下去,估计交通早就瘫痪了。
③ 如根据山东槐荫飞法院相关负责人向记者举例说5年来陪审员在参审案件中,刑事案件有564件,民商事案件2348件,行政案件34件。参见曹雷:《陪审员让法庭民意更浓》,《济南日报》2009年11月18日第14版。

补助。"①因为一方面社会舆论对于此类案件关注较少，另一方面此类案件往往可以通过人民调解、仲裁等手段化解。特别重要的是，大量普通案件由人民陪审员负责解决，会动摇司法的合法性与权威性。

反观日本的裁判员制度，其仅仅限定在强盗致伤、杀人、现住建造物等放火、强奸致死伤、伤害致死等严重刑事犯罪的范畴。② 这样做的原因，固然与其关乎被告人生命、人身等重大法益有关，但更为重要的，是一个在中国刑事司法改革过程中往往被忽视、乃至故意无视的关键因素，即司法成本。以日本为例，不考虑其他配套费用，单以适用裁判员的人工成本来看，裁判员一号俸为每月1198000 日元，四号俸为每月 834000 元。而根据日本统计年鉴，和裁判员职务较为相近的学术研究或者专门的技术服务行业，2011 年平均月薪为 517000 日元。③ 这还是建立在日本较低的犯罪率及人口基数基础上的。可以想见在中国，如果在所有案件中推行所谓普遍适用的人民陪审制度，会给地方及中央财政带来何等沉重的负担。

从目前中国司法实践中人民陪审制度存在的缺失入手，可以在不改变相关立法的情况下，通过两高的司法解释，对上述缺失加以修正，并最大限度地发挥现行制度的潜力，最大限度地将民意的司法拟制合法、公平、高效地导入刑事司法过程。具体言，可以从如下几个方面具体实施：

首先，增加人民陪审员的代表性。

就人民陪审员代表性不足这一问题，可由最高人民法院出台司法解释，要求适用人民陪审员审理的案件中人民陪审员的绝对数量需要超过法官数量。事实

---

① 试点法院积极争取当地党委、政府的关心、支持，主动加强与财政部门沟通，认真落实人民陪审员经费保障规定，充分调动人民陪审员履职的积极性。重庆高院在试点初期就争取市财政支持，为每家试点法院拨付专项资金。探索完善人民陪审员退出和惩戒机制，明确人民陪审员的权利和义务，促进人民陪审员履职规范化。创新管理模式，积极探索法院管理与人民陪审员自主管理相结合，一些试点法院成立人民陪审员自主管理委员会，实现自我管理、自我约束、自我发展、自我服务。大力开展陪审工作信息化建设，开发并运用包含人民陪审员信息库、随机抽选、履职信息、业绩评价等内容的陪审管理系统，提升陪审工作管理水平。参见 2018 年 4 月 25 日《最高人民法院关于人民陪审员制度改革试点情况的报告》。

② 第 2 条规定，"除第 3 条规定情况之外，尽管存在裁判所法第 26 条的规定，地方裁判所就下列事项，在依法选定裁判员参加合议庭之后，由裁判员参加的合议庭处理。一、该当死刑，无期惩役或禁锢的犯罪行为；二，存在《裁判所法》第 26 条第 2 项第 2 号所列案件，与施行故意犯罪导致被害者死亡相关的犯罪（属于前号规定的情况除外）"。参见「裁判员の参加する刑事裁判に関する法律」（平成 16 年 5 月 28 日法律第 63 号），第 2 条。

③ 参见日本総務省統計局「第六十二回日本統計年鑑　平成 25 年」第 16 章労働・賃金。

上从其他国家的司法实践来看，无论具体名额的分配为何，实际所强调的都是一般民众在司法实践当中的话语权。人数对比关系的改变，实际彰显的就是司法运行机制的一种导向性安排。按照这种人数配置，假定人民陪审员可以真实反映民意的话，那么反映在投票结果上就一定不会停留在单纯的所谓"花瓶"效应，反之可以极大地遏制司法乱权与司法腐败。同时，因为现行法律规定的是对于学历等硬性身份指标的"一般要求"，故最高人民法院可以在司法解释中明确规定，对于这一要求的理解应该是排除性的，即排除不适宜担当人民陪审员的身份或者个体特征，如受过刑事处罚、心理不健全等，绝非额外增加非国民一般具有特质的要求。

其次，在人民陪审员参与审理的重大刑事案件中强化人民陪审员与法官之间的互相制约机制。

2018年最新修订的《中华人民共和国人民陪审员法》第16条第1款，"可能判处10年以上有期徒刑、无期徒刑、死刑，社会影响重大的刑事案件"，由人民陪审员和法官组成7人合议庭进行，其中法官3人，人民陪审员4人，同时根据该法第22条，"人民陪审员参加7人合议庭审判案件，对事实认定，独立发表意见，并与法官共同表决；对法律适用，可以发表意见，但不参加表决。"这就意味着在包括适用死刑在内的重大刑事案件中，虽然法律从形式上保证人民陪审员相对于法官，在其参与审理的重大刑事案件中，占据相对多数，加之中国目前刑法中对于刑罚所设定的格差较大，对于刑罚的自由裁量也往往是包括社会舆论在内一般民意所最为关注的部分，因此可以建议最高人民法院在司法解释中明确要求，对于刑罚裁量，人民陪审员必须全部同意，换句话说，在人民陪审制度当中，限于国情以及改革成本效益分析，不用硬性规定法官与人民陪审员在专职上的分工，但为了确保最容易引发争议，同时也最容易司法擅断，引发司法腐败的量刑问题不出现不当裁量，在这一问题上人民陪审员的意见必须达成一致，从避免法官与某一人民陪审员通过私下沟通或者协商，从而强奸民意的现象发生。在这个过程当中，简单多数已经没有意义，相反，非专业的人民陪审员所代表的民意，对于量刑结果意见的一致性反而显得尤为重要。

如果单纯地将改革刑事司法中的人民陪审制度，视为克服社会舆论诟病的方策，显然有些本末倒置之嫌。建构刑事司法体制内的民意拟制管道，的确可以用来抗制外界的批判，但这仅仅是此种民意的司法拟制的边际效应，保持具有广泛代表性的民众在具体刑事司法中的发言权，实际上是维护现行司法体制合法性的重要举措,同时可以确保当事人合法权利不受人为操纵,或者司法腐败的不当影响。可以想见,社会舆论与刑事司法的紧张关系将会持续,但只要建构起符合具体国情的司法民意拟制与表达的体制内管道,这种紧张关系的副作用将会被极大减少。反之,舆论的正确监督效应将被强化。

第二节　中国死刑适用中民意拟制与导表达的总体建构思路

刑事司法始终面临"无知之幕"与"阳光司法"的前提悖论,窠臼于人性的弱点,以及人类认知手段、认知水平等客观限制,对于案件事实的事后还原与审查,显然只能在特定范围内存在,无法,也不可能做到百分之百的彻底还原。我们无法知道案件的本来面目是如何的,我们仅能从人力所能及的范围内,所获得的证据,通过有限的理性,进行审查,从而得到所谓的司法判决。在这个意义上,刑事司法追求的,恐怕也不可能是绝对正义,而是包括被告人、受害人及其家属,社会一般人在内社会各方面对于刑事司法结果的一种认同和尊重,只要刑事司法能够体现出社会一般普遍道德,获得公众的一致认可,便可以被接受。而达成这一目标的主要手段,当然不能指望无法确证的最终审判结果,只能将关注点,放在刑事司法过程的公开与公众参与上。"把司法活动的每一细节均诉诸民意的反应和置于众人的凝视之下,以防止司法暗箱操作所可能导致的司法冤情和腐败,也可能借助民意的正当性处理一些通过正当程序难以解决的问题或案件。"[1]死刑案件往往涉及到杀人、强奸、绑架、抢劫等传统的自然犯罪,往往性质恶劣、手段残忍,对于整个社会的安全感与信任感破坏较大,特别是"涉案主体身份的特殊性、案件折射出民生等社会制度等问题,就更易受关注。"[2]极容易引发社会对立情绪。特别是在网络时代,重特大刑事案件,尤其是可能涉及到死刑适用的案件,不断升级为社会"公共事件"。党的十九大报告在"健全人民当家作主制度体系,发展社会主义民主政治"的框架下提出,"深化司法体制综合配套改革,全面落实司法责任制,努力让人民群众在每一个司法案件中感受到公平正义"。在这

---

[1] 戴承欢、蔡永彤:《精英意识与大众诉求的调和——刑事司法审判中的民意渗透及限制略论》,载《四川文理学院学报(社会科学)》2009 年第 6 期,第 42 页。

[2] 徐光华:《个案类型特征视阈下的刑事司法与民意——以 2005 至 2014 年 130 个影响性刑事案件为研究范本》,载《法律科学》2015 年第 5 期,第 30 页。

一纲领指引下,作为一个具体的改革举措,我国死刑适用中的民意拟制与表达机制的总体建构,需要一个合理的总体思路加以引领。

一、死刑适用过程中的 7 人大合议庭制度的应然走向

《人民陪审员法》第 16 条第 1 款明确规定,"可能判处 10 年以上有期徒刑、无期徒刑、死刑,社会影响重大的刑事案件",适用 7 人合议庭。更有学者认为,"7 人合议庭是本次人民陪审员法的重大制度创新,既符合陪审制的基础法理,也为人民陪审员制度的后续深入改革确立了明确的路线图。"[①]之所以这样认为,是因为我国的人民陪审员制度改革,走出了中国特色,既不同于日本的裁判员制度,也不同于英美刑法中的陪审员制度,而是立足于中国现实,经过长期的试点调研,分步骤地逐渐适用。即便从立法本身来看,也经历了 2004 年的《关于完善人民陪审员制度的决定》、2015 年的《关于授权在部分地区开展人民陪审员制度改革试点工作的决定》,以及 2017 年通过《关于延长人民陪审员制度改革试点期限的决定》,从而为后续《人民陪审员法》的出台奠定了充分的理论和实践基础。[②]

(一) 陪审员参加的 7 人大合议庭制度应纳入司法改革的总体规划

正如我国学者指出的那样,"无论是《中华人民共和国法官法》《中华人民共和国人民法院组织法》《中华人民共和国刑事诉讼法》《中华人民共和国民事诉讼法》等的修改,还是《中华人民共和国人民陪审员法》《中华人民共和国多元纠纷解决机制促进法》等的制定均需要"综合配套"的立法理念。"[③]这意味着,作为死刑适用中的民意拟制与表达机制,必须纳入到法官员额制、人民陪审制、案件繁简分流等宏观制度设计的具体框架之中,才能与既有原则和方针做到有机统一,避免制度的先天制度缺陷。陪审员参与司法过程要求有例如当庭质证制度、当庭宣判制度等配套制度,否则仍然像以往某些法院那样由"上级批案""院长定案""有关部门不当干预案件",那么陪审员、监督员恐怕也只能继续充当摆设,所

---

① 施鹏鹏:《二元陪审合议庭的创新与局限》,载《人民司法(应用)》2018 年第 22 期,第 16 页。
② 参见金梦:《我国立法性决定的规范分析》,载《法学》2018 年第 9 期,第 74 页。
③ 邵新:《关于司法体制改革"综合配套"的若干思考》,载《南海法学》2018 年第 2 期,第 39 页。

谓的司法民主、司法文明也只会是一种梦想。[1]

说到底,从政治角度,"新民主主义司法制度的建立,也是以人民为基础"[2],这意味着源于革命思想的人民陪审制度,绝非可有可无,而在很大程度上体现着社会主义的先进属性,是司法领域坚持走服务民众、贴近人民的标志。"人民陪审制代表着群众路线和司法民主,代表着执政党基本理念在立法领域的重要面向,成为诸多政治符号依附的载体,具有强象征意义和意识形态色彩。"[3]在此方面,一种观点值得警惕。有观点认为,人民陪审员制度,吸纳了民意,但我不认为是司法民主化。严格说来,其主要功能是分权,是制衡,而不是民主,不是反映民意。这种观点认为,"司法中看似民主的制度也不是民主理念的产物,而是基于许多现实的考虑……除了大词的力量外,究竟有什么实在的意义?"[4]这种功利主义的判断,不仅没有认识到陪审员制度本身在认定事实方面所具有的特殊作用,而且没有深刻领会我党推动司法体制改革的总体思路,忽视了司法民主制度对于司法体制合法性本身的重要意义,并不足取。

(二) 陪审员参加的 7 人大合议庭制度应与我国刑事司法的本质相互契合

首先,我国刑事司法活动与大陆法系司法职权主义一脉相承,特别是在死刑等重大复杂案件中,法官一般会采取积极纠问的主导型角色,导致人民陪审员对于案件难以实质性介入,不容易发挥实质作用,从而在特定情况下,表现出对于职业法官的"意见附随性",加上我国刑事审判,即便是一审案件,证人出庭比例也不高,呈现出明显的非实质倾向。对于普通人来说,面对复杂的卷宗及书证等专业法律文书,根本没有足够的能力和精力加以深入阅读。"访谈显示,在开庭日之前,陪审员专程来查阅案卷的几乎没有;可能的情况只是,利用开庭前的间隙翻看案卷。"[5]正因如此,才有学者认为,7 人大合议庭制的人民陪审制会倒逼我国刑事审判模式的重大改革,即采取重证人、轻书证的集中审理方式,以适应非常设、非专业陪审员的需求,也会迫使证人增加出庭作证的机会,以让陪审制

---

[1] 参见秦前红:《人民陪审员人民监督员与司法民主》,载《检察日报》2004 年 09 月 20 日。

[2] 刘全娥:《雷经天新民主主义司法思想论》,载《法学研究》2011 年第 3 期,第 194 页。

[3] 于浩:《当代中国立法中的国家主义立场》,载《华东政法大学学报》2018 年第 5 期,第 77 页。

[4] 苏力:《法条主义、民意与难办案件》,载《中外法学》2009 年第 1 期,第 93 页。

[5] 樊传明:《对〈人民陪审员法〉中职能设定的反思与推进》,载《华东政法大学学报》2018 年第 5 期,第 121 页。

有机会对于案情事实部分形成自由心证。①

同时需要警惕的一种倾向便是"人民陪审员"的专家化。根据《人民陪审员法》第 22 条的规定：参与 7 人合议庭的人民陪审员，对事实认定，可独立发表意见，并与法官共同表决；对法律适用，可以发表意见，但不参加表决。正是因为人民陪审员承担这对于案件事实认定的法定职权，才有观点认为，可以邀请所谓"专家陪审员"对案件中的科学性证据进行审查、认定，并认为，因为这些专家陪审员是对案件中早已存在，且存在争议的证据，通过在法庭上与提供该专业证据，或者提供相关专业意见的专家证人进行事实认定过程，因为专家陪审员具备业内专家的权威性，因此可以就相关事实判断做出自己的独立意见，并最终与其他合议庭成员共同表决。并不会导致"既是裁判员又是运动员"的问题。② 这种观点虽然不能说完全没有道理，甚至在个别案件的事实认定过程中，的确可以起到非常好的效果或作用，但其最大的问题，在于完全忽视了人民陪审员的广泛性和代表性问题。换句话说，人民陪审员制度设立的初衷，并非确保案件质量的实质提高，这一点，有无陪审员，或者有无专业陪审员，都不会出现实质性改变。相反，之所以让普通民众，特别是社会各个阶层的多元主体介入刑事司法，特别是死刑案件的审理，就是希望能够确保案件审理的合法性。人民陪审员制度改革试点过程中，"对于人员选任的'一升一降'（提升年龄、降低学历）和'3 次随机'（随机抽选人民陪审员候选人、随机抽选确定人民陪审员人选、随机抽取人民陪审员审理具体案件）的目的，主要就是为了体现人民陪审员选任的广泛性和代表性。"③

二、死刑适用过程中的 7 人大合议庭制度的配套改革

不容否认，司法民主，特别是刑事司法的公民参与，会挤占本来就有限的司法资源，增加司法成本，作为一项昂贵的改革措施，包括美国在内，很多适用陪审制度的国家，都出于成本效率的考虑，极大限制了陪审制的适用范围。在很大程

---

① 参见施鹏鹏：《二元陪审合议庭的创新与局限》，载《人民司法（应用）》2018 年第 22 期，第 16 页。

② 参见朱晋峰：《以审判为中心诉讼制度改革背景下科学证据审查的困境及出路》，载《法律适用》2018 年第 13 期，第 113 页。

③ 林文学、姚宝华：《保障公民参审权利有效推进司法民主人民陪审员法重点解读》，载《人民司法（应用）》2018 年第 19 期，第 27 页。

度上,也可以将这一考量视为我国《人民陪审员法》之所以将 7 人合议庭的适用范围加以限制的立法初衷。同时,立法成本的考量,也需要我们在对于 7 人大合议庭制度的理解适用过程中,注意相关配套制度的补齐与补强。

(一) 陪审员遴选制度的配套

《人民陪审员法》规定,人民陪审员的遴选,由司法行政机关会同基层人民法院、公安机关"两次随机抽选"。这意味着遴选主体除了司法行政机关之外,还包括基层人民法院和公安机关。对此,有意见认为,法律中"会同基层人民法院"的规定存在问题,应排除法院的参与;其二,"5 倍"的数量要求仍然过低。[①] 但这种观点显然没有准确领会"会同"的含义,所谓会同,意味着司法行政机关作为牵头单位,负有组织协调之责,并应担负起遴选程序的启动、两次随机抽选、资格审查、确定拟任人民陪审员名单等职责,人民法院则负责提出人民陪审员的名额,并提请同级人大常委会确定,并在此过程中提供其所掌握的失信被执行人名单,组织就职宣誓仪式,及时增补人民陪审员等职责。[②] 在这个意义上,人民法院的存在不可获缺。

(二) 充分发挥人民陪审员的积极性和应有作用。

实际上,陪审员的事实认定能力很强,特别是,作为普通人的陪审员还具备法官不具备的生活经验和与价值观。法官为了恪守职业操守,往往将自己封闭起来,与社会相对隔离,较为保守。"但陪审员对社会变迁及生活方式改变可能更为敏感,更能反映发展变化着的社会认知理念。陪审员与当事人有类似的生活场景与经验,普通人视角、充满生活气息和经验色彩的知识有助于深入纠纷的真实语境,还原纠纷事实本来面目。"[③]相关实证研究表明,"公众参与司法的意识非常强烈,全国有超过 7 成的受访公众表示如果有当人民陪审员的机会,自己非常愿意或愿意参与法庭审判,表示不愿意(不太愿意或不愿意)的比例不到 3 成。但与公众参与司法的积极意识相反的是,公众实际参与司法的程度却非常低。从总体来看,全国 9 省市受访者中,曾去过(去过或经常去)法院旁听审判的

---

① 参见刘计划:《陪审制改革中的几个问题》,载《法律适用》2018 年第 15 期,第 88 页。

② 参见刘方勇、周爱青、孙露:《人民陪审员遴选机制改革与立法评析》,载《中国应用法学》2018 年第 4 期,第 45 页。

③ 高翔:《陪审员参与民事案件事实认定程序构建论》,载《现代法学》2018 年第 3 期,第 141 页。

刚刚超过 1/4。[①] 除此之外,代表性不足的问题,依然长期困扰着中国的司法民主建设,高学历、公务员等特殊群体所占比例过高,出现了特定社会群体在陪审员队伍中被"超额代表";特定社会群体的应战份额被"克扣",从而"代表不足"的现象,严重违背司法民主中的"机会均等"和"无差别""无歧视"等原则。[②] 而这也得到了此前部分地区人民陪审员制度改革试点过程中的相关统计的佐证[③],

地区	人民陪审员总数	研究生以上学历	本科学历	大专学历	大专以上学历所占比例
山西	2004	20	553	1147	85.8%
青海	331	4	149	121	82.8%
浙江	3922	86	1388	1835	84.4%
重庆	1592	53(含 11 名博士)	562	711	83.3%
广西	1616	567		726	80%
吉林	2105	961		975	92%
安徽	1682	860		729	94%
贵州	1202	339		553	74.2%
江西	2540	918		1169	82.2%
河南	5828	2353		2774	88%
湖北	2443	1101		1109	89%
内蒙古	1901	789		894	88.5%
广东	3283	181		2967	95.9%
海南	232	225			97%
四川	3985	3188			80%
西藏	877	535			61%

---

① 参见郑飞:《司法文化的社会化与大众化——基于 9 省市实证调研与数据挖掘的分析》,载《证据科学》2015 年第 2 期,第 179 页。

② 参见王卓宇、王正丹、陈龙:《"精英化"或"去精英化"——"扩大社会主义民主"语境下我国陪审制度的问题与改良》,载《社会科学研究》2014 年第 5 期,第 125 页。

③ 转引自刘方勇:《社会转型背景下人民陪审员制度二元构造论——兼谈司法大众化与职业化的冲突与融合》,载《全国法院系统学术讨论会》2011 年,第 5 页。

续　表

地区	人民陪审员总数	研究生以上学历	本科学历	大专学历	大专以上学历所占比例
山东	5873		4558		77.6%
湖南	3952		3402		86.1%
辽宁	2557		2386		93.3%

地区	人民陪审员总数	党政机关干部		企事业单位（含高校、科研院所）		农民	
		人数	比例	人数	比例	人数	比例
内蒙古	1901	1088	57.2%	509	26.8%	47	2.5%
河南	5828	2355	40.4%	1926	33.1%	631	10.8%
安徽	1682	810	48%	614	36.5%	81	5%
吉林	2105	853	40.5%	556	26.4%	85	4%
海南	232	130	56%	102	44%	11	4.7%
广东	3283					174	5.3%
浙江	3922	1451	37%	832	21.2%	820（含村民干部）	20.9%
重庆	1592	634	40%	425	26.7%	343（基层自治组织）	21.6%
四川	3985	1993	50%	1195	30%	797（含城市居民）	20%
福建	1971	918	46.6%	550	27.9%		
贵州	1202	574	47.8%	272	22.6%		
江西	2540	534	21%	736	29%		
西藏	877	658	75%	105	12%		
湖北	2443	1270	52%	586	24%		
湖南	3952	2249	56.9%	1047	26.5%		
青海	331	160	48.3%	114	34.4%		

地区	人民陪审员总数	党政机关干部		企事业单位（含高校、科研院所）		农民	
		人数	比例	人数	比例	人数	比例
广西	1616	682	42.2%	343	21.2%		

三、死刑适用过程中的7人大合议庭落实的制度

如前所述,死刑适用过程中的7人大合议庭,应当紧密结合既有体制与法律框架,而所谓的法律框架,最主要的莫过于我国的刑事程序法与刑事实体法。

(一)7人大合议庭制度与庭审实质化改革

死刑使用过程中的7人大合议庭制度,特别是其中较为突出的事实审与法律审分离改革,与我国《刑事诉讼法》182条第2款确立了庭前会议制度,特别是最高人民法院《关于适用〈刑事诉讼法〉的解释》第183条的具体规定密切相关。考虑到目前尚无专门规定说明陪审员参与审理的案件是否需要召开庭前会议,是否需要制作事实问题清单等具体技术问题,都存在密切关系。除此之外,在死刑适用过程中,7人大合议庭中陪审员实质性地参与案件事实的认定,而其效果的好坏,直接取决于证人出庭作证制度,以及司法改革过程中亟待破题的集中审理原则,特别是陪审员参与案件审理后何时评议的问题,以及非法证据排除问题。考虑到《人民法院办理刑事案件排除非法证据规程(试行)》第18条第1款的具体规定,"在我国大陪审合议庭审理的案件中,非法证据排除的申请及调查均应先行进行;而且,在非法证据排除调查程序中,陪审员不应参与。"[①]

(二)7人合议庭制度与事实认定程序

作为7人合议庭的重大创新与分工,由陪审员负责参与事实认定,而这需要详尽的程序才能落实,而相关程序的程序设计必须有利于事实认定,特别是充分发挥陪审员的事实认定职能。一般来说,可以将相关程序分为陪审员参与事实

---

① 陈学权:《人民陪审员制度改革中事实审与法律审分离的再思考》,载《法律适用》2018年第9期,第28页。

认定的启动程序、准备程序、庭审程序和议定程序等过程。值得一提的是，在准备程序当中，需要就书证等非人证的证据调查及对其证据能力的判断，以及相关的争点整理、审理计划书等细节加以确认。在事实认定的庭审阶段，需要根据之前的争论要点，围绕争点的调查与辩论。最终，根据我国刑事诉讼法以及人民陪审员法等相关程序规定，以特定的表决比例，确认多数意见。[①] 在这个意义上，如何确定 4 名陪审员与 3 名法官的表决关系，避免陪审员被法官控制，致使陪审流于形式，成为"摆设"，就变得非常重要。"总之，陪审员与法官的比例是一个重大的问题。"[②]

第三节　小　结

"司法改革在部分学者的错误引导下，在法官群体的有意推动下，走上了所谓职业化的路线，司法与人民渐行渐远，人民失去了对司法权的最终控制"[③]，虽然一度通说观点认为，"司法大众化并非是大众司法，并非是全民皆可做法官或一味盲从民意。"[④]但事实证明，唯有通过人民陪审员制度，我国刑事司法才能实现最大限度的正当化。在死刑案件中，应用 4 名陪审员、3 名法官组成的大合议庭进行审理，这一制度还需要在实体法和程序法方向加以落实，相信随着实践经验的逐步积累，这一民意拟制与导入机制将会更加完善。

① 高翔：《陪审员参与民事案件事实认定程序构建论》，载《现代法学》2018 年第 3 期，第 141 页。
② 刘计划：《陪审制改革中的几个问题》，载《法律适用》2018 年第 15 期，第 88 页。
③ 何兵：《必须打破法官对司法权的垄断》，载《南方都市报》2007 年 11 月 3 日，A23 版。
④ 沈德咏：《关于司法大众化的几个问题》，载《人民司法》2008 年第 19 期，第 9 页。

第七章　中国死刑适用民意
导入的实体法机制例说

正如我国学者所言,随着民意借由陪审员制度进入司法,刑事司法范式就将从阐述转变为证明与论证,其所朝向的,不再是真实,而是合理或可接受,其论证的方式,不再是独白,而是对话或协商。总之,"刑法理论体系的结构和内容必将获得全新的发展"。[①] 具体来说,陪审员制度在死刑案件中的导入,势必带来法学研究中的"大众话语"和"精英话语"的制度性融合,毕竟,"大众话语与精英话语的区分在形式上表现为专业性的强弱和深浅,背后则蕴涵着不同的价值立场。其实,二者的矛盾不仅存在于立法语言内部和具体法律规范的解释中,而且也存在于披着'精英化'外衣的一般性的法律理论建构中。"[②]下面,尝试结合日本实行裁判员制度后相关学者对于裁判员制度下刑法解释学或刑法教义学的相关论说,再以我国刑事案件中重要的事实,即犯罪故意的陪审员认定模式,对于制度项下的实体法解说范式改革,加以概述例说。

第一节　民意的司法导入与刑事解释范式改革[③]

用一个浅显易懂的例子来比喻审判员制度。曾与人把审判员制度比喻成客

---

① 童德华:《刑法理论体系的开放发展——基于民意的建构性论证》,载《法学评论》2014 年第 5 期(总第 187 期),第 113 页。

② 参见车浩:《从"大众"到"精英"——论我国犯罪论体系话语模式的转型》,载《浙江社会科学》2008 年第 5 期,第 51 页。

③ 第一节内容参见[日]松澤伸、高橋則夫、橋爪隆、稗田雅洋、松原英世『裁判員裁判と刑法』成文堂(2018 年),第 1 章相关内容,中文部分参见本书 2020 年在《苏州大学学报(法学版)》的系列译文连载,译者为李立丰。本书对其内容的使用,得到了松泽教授的书面授权。

人和厨师一起进入厨房的餐厅。客人进入厨房，即使不涉及烹饪本身，也能够清楚地看到正在进行着什么。可以监视烹饪是否采用了合适的方法。法官应该不能像以前一样用专业人士之间的默契进行判断。也就是说，法官制定了市民监视工作情况的系统。在这种状况下，烹饪也是基于使用市民能够理解的形式——不使用不了解的食材和烹饪方法，即使使用，为了能让食客充分理解进行充分说明，这种形式使得刑法解释论更为浅显易懂。

一、审判员制度引进与刑法解释论的变化

（一）日本刑法解释论的传统

审判员制度的引进也许会引起刑法解释论产生一定变化。那么，迄今为止传统的日本刑法解释论是怎样的呢？

先要追溯到现行日本刑法典的制定。日本的现行刑法典于明治 40 年制定。当时，明治政府整备并发展在欧洲学习的法律制度，参考德国刑法以及德国刑法学制定刑法。从那以后，日本刑法学者为了学习可以被认为是母法的德国刑法或德国刑法学，去德国留学并引进了德国流派的刑法学理论。可以说日本刑法学是在德国刑法学的强烈影响下发展起来的。

德国刑法学是体系性的、理论性的，极为精密的刑法理论。考虑到刑法是引起刑罚的法律，确实应当具有充分的理由，但是这往往会陷入观念化、抽象化的讨论中，成为极其难以理解的理论。

日本代表刑法学者团藤重光教授，在体系书的序言中，关于刑法学曾阐述过"应追求毫不动摇的正确的理论构成"[1]。这本书于 1957 年出版，在同一本书的序言中，已经阐述了"由专家组成的刑法理论，日益精密和复杂，逐渐难以接近"。

在那之后的 50 年，逐渐发展为具有高深理论和精密性的刑法理论，但同时也离市民越来越远。通过审判员制度，（确实在厨房中）市民亲眼目睹了职业法官对法律的解释，在学术界，是否也会发生变化，同时也产生了这样的预测（期待、不安）。

（二）学界研究

日本刑法学界很早就开始反思关于能否区分法律解释和法律适用，对审判

---

① 日团藤重光『刑法綱要総論［初版］』（創文社 1957 年）「引言」。

员浅显易懂进行说明的重要性,这些问题同样是现在持续讨论的重要问题。以至于日本刑法学研讨会总结"由于更加追求'普通人容易理解的解释',与之相伴随的,刑法理论应当重视起如何对司法实务起到一定的作用"。

在日本鉴于引进裁判员制度,各地都进行了模拟审判。实际尝试后引发问题的是,刑法中难以理解的概念对于法律的外行裁判员来说很难理解。比如,故意、共犯和正犯的区别、正当防卫的成立范围、责任能力的判断基准等问题,这些问题让裁判员难以充分理解。因此,开始指出把这些概念浅显易懂地进行阐述十分重要。并且,更进一步,仅仅用浅显易懂的语言来表达是不够的。至少从裁判员容易理解的观点进行整理①案例中出现问题的要素,这一点也十分重要。

后来,日本的著名刑法学者桥爪隆教授在 2008 年,即裁判员制度实施的第 2 年,在《裁判员制度下的刑法理论》②为题的论文中指出,现在开始对刑法理论的存在价值表示疑问,但刑法理论并不是普通人必须能够理解的(对于上述研讨会,稍带否定的色彩)。并且,一直以来和从今往后,刑法理论和刑法实务研究的名家为法律专家和法官,指出刑法解释的水准必然不可能与法律的非专家相适应。人们习惯通过"单纯的概念替换和思考游戏等"来主张学者的自我满足的学说,另外,所谓理论,如果它是复杂的理论组合时,尤其存在将虚构进行正当化的可能性。对于理论这种东西,不要脑子里相信,要经常带着怀疑的眼光进行探讨,这是很重要的。可是,虽说如此,并不打算完全否定理论本身的意义。倒不如说是,为了更好理解到现在为止选择的基础理论的研究课题,作为基于基础理论的刑法学理论是极为重要的。

一种较为值得认可的结论便是,首先,刑法上的概念虽然很难,但并不是通过降低其专业性的水平让裁判员理解,而是在维持其水平的同时,回到"真正意义所在",从原始出发点出发来说明从而促使裁判员理解,这点十分重要。为此,把重点集中在各种考虑要素中重要的部分进行讨论是很重要的。有一些有效的方法,例如,可以考虑采用分析类似案件并提取考虑要素并进行类型化。

对于这一宣言,以此研究为中心参与其中的佐伯仁志教授,见解如下:也就是说,"为了得到适当的判断,仅仅将专业用语换成通俗易懂的词语是不够的,正确地表达其真正意义是十分必要的"③,这就是核心部分。"真正意义所在"就是

---

① 日駒田秀和「難解な法解釈と裁判員裁判—裁判官の立場から——」刑ジャ10 号(2008 年),第 75 頁。
② 日橋爪隆「裁判員制度のもとにおける刑法理論」曹時 60 巻 5 号(2008 年),第 1 頁。
③ 〔日〕佐伯仁志「裁判員裁判と刑法難解概念」曹時 61 巻 8 号(2009 年),第 1 頁。

关键词。

佐伯教授是早就解决这一问题的研究者之一,在决定引入陪审员制度的2004 年,就在研讨会"裁判员制度与刑事司法"中,以《引进裁判员制度与刑法应有的方式》为题目进行了演讲。① 当时,对于"刑法学者的讨论过于复杂,难以理解,即使是对法官也有难以说明的时候"这一观点,佐伯教授做出了这样的回应,"刑法学中特别难解的部分,几乎都是与结论没有直接关系的理论性的说明方法,对于这些部分没有必要向陪审员说明,因此不必担心"。在这里,佐伯教授提到了"难解的理论构成",但实际上,"难解的法律概念"自身本就难以理解,通过模拟审判等变得清晰。因此,将"真正意义所在"明确表示出来,作为刑法解释论的重要课题,正是应当被认识到的地方。

(三)"类型化"的重要性

关于如何将"真正意义所在"表示出来,受到关注的是案件的类型化这一方式。前述的《司法研究·难解的法律概念》指出,"通过很多类似案件的案例和审判例,存在哪些事实关系的话,哪些要素被重视,分析得出什么样的结论,并在某种程度上进行抽象化、类型化解释"是有用的,指出了审判实例的类型化的重要性。

这种类型化的方法,一般被认为"对于裁判员来说是缓和判断困难的方法,毫无疑问是必要的"②、"今后会十分重要"③。但是,对此进行积极评价的同时,类型化方法的问题点也被积极评价的讨论者指出,即"问题是类型化的内容,根据内容的不同,裁判员的判断可能不同","类型化过度单纯化的情况……'法律概念的真正意义所在'有被舍弃的危险",另外,指出出现了这样的问题,如果"过多追求类型化,作为类型本身包含过多固有意义的话,为什么类型不同解释不同,根据类型的不同产生不同解释,不同类型的解释差异化不是为随意解释开辟道路吗"。

将"真正意义所在"实质性抽出,为裁判员提示通俗易懂的解释。此时,以一般、抽象的法命题的形式、综合判断的形式进行表示的方法,对于裁判员难以理

---

① 参见[日]井上正仁、山室惠、古江赖隆、佐藤博史、佐伯仁志「〈シンポジウム〉裁判員制度の導入と刑事司法」ジュリ1279 号(2004 年),第 102 頁以下。

② [日]高橋則夫「裁判員裁判と刑法解釈」刑ジャ18 号(2009 年),第 3 頁。

③ [日]山口厚、井田良、佐伯仁志、今井猛嘉、橋爪隆、中谷雄二郎「〈座談会〉裁判員裁判と刑法解釈のあり方」ジュリ1417 号(2011 年),第 141 頁。

解。简明判断对象本身,并将案件类型化,使判断的标准更加易懂。

这里总结的内容在现在的刑法学界,裁判员制度下的刑法解释论应有方式的一个到达点。基本上具有妥当的方向性。

但是,笔者认为在最后提出的"类型化"的方法上需要充分注意。在指出"类型化"这一方法非常重要的同时,也必须注意对此应有警戒心理。"类型化"是法律学思考方法或表示法律逻辑的典型方法之一,是法律家熟悉的法律方法。但是,这对于一般市民来说是否容易理解呢?

也就是说,采用"类型化"这一方法,也许反而会难以理解。在"类型化"中,最终,表示若干类型之后,必须判断该案件属于哪一类型,这里仅仅需要理解具有差异的相当性和专业性的知识。反过来,如果不表示多种类型,结果有可能会造成事后承认。进一步来说,如果不符合之前设想的类型,事态会变得更加严重。失去了判断基准自身,判断也大致会受挫。

这种"类型化"的判断方法,可以认为是从采用判例法的英国法律、美国法律中得到的启示。英国法和美国法是判例法主义的国家。通过对每个案件的判断堆积而成的判例法十分重要。即使存在制定法,但其并不精确严密,与成文法的日本不同,制定法是通过判例进行补充。那样的国家,需要测量判例的射程。判断过去的案例是否也适用于当前问题的具体案件。因此,将判例的基准类型化,成为了这些国家的法律思维的重要组成部分。

但是,日本的刑法学,彻底完成了德国刑法类型的理论性的发展。并不是通过法律判例通过抽象的法命题来明确应有规范的方法论。正因如此,即便对问题展开思考,最终也回归到到体系上的思考,进行稳定的判断。"类型化"这一方法,虽然通过类型化会对其自身感到安心,但有忘记问题所在,甚至有失去理论意义的危险。机能性地理解问题,具体地解决问题是极其重要的,但如果丧失了在理论上如何定位这一体系性的思考的话,刑法解释论很可能会失去其意义。

二、相关解释范式建议

(一) 类似案件的提示

那么,应该如何考虑呢? 根本基准应当是普通、抽象的基准。虽然一般、抽象的基准对于裁判员来说可能无法理解,有可能产生一定不安感。但是,如果能够准确说明其"真正意义所在",可以认为陪审员能够理解。

但是,只是主张"能够理解"并没有什么意义。为达此目标的方法才是十分重要的。首先,当然应当将一般、抽象的基准自身解释的更通俗易懂,同时,重要的是在说明实质核心的同时,要具体提示。

那么为了"能够理解"这一目标,是不是可以考虑用符合一般·抽象的基准的几个类似案件代替(或添加于)"类型化"。这乍一看也许和"类型化"的方法相同,但实际上并非如此。这不是"为了便于理解提取几个案件的共同部分并将其进行类型化"的方法,而是"阐明作为样本的案例自身"的方法。一边翻阅这些案例,一边考虑其与实际案例有哪些异同点,来激发裁判员的智慧,这一点是十分重要的。

德国式的一般·抽象规范形式的刑法学,"最多只能够识别法官在审判中出现问题的犯罪类型,并使用一定的用语"。也就是说,"德国刑法学家为了覆盖裁判实务中所产生的一切案例",将刑法中的判断基准"总结为较短的定义,往往这有一些过犹不及了"。有人指出,在德国刑法学中,将原本不可能汇集在一起的事物进行抽象化,将其打包成一捆。这同样适用于深受德国刑法学影响的日本刑法学。关于日本的刑法理论,前田雅英教授曾经指出"学者脑海中的模拟,细致而空洞","实际案件及历史中充满这令人吃惊的事实"。① 在脑海中进行模拟类型化是没有问题的,但是仍然会有案件无法被"类型化",因而不能对"类型化"寄予过多期待。

(二) 新形式的"综合判断"方法

虽然存在很强力的否定意见,但是从实体主义的观点出发,存在列举判断要素这一所谓进行综合判断的方法。一般来说综合判断的方法,前田雅英教授的法律因果关系的判断方法为典型代表。② 只是这样的方法,一直以来受到由于判断较为模糊以致损害法律稳定性这样的批判。对综合判断持否定态度是有充分理由的。但在实际审判中,确实会有运用综合判断手法对基准进行说明最为合适的情况,虽说是综合判断,但如果把它从头脑中排除掉,基准反而会停留在一般、抽象的状态下,其适用也会产生较大偏差。只是,在使用综合判断时,不仅仅列举每个要素,在列举的每个要素中,什么是核心部分的判断是十分重要的。

---

① ［日］前田雅英、藤森研『刑法から日本を見る』東京大学出版社(1997 年),第 56 頁。
② ［日］参见前田雅英『刑法総論講義［第 6 版］』東京大学出版社(2015 年),第 134 頁。

了解哪些要素同样重要几乎没有什么意义,如果不明白列举要素之间的相互关系,就停留了平面化·直线化的判断上。

因此,在设定综合判断的基准时,应分为主要部分和附属部分,以重要部分为中心缩小判断,之后确认应考虑的附属部分,这样的方法是有效的。① 另外,不能仅要素中的一点得出结论。② 这样的话,就失去了综合判断的意义。

另外,有人指出,综合判断(综合评价)是法律适用,裁判员共同讨论并得出结论。③ 在综合判断中列举较为重要的判断基准是法律解释问题,但其中哪些是较为重要并适用于该案件的正是法律适用的问题。因而,裁判员的判断变得重要起来。④

"从精密司法到核心司法"原为是引入裁判员制度时,平野龙一教授提出的口号⑤,这里也体现了"从精密刑法学到核心刑法学"这一刑法学发展方向。我认为这种形式的理论构成,在今后的刑法学中也会逐渐重要起来。

三、裁判员裁判制度背景下的刑法解释论纲

(一) 刑法总论的理解解释论

回顾日本刑法解释论,出发点是在二战后以新的宪法为基础开展的刑法学理论。对于战前、战中的刑罚权失控,处罚早期化、宽泛化、不当的搜查和审判进行了反省,以客观主义为基础的犯罪论为基本,为了阻止法官恣意判断,追求拘束法官的无可动摇的缜密的理论构成。因此,刑法学家开始致力于理论刑法学的研究,构建精确无比的刑法理论体系。

这样的理论体系,如果要达到利用理论体系拘束法官的目的,应该必须要收纳为一个理论体系。但由于理论体系的缜密,在细节上产生了学说的争论。结果大量的学说涌现,几乎在刑法解释论所有领域,围绕细微末节展开争论。而且

---

① 根据竹村和久教授关于意思决定理论的研究,只选出两项重要条件,剩余选项仅仅进行斟酌,也不努力进行认知,这比较接近于加法性的意识决定。总而言之,考虑到其具有价值,绞尽脑汁进行选择后再研究的方法与大略思考就决定的方法基本没有什么区别。参见[日]竹村和久ほか「多属性意思决定における決定方略の認知的努力と正確さ」認知科学 22 卷 3 号(2015 年),第 368 頁以下。

② 参见[日]笠井治「裁判員裁判と刑法解釈」刑ジャ18 号(2009 年),第 10 頁。

③ 参见[日]楯田正洋「裁判員裁判と刑法理論」刑雑 55 卷 2 号(2016 年),第 176 頁。

④ 从这里进一步推进的话,裁判员加入从而得出的结论,就会出现如何正当化这样的问题。不过,关于这个问题作为法律适用的问题,在后文讨论。

⑤ 参见[日]平野龍一『刑事法研究 最終卷』有斐閣(2005 年),第 182 頁以下。

由于刑法学是处理与犯罪和刑罚这种与人的本质及存在密切相关的学问。无论如何其与刑法学者个人的人生观、人生哲学难以分割。因此,刑法学家从自己的人生观人生哲学出发,以自己相信的价值判断和政治立场为背景,各自主张不同的学说。不应认为这种情况是具有建设性的,即便刑法学家持有自己的意见,以客观的学问的名义表达是否妥当,对此存在很大疑问。

其实 1950 年代在私法领域已经指出这样的疑问,发展为对于"法解释论争"这一法学方法论的争论。但是,在刑法领域,这个问题直到平野龙一教授提出的刑法功能性的考察,大体上一直处于被忽视的状态。平野教授的主张提出后,除去极少一部分见解,也极少被认真讨论过。

追求更为客观化的刑法学,构建排除价值判断的刑法学是十分重要的。在平野教授的见解基础上,学习了丹麦的阿尔夫·洛斯及库努德·沃文的方法论。现如今该国妥当的做法是在法院中作为审判形成的法律,从究其本质是法官的思考。换言之,将法官的思考进行语言化并将其定位为刑法解释论。

这里,就必须提到所谓功能主义刑法学,但从刑法究竟发挥了何种功能这一角度来看,法官思维中的现行妥当的刑法与法官审判中刑法解释论的客观姿态,并不是从体系思考,而是从问题的思考出发进行叙述的。裁判员制度下的刑法解释论也适用于机能主义刑法学。从问题的本质出发,以事实认识为基础,怎样的解释能够最适用于社会,以这样的角度来探讨解决问题的方法,比起从系统的抽象的概念出发进行理论构建的传统刑法学,市民也更容易接受。

虽然以刑法解释论的变化为前提,但佐伯仁志教授认为"刑法解释论今后基本不会改变"。提及了德国的参审制度来支持这一结论。德国虽然采用了参审制,但德国并没有产生为了让外行参审员容易理解而必须改变刑法学的争论,"采用参审制度的德国发展了精致的刑法解释学,可见引进裁判员制度并非一定要改变刑法解释学"。

的确,裁判员制度是上述参审制度的一种,并以欧洲一般的参审制为原型。但日本和德国的制度存在两处截然不同的地方。那就是,德国参议员在其任命方法中,不是随机抽取(接受政党的推荐),采用任期制(5 年)。日本的裁判员和德国的参审员相比,并不习惯与法官进行讨论以及理解刑法解释论,这是前提。这样一来,并不能说德国如此,日本刑法解释论就并不会产生变化。

佐伯教授的说明有一定道理。与德国以及其他的参审制国家不同,日本裁判员的权限被限定为事实认定和法律适用。即日本《裁判员法》第 6 条第 1 款,裁判员的权限限于事实的认定和法律的适用。这里的事实认定指的是定刑罚权的存在与刑罚权范围的事实认定。① 也就是说,事实认定指的是与案件相关与案件相关方引起了什么和做了什么这些认定事实的工作事法律适用,是指以法官阐述的法律解释为前提,判断认定的事实是否符合此前提。也就是说,这是以解释为前提的事实规范适用的工作。如果法律解释是法官的专有权利,那么难以考虑其对裁判员产生的影响,这也是有道理的。

但在某些方面,解释论产生变化的可能性。对于这个问题,实际上法官自己指出了以下几点。池田修法官指出,"虽说裁判员有义务听从法官阐述的法律解释,但关于争论点,法官们会根据裁判员的意见进行再次讨论,包含裁判员的大多数很有可能会采用其他的法律解释,也不能一味地否定法官们改变意见的可能性。② 这样看来,裁判员制度的引进包含着给实体法解释带来变化的可能性"③。

这样在裁判员制度下,理论上仍然保持高度,但也追求裁判员易懂的刑法解释,其中可能会出现与以往解释不同的刑法解释。这可以说是在学者考虑下的裁判员审判下刑法解释论的终点。

但是,仅仅这样是不够的,这里还是想在这里把它作为问题来看待。也就是说,裁判员也参与判断的场景,特别是进行法律适用的场景,对于这一点应该目光更为长远。即正如以前就有人提出的,④在引进裁判员制度时重新被指出,⑤法律解释和适用是相互交织的,其区别并不一定明显。这一点不正是通过引入裁判员审判,可以重新意识到的问题领域吗? 这里希望在其他章节对这个问题进行探讨。

(二) 刑法各论的适用解释论

所谓法律解释,是理论性地讨论确定法律语言的意思,是优秀的法律学工作。理论上来看,法律解释是法官的专权事项,因此,一直以来,法律解释是作为

---

① 参见[日]池田修、和田悦三、安東章『解説　裁判員法—立法の経緯と課題[第3版]』 弘文堂(2016年),第47頁。
② [日]池田修、杉田宗久「新実例刑法[総論]」「引言」青林書院(2014年)。
③ [日]佐伯仁志「裁判員裁判と刑法のあり方」ジュリ1417号(2011年)111頁等。
④ [日]小林充=香城敏麿編『刑事事実認定(上)』(引言)判例タイムズ社。(1992年)同時最近基于这样的问题意识,也出现了以认定事实为基础的正当防卫论的再构成研究。木崎峻輔「正当防衛状況という判断基準について(1)、(2完)」早稲田大学大学院法研論集140号(2011年),第53頁以下等。
⑤ 参见[日]浅田和茂「裁判員裁判と刑法」立命館法学327=328号(2009年),第2頁。

由法官这一法律专家进行的具有高度技术性的工作,这样的理解从出发点来看并没有问题。

但是,裁判员开始对法律解释进行事实上的适用。并且法律解释和法律适用,虽然能够从语义上进行区分,但实际上将两者区别开来非常困难。

用前述例子来比喻的话,裁判员制度是可以让客人进入厨房的餐厅。裁判员能够做的是选择食材(事实认定),然后将做好的料理装盘并提供(适用和量刑)。烹饪本身和装盘在语言上是完全不同的。但在现实中,实际上相互关联。总之,如果不考虑盛在怎样的容器里,烹饪本身就变得困难。相反,烹饪的东西到底如何,装盘也起到了相当一部分决定作用。同样,法律解释和适用之间具有相互关联的紧密关系,并不是各自负责自己的部分就足够了。

譬如,一直以来在防卫行为的相当性问题,暴力行为的意义等,这些法律解释与法律适用的界限上,在刑法解释论的框架内也向着解决这一问题的方向进行讨论。也有人指出,实际上确实存在这样的法令解释和适用相互交织领域。这样的问题,最终仍是法律适用的问题。无论如何详细理论化,对于防卫行为是否具有相当性,该行为是否符合暴力行为的概念这些问题,最终仍然无法明确,因此成为问题的事实到底是否在"相当性"的框架内,抑或是能否被"暴力行为"概念所包含,仍然应回归到法律适用的层面上。

特别是最近"一系列的行为"体现了法律解释和法律适用的界限争论。譬如从判例的角度来看为了防止防卫过当,要求防卫意思应具有一贯性。但在什么样的情况下具有连贯性,防卫场面转换后在什么情况下认定,这一标准即使从语义上能够明确,在法律适用界限的部分也不明确。最多能够通过比较几个案例来判断什么是界限限度,按照统一的标准无法确定其界限。

一直以来对于这一问题,没有过多进行考虑。在法令适用应该终结于法官职业判断,实际上一直以来就存在"一系列的行为"的问题。互联网犯罪、特殊的经济犯罪等,虽然是现代社会中特有的问题,但是"一系列的行为"成为刑法问题并不是近十几年突然出现的特殊情况。可以说这是在任何时代都会发生的状况。这样的问题,在仅仅依靠法官的职业判断并不能得到市民理解的裁判员审判中,解析出了新的问题点。和刑法解释一样,今后应当将有意识的进行刑法适用的研究。

本来,刑法解释论就是规范正当化。可以说目前为止都是这样,今后也是这样。与其他案件的结论保持平衡并不是刑法解释论的形式,而是以高阶抽象规则和原理为基础,进行逻辑性思考,这是其正当化依据。虽然没有阐述规范正当化的依据,但至少对规范正当化的依据进行了强化。

法律解释的正当化以此为形式进行,但在法律适用中却难以使用该形式,因为对于法律适用,规范化标准无法确定其界限,难以进行规范的正当化。这样一来,事实的正当化便由此产生。

事实的正当化并不是原本的正当化根据,即使被承认,也认为仅具有补充性。但是,例如在上述问题中,关于"为什么要使其正当化",不能进行规范的回答,可以说是已经有了规范的回答。且不能推及到前述阶段的规范正当化。

那么,为什么允许事实正当化呢? 在这之前几乎没有被讨论过。作为事实正当化的理由,一直以来经常是社会常理和常识等。这是在日本裁判员法让市民参加法律适用的原本意图吧。也可以说通过具有社会观念和社会常识的常识的市民参加审判,在事实上决定法律适用的界限。但通过遵守常识而使之正当化,即使实质上如此,在法律理论上仍然需要进一步精炼说明。

虽然只是试论,但可以理解为"要求均衡的正义"。所谓均衡的正义,就是与他人保持均衡这种符合正义要求的想法。也就是说,这次适用与目前为止进行的适用之间能否取得平衡是十分重要的。如果此次法律适用可以说是均衡的适用,那么其适用就具有正当化依据。

这是从量刑理论的均衡原理中得到的启示。近年来在量刑方面,源于英美和北欧的均衡原理这一想法正在被强化。可以说,均衡原理如果按照最大公约数来定义的话,就是必须对犯罪行为进行均衡的刑罚。可以大胆地说,所谓合乎正义的刑罚就是与犯罪行为相均衡的刑罚,在这种思想的基础上,报复和报应是不同的。由于原理为对犯罪科处均衡的刑罚,原理上排除一切的预防考量。排除犯罪预防的考虑,虽然感觉过于极端,但犯罪学并没有证实刑罚的特别预防效果和一般预防效果。特别是在北欧和美国,追求特别预防的恢复思想受到挫折和衰退后,对预防的不信任感更为强烈。排除犯罪预防的考虑是从量刑中对于无法证实的情况进行排除,因此对于明确量刑标准来说,可以期待带来极其有效的成果。[①]

均衡原理中在个别处罚的量刑是均衡的,这是其正当化的根据。关于均衡的概念,考虑到含有两个均衡:与处罚价值之间相平衡(绝对均衡),与其他处罚之

---

① 参见[日]松澤伸「スウェーデンにおける刑罰の正当化根拠と量刑論——いわゆる『均衡原理』の基礎—」罪と罰 51 巻 3 号(2014 年)76 頁。

间的平衡(相对均衡)。法律适用正当化的情况下,相对均衡应作为参考标准。①

　　事实确实如此并不代表这就是正确的。平等处理案件是均衡正义的事实要求,在法律适用层面上(例如量刑中那样),适当分配是十分重要的。这仅限于法律适用的情况。

　　将复杂晦涩的刑法解释论转变为市民能够理解,简单易懂的刑法解释论的意见,从某一方面来看是正确的。法官必须向裁判员说明刑法上复杂的法律概念其"真正意义所在",在此过程中,刑法解释论中复杂的法律概念将以更容易理解的形式产生新的定义和新的理解。但并不会因此而失去理论。说到底就是确认一直以来细致的刑法解释论,并在此基础上向易懂的刑法解释论进行转变。

　　在现实中,维持理论水准的同时,阐述市民易懂的表达和解释是十分重要的。裁判员制度下,刑法解释论仍旧保持同样高度,但同时追求裁判员也能够理解的刑法解释。摸索中也可能会出现与以前解释不同的全新解释。

第二节　人民陪审员制度改革语境下犯罪故意"要素分析"模式的澄清与适用②

　　相较于侵权法等其他部门法,刑法的本质在于其所具有"污名化"功能。而近代刑法的发展史,更在很大程度上体现为行为的"对错"评价与行为人的"善恶"评价之间的此消彼长、循环往复。这种动态平衡关系,显然与刑法文本中犯意,特别是故意③的存否及涵摄,存在莫大干系。具体到本土语境,如何在来势汹汹的风险社会浪潮前捍卫刑法固有的道德否定评价属性,在很大程度上取决我国刑法中故意的规范与释明是否合理。从立法文本上来看,无论是总则中对于犯罪故意④的

---

① 相对均衡也称为序数的均衡。找出绝对均衡的基准比较困难(或几乎不可能,与此相对,相对均衡是与比较后对均衡,因此找出基准比较容易(或可能)。关于这一思考的适用问题,在这里只提起问题或者提出想法,不再进行深入阐述。但是在法律适用中,有必要意识到存在事实正当化的情况。

② 相关内容参见李立丰:《人民陪审员制度改革语境下犯罪故意要素分析模式的澄清》,载《法律科学》2020 年第 1 期,第 113 页以下。

③ 日本刑法通说根据该国刑法第 38 条第 1 款之规定,认为"犯意就是故意"。当然,对此也有不同看法,参见[日]齐藤信宰「故意と犯意」中央学院大学法学論叢 14 卷(1/2 号)2001 年,第 45 頁。我国刑法学界,则一般将犯意视为故意与过失的上位概念,本书亦采用这一看法,特此说明。

④ 虽然有学者认为,我国《刑法》第 14 条、第 15 条的规定,不是"故意"与"过失"的规定,而是"故意犯罪"与"过失犯罪"的规定,从中推不出什么是"故意"、什么是"过失"。从而,完全可以将我国刑法(转下页)

实质性规定,还是分则中具体犯罪故意的大量列明①,都为故意的司法解读预留了充足的理论空间,同时也设置了足够的现实挑战。② 笔者认为,相较于其他理论构型,"要素分析"分析模式能够更加合理地解决传统故意理论与风险社会刑事立法与刑事司法活动之间存在的天然矛盾,同时更为契合以人民陪审员制度改革为契机的刑事司法认定模式创新。为此,需要澄清既有话语中的犯罪故意"要素分析"模式的误读,同时结合人民陪审员制度中事实审与法律审的相互关系③,为我国刑法分则中具体故意的司法认定,建构应然的制度进路。

一、问题的提出

(一) 犯罪故意"要素分析"模式讨论的情境预设

[情况一]甲明知收费站有执勤人员检查,为逃避检查,驾驶机动车在逆行车道上高速强行冲关,致使前方赶来的执勤人员被撞死。④

[情况二]乙看到身着加油站制服的人(事后查明该人当时突发精神病)在加油站附近追赶手拿挎包的被害人,以为发生抢劫,本着见义勇为的想法驾驶机动车高速追撞被害人致其死亡。⑤

[情况三]丙在抢劫过程中使用暴力致被害人昏迷,误认为已经死亡,为毁灭罪证又实施放火行为造成被害人窒息死亡。⑥

[情况四]丁身为幼儿园园长,明知该园的面包车车况差,亟需检修,仍要求

(接上页)上的"故意"与"过失"与德日刑法上的"故意"与"过失"作同样的理解。参见蔡桂生:《论故意在犯罪论体系中的双层定位——兼论消极的构成要件要素》,载《环球法律评论》2013 年第 6 期,第 71 页。但这种观点的提出,显然是为了扫清直接借鉴德日刑法理论所面临的立法文本障碍,故不足取。

① 例如,我国刑法分则中的很多犯罪都包括对行为对象、行为状态等等的所谓"明知",其规定数量之多,在世界各国刑法中"实属罕见"。参见陈兴良:《刑法分则规定之明知——以表现犯为解释进路》,载《法学家》2013 年第 3 期,第 83 页。

② 例如,有学者指出,我国刑法中对犯罪故意的内容规定明确,但在现实中却面临挑战,需要对其进行规范释明。参见付玉明、杨卫:《犯罪故意的规范释明与事实认定——以"复旦投毒案"为例的规范分析》,载《法学》2017 年第 2 期,第 183 页。

③ 事实审和法律审的有效区分机制,是决定人民陪审员制度改革能否取得实效的关键一环,而故意的司法认定,又恰恰是事实审与法律审的关键问题之一。相关争议可参见李立丰:《我国人民陪审员制度改革中事实审、法律审分离模式之提倡》,参见《湖北警官学院学报》2018 年第 1 期,第 5 页以下。

④ 具体案情及相关判决结果,参见"陈孙铭交通肇事抗诉刑事二审案",载《中华人民共和国最高人民法院公报》1999 年第 4 期(总第 60 期)。

⑤ 具体案情及相关判决结果,参见"蔡永杰故意伤害罪案",(2012 年)穗中法刑一初字第 385 号。

⑥ 具体案情及相关判决结果,参见"魏建军抢劫、放火案",载《刑事审判参考》2006 年第 4 期,总第 51 期。

司机驾驶该车送儿童回家。途中因油路不畅以及司机违规操作,导致汽车着火,造成面包车烧毁,车上数名儿童死亡。[①]

[情况五]戊明知自己患有艾滋病,隐瞒患病事实,在未采取任何安全防护措施的情况下,先后与不特定对象多次发生性行为。[②]

[情况六]己驾驶套牌的非法改装摩托车与他人赛车,在附近人口密集的闹市密集车流中长时间超速驾驶、强行并线、反复穿插并多次闯红灯,后被警察当场抓获。[③]

此前,国内提倡使用犯罪故意"要素分析"模式的代表学者一般认为,之所以提倡这种特定的故意分析模式,是为了解决以具体危害结果的出现为犯罪成立客观条件的特定法定犯的故意认定,做出的一种理论反思。[④] 的确,与[情况六]类似,围绕以"造成严重后果"作为处罚条件的法定犯,如丢失枪支不报罪的罪过形式,存在故意说、过失说与复合罪过说等[⑤]诸多争议。但笔者认为,犯罪故意的要素分析模式,具有普遍适用性,换句话说,不仅可以用其来分析以具体危害结果为犯罪成立或处罚条件的所谓法定犯,也可以用来分析[情况一]所涉及的传统自然犯,更可以用来分析如[情况二]所涉及的违法性认识错误,以及如[情况三]所涉及的事实认识错误,乃至故意与过失的区分等"更广谱系"的刑法问题。也正是从这一前提出发,笔者从我国刑事司法实践中撷取了上述 6 个真实裁判例作为讨论素材,涉及犯罪故意相关问题的各个主要方面,旨在证明,犯罪故意的"要素分析"模式,在我国刑法中具有普遍适用性。

(二) 传统犯罪故意分析模式的问题归结

有学者指出,无论是大陆法系国家刑法理论中的有责性问题,还是社会主义刑法理论中的罪过,抑或是英美刑法理论中的犯意,就其本质而言,都是一个主观恶性的问题。[⑥] 这种观点的正确之处在于明确了犯罪主观方面所承载的"道

---

① 具体案情及相关判决结果,参见"高知先教育设施重大安全事故案",载《中华人民共和国最高人民法院公报》2005 年第 1 期(总第 99 期)。
② 具体案情及相关判决结果,参见"刘文明、红梅以危险方法危害公共安全案",(2017)内 2223 刑初 7 号。
③ 具体案情及相关判决结果,参见"张纪伟、金鑫危险驾驶一审案",载《中华人民共和国最高人民法院公报》2013 年第 12 期(总第 206 期)。
④ 参见劳东燕:《犯罪故意的要素分析模式》,载《比较法研究》2009 年第 1 期,第 45 页。
⑤ 参见林维:《刑法归责构造的欠缺——以丢失枪支不报罪为中心》,载《刑事法评论》2000 年第 2 卷,第 217 页以下。
⑥ 参见陈兴良:《主观恶性论》,载《中国社会科学》1992 年第 2 期,第 169 页。

德污名化"这一社会否定评价功能。事实上,现代社会中法律与道德之间依然仅仅存在形式上的矛盾悖论关系。虽然法治要求强调法律规制与道德规制的应然区分,但现代国家的"民意"趋从性又使得刑事立法与司法活动必须迎合社会主流道德。只有通过刑罚适用,将基于主观恶性实施危害社会行为的人①贴上"罪犯"这一标签,将其所实施反社会行为贴上"犯罪"这一标签,才可以最大程度上满足社会民众对于刑法的预期,才可以使其获得独立于侵权法、行政法等其他部门法的正当性。② 同时,由于现代国家角色的限缩,以及有效运用相对有限的司法资源的考量,使得刑法的适用范围也随之紧缩,应主要适用于那些故意实施侵犯他人人身以及财产权利的行为人。③ 特别是在人民陪审员制度改革的大背景下,考虑到我国刑法理论及相关裁判例中故意分析模式的混乱现状,专业法官如何向作为普通人参与刑事司法审判的人民陪审员明确说明"何为故意",就成为一个亟待解决的技术问题。④

虽然如前所述,我国刑法第 14 条第 1 款规定的究竟是故意犯罪,还是犯罪故意存在争议,但应绕这一刑法条文开展故意问题的讨论,却是无可争辩的事实。我国刑法通说,一般将"明知自己的行为会发生危害社会的结果,并且希望或者放任这种结果发生,因而构成犯罪的,是故意犯罪"这一立法规定,从理论上划分为以"明知"为标识的认识因素,以及以"希望或者放任"为标识的意志因素。同时,我国刑法通说一般认为,故意中的认识与意志之间存在"对立统一的矛盾关系"⑤,即便张明楷教授也认为,二者"有机统一"⑥,更有学者断言,故意中的"意志占主导地位,认识属辅助地位"⑦。必须承认,上述观点立足于我国实际立法文本,一方面得到大陆法系刑法故意理论相关学说,特别是"容认说"的理论加

---

① 在这个意义上,德国刑法不处罚法人犯罪的做法,在某种程度上也是因为对于法人无法实施道德否定评价,无法发挥积极的一般预防效果的缘故吧。

② 参见李立丰:《刑法的道德属性:以美国刑法中耻辱刑为视角的批判与反思》,载《清华法治论衡》2016年第 1 卷,第 254 页。

③ 参见李立丰:《美国法的"刑"与"非刑"》,载《环球法律评论》2009 年第 2 期,第 101 页。

④ 事实上,近几年,日本刑法学界因应裁判员制度改革,开始着手研究裁判员制度对于传统实体刑法理论,特别是解释论带来的冲击,并产出了若干颇具理论深度与自省意识的学术研究成果。可参见[日]松澤伸、高橋则夫、橋爪隆、稗田雅洋、松原英世『裁判員裁判と刑法』(成文堂、2018 年)。另外,日本司法实务界也积极行动起来,尝试编写供法曹三者使用的工具性书籍。可参见[日]司法研修所编『難解な法律概念と裁判員裁判』(法曹会、2009 年)。

⑤ 高铭暄、马克昌主编:《刑法学》,北京:北京大学出版社 2017 年版,第 4 章相关部分。

⑥ 张明楷:《刑法学》,北京:法律出版社 2016 年版,第 252 页。

⑦ 周光权:《刑法总论》,北京:中国人民大学出版社 2007 年版,第 159 页。

持,另一方面又可以在形式上解决所谓间接故意与过于自信过失的类型划分①,因此具备一定合理性,并长期得到我国刑法学界的支持。

但客观而言,以"容认说"②为代表的我国犯罪故意理论通说,并未考虑到我国刑法第 14 条第 1 款相较于日本等大陆法系国家刑法文本的立法特殊性,简单适用大陆法系中犯罪故意容认说的相关理论解释我国刑法,存在先天性的理论不足,更无法有效应对风险社会对传统刑法理论的尖锐挑战。

首先,随着共犯正犯化、预备行为实行化刑事立法趋势的抬头,结果要素在刑法中的地位与作用逐渐式微,因此才有学者立足风险社会这一视角,提出强调意志因素的传统故意理论难以满足刑法控制风险的需要,无法对某些犯罪的罪过形式做出合理的解释。③[情况五]中,戊虽然明知自己是 HIV 感染者,恶意隐瞒患病事实,在未采取任何安全防护措施的情况下,先后与不特定对象多次发生性行为。对此,如果套用容认说,因为本案现有证据不能证明被害人已经感染HIV,即并未发生实际危害结果,而仅仅对不特定多数人的人身安全造成威胁,故只能按照以危险方法危害公共安全罪处理。但假设案件中的受害人并非不特定的多数人,那么戊的行为显然不能构成以危险方法危害公共安全罪,且由于没有发生实际危害结果,缺乏故意伤害罪的全部构成要件,而"间接故意犯罪意志因素的特性决定其不存在未完成形态"④,坚守罪刑法定原则的结果,只能认定戊的恶劣行为不构成犯罪。这一认定结论显然与普通人的法感情相去甚远。事实上,和[情况一]以及[情况六]中作为受害人的交通参与人或交通管理者不同,[情况五]中受害人显然对于自己从事性行为感染 HIV 的"日常性"或"业务性"缺乏心理预判,因此,德、日刑法理论才认为"这种行为的无价值性很高"⑤,机械适用容认说显然无法合理解决风险社会中与 HIV 传染类似的高度风险性行为。

① 有学者甚至认为,所谓的容认说,完全是为解决间接故意的认定而提出的。黎宏:《刑法总论问题思考》,北京:中国人民大学出版社 2007 年版,第 253 页。
② 我国学者在论述容认说妥当性的时候,一般认为,容认与积极希望一样,反映了行为人积极侵害法益的主观态度,还可以区分间接故意与过于自信的过失,具有相对于其他故意学说的理论优势。参见张明楷:《刑法学》,北京:法律出版社 2016 年版,第 254 页。
③ 参见劳东燕:《犯罪故意理论的反思与重构》,载《政法论坛》2009 年第 1 期,第 82 页。
④ 参见冯骁聪:《HIV 感染者与多人无保护性行为之刑法性质探析——从大连赵某案切入》,载《贵州警官职业学院学报》2018 年第 5 期,第 28 页。
⑤ 参见[日]大庭沙織「故意の意的要素の必要性」早稲田法学会誌 65 巻 1 号(2014 年),第 162 頁。

其次，犯罪故意作为一种主观心理活动，其司法认定，一般只能由司法人员通过组织证据链条的方式加以认定。但这样显然会造成司法标准无法统一、司法人员自由裁量不受制约等弊端。为此，我国最高人民检察院、最高人民法院往往会各自或联合发布司法解释，但这样做又会造成标准失之于严、缺乏灵活性等疑问。尤其是在区分间接故意杀人与过于自信过失这对类似概念的过程中，"容认说"并不会像我国刑法通说观点那样，发挥明确的定纷止争功能。以[情况一]为例，虽然我国司法实践将甲的行为定性为交通肇事致人死亡，换言之，一般意义上的过失犯罪，但如果坚持"容认说"，在类似案件中，认定闯关行为人持有何种主观心理状态，关键就变成了死亡结果发生的可能性大小判断。因此，我国有学者认为，闯关行为人将拦截民警的生命置于危险境地，对其可能因无法及时躲避而被撞倒的结果持一种放任的心理态度，对其应以间接故意杀人罪论处。①由此可见，根据容认说导出的结论不仅无法为司法实践的做法提供合理性背书，其本身也并未阐明闯关行为人甘愿将拦截警官置于危殆化境地的行为与其甘愿接受致死他人结果的必然关系。事实上，为了回避仅以行为危险性为理由的故意认定，德国联邦最高法院（BGH）才尝试通过"阻止阈"概念，弥补"容认说"本身的实践不足。②

再次，容认说作为一种犯罪故意的理论构型，本身也存在无法弥补的理论缺陷。在刑法理论与裁判例基本采用容认说的日本，就有学者批判，"容认"不能作为"裁判官方面对行为人认识到结果发生的高度危险依然实施该行为这一事态的整体评价，以行为人的一种现实心理状态加以理解。"③换句话说，不能因为判例采用了"铤而走险"（あえて）的表述，就认为裁判所采取的是容认说。因为如

---

① 参见陈兴良：《刑法中的故意及其构造》，载《法治研究》2010 年第 6 期，第 13 页。

② 1982 年，德国联邦最高法院（BGH）在"警察路障事件"中首次提出"阻止阈"概念。本案中，行为人意识到警察正在距离自己约 100 米的前方铺设路障，但为了突破路障，依然保持 70 公里的时速继续行驶，但警察设法避开了行为人的车辆。德国联邦最高法院认为，在杀人的故意中，存在有比故意危险化更高的阻止阈值。换句话说，只有在行为人采取行动突破了这种常人难以突破的心理障碍后，才能讨论故意的成否问题。相关介绍可参见［日］樋笠尭士「致死的な攻撃の逸脱—方法の錯誤 StGB §§212,16（海外法律事情ドイツ刑事判例研究（88））」比較法雑誌 48 巻 3 号（2014 年），第 408 頁。［日］大庭沙織「未必の殺人の故意と連邦通常裁判所の『抑制をかける心理的障壁論』」早稲田法学 88 巻 2 号（2013 年），第 329 頁。以及［日］菅沼真也子「殺人の未必の故意の認定における『阻止閾の理論』について」比較法雑誌第 45 巻 3 号（2011 年），第 314 頁。

③ 参见［日］玄守道「故意に関する一考察（六・完）未必の故意と認識ある過失の区別をめぐって」立命館法学 313 号（2007 年），第 86 頁。

果从动机说或认识说的立场出发，也可以认为"铤而走险"之类的表述只不过是裁判官对行为人认识到犯罪实现的可能性还实施相关行为的评价而已。① 说到底，"容认"一概念的意义不尽相同。② 从"希望实现"，"渴望实现"等积极的容认，到"即使实现也没有办法"，"怎么都好"等消极的容认，不一而足。如果认为除了认识之外还要求容认，并认为这一点对故意来说具有决定性，那么在行为人对犯罪结果的实现感到困扰，不希望实现的场合，就不应该认定其成立故意，并因此导致故意犯的成立范围过分狭窄。如此一来，因为故意犯的成立范围过于狭窄，因此对"容认"的含义做广义理解，就会导致其在事实层面丧失与认识不同的心理状态的地位，进而使得在判断故意时，重视犯罪实现的可能性的认识有无，使得容认作为故意的认定基准，变得形骸化。③ 这一点，在适用容认说处理类似[情况二]之类假想防卫过当等涉及复杂的违法性排除事由案件时，遭遇到了明显困难。虽然相较于日本刑法理论中故意的"多元化"与"形式化"，我国刑法中的犯罪故意具有实质性，且规定有无限防卫权，因此无需采取日本刑法中的所谓"二分法"来加以处理。④ 但因为传统的四要件犯罪构成理论缺乏独立的违法性判断环节，我国实务在假想防卫过当的认定中，一改通行的行为无价值论，而是基于容认说，采取了一种更接近于结果无价值论立场的思考方式，"也正是在这种思考方式的支配之下，防卫限度的标准被过于严格地把握，防卫人动辄被认定构成防卫过当，并按故意犯罪来处罚。"⑤

二、话语的澄清

面对以容认说为代表的犯罪故意认定模式存在的诸多问题，我国学者提出

---

① 参见［日］松宫孝明『刑法総論講義［第 4 版］』(成文堂、2009 年)，第 180 页。

② 德国刑法学家普珀（Puppe）认为，体现为"认可（billigen）"、"甘受（inKaufnehmen）"、"接受（akzeptieren）"、"承认（sichdamitabfinden）"等模式的容任说，在很大程度上，不是正向，而是负向地明确了意志要素，换句话说，"甘受"、"认可"、"接纳"并不是说对行为者来说无所谓，而是以结果产生的表象首先不令行为者人满意为前提。没有必要自己付出牺牲的人，就不会甘受这个牺牲。对结果漠不关心的人没有必要接受结果，也不需要接受。参见［日］関根徹「故意の概念と故意の証明」高岡法学 20 巻 1/2 号（2009 年），第 86 頁。

③ ［日］大庭沙織「故意の意的要素の必要性」早稲田法学会誌 65 巻 1 号（2014 年），第 163 頁。

④ 参见李立丰：《从"误想防卫过剩"到"假想防卫过当"：一种比较法概念的本土化解读》，载《清华法学》2018 年第 3 期，第 116 页。

⑤ 参见劳东燕：《结果无价值逻辑的实务透视：以防卫过当为视角的展开》，载《政治与法律》2015 年第 1 期，第 24 页。

了若干解决方案,其中不乏真知灼见,但也存在大量误读,亟待澄清。

(一) 应当恪守故意与过失的二元犯意类型划分

为了解决故意,特别是间接故意与过于自信过失之间的区分难题,有人主张直接从前提解决问题,换句话说,放弃一罪一犯意的基本原则,主张所谓"复合罪过",即主张针对同一罪名的犯罪心态,既有间接故意也有过失的罪过形式。① 例如,[情况四]中所涉及的教育设施重大安全事故罪,在很多人看来,便是将故意和过失"合二为一",因为相关法条既不写明故意也不写明过失,且在其看来,间接故意与过于自信过失的主观恶性差异不大,因而可以适用相同档次法定刑。② 除此之外,还有学者提出主要罪过说,认为应当区分主要罪过与次要罪过,而搜寻过程中的"次要罪过"中的故意、过失概念和刑法上所规定的即规范意义上的完整的故意、过失概念可能会有些许差别,前者是事实意义上的犯罪故意,后者是规范意义上的故意。③ 显然,从逻辑上来讲,认为同一法条既可以被理解是故意犯罪,又可以被理解为是过失犯罪,突破了我国刑法的罪刑法定及罪刑相适应等基本原则。同时,也不能用刑罚适用结果相差无几反推故意与过失之间不需要加以区分。即便根据日本刑法学理论中的所谓"准故意说",对于被告人的量刑仍然需要依据违法性的过失程度,加以具体化,如果存在较大过失,才可以作为例外,比照或"准用"故意犯的量刑规则。④

事实上,只有恪守故意与过失的二元类型划分,才可以确保错误论作为"故意论的反面"⑤,在现代刑法理论中获得独立属性与独立地位,成为故意论的延长线,在故意无法成立的情况下,确保行为人依然有接受过失评价的机会及可能性,避免矫枉过正,让刑事责任的范围陷入过紧或过松的怪圈。坚持故意与过失的二元区分,同时确保二者与相关行为的分离,"才有承认和正确处理事实认识

---

① 参见储槐植、杨书文:《复合罪过形式探析——刑法理论对现行刑法内含的新法律现象之解读》,载《法学研究》1999 年第 1 期,第 53 页。

② 参见欧锦雄:《复合罪过形式之否定——兼论具有双重危害结果之犯罪的罪过形式认定》,载《广西政法管理干部学院学报》2005 年第 4 期,第 3 页。

③ 参见周光权:《论主要罪过》,载《现代法学》2007 年第 2 期,第 40 页。

④ 参见[日]山本雅子「準故意説(草野説)に関する覚書」中央学院大学法学論叢 24 巻 3 号(2011 年),第 54 页。

⑤ [日]石井徹哉「故意責任の構造について——『素人領域における平行評価』と違法性の意識」早稲田法学会誌 38 号(1998 年),第 1 頁。

错误的可能"①,也才能为究竟坚持行为无价值论还是结果无价值论,提供解说根据。事实上,无论是坚持行为无价值,还是结果无价值,一般都承认,故意、动机与目的等主观要素,是行为无价值论和结果无价值论的关键对立点之一。②总而言之,在讨论犯罪故意的认定模式时,恪守故意与过失的二元犯意类型划分,不仅符合我国刑法总则部分的相关规定,符合包括社会一般民众在内的整体社会认知,更与包括错误论、违法责任论乃至刑事司法中的存疑有利于被告原则等诸多刑事一体化视野下的相关问题存在密切关系,牵一发而动全身,贸然消解二者的界限,弊大于利,不足取。

(二) 应当明确犯罪故意理论的实质就是故意证明的方法论

一般认为,"构成要件"最初来源于拉丁语的"罪体"(Corpus Delicti),而所谓罪体,本来属于刑事程序需证明的犯罪事实,属于诉讼法上的概念。③ 虽然从大陆法系刑法的角度出发,故意是否可以进入构成要件,以及所谓构成要件故意与责任故意之间的区分,不乏争议④,但犯罪故意理论的实质在于故意证明方法论的论点,依然可以成立。毕竟,和实体法角度相比,从程序法角度反思故意更加必要,在这个意义上,法教义学中的故意概念,在重要性方面显得相形见绌。

在很大程度上,"问题不在于故意的概念,而在于故意的证明。"⑤这是因为,从刑事司法的角度来看,故意存在与否实际上是一种经验判断,而非法律判断。⑥ 例如,在与[情况二]类似的一个日本裁判例中,被告人与自己的哥哥,和受害人等人发生口角,遭到某人使用凶器的攻击,被告人逃入停在附近停车场的

---

① 张明楷:《行为无价值论的疑问——兼与周光权教授商榷》,载《中国社会科学》2009 年第 1 期,第 205 页。

② 参见周光权:《行为无价值论与主观违法要素》,载《国家检察官学院学报》2015 年第 1 期,第 78 页以下。

③ 参见[日]大谷实著:《刑法讲义总论》,黎宏译,北京:中国人民大学出版社 2008 年版,第 98 页。

④ 参见[日]团藤重光『刑法纲要总论』(创文社 1990 年版),第 429 页。

⑤ [日]関根徹「故意の概念と故意の証明」高岡法学 20 巻 1/2 号(2009 年),第 86 页。

⑥ 正如"德国联邦最高法院"(BGH)所认为的那样,如果行为人明知会发生导致被害人死亡的结果,仍然实施危险行为,就认定其具有杀人故意,否则必须得出相反的结论。但是,对于其内容或根据,并无太多说明,因此,其还不能算作是一种成熟的理论。也就是说,故意成立与否,根本无法用语言对其理论构成加以说明,而仅仅是一种经验判断。参见李立丰:《从"误想防卫过剩"到"假想防卫过当":一种比较法概念的本土化解读》,载《清华法学》2018 年第 3 期,第 106 页。

家用轿车内时,发现在车辆后方,自己的哥哥和该人正在争夺凶器,情急之下为了保护哥哥,决意开车去撞对方,随即发动车,朝向该人的方向,以时速约 15 到 20 公里的速度倒车,虽然撞到该人,但同时还撞到了自己的哥哥,导致哥哥肝脏挫伤,送病后因出血性休克死亡。裁判所认为,检方提供的证据,无法证明被告人成立故意犯。同时,因为被告人当时受到了强烈刺激,产生了心理的动摇,很难认定存在认定被告人过失责任的基础,即注意义务。因此,认定被告人无罪。① 虽然如此,但日本裁判所如何得出行为人不具有杀人故意的分析,却稍显苍白。事实上,即便在德国,即便如前所述,在讨论未必故意,即我们所谓的间接故意时提出了所谓"阻止阈理论"这一更为充分的证据评价规则,但仍然被批判为对于故意的认定讨论过于简单,缺乏所需的整体考察,以及故意的认识要素和意志要素的说明。以至于无法令人信服地确定性证明或排除杀人的故意。② 的确,不容否认的一点便是,针对无法像实物那样可以现场观察并加以描摹的故意心态,司法工作者往往缺乏对包括故意在内的犯罪主观要素的证明意识,即使有证明意识,也往往缺乏对主观要素的证明手段。③

为了解决犯罪故意的证明问题,一般认为存在 3 种路径的解决方案,即调整认定方法、变更待证事实或降低对待证事实和认定方法的要求。④ 如前所述,试图通过消弭故意与过失的区别,及改变待证事实的路径选择,弊大于利,不足取。相较之下,调整认证方法的路径选择,似乎更具可行性。一般认为,刑事司法实践中,通过事实进行的推定⑤,"往往是能够证明被告心理状态的唯一手段。"⑥推定是对主观要素的一种证明方法。因此,在推定的情况下,主观要素本来就是客观存在的,通过推定而使其获得证明。这与对不同行为赋予相同的法律后果的

---

① 参见大阪高判平成 14・9・4(判夕 1114 号 293 頁)。转引自[日]百合草浩治「いわゆる『誤想防衛』の一事例?: いわゆる『緊急救助(＝他人のための正当防衛)の失败』事例」名古屋大學法政論集 205 号(2004 年),第 283 頁。

② 参见[日]菅沼真也子「海外法律事情ドイツ刑事判例研究(85)未必の故意:殺人における『阻止閾の理論』について StGB§§15,211,212」比較法雑誌第 47 巻 2 号(2013 年),第 298 頁。

③ 参见陈兴良:《目的犯的法理探究》,载《法学研究》2004 年第 3 期,第 80 页。

④ 参见褚福民:《证明困难的解决模式——以毒品犯罪明知为例的分析》,载《当代法学》2010 年第 2 期,第 98 页。

⑤ 例如最高人民检察院公诉厅根据各地公安机关、法院、检察院实践中的工作经验,在 2005 年 4 月 25 日制定并下发的《毒品案件公诉证据标准指导意见》中,就使用了"推定"的概念,规定了须具备的具体情况和事实。参见陈国庆:《主观故意的证明标准与推定》,载《人民检察》2007 年第 21 期,第 30 页。

⑥ 张明楷:《"存疑有利于被告"原则的适用界限》,载《吉林大学社会科学学报》2000 年第 1 期,第 60 页。

立法拟制与司法拟制显然不同。① 但事实上，即便明确了所谓"推定"的故意司法认定方法，依然在面对诸如［情况六］②等复杂的真实案情时如何认定被告人的主观犯意，缺乏可操作性。甚至出现了主张将"民事推定结论可直接适用于刑事案件"③的奇怪主张。必须承认，推定的适用受到诸多条件的限制，需要科学、合理地界定推定的基础事实，同时在程序设计上应允许被告人进行反驳，在这个意义上，推定仅仅是证明行为人犯罪故意的一种主要证明手段，并不能起到"一推解千愁"的效果。④

既然调整认定方法、变更待证事实都在证明犯罪故意方面存在这样或那样的困难，降低对待证事实和认定方法的要求就成为仅剩，也是唯一的思考进路。在此方面，我国学者借用美国《模范刑法典》针对犯意的所谓"要素分析模式"，虽然存在一定误读，但却抓住了犯罪故意司法认定的关键问题，值得进一步加以澄清及讨论。

（三）要素分析模式的溯源与适用

虽然和主张"客观超过要素学说"⑤、乃至将数额和情节纳入到罪量要素中的"罪体罪责罪量学说"⑥、"主要罪过说"等一样，我国学者主张的"要素分析模式"也试图突破一罪一犯意的整体分析思维，但相较于仅仅"具有要素分析法的雏形"⑦，但在形式上依然维持整体性单一罪过形式的客观超过要素等学说而言，正是在此基础上，我国学者才提出来，特别是其所特有的缺省式证明的方式，对故意犯罪，必须要证明针对行为或结果的某种犯意，同时对于其他实质性要

---

① 参见陈兴良：《为他人谋取利益的性质与认定——以两高贪污贿赂司法解释为中心》，载《法学评论》2016 年第 4 期，第 9 页。

② 本案二被告人到案后对行为时各自的主观心态，先后分别具体供述称，"自己手痒，心里面想找点享乐和刺激"，"有段时间没开过了，手痒、心里要感受驾驶这种车辆的快感，所以就一起驾车去了"，"开这种世界顶级摩托车心里感到舒服、刺激、速度快"，"享受这种大功率世界顶级摩托车的刺激感"。同时，二被告人又分别供述"只管发挥自己的驾车技能"，"在道路上穿插、超车、得到心理满足"，在面临红灯时"相信自己的操控车辆的技能闯过去不会出事"，"相信的自己的驾车技能"，"刹车不舒服、逢车必超"，"从前面两辆车的夹缝穿过去"，"前方有车就变道曲折行驶再超越"。参见"张纪伟、金鑫危险驾驶一审案"，载《最高人民法院公报》2013 年第 12 期（总第 206 期）。

③ 孙万怀、刘宁：《刑法中的"应知"引入的滥觞及标准限定》，载《法学杂志》2015 年第 9 期，第 32 页

④ 参见王新：《我国刑法中"明知"的含义及认定——基于刑事立法和司法解释的分析》，载《法制与社会发展》2013 年第 1 期，第 75 页。

⑤ 张明楷：《"客观的超过要素"概念之提倡》，载《法学研究》1999 年第 3 期，第 23 页。

⑥ 陈兴良：《口授刑法学》，北京：中国人民大学出版社 2007 年版，第 235 页以下。

⑦ 余倩棠：《犯罪主观心理的要素分析方法》，载《江西社会科学》2017 年第 2 期，第 205 页。

素,证明低于特定犯意的犯意。换句话说,过失犯罪,仅仅需要证明对于结果存在过失。而故意犯罪,则需要证明对于其他实体要素至少具有轻率。[①]

必须承认,要素分析模式相较于犯罪分析方式,在尊重现行法律的前提下,解释能力与解释空间更大,可以更好地发挥刑法保护法益、保障人权的功能。但目前国内对于要素分析模式的理解与适用存在诸多误区,而这些有时偏颇的理解严重影响到了要素分析模式作为一种犯罪故意认定模式的实用价值,亟待澄清。

首先,要素分析模式的提出背景与我国目前围绕故意认定问题产生的争论具有实质类似性。国内一些研究者认为,《模范刑法典》所确立的要素分析模式,"是反功利主义的"[②]。其论证根据在于,美国刑法虽然向来推崇实用主义,但要素分析法却属于一种理论自省。这种观点显然忽视了要素分析模式的提出背景。事实上,《模范刑法典》是二战后美国立法进程的产物,是一种赤裸裸的刑事政策导向立法,体现出一种非常直接的实用主义。[③] 而要素分析模式的提出,与其说是一种理论自省,莫不如是为了解决此前积弊已深的犯意认定,特别是某些州对个罪,或者类罪要求整体上具备一种可责性心态对的所谓"犯罪分析模式"的问题,而采取的一种实用主义解决对策。根据犯罪分析解读模式,"总体而言,某一具体犯罪仅要求单一犯意。"[④]其弊端在于,"首先,犯罪分析适用普通法概念来定义犯意。然而,普通法的概念是含混的。其次,因为犯罪分析仅仅要求犯罪具备一个犯意,因此针对不同犯罪要素的犯意认定过于机械简单。"[⑤]在这个意义上,美国刑法中的犯罪分析模式,与我国刑法理论中的所谓"整罪分析模式"[⑥]如出一辙,也正因如此,要素分析模式,才可以被用来作为比较研究的参考模板,为我国刑法中的犯罪故意改革提供借鉴。

其次,要素分析模式的关键,在于对于犯罪要素的划分。所谓"要素分析模

---

① 参见劳东燕:《犯罪故意的要素分析模式》,载《比较法研究》2009 年第 1 期,第 45 页以下。

② 王华伟:《要素分析模式之提倡——罪过形式难题新应》,载《当代法学》2017 年第 5 期,第 77 页。

③ 参见 Markus Dirk Dubber, "Penal Panopticon: The Idea of a Modern MPC", 4 *Buff. Crim. L. R* 223 (2000)。

④ Paul H. Robinson & Jane A. Grall, "Element Analysis in Defining Criminal Liability: The MPC and Beyond", 35 *Stan. L. Rev.* 681(1983).

⑤ Martin T. Lefevour, "Requires Mens Rea to the Physical Characteristics of the Weapon", 85 *J. Crim. L. & Criminology* 1136(1988).

⑥ "整罪分析模式"强调罪过对象的整体性、罪过形式的单一性和不同罪过之间的对立性,在故意犯罪中所有客观构成要素的罪过形式都是单一的故意,而且故意犯罪中不包括过失,过失犯罪中也容不得故意。参见陈银珠:《法定犯时代传统罪过理论的突破》,载《中外法学》2017 年第 4 期,第 943 页。

式"，与宪法意义上的证明责任有关，美国联邦最高法院通过判例，要求刑事审判过程中，检方必须用充分的事实证据，排除合理怀疑地证明被指控犯罪的所有实体构成要素。① 《模范刑法典》将犯罪要素区分为：行为、随附情状和结果。② 从司法适用的角度来看，可以将"管辖权或者审判地"之外的其他要素，称之为实体要素。我国有学者在介绍相关情况时，将前者称之为"单一要素"③，后者称之为"实体要素"。以为此处区分似乎称之为程序要素和实体要素，似乎更为妥帖。在此特别需要指出的是，由于该部分规定将正当化事由以及免责事由也包括在实体要素的规定当中，因此使得对《模范刑法典》犯意规定进行要素分析时，不仅仅涉及厘定犯罪是否适格的问题，也可以用来决定被告人提出的"正向抗辩"（Affirmative Defense）是否成立。④ 在明确了实体要素的定义和种类之后，如何分析《模范刑法典》当中所规定的四种可责性⑤呢？ 根据《模范刑法典》的相关规定，可以得出如下结论：

---

① 参见 Peter Tillers and Jonathan Gottfried，"Case comment — *United States v. Copeland*，369 F. Supp. 2d 275（E. D. N. Y. 2005）：A Collateral Attack on the Legal Maxim That Proof beyond a Reasonable Doubt Is Unquantifiable?" 5 *Law*，*Probability and Risk*，Issue 135（2007）.

② MPC § 1.13（9）.

③ 例如，有学者将 Simple Element 译为单一要件，似乎考虑了对其定义当中"专属"（Exclusive）一词的使用。参见 Richard G. Singer and John Q. Lafond, Criminal Law，王秀梅等注，北京：中国方正出版社 2003 年版。但是作者认为，此种译法没有考虑到，如果这样理解，那么明显作为实体要素的行为，也有被误认为是单一要件的可能，因此值得商榷。

④ 参见 Joshua Dressler，*Understanding Criminal Law*，（New York：Matthew Bender，1995）p. 85。

⑤ 对于美国《模范刑法典》中所列四种犯意及相关，如下表：

客观要素的种类		
随附情状	结果	行为
行为人认识到存在这种随附情状，或者希望存在这种随附情状	行为人将导致这种结果作为自己的行为目的	行为人将从事该性质的行为作为自己的目的
行为人认识到了存在这种随附情状	行为人认识到了自己行为导致这样结果的实际确定性	行为人认识到了自己行为的本质
行为人有意无视出现法定随附情状的非正当性危险	行为人有意无视行为导致的非正当性危险	
行为人应当意识到针对法定随附情状存在非正当且实质性危险	行为人意识到行为具有实质且不正当危险	

转引自 Paul H. Robinson and Jane A. Grall，"Element Analysis in Defining Criminal Liability：The MPC and Beyond"，35 *Stan. L. Rev.* 681（1983）。

结论一,如果行为人不具有法律规定的针对犯罪实体要素的四种可责性,那么其就不构成该犯罪。但其是建立在另外的一个前提基础之上的,亦即此种犯罪不属于《模范刑法典》规定的"绝对责任犯罪"(Absolute Crime)。① 但从犯意要素分析的角度考量,将其作为论证的逻辑起点,可将其视为关注有或者无的问题。

结论二,也是作为前提的结论一的结论,在解决了有无问题的基础上,这一部分关注的是此或者彼的问题。既然犯罪需要可责性,那么其需要的是哪种可责性呢? 其实准确的说法是此(些)和彼(些)可责性的问题。因为直白理解《模范刑法典》的要素分析模式,既然对犯罪的诸多实体要素都需要可责性相对应,就有可能出现一个犯罪定义当中的不同实体要素对应不同的可责性的情况。尽管对犯罪的每个要素而言都必须要求某种程度的犯意要素,在犯罪定义当中可明确规定两种以上的犯意。"《模范刑法典》要求对犯罪的所有要素,而不是犯罪本身规定可责性。"②根据《模范刑法典》地规定,如果成文法没有明确规定适用何种可责性的话,那么就可以适用除过失之外的其他犯意。针对不同类型的实体要素,除过失之外的其他 3 种可责性要素的适用并不是等同的。《模范刑法典》认为,对所有的随附情状要素和结果要素需要"轻率"。并且,因为《模范刑法典》没有规定轻率行为,也就是刑法语境当中的行为并不能基于轻率这种心态,其认为对行为要素需要"明知"。③

结论三,也是作为前提的结论二的结论,就是在明确了某一成文法的规定当中要求的可责性要素的基础上,如何将其和该法所包括的实体要素组合起来。立法者可以从《模范刑法典》对轻率的定义当中发展出两种方式。首先,正如上文所述,立法者可以通过明确规定可责性,而不是通过对特定的客观要素推定最低要求轻率犯意的方式修正犯罪定义;其次,立法者可以对一个犯罪的所有要素规定一种犯意。第 2 种解决方案规定在《模范刑法典》中,该条规定了成文法解释的总体原则,要求一个明文规定的可责性概念可以适用到犯罪的所有要素之上。④

对此,持反对意见的学者认为,《模范刑法典》所适用的要素分析模式并不彻

---

① 《模范刑法典》只在很有限的情况,例如交通犯罪等允许出现严格责任。
② MPC § 2.05.
③ 这样说的主要原因是《模范刑法典》对轻率的定义并没有参考行为。因此可以认为轻率不适用于行为。
④ MPC § 2.02(4).

底,也就是说,在其犯意规定当中,可以发现犯罪分析模式的遗迹。具体来说,《模范刑法典》的规定中反映了两种不同的分析方法,即要素分析模式和犯罪分析模式。某些规定将特定故意适用于所有的犯罪要素,从而体现出来的是犯罪分析的意味。① 而作为主体解读形式的要素分析方式,要求将不同的可责性要求适用到不同的犯罪的要素之上。"事实上犯意部分是作为要素分析的核心部分存在的。"②另外,《模范刑法典》的犯意规定所存在的内在问题包括"无法明确区分行为,结果,随附情状的客观要素"。③ 事实上,这样的一种问题是包括《模范刑法典》在内的当代法典所具有的通病,即在具体概念的选择和表述上更多地沿用日常语言习惯,较为含混和模糊,在这一点上,《模范刑法典》也没有能够有所突破,其中大量出现像"损害"(Damages)④,"阻碍"(Obstructs)⑤等集合了行为和结果的词,而像"强迫"(Compels)⑥等词包括行为和随附情状。这样的结合导致了含混性,并且危及了法律的运作。

三、模式的建构

应当承认,国内一些学者试图通过效仿《模范刑法典》犯意要素分析模式的方法⑦,解决我国刑法中犯罪主观方面,特别是故意在结果主义本位立法日益消解的今天所遭遇到的立法与司法困境,把握住了犯罪故意理论的本质属于故意的证明方法这一正确前提,同时敏锐捕捉到要素分析模式的核心,即在于对于特定犯罪要素的犯意进行缺省性证明,值得肯定。但同时,因为要素分析模式的本土化研究刚刚起步,不仅对要素分析模式笔者的理解存在之前提到的诸多错讹之处,更为系统性建构起一套适用于中国刑法,特别是刑事司法时间需要的方法

---

① MPC § 2.02(4).
② 参见 Paul H. Robinson, "Element Analysis in Defining Criminal Liability: The MPC and Beyond", 35 *Stan. L. Rev.* 681(1983).
③ 参见 Paul H. Robinson, "Rethinking Federal Criminal Law: Reforming The Federal Criminal Code: A Top Ten List", 1 *Buff. Crim. L. R* 5(1997).
④ MPC § 220.3(寻衅滋事罪).
⑤ MPC § 250.7(阻碍高速公路交通罪).
⑥ MPC § 213.1(1)(a)(强奸罪).
⑦ 明知故犯论代表的是从整罪分析模式向要素分析模式过渡的中间形态,客观的超过要素理论与罪量要素说则已经具有典型的要素分析的特性,而主要罪过说则完全以要素分析作为理论成立的逻辑前提。参见劳东燕:《犯罪故意的要素分析模式》,载《比较法研究》2009 年第 1 期,第 52 页。

论体系,导致水土不服现象明显,缺乏可操作性,亟待进一步发展完善。

(一) 犯罪故意"要素分析"模式本土化适用的前提廓清

首先,应当严格严格区分总则中的"一般故意"与分则中的"特别故意"。

和《模范刑法典》的做法类似,在我国主张要素分析模式的学者,也将我国犯罪的客观构成要素区分为行为、结果和随附情状 3 种。[①] 但这种观点的问题在于混同了我国刑法总则对于一般犯罪故意的规定与刑法分则中对于具体犯罪意的规定。事实上,根据我国刑法总则关于故意的规定,显然不存在所谓随附情状所讨论的空间。而所谓随附情状,恰恰是刑法分则中经常在行为与结果之外加以规定的其他客观组成要素。是否需要对其认定犯意,以及对其认定何种犯意,才是在我国刑法语境下借鉴要素分析模式的根本问题。换句话说,之所以需要借鉴要素分析模式,就是希望获得一种能够更为精确、合理解释、说明并最终认定具体犯罪故意的方法论。我国刑法第 14 条第 1 款的规定,是对犯罪故意的一种正向描述,是一种必要条件的说明,从逻辑上来讲,司法实践中认定的犯罪故意,必须满足刑法总则对于犯罪故意的认识及意志要求。但绝对不能说只要满足了刑法总则对于犯罪故意的规定,就可以认定具体犯罪构成故意犯罪,在这个意义上,要素分析方法的引入,打破犯罪故意认定过程中刑法总则相关规定,即所谓"一般故意"的垄断地位。与此相对,在认定具体犯罪的故意,也就是所谓"特别故意"时,除了满足刑法总则一般故意的相关要求这个必要条件之外,还需要司法者根据分则具体犯罪的规定,就其中列明的"随附情状"所涉及的犯意要素是否存在加以说明,完成对于具体犯罪故意的充分必要条件确证。

在这样做的过程中,应当避免两个误区:其一,应当否定针对"行为的故意"或者针对"结果的故意"的这种提法。我国学者在尝试通过要素分析模式解读我国故意类型的时候,经常会自觉或不自觉的使用上述概念。[②] 但是,从我国刑法总则的规定来看,只有针对行为的明知,针对危害结果的希望或放任,并不存在不考虑行为人对危害结果希望或放任意志的单纯行为故意,也不存在不考虑对

---

① 参见劳东燕:《犯罪故意的要素分析模式》,载《比较法研究》2009 年第 1 期,第 52 页。

② 相关学者在其所列举的涵盖犯罪故意认定中存在的所有可能情形的 6 组公式中,都使用了行为故意、结果故意等概念。参见劳东燕:《犯罪故意的要素分析模式》,载《比较法研究》2009 年第 1 期,第 55 页以下。

于行为明知的单纯结果故意,即便在行为犯或危险犯(包括抽象及具体危险)[①]中,也不存在什么对于行为的故意和危险的故意,而只存在行为犯的故意或危险犯的故意。一方面提及行为故意,同时又去考察针对结果及随附情状心态的方式,是对于要素分析模式的一种错误适用,混淆了要素分析与作为要素分析结果的整罪分析,并不足取。其二,一般故意中所谓直接故意和间接故意的类型划分,其实是行为、结果两个客观要素,与明知、希望、放任等 3 个主观要素的排列组合关系,并在这种排列组合中做出有意义的司法遴选而已。质言之,无论是从现实,还是从逻辑上,都不能排除对于行为的希望或放任,或者对于结果的明知,只不过这种组合或者缺乏立法支持,或者在规范评价上没有意义,而被排除掉了。同理,对于特别故意的认定,其实就是在上述排列组合中加入了随附情状这一客观要素而已,其判断的路径,是在一般故意成立的基础上,是否需要对随附情状认定犯意要素,如果认定,需要认定明知、希望还是放任的规范性选择问题。如此一来,主张针对随附情状适用所谓"轻率"的观点,不仅没有准确把握轻率这一美国刑法犯意概念的本质,更加无视我国刑事立法的罪刑法定原则,颇有些天马行空的感觉,因此更多的仅仅具有一种立法建议的价值。

其次,应当坚持对于我国刑法中的故意作实质化理解。

我国刑法总则第 14 条第 1 款对于一般故意的界定,区分了行为和结果两大客观构成要件要素,并用"会发生危害社会的结果"这一修辞,通过将不法意识加入故意,从而将行为与结果,将事实判断和价值判断合为一体,属于一种"实质故意概念"[②]。这意味着,犯罪故意中的结果,不能理解为一种具体的结果,而是一种"抽象意义上的法益侵害后果"。[③] 这不仅是因为如果对结果坚持具体化理解,势必导致前面提到的行为犯或危险犯中的故意遭遇法教义学上的解释困境。还因为从我国刑法故意的立法规定来看,"危害社会的结果"这种规范性要素[④],

---

[①] 对此问题,大陆刑法学界存在不同看法。第 1 种观点认为,无论是具体的危险犯还是抽象的危险犯,都不需要对危险有认识。第 2 种观点认为,具体的危险犯中的危险是构成要件要素,所以需要认识,而抽象的危险犯中的危险是拟制的危险,所以不需要认识。第 3 种观点认为,无论是具体的危险犯还是抽象的危险犯,都需要对危险有认识。参见陈家林:《外国刑法通论》,北京:中国人民公安大学出版社 2009 年版,第 216 页。

[②] 蔡桂生:《论故意在犯罪论体系中的双层定位——兼论消极的构成要件要素》,载《环球法律评论》2013 年第 6 期,第 71 页。

[③] 劳东燕:《犯罪故意理论的反思与重构》,载《政法论坛》2009 年第 1 期,第 87 页。

[④] "故意不是一个心理概念,而是一个规范概念"。冯军:《刑法问题的规范理解》,北京:北京大学出版社 2009 年版,第 67 页。

不仅包括社会危害性认识,而且包括违法性认识。对此,有观点批判称,社会危害性评级作为一种价值评价,应当由法官来评价,行为人不需要评价自己是否制造违法事实,只需要判断自己是否制造能够体现实质违法性,或社会危害性的基础事实即可。① 其错误之处在于,既然将实质违法性等同于社会危害性,既然承认行为人能够认识到作为社会危害性的基础事实,单纯将规范评价的主体限定于司法者而非行为人,并藉此否定行为人对于行为的抽象结果,即社会危害性具有认识,显然与行为人刑罚不符。并会直接导致"社会危害性个体化认识不能作为区分罪与非罪的标准"②这一问题彻底丧失解决机会。没有人否认社会危害性认识是行为人主观恶性的载体及表征,这也是为什么即便在德日等大陆法系国家,"法官在面对故意犯时,其任务乃在于需判断,如此之社会危害性意识是否存在"③的原因。如果说将社会危害性作为结果要素,是我国刑法总则犯罪故意规定的应有之意,那么是否需要通过对于结果要素的实质化理解,将违法性认识包括在内,就已完全跳脱了成文法解读的范畴,成为法学理论博弈的一部分。大陆法系三阶层理论最为常见的一种说法,便是违法是客观的,责任是主观的。④ 主张行为人对于违法性的主观犯意,显然是对上述准则的僭越。为了捍卫上述立场,不承认形式违法性和实质违法性属于故意的认识对象,我国刑法学者不惜把"构成要件要素"划分为"作为构成要件要素的基础事实"和"不法构成要件要素"⑤,或者区分"风险"及"危险"⑥。对此,暂且不论"从事实意义上来说,违法性认识是犯罪故意不可或缺的内容"⑦,暂且不论我国刑事司法实践通常情况下会考虑主观违法要素的现实,最为简单,也最为便宜的论证逻辑便是,既然违法性存在形式违法性和实质违法性⑧,既然实质违法性可以等同于社会危害性,那么只要承认行为人需要对于抽象危害结果所表征的社会危害性存在故意,就可以

---

① 参见柏浪涛:《规范性构成要件要素的错误类型分析》,载《法商研究》2019 年第 1 期,第 81 页。
② 武亚非:《犯罪故意认识对象中规范评价要素的辨析》,载《宁夏社会科学》2017 年第 4 期,第 60 页。
③ 李瑞杰:《犯罪故意的比较考察——基于中国、德国、日本三国刑法典的研究》,载《中财法律评论》2018 年第 1 期,第 290 页。
④ 参见[日]福田平『刑法総論』(有斐閣 2001 年)第 137 页。
⑤ 参见张明楷著:《犯罪构成体系与构成要件要素》,北京:北京大学出版社 2010 年版,第 197 页。
⑥ 参见劳东燕:《风险分配与刑法归责:因果关系理论的反思》,载《政法论坛》2010 年 6 月,第 82 页。
⑦ 陈兴良:《论主观恶性中的规范评价》,载《法学研究》1991 年第 6 期,第 14 页。
⑧ 所谓事实意义上的违法性认识是指以对自己行为的社会危害性的认识为内容的违法性认识,所谓法律意义上的违法性认识是指以对法律条文的具体规定的认识为内容的违法性认识。参见陈银珠:《论美国刑法中的要素分析法及其启示》,载《中国刑事法杂志》2011 年第 6 期,第 123 页。

反推违法性在故意中的存在。在这个意义上,笔者所坚持的基本观点,与目前学界中存在的所谓"行为无价值"论说观点存在很大的契合之处。否认主观违法要素的结果无价值论,被诟病为无法有效保护法益,或存在方法论上的弊端。[①] 但行为无价值主义承认主观违法要素,可以有效限定构成要件的成立范围,向国民明确传递信息,为积极的一般预防提供可能,为区分故意与过失提供根据,更为合理地解决类似于(情况二)假想防卫过当等复杂案件。

最后,应当坚持由陪审员对行为的规范属性进行平行评价。

如前所述,故意中的行为,以及"会发生危害社会的结果"这一行为的规范属性,都只能作为明知这一认识要素的对象及内容。这就带来一个问题,司法者如何判定行为人明知自己的行为"会发生危害社会的结果"呢?即便将犯罪人实施犯罪时的主观认知为一种业已存在的客观事实,单纯依赖裁判者结合具体案情,依据逻辑、经验、理性、良心形成的自由心证或内心确信加以判断,因为缺乏统一的客观评价标准,无法为公民提供合理预期,且容易滋生腐败。为了解决这一问题,作为主观要素的证明手段的"推定方法",开始滥觞。而这,其实是一种行为人主义与行为主义、事前评价与事后评价、行为标准与一般人标准的调和。基于特定事实,推定行为人是否具有特定认识的方法,关键在于判断主体和判断标准的置换。由所谓社会一般人,依据一般的社会常识,而非专业法律知识对明知的内容加以确认,便是所谓"外行的平行评价"(Die Parallelwertung in der Laiensphäre)[②]。由代表社会价值的外行人,对行为的规范属性进行事后判断,可以最大限度规避自由心证或内心确信所带来的"司法独裁"[③]。因为"会发生危害社会的结果"中的因果关系的"可能性"与结果的"社会危害性",都依赖于一种普遍的价值判断。藉此补强认识认定的可操作、可评价、可还原性。正因如此,行为无价值论,甚至不少结果无价值论者,都支持"社会一般人的评价基准"。[④] 当然,对此也存在若干反对意见。甚至将"外行人的平行评价"定性为"类推"而非"推定",并认为相较于这种平行评价,上位概念与下位概念的垂直涵

---

① 参见周光权:《行为无价值论与主观违法要素》,载《国家检察官学院学报》2015 年第 1 期,第 78 页。

② 这一认定范式,一般认为由德国刑法学家宾丁提出,主要解决规范性构成要件要素的认识问题。参见[德]汉斯·海因里希·耶赛克、托马斯·魏根特:《德国刑法教科书》,许久生译,北京:中国法制出版社 2001 年版,第 356 页。

③ 李立丰:《政治民主与司法"独裁"悖论的制度破解:以日本裁判员制度为视角》,载《比较法研究》2015 年第 3 期,第 155 页。

④ 周光权:《行为无价值二元论与未遂犯》,载《政法论坛》2015 年第 3 期,第 38 页。

摄为故意的认识要求提供了更充分的理由。① 或者认为"外行人的平行评价"降低了故意的认识要求,但应借助中间概念,鉴别真正的构成要件错误与不重要的涵摄错误。② 姑且不论"推定"与"类推"之间的关系究竟为何,"外行的平行评价"的成功之处,同时也是其失败之处,即在于其本质上属于一种实体法对于程序法,一种专业法曹对于普通公民的模拟,在奉行"常识、常理、常情"③的经验法则中,由于只要普通人认识了特定事实,就可以认定其认识到与其相对应的社会危害性,导致被内行(法官)模拟的外行(普通人)实质空心化、虚置化。如果不能从根本上让"外行"获得真正的判断主体地位,就只能像反对者那样,走回头路,重新投身到传统的司法体系中,讨论如何通过技术性手段,限制或者规制专业法曹的价值判断。只有通过人民陪审员制度改革,由更具代表性的普通人,以更为有效的方式参与,甚至完全负责作为认识内容的"可能性"及"危害性"判断,才能彻底解除困扰法教义学多年的价值判断主体及表征的司法拟制问题,由真正的普通公民拟制民意④,完成对于上述规范事实的价值判断。

(二) 犯罪故意"要素分析"模式本土化适用的方法建构

结合上述前提论述,可以明确的一个阶段性结论便是,要素分析模式,虽然在诸多立场与所谓行为无价值论贴近,但最多也只是殊途同归的不同次元概念而已。笔者所倡导之犯罪故意的"要素分析"模式本土化适用,不会,也不可能僭越我国刑法的立法文本;不想,也不应该过度涉入犯罪构成理论或所谓教义学的精致论述。犯罪故意"要素分析"模式本土化适用,便是要让司法实践"疏离"⑤这种文字游戏,重新回归司法认定方法,也就是说,寻找一种可供复制、可供检验的认定刑法分则中具体犯罪主观要件的标准思维流程。

首先,具体犯罪故意的认定,始于对于故意犯罪的确定,重点在于具体犯罪

---

① 参见柏浪涛:《规范性构成要件要素的错误类型分析》,载《法商研究》2019 年第 1 期,第 84 页。
② 参见劳东燕:《风险分配与刑法归责:因果关系理论的反思》,载《政法论坛》2010 年 6 期,第 82 页。
③ 马荣春:《刑事案件事实认定的常识、常理、常情化》,载《北方法学》2014 年第 2 期,第 80 页。
④ 参见李立丰:《民意的司法拟制——论我国刑事审判中人民陪审制度的改革与完善》,载《当代法学》2013 年第 5 期,第 117 页以下。
⑤ 就连德国学者自己都承认,德国刑法理论在某些教义学问题上对细枝末节的过度分析几近荒唐。在解决一定的问题时如果所引入的教义学区分过度精微而导致这种区分在实践中完全不能被验证,那么司法实践对的疏离也便不足为奇。参见[德]埃里克·希尔根多夫著:《德国刑法学:从传统到现代》,江溯、黄笑岩等译,北京:北京大学出版社 2015 年版,第 179 页。

的要素确定。

如前所述,围绕我国刑法总则第 14 条第 1 款规定的究竟是故意犯罪还是犯罪故意存在争议,但之所以产生这种争论,恰恰在于混同了刑法总则与刑法分则,以及一般故意与特别故意之间的区别。事实上,我国刑法总则第 14 条第 1 款承载了双重职能,一方面,可以藉此对于刑法分则中规定的具体犯罪是否属于故意犯罪,加以确认。另一方面,在明确个罪属于故意犯罪的前提下,便可以适用"要素分析"模式,对该故意犯罪的主观构成要素,即成立该罪所需要的"故意"加以认定。

之所以强调具体犯罪故意的认定始于对于故意犯罪的确定,是因为学界不乏过失盗窃、过失强奸的说法。如"误以为他人占有的财物是自己占有的财物而取走的,客观上也是盗窃行为,只不过缺乏盗窃罪的故意而已。再如,误以为女方已满 14 周岁而与之发生性交的,客观上也是强奸行为,只不过没有故意罢了。"[1]之所以出现这种观点,很大程度上就在于其并未区分一般故意与具体故意,同时并未对具体犯罪的故意适用要素分析模式加以区分。前者的关键点,在于盗窃罪是否包括"非法占有目的"这一随附情状的问题,而后者的关键点,则在于与法律拟制[2]的犯罪行为,是否依然需要与被拟制的犯罪做同样的犯罪要素划分的问题。由此可见,即便是众所周知的所谓故意犯罪,依然可能因为混同一般故意与具体故意,特别在具体故意犯罪的认定过程中并未适用要素分析,因而形成了很多似是而非的假问题、伪答案。

其次,具体故意犯罪的要素分析步骤。

具体故意犯罪的要素分析,可按照时间顺序,区分为如下四个步骤:步骤一,确定刑法分则中的实质要素加以厘清。步骤二:对于行为明知的认定。步骤三:对于结果意志的认定。步骤四:对于随附情状的认识因素的认定。下面,结合本章开篇提到的若干真实裁判例,对于上述要素分析模式加以实际演示。

以情况[情况六]为例,己驾驶套牌的非法改装摩托车与他人赛车,在附近人口密集的闹市密集车流中长时间超速驾驶、强行并线、反复穿插并多次闯红灯,

---

① 张明楷:《行为无价值论的疑问——兼与周光权教授商榷》,载《中国社会科学》2009 年第 1 期,204 页。
② 强奸是以暴力、胁迫或者其他方法强行与妇女发生性行为的犯罪。而奸淫幼女则包含并不采用暴力、胁迫或者其他方法,而是在幼女的同意之下与其发生性行为,二者在行为特征上显然不同,但立法机关并未将奸淫幼女作为独立犯罪加以规定,而是将其拟制为强奸,适用强奸罪的法定刑。参见陈兴良:《为他人谋取利益的性质与认定——以两高贪污贿赂司法解释为中心》,载《法学评论》2016 年第 4 期,第 9 页。

但未造成实际危害结果。法院依据我国刑法第 133 条之一第 1 款判定其已构成危险驾驶罪。相关法条规定，"在道路上驾驶机动车，有下列情形之一的，处拘役，并处罚金：（一）追逐竞驶，情节恶劣的。"在这一司法认定过程中，在明确相关行为符合上述条文的前提下①，同时刑法总则第 14 条第 1 款的相关规定，将上述条文确定为故意犯罪后，便可适用要素分析模式，已确认其针对不同要素的主观犯意是否满足法定要求。具体来说，第 133 条之一第 1 款中的实质要素包括"以追逐竞驶的方式驾驶机动车"这一行为要素，"情节恶劣"这一结果要素，以及"在道路上"这一随附情状。对于行为要素，检方需要证明被告人已具有"明知"这一认识要素，对于结果要素，检方需要证明被告人已至少具有放任的意志要素。因为二者都不属于规范要素，因此可由专业法官根据案情，基于自由心证加以判断。但对于行为和结果之间的因果关系，即"以追逐竞驶的方式驾驶机动车"会"情节恶劣"，则需要由人民陪审员作为外行，对其做出规范性评价。需要加以说明的，是对于随附情状的主观要素认定问题。如前所述，刑法总则第 14 条第 1 款是刑法分则中具体故意犯罪的判断标准，决定了何种犯罪是故意犯罪，但其同时也只是故意犯罪成立的必要条件，而非充分必要条件，换句话说，法官在认定具体故意犯罪成立的时候，除了要针对行为、结果等实质要素分别认定认识因素和意志因素之外，还需要认定行为人对于随附情状的认识心态。

（三）犯罪故意"要素分析"模式本土化适用的若干澄清

首先，正确把握要素分析模式中的"明知"。

如前所述，刑法总则中规定的一般故意是与刑法分则中规定的特别故意成立的必要条件，除却后者的成立需要还需要厘定行为人对于随附情状的认识情况之外，还因为二者虽然都包括认识因素，但认识因素的对象不同，前者仅仅要求对于作为抽象危害结果的社会危害性具有因果认知，而后者则是对于具体行为客体的确定性的明知。其逻辑内核在于，行为人对属于特定犯罪构成要件要素的具体行为对象存在认识，在这一事实基础上进而规范评价，认定其对自己的

---

① 虽然上述分析过程大体类似于阶层式构成要件模式，如构成要件（行为）符合性、违法性及有责性等典型的逻辑判断过程，但这绝对不是说传统的 4 要件理论无法实现类似的效果，事实上，我国司法实践中大量刑事案件的判断，也都是沿着客体、客观、主体、主观的逻辑顺序展开，四个要件根本不会，也无法同时满足、同时判断。在这个意义上，在入罪过程中讨论摒弃四要件，转用阶层论，似乎存在缺乏实质必要性之嫌。

行为会发生特定的危害结果存在所谓"明知"。也正因如此,从刑法理论角度出发,一般才认为在行为犯的情况下,刑法分则规定明知的犯罪都只能是直接故意。例如,明知他人有配偶而与之结婚,行为人的主观心理显然是直接故意。①从刑事司法角度,一般才认为刑法分则中关于"明知"的规定都属于注意规定,换句话说,没有规定明知,不代表具体犯罪不需要明知,而仅仅是为了提示司法人员的注意性规定而已。②

其次,合理认识"意志要素"在具体犯罪故意认定中的关键作用。

"故意内涵的演化史,就是意欲要素的独立史。"③一方面,包括我国刑法总则中的一般故意,都是特别关注认识因素的作用。质言之,故意犯中的行为人,只有在认识到作为客体的具体实行行为对象时,才能够直面该犯罪规范。对此,才会形成所谓反对动机。并且在此基础上,超越该规范,实施实行行为。这样一来,当行为人僭越规范时,才是追究其刑事责任的时间点。④也就是说,"如果没有对对象的特定明知,就不存在犯罪的意志。"⑤正因如此,才有学者会为了迎合所谓风险社会的现实需要,提倡"放弃或放宽意欲要素的要求而将关注重心放在认识因素之上"。⑥笔者认为,"放宽"意志因素在故意认定中的作用,是我国刑法中一般故意规定的应有之意,这一点已经在之前关于一般故意中的意志针对的抽象的法益侵害这一点上讨论的十分彻底。但"放宽"不等于"放弃"。毕竟目前来看,除了考虑意志要素,还没有办法有效区分所谓间接故意⑦与有认识的过失,二者的区分,只能从是否真挚地拒绝危险发生,是否可能侵害法意的意志的要素出发加以判断。⑧如果单纯考虑"明知",显然没有办法回避我国刑法分则

---

① 参见陈兴良:《刑法分则规定之明知以表现犯为解释进路》,载《法学家》2013 年第 3 期,第 93 页。

② 参见舒洪水:《生产、销售有毒、有害食品罪中"明知"的认定》,载《法学》2013 年第 8 期,第 147 页。

③ 参见许玉秀:《主观与客观之间——主观理论与客观归责》,北京:法律出版社 2008 年版,第 46 页。

④ 参见樋笠尭士「因果関係の錯誤について:行為計画に鑑みた規範直面時期の検討」嘉悦大学研究論集 58 巻(2 号)2016 年,第 45 页。

⑤ 陈兴良:《主观恶性论》,载《中国社会科学》1992 年第 2 期,第 171 页。

⑥ 劳东燕:《犯罪故意理论的反思与重构》,载《政法论坛》2009 年第 1 期,第 88 页。

⑦ 日本刑法理论中,未必故意,也就是我们所说的间接故意,存在四种基本理论构型,而其中三种,都要求认识因素之外的某种意志因素,或者日语所谓意思因素。A 说:故意=认识(结果发生的认识),B 说:故意=认识(结果发生的认识+结果发生的否定意识的不存在),C 说:故意=认识(结果发生的认识)+意思(结果发生否定意思的不存在),D 说:故意=认识(结果发生的认识)+意思(认可)。参见[日]樋笠尭士「构成意故の推認対象と未必の故意の要素—『特段の事情を素材に』—」大学院研究年報第 47 号(2018 年),第 57 页。

⑧ 参见[日]関根徹「故意危険の理論について」高岡法学 20 巻 1/2 号(2006 年),第 97 页。

乃至大量司法解释中对于"明知"的庞杂适用。事实上,[情况四]中规定的所谓"教育设施重大安全事故罪"等典型过失犯罪中,也大量使用了"明知"的字样。虽然对此可以通过故意关注的是犯罪事实的认识,而过失责任则关注的是犯罪事实的认识可能性①,抑或认为故意与过失中危害结果发生的可能性认识程度存在差别,但即便是所谓"盖然性",本质上仍然是一种可能性,对其加以精确把握,"几乎是不可能的。"②对此问题,在立法没有将明知严格限制在故意犯范畴,没有将"教育设施重大安全事故罪"中的"明知"修改为"已经预见"③之前,依然应当承认"意志要素"在具体犯罪故意认定中的关键作用。如此一来,不仅可以避免在犯罪故意认定过程中突兀引入诸如"轻率"等异质概念,造成不必要的麻烦,同时还刻意有效避认为"行为人对滥用职权行为是故意的,而对其后引发的危害后果则是过失的"④这种一个犯罪行为分别针对行为和结果认定所谓犯意的情况。

第三,正确把握要素分析模式中对于随附情状的认识。

适用要素分析模式的过程中,除了行为、结果等实质要素之外,还存在非常重要的随附情状及其相关认识问题。笔者认为,随附情状,在很大程度上契合所谓"客观的超过要素",因为缺乏总则的强制性规范,根据罪刑法定原则,不能对其使用明知或意志等主观认识要素,在这个意义上,对其采取"负向"认定模式是合适的,具体来说,当随附情状这种客观要素影响到具体犯罪的认定时,要求检方证明行为人至少对于这种随附情况的存在,具有预见可能性。⑤ 与此同时,诸如目的、动机等所谓"主观超过要素",则不属于随附情状的概念范畴,对其不得使用上述"负向"认定模式。因为要素分析模式建立在一罪一故意这一大前提基础上,因此,不能将寻衅滋事罪中的所谓"流氓动机"视为"故意之外的一种主观内容"⑥而是应当将其和目的一道,视为直接故意的意志要素。⑦ 其实,刑法分则中的动机和目的,与刑法分则中的明知一样,都属于提示性的注意规定,即要求

---

① 参见[日]高山佳奈子「未必の故意」成城法学 55 号(1998 年),第 35 页。
② 陈兴良:《刑法中的故意及其构造》,载《法治研究》2010 年第 6 期,第 4 页,
③ 王新:《我国刑法中"明知"的含义和认定——基于刑事立法和司法解释的分析》,载《法制与社会发展》2013 年第 1 期,第 67 页。
④ 周光权:《论主要罪过》,载《现代法学》2007 年第 2 期,第 40 页。
⑤ 参见张明楷:《"客观的超过要素"概念之提倡》,《法学研究》1999 年第 3 期,第 29 页。
⑥ 张明楷:《寻衅滋事罪探究(下篇)》,载《政治与法律》2008 年第 2 期,第 123 页。
⑦ 我国也有学者指出,"以非法占有为目的"包含了直接故意的意志因素。参见欧阳本祺:《目的犯研究》,北京:中国人民大学出版社 2009 年版,第 59 页。

司法者意识到相关具体犯罪，属于要求特定意志要素的直接故意犯罪，而非希望或放任一般抽象社会危险性的普通故意犯罪。

第三节　小　结

社会的发展进步，将会不可避免地造成刑法及刑法理论的复杂化。但这种假借"专业化"之名的"司法独裁"，势必导致司法公信力的本质缺失。在现有体制下，司法的民意拟制与导入，换句话说，实现普通公民以人民陪审员的方式参与刑事司法活动，成为解决这一顽疾的治本之策。在这个过程中，专业法官如何将向人民陪审员准确释明法律，让被复杂化的法律重新变得简明平易，就成为一个日益凸显的现实问题。本书倡导以"要素分析"作为犯罪故意的司法认定模式，一方面可以在尊重现行法律及司法惯例的基础上，最大限度解决立法与司法、法理与共识的龃龉。另一方面，还可以借由人民陪审员参与刑事案件事实与法律审理的契机，对犯罪故意的规范性要素真正实现"外行的平行评价"，提高犯罪故意司法认定的可靠性与可信性，为刑法寻找除法教义学研究之外的其他可行进路。

第八章　中国死刑适用民意导入的程序法机制概说

　　为贯彻党的十八届四中全会通过的《中共中央关于全面推进依法治国若干重大问题的决定》，最高人民法院提出，全面深化人民法院改革的总体思路要紧紧围绕"让人民群众在每一个司法案件中感受到公平正义"这一目标。[①] 本轮司法改革特别重视人民群众"体感正义"的理念值得肯定，因为任何政治制度如能有效运行，都必须具备"合法性"，而这种"合法性"不是绝对意义的客观正义或正确，而是一种相对意义的主观理解或感受。最有可能导致强国灭亡的致命弱点，在于其政治制度缺乏合法性，即意识形态层面的危机。[②] 虽然从最高人民法院的顶层设计一方面强调"推进法院人员的正规化、专业化、职业化建设"，另一方面没有专门谈及司法民主化，但笔者认为，作为 65 项司法改革举措之一的人民陪审员制度改革，在宏观层面具备为我国司法活动提供正当性的可能性，在微观层面具备与司法专业化兼容的技术可行性，现拟结合我国人民陪审员制度改革中事实审、法律审分离模式，对此论断加以说明。

第一节　人民陪审员制度为中国司法活动提供合法性根据[③]

　　司法民主是政治民主的必然逻辑结论，公民参与司法，本身就是民主的一种

---

① 参见《最高人民法院关于全面深化人民法院改革的意见——人民法院第四个五年改革纲要（2014—2018）》。

② 参见李立丰：《政治民主与司法"独裁"悖论的制度破解——以日本裁判员制度为视角》，载《比较法研究》2015 年第 3 期，第 155 页。

③ 相关内容参见李立丰：《"认罪认罚从宽"之应然向度：制度创新还是制度重述》，载《探索与争鸣》2016年第 12 期，第 75 页以下。

体现。从世界各国的发展经验来看,政治民主与司法民主之间,存在对应关系。借由司法民主,可以抗制法官"独裁"所导致的司法权力异化。当代社会司法民主的具体范式,即司法的公民参与从逻辑可能性上来看,无外乎 2 类方式、4 种形式。首先,公民参与司法的直接方式,是指公民或公民代表直接参与个案审理的方式。根据公民直接参与司法的范围、程度及权属设置,又表现为 3 种具体形式。其中最"民主",亦最原始的形式,即排除职业法官,由公民代表组成合议庭,行使认定诸如犯罪事实是否存在、被告人是否有罪以及应如何处罚等全部职权。这种形式虽然在当代社会中极为罕见,但并非不能存在。其较为典型的例子,即为卢旺达大屠杀后适用的"冈卡卡"法庭。① 除此之外,公民直接参与司法的具体表现形式即广为人知的陪审制与参审制。其次,公民参与司法的间接方式,是指公民借由当代政党政治,通过直接选举或代议制,任命法官或裁判官的形式。②

一、我国司法民主应以人民陪审员制度为表达机制

司法民主符合马克思主义对于民主与司法的关系解读,马克思曾指出,"法官也应该由选举产生,可以罢免,并且对选民负责。"③但从中国的现实情况来看,这种公民间接参与的司法民主表达机制尚不适用,相比之下,以人民陪审员制度为代表的直接司法民主表达范式更具本土合法性与合理性。虽然有观点认为,公众参与司法存在陪审制、参审制、技术陪审制以及观审制等四种范式④,但在我国,诸如"人民观审团"⑤、"人民监督员"⑥等类似于观审制的公民参与司法

---

① 参见李立丰:《种族屠杀犯罪处理实效的批判与反思——基于卢旺达冈卡卡法庭模式的考察》,载《法商研究》2010 年第 2 期,第 101 页以下。

② 以上内容,可参见李立丰:《司法民主与刑罚适用:以日本裁判员制度为研究视角》,北京:中国政法大学出版社 2015 年版,第 1 章第 1 节相关介绍。

③ [德]卡尔·马克思著:《法兰西内战》,载《马克思恩格斯选集》第 3 卷,中共中央马克思恩格斯列宁斯大林著作编译局编译,北京:人民出版社 2012 年版,第 120 页。

④ 参见梅双:《专家建议我国推进参审制》,载《法制晚报》2014 年 9 月 19 日第 A13 版。

⑤ 河南省试用的人民观审团参与案件审理的方式接近于美国的陪审团制度,但又有所不同。人民观审团可以对案件事实进行判断,也可以对法律适用和量刑提出意见和建议,在全体讨论后给出最终的意见。就目前的试点情况来看,人民观审团的意见无论是事实认定还是刑罚建议均不具有法律效力。人民观审团在参与审判的权限上弱于人民陪审员制度中的陪审员。参见江国华、付中一:《人民观审团制度:陪审制改革的可能向度——以河南省法院系统的试点为例》,载《中州学刊》2015 年第 3 期,第 50 页。

⑥ 具体内容可参见司法部会同最高人民检察院联合印发,自 2016 年 7 月 5 日起开始施行的《人民监督员选任管理办法》。

形式,无法介入具体案件的内部审理过程,只能作为外部监督机制存在,这里不作过多讨论。

首先,人民陪审制度本身具备正当性。

虽然我国现行宪法中并未对陪审制度做出明文规定[①],但这一制度契合宪法保障人权、促进民众参与司法的基本理念,在宪法规范体系与脉络中可以找到相应依据。从这个角度来看,人民陪审员制度存在"一定"的宪法基础。[②] 至于人民陪审制的合法性问题,因为《中华人民共和国人民法院组织法》《全国人民代表大会常务委员会关于完善人民陪审员制度的决定》《全国人民代表大会常务委员会关于授权在部分地区开展人民陪审员制度改革试点工作的决定》《中华人民共和国刑事诉讼法》《中华人民共和国民事诉讼法》《中华人民共和国行政诉讼法》等法律法规对其作有明文规定,似乎争议不大。

值得一提的是,有一种很有力的观点认为,司法民主不需要人民陪审来体现。其核心根据在于,认为民主是指公民直接参与决策的观点是一种误读,在其看来,民主还可以通过代议制方式来实现,在我国,法官由人民代表大会选举或者任命、法院院长要向人民代表大会负责并报告工作、审判向社会民众公开、诉讼由双方当事人充分参与、合议庭实行少数服从多数原则等,这些都体现了民主。与此同时,司法公正、司法效率问题能否得到解决、如何得到解决,都与是否存在、是否适用人民陪审员制度没有必然联系。[③] 这一观点的实质,是在坚持司法民主的基础上,通过主张人民陪审员制度实用性的阙如,论证公民直接参与司法的不必要性。但其立论的两个前提均不成立。一方面,司法权即使具备代议制赋予的合法性,依然存在滥用的极大可能性,民众对于司法权,对于司法者这群"索居大理石神殿的神",必然保持本能的不信任。另一方面,司法民主无需,也不可能具备任何实质作用。换句话说,从实然层面,公民参与司法的间接方式,一方面不具备形式抗制司法权力滥用的机制作用,又无法彰显司法民主应当具备的象征意义,因此并不具备相对正当性。

其次,人民陪审员制度主要发挥形式意义的象征作用。

---

① 值得一提的是,我国 1951 年《人民法院暂行组织条例》、1954 年《宪法》和《法院组织法》,1975 和 1978 年《宪法》都对陪审员制度作了明文规定。

② 参见韩大元:《论中国陪审制度的宪法基础——以合宪论和违宪论的争论为中心》,载《法学杂志》2010 年第 10 期,第 21 页。

③ 参见吴丹红:《中国式陪审制度的省察——以〈关于完善人民陪审员制度的决定〉为研究对象》,载《法商研究》2007 年第 3 期,第 137 页。

　　说到底,我国目前适用的人民陪审员制度,是我国刑事司法对于民意的一种"组织性拟制",通过这一管道,普通民众获得直接参与案件审理过程的机会,藉此建构"民意"对于具体案件定罪量刑的意见表达管道,其本质上属于司法"体制内"具体案件民意直接拟制的标准范式。因此,不仅可以用作为拟制民意的人民陪审员意见直接影响具体判决结果,形式上打破"精英阶层"对于司法话语权的独占,同时还通过制度化管道将民意合法、有序地导入司法过程,可以避免庞杂,甚至受操纵民意对于司法判决的无序、非法介入,避免司法的合法性受到侵蚀。①

　　在这个意义上,主张建立、强化人民陪审制度主要考虑的不是司法民主,而是司法监督,属于一种"人民监督对司法机关的符号化机制"的观点②,虽然具备一定合理性,但却并不全面。这是因为人民陪审员作为拟制民意的代表参与司法,无论能否发挥实质作用,都可以从形式上增强司法决策的民主色彩并分担法官压力,这种公民直接参与司法的民意拟制与表达机制,赋予司法权以形式合法性,使其可以据此应对民意、抵抗外部干预。③ 正因如此,才有学者慨叹,非民选的美国联邦最高法院大法官任期终身,可以独立于国民意志之外,由此导致"非民主凌驾于民主之上,美国宪法的民主性令人遗憾地缺失了。"④但民主性是否丧失,与司法是否公正之间并没有必然联系。事实上,目前在美国,超过90％的刑事案件通过诉辩交易解决,大部分刑事判决是在没有审判团的情况下由法官独立决定的。⑤ 在这个意义上,陪审制是否存在与是否适用是两个不同层次的问题。存在陪审制,就在形式上赋予了司法以合法性基础,至于其是否适用、在多大范围内适用,是在解决了司法权正当性基础上,结合司法成本、司法效率等诸多考量因素做出的实用主义⑥权衡。

---

① 参见李立丰:《民意的司法拟制——论我国刑事审判中人民陪审制度的改革与完善》,载《当代法学》2013年第5期,第120页。
② 参见贺卫方:《人民陪审制研究的三个困难——关于陪审制答《北大法律评论》问之一二三》,载《北大法律评论》2007年第1辑,第14页。
③ 参见彭小龙:《人民陪审员制度的复苏与实践:1998—2010》,载《法学研究》2011年第1期,第22页。
④ 佟德志:《司法权力的民主性悖论—美国违宪审查的民主性之争及其启示》,载《政治学研究》2015年第3期,第50页。
⑤ 参见[美]阿尔伯特·阿斯楚兰:《美国刑事陪审制度简史》,李立丰编译,载《社会科学战线》2010年第11期,第231页。
⑥ 对于实用主义法学的相关介绍,参见李立丰:《论完善中国刑法学研究方法的一种选择:以美国实用主义法学理论为视角》,载《清华法治论衡》2012年第1辑,第280页以下。

二、人民陪审员制度象征性司法民主机能之合理表达

最高人民法院、司法部印发的《人民陪审员制度改革试点方案》(以下简称"方案")中所列各项改革内容,大体上秉持了对于司法民主性的形式追求。例如,"方案"希望通过改革人民陪审员选任条件实现人民陪审员的广泛性和代表性,希望通过完善人民陪审员选任程序提高选任工作透明度和公信度,希望通过扩大人民陪审员参审范围充分发扬司法民主,提高司法公信力。同时,还希望通过完善人民陪审员参审案件机制改变人民陪审员陪而不审、审而不议等现象,探索人民陪审员参审案件职权改革提高人民法院裁判的社会认可度,并且完善人民陪审员的退出和惩戒机制、完善人民陪审员履职保障制度等。

应该说,上述改革举措中,提高人民陪审员广泛性和代表性的做法非常必要。"方案"出台之前《关于完善人民陪审员制度的决定》第 4 条规定,"担任人民陪审员,一般应当具有大学专科以上文化程度。"而地方法院在具体操作过程当中的做法更体现为对于学历等硬性身份标准的苛刻要求。例如,据当时的一项统计,成都市中级人民法院选定的 403 位人民陪审员中,博士 7 人,硕士 22 人,学士 173 人,大专 181 人。[①] 由于在学历条件上设置了较高的门槛,而我国人口结构中高学历人口占比偏低,许多人实际上被剥夺了担任人民陪审员的机会。总而言之,我国之前适用的人民陪审员制度,"精英化"偏向过强,党政机关干部占比过高,据统计,样本地区 70 名人民陪审员中,拥有党政干部身份的人民陪审员比例高达 70%。农民陪审员的比例过低,另外值得注意的一点是,从年龄分布来看,我国人民陪审员中高龄,即 40 岁以上所占比重过高,达到 80% 以上。[②] 应该承认,通过贯彻"方案",特别是执行陪审员"倍增计划",试点改革地区人民陪审员的代表性有所增强,除了人数增加之外,普通群众占比有所提高,2015 年陕西省人民陪审员中普通群众代表比例达到 65.8%。[③] 同样的情况,也出现在另外一座试点城市南京,改革后,南京市中院遴选的人民陪审员中,青年群体占绝对多数,其中 28—40 岁的候选人 269 名,占 44.8%,41—50 岁的 148 人,占

---

① 参见涂文:《我为什么当不了"人民陪审员"?》,载《廉政瞭望》2005 年第 5 期,第 29 页。

② 参见廖永安、刘方勇:《人民陪审员制度目标之异化及其反思——以湖南省某市人民陪审员制度实践为样本的考察》,载《法商研究》2014 年第 1 期,第 87 页。

③ 参见程靖峰:《人民陪审员总数达到 6679 名》,载《陕西日报》2016 年 1 月 18 日第 013 版。

24.7％。职业分布也趋于合理,其中企事业员工多达 202 人,占 33.7％,远高于管理层人员数。① 除此之外,"方案"推行的人民陪审员选任程序完善也值得肯定。以作为改革试点的广西大新县人民法院所适用的"海选"程序为例,以公安局户籍系统中登录的该县常住居民名单为基础,首先根据"方案"对于年龄、学历要求,随机抽选出 245 名人民陪审员候选人。随后由选任小组成员深入辖区进行资格审查、征求候选人意见,最后确定了 120 名正式候选人并进行公示。最后,人民法院在公示的候选人第 2 次随机抽选出 71 名人民陪审员拟任人选,并通过县人大常委会正式任命。② 一个值得注意的现象是,虽然人民陪审员在年龄、职业分布方面的代表性得到了加强,但其学历分布却并没有出现太多变化,即便是作为改革试点的南京市,在其 600 名陪审员中,本科以上学历者占比仍然高达61.6％,高中、中专学历者仅占 38.4％。③ 学历要求偏高,一直是我国人民陪审员遭人诟病的不当限制措施之一。反观世界各国在国民参与审判资格上,基本上没有过高的学历、收入等硬性限制。毕竟参与司法是民主的应有之意,通过降低公民参与司法的门槛,才能充分保障更多公民行使参与司法权利的机会,才能更好地体现国民参与司法的广泛代表性。④ 反观"方案"的改革,之所以在人民陪审员学历合理构成方面进展不大,根本原因在于目前的试点改革,一方面试图通过海选＋随机的方式,通过程序正义保障司法民主,另一方面试图赋予人民陪审员制度改革以实质属性,即将司法民主定位为通过有效发挥人民陪审员在非法律性知识和实践经验方面的优势,使人民群众在司法审判过程中发挥实质性作用。⑤

　　笔者认为,不应当过分强调人民陪审员在司法民主中所发挥的实质作用。虽然可能有些夸张,但司法活动本身就是国家提供的一种司法服务,是国家存在并发挥作用的表征,进而可能出现戏剧化和表演的倾向,换言之,正义必须呈现出生动形象的外表,否则人们就看不见它。⑥ 在革命战争时期取得十分良好司法民主效果的陪审制,陪审员由职工会、雇农会、贫困团及其他群众团体选举产

① 参见张源源:《我市首批 600 名人民陪审员摇号产生,趋向年轻化、知识化、平民化》,载《南京日报》2015 年 8 月 14 日第 A06 版。
② 参见罗书臻:《司法民主的新实践——人民陪审员制度改革试点情况综述》,载《人民法院报》2016 年 6 月 29 日第 001 版。
③ 参见张源源:《我市首批 600 名人民陪审员摇号产生,趋向年轻化、知识化、平民化》,载《南京日报》2015 年 8 月 14 日第 A06 版。
④ 参见胡夏冰:《依法治国背景下的人民陪审制度改革(上)》,载《人民法院报》2014 年 11 月 21 日第 005 版。
⑤ 参见苗炎:《司法民主:完善人民陪审员制度的价值依归》,载《法商研究》2015 年第 1 期,第 121 页。
⑥ 参见[英]梅因:《古代法》,沈景一译,北京:商务印书馆 1984 年重印本,第 69 页。

生,虽然有权陈述意见,参加评议,但无权决定案件的最后处理,用研究者的话来说,陪审员广泛参与司法,民主功能得到了充分彰显。但陪审员与裁判员之间的职能区分明显,陪审员并不具有裁判决定权这一实质权力。① 我国司法实践的真实情况是,各法院提交的陪审员参审案件数据,大多是为了应付上级法院检查而被"统计"的,因为陪审员选用程序复杂,且基层法院大量适用简易程序,因此一审案件仅有 3%—5% 左右适用陪审。② 也就是说,虽然某省 2013 年一审普通程序案件陪审率高达 95.9%,比 2008 年上升 65.88 个百分点,③但这里统计口径为普通程序,一审案件中有多少适用简易程序显然未知。即使在有人民陪审员参与的案件中,绝大多数陪审员都只扮演了消极听审的角色。有学者根据网上公布的视频统计,在 177 起陪审案件中,98.31% 的陪审员在法庭上没有提问;69.49% 的陪审员在庭审过程中没有与审判长进行过交流。④ 不难看出,长期以来,我国人民陪审员参与司法的质与量方面都远未达到令人满意的程度。在此基础上,强调人民陪审员实质参与司法的观点,显然无法与现实相契合,显得有些无的放矢。

第二节 员额制前提下司法民主化与司法专业化的制度兼容

司法是否公正,是否能够实现公平正义,在很大程度上决定了整个社会的法治文明状况。在这个方面,司法应具有高度专业性,司法活动需要运用高度专门性、技术性的特定知识以及职业经验,有着自己所独有的原则、规范、逻辑、程式和语言,对于纠纷处理有着自身的评价标准和评价体系,这就是所谓法律的职业主义。⑤ 只有借由司法人员的专业化,才能从实体上保证司法裁量本身的正当性。另一方面,司法是否公正与群众是否能够在每个案件中感受到公平正义是

---

① 参见吴春峰:《论人民陪审员的职能及其实现——对于"陪而不审"批判观点的学理审思》,载《学海》2013 年第 5 期,第 125 页。
② 参见张嘉军:《人民陪审制度:实证分析与制度重构》,载《法学家》2015 年第 6 期,第 6 页。
③ 参见郑昭:《我省实现人民陪审员全面参审:立案侦查处级以上领导干部 114 人》,载《福建日报》2014 年 9 月 28 日第 002 版。
④ 参见何家弘:《刑事庭审虚化的实证研究》,载《法学家》2011 年第 6 期,第 135 页。
⑤ 参见董慧凝、万娟、崔万朋:《刑事判决与民意冲突的消解》,载《国家检察官学院学报》2012 年第 2 期,第 25 页。

两个不同的问题,如前所说,只有借由司法民主化,特别是人民陪审员制度的改革,建立司法活动中行之有效的民意拟制与表达管道,确保司法民主化,才能杜绝民众对于司法权力的本能不信任。但司法民主化与司法专业化之间存在形式对立,如何通过制度建构确保二者有效兼容,就成为我国司法改革进程中亟待解决的技术性问题。

一、司法专业化语境下人民陪审员的异化倾向

《中共中央关于全面推进依法治国若干重大问题的决定》明确指出,要推进法治专门队伍正规化、专业化、职业化,提高职业素养和专业水平。根据最高人民法院《关于加强法官队伍职业化建设的若干意见》第 4 条,法官职业化,是指"法官以行使国家审判权为专门职业,并具备独特的职业意识、职业技能、职业道德和职业地位。"目前正在各地法院试点推行的法官员额制改革,通过控制遴选比例,进而保证入额法官的素质和能力,即通过此举实现法官的职业化,以及司法活动的专业化。

但目前我国司法所面临的问题,固然在于法官的职业化不足,同时也存在司法民主化不足的原因。具体来说,如果法官的职业化建设,如员额制,未配合以司法民主化建设,极易导致职业化尚未成型,官僚化已经再现,出现官僚主义和官僚腐败。在很多学者看来,法官职业化解决的是职业技术问题,但无法解决职业道德、职业操守问题。官僚腐败与官僚阶层的知识结构和执业资格无关。知识不能带来道德进步,资格无助于职业操守。事实证明,近年法官职业化的努力,无助于克制官僚腐败。[①] 正是基于这一前提,司法专业化与司法民主化这两大命题,才被同时提起。那么,在我国,以人民陪审员制度为代表的司法民主化,是否可以有效解决司法专业化可能导致的司法独裁呢?

笔者认为,人民陪审员制度试点改革之前,第 10 届全国人大常委会第 11 次会议通过的《关于完善人民陪审员制度的决定》中明确赋予人民陪审员与法官同等的权利。这种做法,不仅突破了人民直接参与司法应当秉持的形式司法民主原则,更容易造成人民陪审员自身的异化。如果从实质司法民主的角度出发,赋予人民陪审员以法官的全部职权,显然,人民陪审员就应当具备与法官相同的职

---

① 参见何兵:《司法职业化与民主化》,载《法学研究》2005 年第 4 期,第 108 页。

业能力、职业操守,并且承担相同的职业风险与职业责任,享受相同的职业荣誉与职业保障。但这样一来,显然就背离了人民陪审员作为司法民主实现机制的设计初衷。而且会导致作为普通公民参审的人民陪审员,一方面被质疑存在精英化,一方面被质疑不具备司法专业能力的两难境况。[①] 对此问题,有人或许认为,通过任前、任中培训的方式,可以有效解决人民陪审员司法专业能力不足的问题。的确,根据《最高人民法院关于人民陪审员管理办法(试行)》第 20 条规定:"人民陪审员培训分为岗前培训和任职期间的审判业务专项培训。初任人民陪审员上岗前应当接受履行职责所必备的审判业务知识和技能培训。包括法官职责和权利、法官职业道德、审判纪律、司法礼仪、法律基础知识和基本诉讼规则等内容。"但这种临时抱佛脚的做法是否有效,显然存疑。根据上海市高级人民法院、上海市司法局关于印发上海市高级人民法院、上海市司法局《〈关于完善人民陪审员制度的决定〉的实施细则》的通知第 35 条,"人民陪审员岗前培训的时间一般不少于 24 学时,任职期间的审判业务专项培训每年不少于 16 学时。"想要通过如此短的时间,让作为普通人的人民陪审员获得与职业法官相同的司法专业能力,即使可能,也只意味着职业法官的不职业,司法活动的不专业。除此之外,这种要求还会导致人民陪审员变成"编外法官",[②]从而完全背离司法民主化的初衷,与陪审制度的民主价值和政治理念相悖,越来越强调人民陪审员的法律知识、参审能力的制度设计,导致人民陪审员出现异化,变得不再平民,而越来越像职业法官。[③] 因此,强调人民陪审员与法官同权的实质司法民主理念,必然导致人民陪审员面临专业知识不足的尴尬处境,如果过分提高陪审员的选任标准,加强陪审员的业务培训,以陪审员的知识化来克服这一问题,势必导致陪审员与职业法官的趋同,限制陪审员的代表性,最终导致陪审制度的消亡。[④]

[①] 参见徐致平:《人民陪审员参审同等权利与能力差异问题辨析》,载《安徽大学法律评论》2015 年第 1 辑,第 209 页。

[②] 有曾担任陪审员的记者这样描绘自己的感受,"历经静安区法院、静安区司法局、市高院一道道严格审查,以及任前公示、提请区人大常委会任命,我终于荣幸地成为一名'编外法官',除不能担任审判长外,享有与法官同等权利,任期 5 年。"转引自栾吟之:《我当人民陪审员——本报记者在静安区法院的陪审思考日记》,载《解放日报》2014 年 12 月 13 日第 006 版。

[③] 参见陈小彪、朱勇:《人民陪审员的制度完善与未来走向:以"员额制"改革为视角》,载《海峡法学》2016 年第 1 期,第 83 页。

[④] 参见吴春峰:《论人民陪审员的职能及其实现——对于"陪而不审"批判观点的学理审思》,载《学海》2013 年第 5 期,第 128 页。

值得一提的是,我国还存在一种所谓"专家陪审员"的制度尝试。例如,《最高人民法院关于海事法院人民陪审员选任工作的意见(试行)》中,就对"专家陪审员"相关问题进行深入广泛的试点。虽然对此有人根据多年司法实践经验,认为选任人民陪审员应兼顾大众化和专业化,且大众化不排斥专业化①,但笔者认为这种观点说到底依然没有厘清人民陪审制度本身应当具有的价值取向与制度定位,混淆了形式司法民主与实质司法民主的界限,容易舍本逐末。从宪法的民主性价值看,陪审制度的设置就是要尽可能体现大多数人民的意志,为大多数公民所认可和接受,人为地在陪审员中划出"人民陪审员"与"专家陪审员",不仅会使陪审制度复杂化,而且与宪法平等原则及陪审制度设计的初衷相违。② 其实,完全可以在不牺牲人民陪审员具备的代表性基础上,通过推行"专家证人"制度缓解"专业能力"与"广泛代表性"之间的价值冲突。根据我国现行《刑事诉讼法》《民事诉讼法》,当事人完全可以申请法院通知有专业知识的人出庭,就鉴定人做出的鉴定意见或者专业问题提出意见,通过这一制度设计,避免在专业案件审理过程中人民陪审员的异化。

二、司法专业化语境下司法民主的兼容制度设计

笔者认为,虽然赋予人民陪审员过多的权利/权力,会导致其出现异化的潜在可能,进而背离司法民主的设计初衷,但从另一方面,不能因为人民陪审员不具备司法专业能力,就将其从司法的场域驱逐出去。如果这样,司法就会在司法专业异化,在法庭这样一个不透明的空间内,如果没有了多数人的旁观,没有"在场"人的批评,即使本性善良的法官,也可能会受到"黑暗"的诱惑,在阴影的遮蔽之下"心安理得地"从事法庭幕后的交易,使整个司法的形象变得更加隐暗和混浊。③ 也就是说,司法民主化的最大价值,就是要充当司法活动的在场者,避免司法活动的黑箱作业。除此之外,司法民主化还可以扮演司法活动纠偏者的角色,因为司法不能由法律家垄断,法律解释不能局限于逻辑推演,同时还应有经

---

① 参见汪晖:《选任人民陪审员应兼顾大众化和专业化》,载《人民法院报》2015 年 8 月 19 日第 002 版。

② 参见韩大元:《论中国陪审制度的宪法基础——以合宪论和违宪论的争论为中心》,载《法学杂志》2010 年第 10 期,第 24 页。

③ 参见舒国滢:《从司法的广场化到司法的剧场化——一个符号学的视角》,载《政法论坛》1999 年第 3 期,第 16—17 页。

验的判断。司法专业化程度的提高,长期的职业培训和特定工作环境容易导致司法者形成思维定式,难免导致他们的是非观和价值标准与现实脱节,与普通民众的距离越来越大。[①]

正如之前有学者讨论的复转军人不能转任职业法官,关乎"法官职业化",而人民群众进法院,涉及"司法民主化"。法官职业化并不排斥司法民主化。相反,两者应当齐头并进。[②]反观我国目前司法民主化与司法专业化的兼容状况,并不能让人过分乐观。司法专业化左右、主导司法民主化的倾向尤为明显。陪审员往往在司法审判活动中处于相对甚至绝对弱势的地位。作为法律"外行"与"外来者",陪审员不仅在合议庭中先天被排斥,同时陪审员参与审理积极性不强,只是例行公事般在评议笔录上签名完事,甘心做法官的陪衬。有基层法院法官说:"现在的陪审员还是一个摆设,还是陪而不审。一些专业陪审员每天工作很忙,开完这个庭,赶紧再去参加另一个庭,不停在赶场。他/她们在庭审中,基本上在发呆。"[③]即便有陪审员发表不同看法,也会遭到职业法官的控制、说服,实践中,法官比较容易控制合议庭的走向,使得合议流于形式。[④]

笔者认为,应当从如下几个方面入手,合理建构司法专业化与司法民主化的兼容机制。

首先,完善庭审实质化的配套制度改革。

司法民主制度从来,也不可能孤立存在。美国陪审制度,就建立在司法审查制度、程序法的宪法化、证据规则与庭审规则、排除合理怀疑的证明标准等诸多配套措施的基础上。[⑤]在我国,虽然宪法不能直接作为案件审理依据,也没有司法违宪审查机制,但依然采取国家权力不可分割的人民主权思想,施行"议行合一"、民主集中制原则,宪法由国家最高权力机关制定,受监督实施。[⑥]与这种有中国特色的宪政体系配套,具有中国特色的混合式庭审方式兼容了中国传统和

---

① 参见齐文远:《提升刑事司法公信力的路径思考——兼论人民陪审制向何处去》,载《现代法学》2014年第2期,第22页。

② 参见何兵:《司法职业化与民主化》,载《法学研究》2005年第4期,第100页。

③ 转引自张嘉军:《人民陪审制度:实证分析与制度重构》,载《法学家》2015年第6期,第7页。

④ 参见周欣、陈建新、聂玉磊:《论法官指示制度之构建兼论〈最高人民法院关于人民陪审员参加审判活动若干问题的规定〉第8条之适用》,载《现代法学》2011年第2期,第166页。

⑤ 相关介绍可参见李立丰:《民意与司法:多元维度下的美国死刑及其适用》,北京:中国政法大学出版社2013年版,第1章。

⑥ 参见虞政平:《中国特色社会主义司法制度的"特色"研究》,载《中国法学》2010年第5期,第165页。

固有的制度因素、现代职权主义以及当事人主义三大要素。[①] 在此语境下,要实现庭审实质化,就必须承认审判应是事实认定最为重要也是最为权威的阶段,同时,在庭审过程中,裁判者应秉承直接言辞原则,综合考察各项证据及待证事实最终形成内心确信。[②]

为了避免"庭审虚化",即法官对案件事实、证据的认定不通过法庭上的举证和质证,而是通过庭审之前或之后对案卷的审查来完成[③],防止庭审丧失实质作用,就必须结合人民陪审员制度的建构根据,在我国特定的宪政体制与司法框架内,为其合理设计配套措施。对此,有学者提出,为了避免陪审员受社会舆论误导影响独立判断,形成了陪审员隔离制度;为保证陪审员在审判期间不因时间过长而记忆模糊,形成了审理不间断原则;为使非法律专业的陪审员感受审理过程中诉讼双方的真实意思表示,做出理性判断,形成了言辞原则;为了保证诉讼双方权利平等,确保陪审员的中立性,形成了对席审判原则。[④] 除此之外,尝试建立人民陪审员一案一选制度,解决目前年陪审 100—200 次的"专职陪审员"[⑤],也具有极强的迫切性与现实意义。可喜的是,上述配套措施的一部分,已经以某种形式出现在"方案"当中。

其次,陪审员参与庭审活动的制度设计。

陪审员作为理性人,其对于包括参与司法活动在内的所有决策,都基于成本收益的理性分析做出。有学者依据博弈论原理,为陪审员参审的决策设计了如下完善进路:

这一模型的设计,建立在理性个体的基础上,假定所有完善措施都已实现,也只能保证作为个体的人民陪审员决定参与司法民主,而没有解决其如何参与司法民主的问题。相比较而言,应该关注的问题并不在于人民陪审员是否参与司法的问题,而是如何从制度上激励其克服专业法律知识的不足,积极参与司法的问题。笔者认为,一方面,应当在人民陪审员与职业法官之间的人数配比上体现"人民性"。在这个意义上,最高人民法院所倡导的人民陪审员参审方式由 3

---

① 参见龙宗智:《论我国刑事庭审方式改革》,载《中国法学》1998 年第 4 期,第 91 页。
② 参见施鹏鹏:《审判中心:以人民陪审员制度改革为突破口》,载《法律适用》2015 年第 6 期,第 22 页。
③ 参见何家弘:《刑事庭审虚化的实证研究》,载《法学家》2011 年第 6 期,第 125 页。
④ 参见何进平:《司法潜规则:人民陪审员制度司法功能的运行障碍》,载《法学》2013 年第 9 期,第 123 页。
⑤ 参见沈小军:《扩大抑或缩小——论我国人民陪审员制度的发展思路》,载《南京大学法律评论》2015 年春季卷,第 171 页。

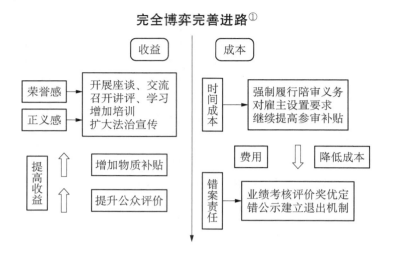

完全博弈完善进路①

人合议庭模式向5人以上大合议庭陪审机制转变②具有合理性,只有通过在形式上扩大裁判体规模,同时在裁判体内部建立其人民陪审员相较于职业法官的人数优势,才能在根本上杜绝人民陪审员"技不如人",同时又"寡不敌众"的尴尬处境。另一方面,应当在庭审规则方面做出设计,在保障司法专业性的基础上,体现人民陪审员在司法活动中的体系性价值。陪审制必然意味着合议制,必然意味着适用普通程序,这里就存在一个以牺牲司法效率为代价的成本收益问题。有学者相当尖锐地指出,对于同样属于理性人的当事人来说,其未必就愿意用实在的效率去换虚无的公正。③ 在这个意义上,适用陪审制,势必要在审判过程与审判结果上,体现出其自身的特殊价值与意义。在此方面,尝试缩小人民陪审员制度适用案件类型,分离事实审理与法律审理,具有很强的针对性。

第三节 死刑适用中事实审与法律审分离模式的技术实现

2015年最高人民法院、司法部在10个省(区、市)50个法院开展的人民陪审

---

① 转引自常乐:《博弈论视野中人民陪审员参审之决策机制分析与制度完善》,载《尊重司法规律与刑事法律适用研究(上)—全国法院第27届学术讨论会获奖论文集》,第503页。

② 参见最高人民法院院长周强:《最高人民法院关于人民陪审员制度改革试点情况的中期报告—2016年6月30日在第十二届全国人民代表大会常务委员会第二十一次会议上》。

③ 参见刘哲玮:《人民陪审制的现状与未来》,载《中外法学》2008年第3期,第438页。

员制度改革试点工作,呈现的"4 个转变"之一,即在于人民陪审员参审职权由全面参审向只参与审理事实问题转变。[①]"办法"第 21 条至 24 条,也就人民陪审员制度试点改革的重大突破,即"事实审"与"法律审"分离模式做了原则性规定。笔者认为,这一制度设计,一方面可以有效缓解司法民主化与司法专业化之间的紧张关系,为人民陪审员制度本身建构正当性基础;另一方面,法律审与事实审必须纳入到我国司法体制,特别是诉讼制度改革的语境中加以整体考量与制度设计,应当从限制人民陪审员制度适用的角度对其进行合理的技术安排。

一、人民陪审员制度的限制性适用

首先,人民陪审员制度应当主要适用于重大刑事案件的审理。

"办法"的改革措施之一,即在于扩大人民陪审员的参审范围,规定"涉及群体利益、社会公共利益的,人民群众广泛关注或者其他社会影响较大的第一审刑事、民事、行政案件,以及可能判处十年以上有期徒刑、无期徒刑的第一审刑事案件,原则上实行人民陪审制审理。第一审刑事案件被告人、民事案件当事人、行政案件原告申请由人民陪审员参加合议庭审判的,可以实行人民陪审制审理。"在不考虑司法成本的情况下,这种做法固然颇为符合司法民主的理想主义状态,可以迎合我国追求司法合法性的制度考量。但笔者认为,从司法民主的形式属性来看,相对于人民陪审制存在所具有的重大意义,是否将其扩展到所有类型案件,是否扩展到每一个案件,就变得值得讨论。笔者认为,我国人民陪审员制度的适用范围,应当主要集中于重大刑事案件,即"可能判处十年以上有期徒刑、无期徒刑的第一审刑事案件。"这种主张不仅符合世界各国的通常做法[②],而且也

---

① 参见最高人民法院院长周强:《最高人民法院关于人民陪审员制度改革试点情况的中期报告——2016 年 6 月 30 日在第十二届全国人民代表大会常务委员会第二十一次会议上》。

② 各国陪审、参审制度比较:

	日本 (裁判员制)	美国 (陪审制)	英国 (陪审制)	德国 (参审制)	法国 (参审制)	韩国(国民参与裁判制度)	意大利 (参审制)
对象事件	重大刑事案件	刑事案件 民事案件	刑事案件 部分民事案件	刑事案件 以及劳动、行政以及社会案件等	刑事案件、未成年人案件以及社会保障案件等	重大刑事案件	特定重大刑事犯罪

(转下页)

可以避免司法成本因素的对于司法民主过分扩张的内在制约。在此基础上，保留人民法院按职权以及当事人申请适用两种人民陪审员制度的选用模式。

主张人民陪审员制度应主要限制适用于重大刑事案件的观点，也符合我国司法民主的现实，从实然角度来看，我国陪审员参审案件类型并不均衡，据不完全统计，刑事案件、民事案件陪审员的参审比例高，分别占参与审判案件总数的46.37％和50.75％，行政案件参审比例相对较低，仅占2.88％。① 虽然目前我国在民事案件中大量适用人民陪审制度，但这一举措在司法实践中可能并不能完全实现改革者的初衷。这是因为，在民事诉讼和行政诉讼中，事实问题和法律问题往往难以截然分开，因此世界上绝大多数国家的陪审团制度仅适用于刑事诉讼。② 鉴于我国人民陪审员制度最终将实现事实认定与法律适用的分离适用，上述论断在我国显然也可成立。

更为重要的是，刑法的本质即在于其所具有的道德属性。刑罚及其适用所特有的"污名化"属性，可以在现实层面彰显出刑法本质的道德属性，更是区分刑法与侵权法等其他部门法的关键所在。最终体现为刑罚适用的犯罪，以及作为这种犯罪存在载体的刑法本身，体现的是一种特定文化背景下，特定时空条件下的特定价值判断。③ 公民作为社会道德的"注射器"参与刑事司法，体现的就是社会对于个体的否定评价与谴责。由此不难理解为什么早在2008年，时任最高人民法院院长胜俊就提出，"社会和人民群众的感觉是判不判死刑的依据之一"，以及为什么2009年河南省高院尝试邀请当地民众代表参与死刑二审，并将他们的意见作为合议依据之一。④ 说到底，定罪与量刑，体现的是社会对于犯罪人的谴责，而在这个过程中，民意的拟制与表达显得尤为迫切，尤为重要。2014年，在安徽省原副省长倪发科受贿、巨额财产来源不明一案的审理过程中，我国法院首次引入人民陪审员参审，取得了良好的效果。⑤

（接上页）转引自李立丰：《司法民主与刑罚适用：以日本裁判员制度为研究视角》，北京：中国政法大学出版社2015年版，第137页。

① 参见袁定波：《人民陪审员制度遭遇"四道坎"》，载《法制日报》2008年5月8日第005版。

② 参见刘峥：《对我国人民陪审员制度改革的构想》，载《中国法律评论》2016年第1期，第232页。

③ 参见李立丰：《刑法的道德属性：以美国刑法中耻辱刑为视角的批判与反思》，载《清华法治论衡》2016年第1辑，第254页。

④ 参见郭永庆：《量刑中民意导入机制研究》，载《法律适用》2009年第11期，第78页。

⑤ 参见袁定波：《人民陪审员首次参审贪腐大要案、安徽原副省长倪发科出庭受审、人民陪审员就证据问题等3次发问》，载《法制日报》2014年12月16日第005版。

其次,人民陪审员应当仅负责案件事实的认定。

如前所述,简单规定人民陪审员作为合议庭的组成人员,同裁判员具有同等的权利和义务,除不能担任审判长主持庭审活动和撰写法律文书外,在具体案件事实问题和法律适用方面职权相同的做法,不仅忽视了权力与权利的差别,权利与义务的对应关系,更造成了因人民陪审员知识结构和审理水平的限制,无法获得法官与当事人的信任,特别是在法律适用问题面临不可回避的专业壁垒。[1]因而形成广受诟病的"陪而不审""审而不议""议而不定"的局面,最终沦为法官"助理",成为法院实现绩效的工具。[2]

如果说主要在重大刑事案件的审理过程中适用人民陪审员制度的是对我国司法民主的一次范围限定,那么要求人民陪审员仅负责案件事实部分的认定,就是对于司法民主的技术性限定,这种限定,最大限度地扬长避短。

一方面,由人民陪审员(或与法官共同)认定事实,可以充分发挥人民陪审员具备丰富社会经验,尤其是具备刑事司法所特别看重的"社会一般人"[3]作用,避免法官的擅断与误判。事实的判断,并非易事,从法官与陪审员的角度来看,案件事实部分的认定,都是整个案件中难度最大的部分。

法官认为陪审员审理案件的难点分布[4]

分析证据认定事实	35	54.7%
理解法律适用	22	34.4%
法律规定不合理	7	10.9%

陪审员认为审理案件的难点分布[5]

分析证据认定事实	28	43.8%
适用法律条文	24	37.5%
法律规定不合理	12	18.8%

---

① 参见张思尧:《人民陪审制度事实审与法律审的困惑与出路》,载《法律适用》2015 年第 6 期,第 50 页。

② 参见蔡琳:《人民陪审员助理角色之实证考察》,载《法学》2013 年第 8 期,第 47 页。

③ 刑法理论中的客观说、社会一般人理论等等,实质上都是在公民参与司法缺位的情况下,对于法官司法的一种技术性补足。相关研究参见[日]高桥直哉:《复数的反击行为与过剩防卫的成否》,高娜、李立丰译,载《刑法论丛》2015 年第 2 卷,第 347 页以下。

④ 引自刘晴辉:《对人民陪审制运行过程的考察》,载《北大法律评论》2007 年第 1 辑,第 25 页。

⑤ 引自刘晴辉:《对人民陪审制运行过程的考察》,载《北大法律评论》2007 年第 1 辑,第 25 页。

另一方面,由职业法官单独适用法律,还可以避免人民陪审员因法律素养不足在法律判断过程中带来消极因素,从而保证各方参与陪审的积极性。[①] 打消法官普遍不信任、不重视甚至抵触普通公民参与司法的反感。[②] 其实,人民陪审员来自普通民众,具有丰富的社会阅历,由人民陪审员认定案件事实,能够将普通民众的朴素观念带入案件审理中,反映社会大众的日常情感。让人民陪审员只参与审理事实认定,不再对法律适用问题进行表决,更加符合人民陪审员的实际情况和审判规律。[③] 这也符合本轮人民陪审员制度的立法目的,可以看作制度实施的预算"成本"。[④]

二、人民陪审员进行事实审理的程序设计

沿着人民陪审员不参与法律适用审理的公民参与司法向度,如何对其进行技术性的制度落实,就成为一个十分现实的问题。对此,存在"庭内分离"与"庭外分离"两种理论模型,前者可以视为参审制的变体,后者可以被视为陪审制。所谓"庭内分离"模式是指由裁判员和人民陪审员共同组成合议庭,但二者的职权分离,裁判员不参与人民陪审员对事实问题的评议,人民陪审员亦不参与裁判员对法律问题的裁判。所谓"庭外分离模式",主要以美国陪审团制度模式为代表,由公民组成的陪审团独立于由法官组成的合议庭,二者分别在各自的"团体"中对事实问题或法律适用问题作出独立的判断和裁决,彼此独立思考、独立评议互不干扰。[⑤]

根据最高人民法院、司法部关于印发《人民陪审员制度改革试点工作实施办法》的通知(以下简称"通知")对于人民陪审员参与审理机制的规定,大体类似于

① 参见汪建成、刘泊宁:《论我国人民陪审制度改革的方向——基于人民陪审制度功能的思考》,载《东岳论丛》2015 年第 8 期,第 122 页。
② 有法官直言不讳地讲到,"我认为这种制度目前没有存在的实质必要。陪审员的功能有两大块,一个是认定事实,一个是法律适用。从认定事实来看,陪审员参加不参加对案件没什么影响。至于法律适用,那应该是职业法官的事情。"参见何兵等:《人民陪审员制度的实践:扬州地区法院调查》,载《人民法院报》2006 年 4 月 24 日第 B01 版。
③ 参见本报评论员:《推进人民陪审员制度改革强化司法民主功能》,载《人民法院报》2015 年 4 月 26 日第 001 版。
④ 参见徐致平:《人民陪审员参审同等权利与能力差异问题辨析》,载《安徽大学法律评论》2015 年第 1 辑,第 204 页。
⑤ 参见姜楠:《人民陪审员制度改革之合议庭组成的模式选择》,载《山东审判》2016 年第 2 期,第 16 页。

上面提到的庭内分离模式,但具有相当程度的特殊性。之一,虽然"人民陪审员可以对案件的法律适用问题发表意见,但不参与表决。"换句话说,只有法官需要对法律适用问题负责,但对于事实的认定部分,除了人民陪审员之外,法官也需要参与,并且二者需要共同为事实认定负责。如果意见分歧,应当按多数人意见对案件事实作出认定,但是少数人意见应当写入笔录。之二,人民陪审员的多数意见并不具有终局性,如果法官与人民陪审员多数意见存在重大分歧,且认为人民陪审员多数意见对事实的认定违反了证据规则,可能导致适用法律错误或者造成错案的,可以将案件提交院长决定是否由审判委员会讨论。提交审判委员会讨论决定的案件,审判委员会的决定理由应当在裁判文书中写明。由此两点不难看出,目前我国司法民主的理念并未得到充分概括,对于外行人介入司法专业领域的实践依然存在不信任情绪,特别是审判委员会对于人民陪审员多数意见具有否定权的规定,容易为司法民主留下司法专业介入的缺口。但也多少证明了本章的基本观点公民直接参与司法的唯一价值,仅仅在于其所提供的形式性司法民主。换句话说,借由人民陪审员制度的我国司法,只是在司法专业化进程寻找一件民主化外衣,仅此而已。对此,司法业内人士也毫不讳言,甚至建言,法官在法律适用时,可以参考陪审员评议,也可以不接受陪审员建议,人民陪审员参与审判,对于法官严格遵循办案程序依法裁判案件,会形成一种客观监督和约束。[1] 以此为基点,笔者认为,应当从如下几个方面,为事实审理与法律适用的庭内分离,设定技术解决路径:

首先,事实认定与法律认定的合理界分。

庭内分离模式的逻辑前提,即在于事实认定与法律适用问题可以加以区分。但即便是在刑事案件中,诸如正当防卫等重大问题是一个事实问题还是法律问题,也未必可以明显界分。有人民陪审员制度试点法院的院长在接受记者采访时就曾表示,推进人民陪审员制度改革试点过程中遇到的若干重大问题之一,就是事实问题与法律问题划分标准难以界定。[2] 即使是刑事诉讼领域,陪审员也面临着复杂的要件解构和证据审查。当前,我国诉讼制度中并没有问题列表的规定。在司法实践中,人民陪审员可能难以进行要件事实认定,也不可能在复杂

---

① 参见胡云腾、孙争鸣:《〈关于切实践行司法为民大力加强公正司法不断提高司法公信力的若干意见〉的理解与适用》,载《人民司法》2013年第23期,第22—23页。

② 参见林子杉等:《集纳民间智慧推进司法民主——福建龙海市法院人民陪审员制度改革试点工作情况调查》,载《人民法院报》2016年2月25日第005版。

案件辨析事实与法律的界限。① 为了便于人民陪审员正常履职,"方案"和"通知"要求法官担任的审判长,应当归纳并介绍需要通过评议讨论决定的案件事实问题,必要时可以以书面形式列出案件事实问题清单。试点法院要求法官制作事实清单,对于一些事实审和法律审区分不清的问题,先纳入事实审范畴,由人民陪审员发表意见并参与表决。截至目前,50 家试点法院采用事实清单方式共审理案件 3374 件。②

其次,明确事实认定的标准与程序。

人民陪审员对于案件事实的认定程序与标准,作为刑事诉讼的有机组成部分,必须符合刑事诉讼法等相关法律的相关原则。调整人民陪审员参与职权,将会引起司法观念、程序制度、诉讼规则等一系列重大变革。③ 除了之前提到的审前准备程序,制作事实清单之外,健全证人出庭等证据规则,建立法官指示规则,建立表决及异议体现机制等程序,也十分必要。例如,在事实认定阶段,因为人民陪审员需要与法官共同承担责任,为确保形式主义的司法民主得到落实,一方面需要在事实认定方面保持一人一票的权重,同时在人员配比上坚持推广"大陪审制",即所谓"1 名法官+4 名人民陪审员"的合议庭模式,确保法官在人数上处于先天的少数派地位,避免其对于事实认定阶段的恣意左右。又例如,还可以通过完善裁判文书表达方式,适度公开陪审员意见,扩大陪审员参审的影响力和引导力。在裁判文书中可以尝试概括列明合议庭或陪审员、裁判员的少数意见,以最大限度提高当事人对判决的信任度。④

第三,事实认定失范的法律责任。

笔者认为,改革后的人民陪审员制度,已经不再具有长期性,而是一案一选,虽经当地人民代表大会任命,但是否因此具备特定法律主体身份,承担与专业法官相同的义务与责任显然存疑。从保护公民参与司法的热情角度出发,结合人民陪审员只负责案件事实部分认定的职权范围,在对其是否享有权力/权利,承担何种对应义务等问题没有明确之前,单就其事实认定部分出现的误认甚至错

---

① 参见刘峥:《对我国人民陪审员制度改革的构想》,载《中国法律评论》2016 年第 1 期,第 232 页。
② 最高人民法院院长周强:《最高人民法院关于人民陪审员制度改革试点情况的中期报告——2016 年 6 月 30 日在第十二届全国人民代表大会常务委员会第二十一次会议上》。
③ 参见胡夏冰:《依法治国背景下的人民陪审制度改革(下)》,载《人民法院报》2014 年 11 月 28 日第 005 版。
④ 参见庞景玉:《从四个方面推进人民陪审员事实审改革》,载《人民法院报》2015 年 9 月 30 日第 008 版。

认,不宜追究作为个体的人民陪审员的法律责任。一方面,人民陪审员与法官共同认定事实,且人民陪审员理论上应当对于事实发表集体意见,个人在其中发挥的作用有限;另一方面,人民陪审员不参与法律适用部分的认定,即使发表了相关意见,也仅对法官具有参考价值,而案件最终的定性与定量,完全由法官依据事实与法律做出,因此对于案件的最终走向,人民陪审员无法发挥决定性作用,也就不应让其承担与司法权运用不当相关的法律责任。

第三节　小　结

以人民陪审员制度改革为突破口的我国司法改革已经逐渐走向深水区,任何制度的建构与运用势必对于我国社会的司法文明产生某种微妙且深远的影响。司法,特别是刑事司法,固然具有高度专业性,但同时也必须防止在形式民主的框架内运行,才能确保其合法性不受来自民意的普遍质疑。司法公正与司法腐败等问题,是社会公正与社会腐败的具体表征,不应,也不会单纯依靠司法民主化获得根本解决,对此,我们不能奢望太多。

结　论

　　人民陪审员参与死刑案件审理,可以使得法官无需"在判决书中就经过法庭辩论的民意采纳与否,写明理由;通过法律解释、法律论证等方法,对法律的适用以及其与民意之间的关系,给予说明。"①换言之,法官不需要再想尽各种办法向公众"证明"自己,以及自己所做判决的公信力。死刑案件中7人大合议庭制度中加入的4名人民陪审员,让刑事司法活动摆脱了"黑箱作业""法官以其个人专断僭越社会共识"②的诟病,同时又维持了面对庞杂民意坚守法律底线的法律操守与原则。

　　《人民陪审员法》的通过,迈出了司法导入民意的重要一步,但其适用范围过广、任期相对过长、学历要求较高等问题依然存在,也就是说,尚不能体现充分的代表性与随机性。列宁曾说,"不能对陪审员的选举加以资格限制,就是说,不能用教育程度、财产状况、居住年限等条件来限制选举权"③,只有这样,才能够确保最广大的人民群众行使司法权,特别是刑事司法权。虽然在死刑案件中适用的7人合议庭,明确区分事实审与法律审,藉此贯彻了18届4中全会"逐步实行人民陪审员不再审理法律适用问题,只参与审理事实认定问题"的精神,但因为一审法院案件数量多,办案压力大,适用大合议庭办案势必增加法官的业务量,适用效果不佳。

　　在死刑案件中,《人民陪审员法》的制度安排,将7人合议庭中的陪审员塑造为事实认定者。那么,如何通过具体制度设计,充分发挥陪审员在事实认定方面的特殊优势,免于被诟病为纯粹"制度安排",就成为能否确保人民陪审员制度发

---

① 谢唯立、陆一君:《民意如何进入司法判决》,载《法律适用》2013年第7期,第93页、

② 陈洪杰:《民意如何审判:一个方法论上的追问》,载《法律科学(西北政法大学学报)》2015年第6期,第20页。

③ 〔苏〕列宁:《国际法官代表大会》,载《列宁全集》第22卷,北京:人民出版社1990年版,第76页。

挥作用,经受得住历史检验的关键问题。从应然角度来讲,担任陪审员的权利和义务,作为一个下位概念,应与选举权利和义务这一上位概念加以对接,避免可以担任人大代表却无法担任人民陪审员的资格尴尬,避免简单多数表决机制可能预设的决策陷阱,面对审判委员会的决策失效,等等。

这就需要在后续的司法改革过程中,围绕死刑适用的大合议庭制度,思考建构诸如分层次的比例表决机制、行之有效的认定、决策程序等具体落实机制,努力实现死刑判决的专业化与大众化的平衡。

从纵向时间脉络来看,需要细化死刑案件人民陪审员参与庭审前、庭审过程中和庭审后相关权利义务保障问题。例如,在审前程序设计方面,应当通过信息化手段,借由我国目前已经广泛适用的户籍系统、征信系统等数据库支撑,扩大人民陪审员的遴选范围,确保应征率,最大化扩大人民陪审员的代表范围,通过制成陪审员总名单,设立相对较短的庭期制度并制作庭期陪审员名册,在每一个具体案件开庭审判前从庭期陪审员名单中抽签产生陪审员及候补陪审员等制度设计,确保人民陪审员"一案一选"。[1]

同时,在"庭前准备程序完成至开庭之前的这段时间,即争点归纳完毕、证据基本固定后是陪审员进入参审案件审理程序的最佳时间点。"[2]同时在这一阶段,要特别重视事实清单的制作,结合此前阅卷笔录等资料准备,为人民陪审员提供充分的信息保障。在庭审阶段,《人民陪审员法》中没有规定陪审员庭审发问的具体规则,但规定审判长负有"指引、提示义务",对于这种引导陪审员充分参与法庭调查、庭审发问机制设计,虽然目前欠缺具体的操作规程,但结合相关司法实践,可以将不"妨碍人民陪审员对案件的独立判断"[3]为基本原则,法官只负责相关庭审活动在程序及实体上符合相关程序法、实体法规定,以确保人民陪审员的独立探查、自主思考及判断,避免产生对职业法官的意见"臆测"与"依赖"。同时,虽然根据《人民陪审员法》第23条,适用人民陪审员审理的案件,依然可能被提交审判委员会讨论决定,为了避免陪审意见处于不确定状态。应当继续贯彻此前最高人民法院在《关于进一步加强和推进人民陪审工作的若干意

① 参见施鹏鹏:《人民陪审员制度的改革历程及后续发展》,载《中国应用法学》2018年第4期,第16页。
② 龚浩鸣、梅宇:《陪审制大合议庭事实审与法律审分离的程序保障——以北京市法院大合议庭陪审机制试点为基础》,载《法律适用》2018年第9期,第41页。
③ 梁伟、刘炳杰、时芸芸:《〈人民陪审员法〉框架下"大合议"庭审的可行路径研究以威海市环翠区法院试点探索为例》,载《中国应用法学》2018年第4期,第64页。

见》中"人民陪审员应邀列席参加审判委员会讨论其陪审的案件时,除不得行使表决权外,可以在审判委员会上发表意见"的办法,确保人民陪审员对于自己意见在法院内部流转过程中可能出现的变化享有发言权。

　　同时,还需要特别注意在控制司法成本的基础上,充分保障、落实人民陪审员的保障力度与保障范围,人民陪审员所在单位、户籍所在地或经常居住地的基层群众组织作为直接负责的保障主体,需要接受人民法院对其保障不力的纠正意见,需要为其人身住所安全以及其近亲属的权利提供保护。

参考文献

一、中文专著

1. [澳]德雷泽克:《协商民主及其超越:自由与批判的视角》[M],丁开杰等译,北京:中央编译出版社 2006 年版。

2. [德]K. 茨格威特、[德]H. 克茨:《比较法总论》[M],潘汉典等译,贵阳:贵州人民出版社 1992 年版。

3. [德]埃里克·希尔根多夫:《德国刑法学:从传统到现代》[M],江溯、黄笑岩等译,北京:北京大学出版社 2015 年版。

4. [德]哈贝马斯:《在事实与规范之间:关于法律和民主法治国的商谈理论》[M],童世骏译,北京:生活·读书·新知三联书店 2003 年版。

5. [德]汉斯·海因里希·耶赛克、[德]托马斯·魏根特:《德国刑法教科书》[M],许久生译,北京:中国法制出版社 2001 年版。

6. [德]卡尔·马克思:《马克思恩格斯选集》(第 3 卷)[M],中共中央马克思恩格斯列宁斯大林著作编译局编译,北京:人民出版社 2012 年版。

7. [德]卡夫卡:《卡夫卡口述》[M],赵登荣译,上海:上海三联书店 2009 年版。

8. [德]马克斯·韦伯:《入世修行:马克斯·韦伯脱魔世界理性集》[M],王容芬、陈维纲译,天津:天津人民出版社 2007 年版。

9. [德]叔本华:《醒客悦读:悲喜人生(叔本华论说文集)》[M],范进等译,天津:天津人民出版社 2007 年版。

10. [法]古斯塔夫·勒庞:《乌合之众——大众心理研究》[M],冯克利译,北京:中央编译出版社 2000 年版。

11. [法]孟德斯鸠:《论法的精神》[M],张雁深译,北京:商务印书馆 1987 年版。

12. [荷]亨利·范·马尔赛文、[荷]格尔·范·德·唐:《成文宪法的比较研究》[M],陈云生译,北京:华夏出版社 1987 年版。

13. [美]阿米·古特曼、[美]丹尼斯·汤普森:《民主与分歧》[M],杨立峰等译,北京:东方出版社 2007 年版。

14. [美]安德鲁·芬伯格:《技术批判理论》[M],韩连庆、曹观法译,北京:北京大学出版社2005年版。

15. [美]安东尼·刘易斯:《批评官员的尺度:〈纽约时报〉诉警察局长沙利文案》[M],何帆译,北京:北京大学出版社2011年版。

16. [美]本杰明·卡多佐:《司法过程的性质》[M],苏力译,北京:商务印书馆1998年版。

17. [美]伯纳德·施瓦茨:《美国法律史》[M],王军等译,北京:法律出版社2007年版。

18. [美]布莱恩·兰斯伯格:《终获自由:〈1965年选举权法〉幕后的司法战》[M],李立丰译,上海:上海三联书店2016年版。

19. [美]布鲁斯·阿克曼:《美利坚合众国的衰落》[M],田雷译,北京:中国政法大学出版社2011年版。

20. [美]查尔斯·福克斯,休·米勒:《后现代公共行政——话语指向》[M],楚艳红等译,北京:中国人民大学出版社2002年版。

21. [美]弗朗西斯·福山:《历史的终结与最后之人》[M],黄胜强、许铭原译,北京:中国社会科学出版社2003年版。

22. [美]汉密尔顿、[美]杰伊、麦迪逊:《联邦党人文集》[M],程冯如、在汉、舒逊等译,北京:商务印书馆1980年版。

23. [美]杰弗里·图宾:《九人:美国联邦最高法院风云》[M],何帆译,上海:上海三联书店2010年版。

24. [美]凯斯·桑斯坦:《就事论事:美国联邦最高法院的司法最低限度主义》[M],泮伟江、周武译,北京:北京大学出版社2007年版。

25. [美]凯斯·桑斯坦:《网络共和国——网络社会中的民主问题》[M],黄维明译,上海:上海世纪出版集团2003年版。

26. [美]克里斯托弗·沃尔夫:《司法能动主义》[M],黄金荣译,北京:中国政法大学出版社2004年版。

27. [美]罗伯特·麦克洛斯基:《美国联邦最高法院》[M],任东来等译,北京:中国政法大学出版社2005年版。

28. [美]罗纳德·德沃金:《自由的法:对美国宪法的道德解读》[M],刘丽君译,上海:上海人民出版社2001年版。

29. [美]莫顿·霍维茨:《沃伦法院与正义的追求》[M],信春鹰、张志铭译,北京:中国政法大学出版社2003年版。

30. [美]汤姆·麦克尼克尔:《电流大战:爱迪生、威斯汀豪斯与人类首次技术标准之争》[M],李立丰译,北京:北京大学出版社2018年版。

31. [美]亚历山大·比克尔:《最小危险部门:政治法庭上的最高法院》[M],姚中秋译,北京:

北京大学出版社 2007 年版。

32. ［美］约·埃尔斯特主编：《协商民主：挑战与反思》[M]，周艳辉译，北京：中央编译出版社 2009 年版。

33. ［美］约翰·哈特·伊利：《民主与不信任》[M]，朱中一等译，北京：法律出版社 2003 年版。

34. ［美］约翰·罗尔斯：《政治自由主义》[M]，万俊人译，南京：译林出版社 2002 年版。

35. ［美］约翰·罗尔斯：《正义论》[M]，何怀宏等译，北京：中国社会科学出版社 2001 年版。

36. ［美］詹姆斯·菲什金、［美］彼得·拉斯莱特主编：《协商民主论争》[M]，张晓敏译，北京：中央编译出版社 2009 年版。

37. ［南非］毛里西奥·帕瑟林·登特里维斯主编：《作为公共协商的民主：新的视角》[M]，王英津等译，北京：中央编译出版社 2006 年版。

38. ［日］大谷实：《刑法讲义总论》[M]，黎宏译，北京：中国人民大学出版社 2008 年版。

39. ［日］西原春夫：《日本刑事法的形成与特色》，李海东等译，北京：法律出版社 1997 年版。

40. ［英］达瑞安·里德、［英］朱迪·格罗弗斯：《拉康》[M]，黄然译，北京：文化艺术出版社 2003 年版。

41. ［英］克莱尔·奥维等：《欧洲人权法原则与判例》[M]，何志鹏、孙璐译，北京：北京大学出版社 2006 年版。

42. ［英］麦高伟等主编：《英国刑事司法程序》[M]，姚永吉等译，北京：法律出版社 2003 年版。

43. ［英］梅因：《古代法》[M]，沈景一译，北京：商务印书馆 1984 年重印本。

44. 陈兴良：《口授刑法学》[M]，北京：中国人民大学出版社 2007 年版。

45. 冯军：《刑法问题的规范理解》[M]，北京：北京大学出版社 2009 年版。

46. 冯象：《木腿正义》[M]，北京：北京大学出版社 2009 年版。

47. 冯鹏志：《伸延的世界——网络化及其限制》[M]，北京：北京出版社 1999 年版。

48. 高铭暄、马克昌主编：《刑法学》[M]，北京：北京大学出版社 2017 年版。

49. 黄惟勤：《互联网上的表达自由——保护与规制》[M]，北京：法律出版社 2011 年版。

50. 季卫东：《宪政新论》[M]，北京：北京大学出版社 2002 年。

51. 黎宏：《刑法总论问题思考》[M]，北京：中国人民大学出版社 2007 年版。

52. 李步云主编：《宪法比较研究》[M]，北京：法律出版社 1998 年版。

53. 李立丰：《美国刑法犯意研究》[M]，北京：中国政法大学出版社 2009 年版。

54. 李立丰：《民意与司法：多元维度下的美国死刑及其适用程序》[M]，北京：中国政法大学出版社 2013 年版。

55. 李立丰：《司法民主与刑罚适用：以日本裁判员制度为视角》[M]，北京：中国政法大学出版社 2015 年版。

56. 梁治平：《法意与人情》[M]，北京：中国法制出版社 2004 年版。

57. 林来梵：《从宪法规范到规范宪法》[M]，北京：法律出版社 2001 年版。

58. 欧阳本祺：《目的犯研究》[M]，北京：中国人民大学出版社 2009 年版。

59. 马克昌主编：《犯罪通论》[M]，武汉：武汉大学出版社 1997 年。

60. 任东来等：《在宪政舞台上：美国联邦最高法院的历史轨迹》[M]，北京：中国法制出版社 2007 年版。

61. 佟德志主编：《宪政与民主》[M]，南京：江苏人民出版社 2007 年版。

62. 童世骏：《批判与实践：论哈贝马斯的批判理论》[M]，北京：生活·读书·新知三联书店 2007 年版。

63. 王世勋、江必新主编：《宪法小百科》[M]，北京：光明日报出版社 1988 年版。

64. 王晓升：《商谈道德与商议民主——哈贝马斯政治伦理思想研究》[M]，北京：社会科学文献出版社 2009 年版。

65. 许玉秀：《主观与客观之间——主观理论与客观归责》[M]，北京：法律出版社 2008 年版。

66. 应复克等编：《西方民主史》[M]，北京：中国社会科学出版社 1997 年版。

67. 张明楷：《法益初论》[M]，北京：中国政法大学出版社 2003 年版。

68. 张明楷：《犯罪构成体系与构成要件要素》[M]，北京：北京大学出版社 2010 年版。

69. 张明楷：《刑法学》[M]，北京：法律出版社 2016 年版。

70. 张千帆主编：《宪法学导论：原理与应用》[M]，北京：法律出版社 2004 年版。

71. 甄树青：《论表达自由》[M]，北京：社会科学文献出版社 2000 年版。

72. 周光权：《刑法总论》[M]，北京：中国人民大学出版社 2007 年版。

二、中文论文

1. ［法］依维斯·辛特默：《随机遴选、共和自治与商议民主》[J]，欧树军译，载《开放时代》2012 年第 12 期。

2. ［美］阿尔伯特·阿斯楚兰：《美国刑事陪审制度简史》[J]，李立丰编译，载《社会科学战线》2010 年第 11 期。

3. ［美］阿尔伯特·阿斯楚兰：《美国刑事陪审制度简史》[J]，李立丰译，载《社会科学战线》2011 年第 10 期。

4. ［日］高桥直哉：《复数的反击行为与过剩防卫的成否》[J]，高娜、李立丰译，载《刑法论丛》2015 年第 2 卷。

5. 艾佳慧：《中国法院绩效考评制度研究——"同构性"和"双轨制"的逻辑及其问题》[J]，载《法制与社会发展》2008 年 5 期。

6. 柏浪涛：《规范性构成要件要素的错误类型分析》[J]，载《法商研究》2019 年第 1 期。

7. 蔡桂生：《论故意在犯罪论体系中的双层定位——兼论消极的构成要件要素》[J]，载《环球法律评论》2013 年第 6 期。

8. 蔡琳：《人民陪审员助理角色之实证考察》[J]，载《法学》2013 年第 8 期。

9. 曾赛刚：《当代中国死刑民意的理性引导》[J]，载《哈尔滨工业大学学报（社会科学版）》2015 年第 2 期。

10. 常乐：《博弈论视野中人民陪审员参审之决策机制分析与制度完善》[J]，载《尊重司法规律与刑事法律适用研究（上）——全国法院第 27 届学术讨论会获奖论文集》。

11. 车浩：《从"大众"到"精英"——论我国犯罪论体系话语模式的转型》[J]，载《浙江社会科学》2008 年第 5 期。

12. 陈飞翔：《中国语境下司法民主的理论建构——基于政治正当性与权力合法性视角》[J]，载《南京师大学报（社会科学版）》2012 年第 3 期。

13. 陈光中、马康：《认罪认罚从宽制度若干重要问题探讨》[J]，载《法学》2016 年第 8 期。

14. 陈国庆：《主观故意的证明标准与推定》[J]，载《人民检察》2007 年第 21 期。

15. 陈洪杰：《民意如何审判：一个方法论上的追问》[J]，载《法律科学（西北政法大学学报）》2015 年第 6 期。

16. 陈洪杰：《司法如何民主：人民司法的历史阐释与反思》[J]，载《比较法研究》2016 年第 5 期。

17. 陈景辉：《裁判可接受性概念之反省》[J]，载《法学研究》2009 年第 4 期。

18. 陈丽莉：《论自媒体时代的言论自由》[J]，载《中国检察官》2013 年第 8 期。

19. 陈瑞华：《"认罪认罚从宽"改革的理论反思——基于刑事速裁程序运行经验的考察》[J]，载《当代法学》2016 年第 4 期。

20. 陈松林：《从司法民主性看检察委员会制度之完善》[J]，载《人民检察》2010 年第 23 期。

21. 陈卫东：《认罪认罚从宽制度研究》[J]，载《当代法学》2016 年第 2 期。

22. 陈文鑫：《塑造还是反映民意？——民意测验与美国的对外政策》[J]，载《美国研究》2003 年第 4 期。

23. 陈小彪、朱勇：《人民陪审员的制度完善与未来走向：以"员额制"改革为视角》[J]，载《海峡法学》2016 年第 1 期。

24. 陈兴良：《论主观恶性中的规范评价》[J]，载《法学研究》1991 年第 6 期。

25. 陈兴良：《目的犯的法理探究》[J]，载《法学研究》2004 年第 3 期。

26. 陈兴良：《社会危害性理论：进一步的批判性清理》[J]，载《中国法学》2006 年第 4 期。

27. 陈兴良：《为他人谋取利益的性质与认定——以两高贪污贿赂司法解释为中心》[J]，载《法学评论》2016 年第 4 期。

28. 陈兴良：《刑法分则规定之明知以表现犯为解释进路》[J]，载《法学家》2013 年第 3 期。

29. 陈兴良：《刑法中的故意及其构造》[J]，载《法治研究》2010 年第 6 期。

30. 陈兴良：《主观恶性论》[J]，载《中国社会科学》1992 年第 2 期。

31. 陈学权：《人民陪审员制度改革中事实审与法律审分离的再思考》[J]，载《法律适用》2018 年第 9 期。

32. 陈银珠：《法定犯时代传统罪过理论的突破》[J]，载《中外法学》2017 年第 4 期。

33. 陈银珠：《论美国刑法中的要素分析法及其启示》[J]，载《中国刑事法杂志》2011 年第 6 期。

34. 储槐植、杨书文：《复合罪过形式探析——刑法理论对现行刑法内含的新法律现象之解读》[J]，载《法学研究》1999 年第 1 期。

35. 褚福民：《证明困难的解决模式——以毒品犯罪明知为例的分析》[J]，载《当代法学》2010 年第 2 期。

36. 戴承欢、蔡永彤：《精英意识与大众诉求的调和——刑事司法审判中的民意渗透及限制略论》[J]，载《四川文理学院学报(社会科学)》2009 年第 6 期。

37. 丁未：《网络空间的民主与自由》[J]，载《现代传播》2000 年第 6 期。

38. 丁以升：《精英化与大众化》[J]，载《现代法学》2004 年第 2 期。

39. 董纯朴：《提升边疆重点区域反恐专业能力的思考——以巴楚 4·23 暴力恐怖案件为视角》[J]，载《四川警察学院学报》2014 年第 1 期。

40. 董慧凝、万娟、崔万朋：《刑事判决与民意冲突的消解》[J]，载《国家检察官学院学报》2012 年第 2 期。

41. 杜钢建：《首要人权与言论自由》[J]，载《法学》1993 年第 1 期。

42. 杜文俊、任志中：《被害人的宽恕与死刑适用——以恢复性司法模式为借鉴》[J]，载《社会科学》2005 年第 10 期。

43. 樊崇义：《刑事速裁程序：从"经验"到"理性"的转型》[J]，载《法律适用》2016 年第 4 期。

44. 樊传明：《对〈人民陪审员法〉中职能设定的反思与推进》[J]，载《华东政法大学学报》2018 年第 5 期。

45. 方乐：《"问题中国"到"理解中国"——当下中国司法理论研究立场的转换》[J]，载《法律科学(西北政法大学学报)》2012 年第 5 期。

46. 房丽：《论中国死刑民意形成因素》[J]，载《学术交流》2014 年第 1 期。

47. 丰旭泽、朱立恒：《我国法院裁判与民意冲突解决的新视角——现代社会冲突理论的启示》[J]，载《法学杂志》2014 年第 11 期。

48. 冯骁聪：《HIV 感染者与多人无保护性行为之刑法性质探析——从大连赵某案切入》[J]，载《贵州警官职业学院学报》2018 年第 5 期。

49. 冯韩美皓：《集资诈骗罪死刑废止的宪法学反思》[J]，载《天津法学》2016 年第 1 期。

50. 冯亚东：《犯罪概念与犯罪客体之功能辨析——以司法客观过程为视角的分析》[J]，载

《中外法学》2008 年第 4 期。

51. 付玉明、杨卫:《犯罪故意的规范释明与事实认定——以"复旦投毒案"为例的规范分析》[J]，载《法学》2017 年第 2 期。

52. 高翔:《陪审员参与民事案件事实认定程序构建论》[J]，载《现代法学》2018 年第 3 期。

53. 郜占川:《民意对刑事司法的影响考量:"能与不能"、"当或不当"之论争》[J]，载《甘肃政法学院学报》2011 年第 4 期。

54. 龚浩鸣、梅宇:《陪审制大合议庭事实审与法律审分离的程序保障——以北京市法院大合议庭陪审机制试点为基础》[J]，载《法律适用》2018 年第 9 期。

55. 顾佳:《司法审查正当性的证成路径及其困难》[J]，载《厦门大学法律评论》2006 年第 11 辑。

56. 顾培东:《公众判意的法理解析——对许霆案的延伸思考》[J]，载《中国法学》2008 年第 4 期。

57. 郭春镇:《论反司法审查观的"民主解药"》[J]，载《法律科学(西北政法大学学报)》2012 年第 2 期。

58. 郭珂琼:《论新兴权利与新兴媒介——微博的自由表达机制与舆论引导的制度构建》[J]，载《东南学术》2014 年第 3 期。

59. 郭永庆:《量刑中民意导入机制研究》[J]，载《法律适用》2009 年第 11 期。

60. 韩大元:《论中国陪审制度的宪法基础——以合宪论和违宪论的争论为中心》[J]，载《法学杂志》2010 年第 10 期。

61. 何兵:《必须打破法官对司法权的垄断》[J]，载《南方都市报》2007 年 11 月 3 日。

62. 何家弘:《刑事庭审虚化的实证研究》[J]，载《法学家》2011 年第 6 期。

63. 何进平:《司法潜规则:人民陪审员制度司法功能的运行障碍》[J]，载《法学》2013 年第 9 期。

64. 何荣功:《当代中国死刑民意的现状与解构》[J]，载《刑法论丛》2010 年第 3 卷。

65. 贺卫方:《人民陪审制研究的三个困难——关于陪审制答〈北大法律评论〉问之一二三》[J]，载《北大法律评论》2007 年第 1 辑。

66. 侯猛:《中国的司法模式:传统与改革》[J]，载《法商研究》2009 年第 6 期。

67. 胡东、李雪洋:《关于民意的民主性思考》[J]，载《政治学研究》2006 年第 2 期。

68. 胡文:《被害人宽恕与死刑适用控制》[J]，载《贵州社会科学》2016 年第 2 期。

69. 胡玉鸿:《"人民的法院"与陪审制度——经典作家眼中的司法民主》[J]，载《政法论坛》2005 年第 4 期。

70. 胡云腾、孙争鸣:《〈关于切实践行司法为民大力加强公正司法不断提高司法公信力的若干意见〉的理解与适用》[J]，载《人民司法》2013 年第 23 期。

71. 黄冬、汪晓程：《"实名"是否能"治"——从文化角度浅析中国网络实名制的可行性》[J]，载《东南传播》2010 年第 9 期。

72. 黄平：《互联网、宗教与国际关系——基于结构化理论的资源动员论观点》[J]，载《世界经济与政治》2011 年第 9 期。

73. 黄晓锋：《经验性和规范性的民主理论——兼论哈贝马斯的商议民主论》[J]，载《岭南学刊》2012 年第 1 期。

74. 季金华：《民主价值的司法维护机理》[J]，载《北方法学》2016 年第 6 期。

75. 季卫东：《法律职业的定位——日本改造权力结构的实践》[J]，载《中国社会科学》1994 年第 2 期。

76. 贾宇：《死刑的理性思考与现实选择》[J]，载《法学研究》1997 年第 2 期。

77. 简海燕：《美国"新观念市场"理论及网络言论自由的限制》[J]，载《南京大学法律评论》2005 年春季号。

78. 江必新：《在法律之内寻求社会效果》[J]，载《中国法学》2009 年第 3 期。

79. 江国华、付中一：《人民观审团制度：陪审制改革的可能向度——以河南省法院系统的试点为例》[J]，载《中州学刊》2015 年第 3 期。

80. 姜楠：《人民陪审员制度改革之合议庭组成的模式选择》[J]，载《山东审判》2016 年第 2 期。

81. 姜涛：《道德话语系统与压力型司法的路径选择》[J]，载《法律科学》2014 年第 6 期。

82. 蒋娜：《社会建构主义视阈中的死刑民意沟通》[J]，载《清华法学》2013 年第 5 期。

83. 解兵、韩艳：《检察环节认罪认罚从宽处理机制的程序构建》[J]，载《中国检察官》2016 年第 6 期（上）。

84. 金梦：《我国立法性决定的规范分析》[J]，载《法学》2018 年第 9 期。

85. 孔令勇：《论刑事诉讼中的认罪认罚从宽制度——一种针对内在逻辑与完善进路的探讨》[J]，载《安徽大学学报（哲学社会科学版）》2016 年第 2 期。

86. 劳东燕：《犯罪故意的要素分析模式》[J]，载《比较法研究》2009 年第 1 期。

87. 劳东燕：《风险分配与刑法归责：因果关系理论的反思》[J]，载《政法论坛》2010 年 6 期。

88. 劳东燕：《结果无价值逻辑的实务透视：以防卫过当为视角的展开》[J]，载《政治与法律》2015 年第 1 期。

89. 冷罗生：《日本裁判员制度的理性思考》[J]，载《太平洋学报》2007 年第 7 期。

90. 李洁：《论犯罪对象与行为对象》[J]，载《吉林大学社会科学学报》1998 年第 3 期。

91. 李洁：《论中国刑事司法统计信息的公布》[J]，载《法学》2004 年第 7 期。

92. 李兰英、蒋凌申：《论"因侵权而犯罪"与"因犯罪而侵权"》[J]，载《现代法学》2012 年第 5 期。

93. 李立丰、高娜：《"网络表达权"刑法规制之应然进路——以刑法第二百九十一条第二款之立法范式为批判视角》[J]，载《苏州大学学报(哲学社会学版)》2016 年第 6 期。

94. 李立丰：《"认罪认罚从宽"之应然向度：制度创新还是制度重述》[J]，载《探索与争鸣》2016 年第 12 期。

95. 李立丰：《从"误想防卫过剩"到"假想防卫过当"：一种比较法概念的本土化解读》[J]，载《清华法学》2018 年第 3 期。

96. 李立丰：《论完善中国刑法学研究方法的一种选择：以美国实用主义法学理论为视角》[J]，载《清华法治论衡》2012 年第 1 辑。

97. 李立丰：《美国法的"刑"与"非刑"》[J]，载《环球法律评论》2009 年 2 期。

98. 李立丰：《美国刑法中犯意要求边缘化研究》[J]，载《环球法律评论》2007 年第 6 期。

99. 李立丰：《民意的司法拟制——论我国刑事审判中人民陪审制度的改革与完善》[J]，载《当代法学》2013 年第 5 期。

100. 李立丰：《青少年保护主义的刑事司法实现路径——以日本裁判员制度下青少年死刑适用经验为视角》[J]，载《青少年犯罪问题》2015 年第 4 期。

101. 李立丰：《青少年刑罚的科学建构：以美国青少年终身监禁不得假释实践为视角》[J]，载《青少年犯罪问题》2012 年第 4 期。

102. 李立丰：《我国人民陪审员制度改革中事实审、法律审分离模式之提倡》[J]，《湖北警官学院学报》2018 年第 1 期。

103. 李立丰：《刑法的道德属性：以美国刑法中耻辱刑为视角的批判与反思》[J]，载《清华法治论衡》2016 年第 1 辑。

104. 李立丰：《政治民主与司法"独裁"悖论的制度破解：以日本裁判员制度为视角》[J]，载《比较法研究》2015 年第 3 期。

105. 李立丰：《终身刑：死刑废止语境下一种话语的厘定与建构》[J]，《刑事法评论》2012 年第 1 期。

106. 李立丰：《种族屠杀犯罪处理实效的批判与反思——基于卢旺达冈卡卡法庭模式的考察》[J]，载《法商研究》2010 年第 2 期。

107. 李立景：《言论与行为二元论：表达自由立场上的刑法行为理论考量》[J]，载《政法论丛》2006 年第 5 期。

108. 李瑞杰：《犯罪故意的比较考察——基于中国、德国、日本三国刑法典的研究》[J]，载《中财法律评论》2018 年第 1 期。

109. 李忠：《因特网与言论自由的保护》[J]，载《法学》2002 年第 2 期。

110. 利求同：《媒体言论和名誉权案例的研究方法困境——与陈志武教授商榷》[J]，载《中国法律人》2004 年第 11 期。

111. 梁伟、刘炳杰、时芸芸:《〈人民陪审员法〉框架下"大合议"庭审的可行路径研究以威海市环翠区法院试点探索为例》[J],载《中国应用法学》2018 年第 4 期。

112. 廖大刚、白云飞:《刑事案件速裁程序试点运行现状实证分析——以 T 市八家试点法院为研究样本》[J],载《法律适用》2015 年第 12 期。

113. 廖永安、刘方勇:《人民陪审员制度目标之异化及其反思——以湖南省某市人民陪审员制度实践为样本的考察》[J],载《法商研究》2014 年第 1 期。

114. 林维:《刑法归责构造的欠缺——以丢失枪支不报罪为中心》[J],载《刑事法评论》2000 年第 2 卷。

115. 林文肯:《〈联合国少年司法最低限度标准规则〉在中国的贯彻》[J],载《中外法学》1991 年第 2 期。

116. 林文学、姚宝华:《保障公民参审权利有效推进司法民主人民陪审员法重点解读》[J],载《人民司法(应用)》2018 年第 19 期。

117. 凌燕、李正国:《新媒体时代的"民意"建构——对夏俊峰案报道的舆论传播分析》[J],载《当代传播》2014 年第 6 期。

118. 刘方勇、周爱青、孙露:《人民陪审员遴选机制改革与立法评析》[J],载《中国应用法学》2018 年第 4 期。

119. 刘方勇:《社会转型背景下人民陪审员制度二元构造论——兼谈司法大众化与职业化的冲突与融合》[J],载《全国法院系统学术讨论会》2011 年。

120. 刘计划:《陪审制改革中的几个问题》[J],载《法律适用》2018 年第 15 期。

121. 刘李明:《社会舆论与司法审判互动的个案研究》[J],载《甘肃政法学院学报》2007 年第 11 期。

122. 刘练军:《民粹主义司法》[J],载《法律科学(西北政法大学学报)》2013 年第 1 期。

123. 刘品新:《论电子证据的定位——基于中国现行证据法律的思辨》[J],载《法商研究》2002 年第 4 期。

124. 刘晴辉:《对人民陪审制运行过程的考察》[J],载《北大法律评论》2007 年第 1 辑。

125. 刘全娥:《雷经天新民主主义司法思想论》[J],载《法学研究》2011 年第 3 期。

126. 刘守芬、孙晓芳:《论网络犯罪》[J],载《北京大学学报(哲学社会科学版)》2001 年第 3 期。

127. 刘守芬、叶慧娟:《网络越轨行为犯罪化的正当性探讨》[J],载《网络法律评论》2005 年 00 期。

128. 刘修军、魏黎明:《言论自由与社会稳定的冲突与对接——以刑事规制为视角》[J],载《青海社会科学》2012 年第 1 期。

129. 刘雁鹏:《对"通过重塑司法权威化解民意审判"之批判》[J],载《法学评论》2014 年第

4 期。

130. 刘哲玮：《人民陪审制的现状与未来》[J]，载《中外法学》2008 年第 3 期。

131. 刘峥：《对我国人民陪审员制度改革的构想》[J]，载《中国法律评论》2016 年第 1 期。

132. 龙宗智：《论我国刑事庭审方式改革》[J]，载《中国法学》1998 年第 4 期。

133. 卢玮：《表达自由权与网络实名制的法律博弈》[J]，载《兰州学刊》2012 年第 9 期。

134. 马荣春：《刑事案件事实认定的常识、常理、常情化》[J]，载《北方法学》2014 年第 2 期。

135. 苗炎：《司法民主：完善人民陪审员制度的价值依归》[J]，载《法商研究》2015 年第 1 期。

136. 莫敏：《司法语言专业化与大众化的融合思考》[J]，载《广西社会科学》2015 年第 6 期。

137. 聂长建：《"说者"与"听者"角色转换——司法判决可接受性的程序性思考》[J]，载《政法论坛》2011 年第 2 期。

138. 欧锦雄：《复合罪过形式之否定——兼论具有双重危害结果之犯罪的罪过形式认定》[J]，载《广西政法管理干部学院学报》2005 年第 4 期。

139. 潘庸鲁：《网络民意对刑事审判的影响》[J]，载《国家检察官学院学报》2012 年第 2 期。

140. 庞凌：《实质民主——司法审查的理论根基》[J]，载《苏州大学学报（哲学社会学版）》2015 年第 2 期。

141. 彭小龙：《人民陪审员制度的复苏与实践：1998—2010》[J]，载《法学研究》2011 年第 1 期。

142. 皮勇：《从计算机犯罪到网络犯罪：互联网对刑法的冲击》[J]，载《信息网络安全》2007 年第 2 期。

143. 齐文远：《提升刑事司法公信力的路径思考——兼论人民陪审制向何处去》[J]，载《现代法学》2014 年第 2 期。

144. 秦前红：《人民陪审员人民监督员与司法民主》[J]，载《检察日报》2004 年 09 月 20 日。

145. 清华大学法学院本科生课题组：《刑事法评论：不法评价的二元论死刑适用的经验研究——以故意杀人罪为例》[J]，载《刑事法评论》2015 年第 1 卷。

146. 邱潇可：《网络环境中言论自由权与名誉权保护之均衡》[J]，载《东岳论丛》2012 年第 7 期。

147. 曲新久：《推动废除死刑：刑法学者的责任》[J]，载《法学》2003 年第 4 期。

148. 任东来、颜廷：《探究司法审查的正当性根源：美国学界几种司法审查理论述评》[J]，载《南开大学学报》2009 年第 2 期。

149. 山东省高级人民法院刑三庭课题组：《关于完善刑事诉讼中认罪认罚从宽制度的调研报告》[J]，载《山东审判》2016 年第 3 期。

150. 邵新：《关于司法体制改革"综合配套"的若干思考》[J]，载《南海法学》2018 年第 2 期。

151. 沈德咏：《关于司法大众化的几个问题》[J]，载《人民司法》2008 年第 19 期。

152. 沈德咏：《论以审判为中心的诉讼制度改革》[J]，载《中国法学》2015 年第 3 期。

153. 沈寿文：《司法的民主性抑或独立性——"法官异议"性质的解读》[J]，载《法商研究》2014 年第 3 期。

154. 沈小军：《扩大抑或缩小——论我国人民陪审员制度的发展思路》[J]，载《南京大学法律评论》2015 年春季卷。

155. 施鹏鹏：《二元陪审合议庭的创新与局限》[J]，载《人民司法（应用）》2018 年第 22 期。

156. 施鹏鹏：《人民陪审员制度的改革历程及后续发展》[J]，载《中国应用法学》2018 年第 4 期。

157. 施鹏鹏：《审判中心：以人民陪审员制度改革为突破口》[J]，载《法律适用》2015 年第 6 期。

158. 史美良：《法官角色的矛盾辨说》[J]，载《浙江学刊》2004 年第 4 期。

159. 舒国滢：《从司法的广场化到司法的剧场化——一个符号学的视角》[J]，载《政法论坛》1999 年第 3 期。

160. 舒洪水：《生产、销售有毒、有害食品罪中"明知"的认定》[J]，载《法学》2013 年第 8 期。

161. 宋远升：《精英化与专业化的迷失——法官员额制的困境与出路》[J]，载《政法论坛》2017 年第 2 期。

162. 苏彩霞、彭夫：《死刑控制政策下民意引导的实证分析》[J]，载《广西大学学报（哲学社会科学版）》2015 年第 2 期。

163. 苏力：《法律活动专门化的法律社会学思考》[J]，载《中国社会科学》1994 年第 6 期。

164. 苏力：《法条主义、民意与难办案件》[J]，载《中外法学》2009 年第 1 期。

165. 孙光宁：《司法共识如何形成？——基于判决的可接受性》[J]，载《山东大学学报（哲学社会科学版）》2010 年第 1 期。

166. 孙国祥：《死刑废除与民意关系之审视》[J]，载《华东政法大学学报》2009 年第 2 期。

167. 孙晶晶：《日本裁判员制度及其对刑事司法的影响》[J]，载《北京科技大学学报（社会科学版）》2010 年第 4 期。

168. 孙万怀、刘宁：《刑法中的"应知"引入的滥觞及标准限定》[J]，载《法学杂志》2015 年第 9 期。

169. 孙笑侠、应永宏：《论法官与政治家思维的区别》[J]，载《法学》2001 年第 9 期。

170. 孙浔：《技术民主的两条道路——哈贝马斯和芬伯格技术政治学比较研究》[J]，载《兰州学刊》2008 年第 9 期。

171. 谭兵、王志胜：《论法官现代化：专业化、职业化和同质化——兼谈中国法官队伍的现代化问题》[J]，载《中国法学》2001 年第 3 期。

172. 谭世贵：《实体法与程序法双重视角下的认罪认罚从宽制度研究》[J]，载《法学杂志》

2016 年第 8 期。

173. 陶文钊:《2004 年台湾地方领导人选举和美国对台政策》[J],载《美国研究》2004 年第 4 期。

174. 滕彪:《司法与民意:镜城突围》[J],载《同舟共济》2008 年第 7 期。

175. 田雷:《跨省监督:中国宪政体制内的表达自由》[J],载《北大法律评论》2012 年第 1 辑。

176. 田雷:《美国宪法偶像的破坏者》[J],《读书》2013 年第 6 期。

177. 田文昌、颜九红:《论中国死刑发展趋势》[J],载《当代法学》2005 年第 2 期。

178. 佟德志:《司法权力的民主性悖论——美国违宪审查的民主性之争及其启示》[J],载《政治学研究》2015 年第 3 期。

179. 童德华:《刑法理论体系的开放发展——基于民意的建构性论证》[J],载《法学评论》2014 年第 5 期(总第 187 期)。

180. 涂文:《我为什么当不了"人民陪审员"?》[J],载《廉政瞭望》2005 年第 5 期。

181. 万毅、林喜芬:《精英意识与大众诉求:中国司法改革的精神危机及其消解》[J],载《政治与法律》2004 年第 2 期。

182. 万志鹏:《量刑中民意的正当性及其判断》[J],载《天津法学》2014 年第 1 期。

183. 汪波:《大数据、民意形态变迁与数字协商民主》[J],载《浙江社会科学》2015 年第 11 期。

184. 汪建成、刘泊宁:《论我国人民陪审制度改革的方向——基于人民陪审制度功能的思考》[J],载《东岳论丛》2015 年第 8 期。

185. 汪建成:《非驴非马的"河南陪审团"改革当慎行》[J],载《法学》2009 年第 5 期。

186. 汪渊智:《论禁止权利滥用原则》[J],载《法学研究》1995 年第 5 期。

187. 王华伟:《要素分析模式之提倡——罪过形式难题新应》[J],载《当代法学》2017 年第 5 期。

188. 王建平:《从"张金柱现象"到孙伟铭案的法学家"理性"——以媒体法治角色的社会责任担当为视角》[J],载《政法论丛》2009 年第 5 期。

189. 王梅芳:《舆论与舆论监督:正义、公正与制衡》[J],载《武汉大学学报》2004 年第 3 期。

190. 王名湖:《坚持以毛泽东人民民主专政死刑观指导死刑立法与司法》[J],载《法学评论》1994 年第 1 期。

191. 王瑞君:《"认罪从宽"实体法视角的解读及司法适用研究》[J],载《政治与法律》2016 年第 5 期。

192. 王晓升:《哈贝马斯商议民主理论的现实意义》[J],载《黑龙江社会科学》2013 年第 2 期。

193. 王晓升:《用交往权力制衡社会权力——重评哈贝马斯的商议民主理论》[J],载《中山大学学报(社会科学版)》2007 年第 4 期。

194. 王晓升:《在共和主义与自由主义之间——评哈贝马斯的商议民主概念》[J],载《江苏社会科学》2008 年第 1 期。

195. 王新:《我国刑法中"明知"的含义和认定——基于刑事立法和司法解释的分析》[J],载《法制与社会发展》2013 年第 1 期。

196. 王永兴:《暴力犯罪死刑适用的实证研究》[J],载《中国刑事法杂志》2010 年第 8 期。

197. 王卓宇、王正丹、陈龙:《"精英化"或"去精英化"——"扩大社会主义民主"语境下我国陪审制度的问题与改良》[J],载《社会科学研究》2014 年第 5 期。

198. 韦嘉燕、乐永兴:《舆情民意扩张与刑事司法审判危机应对》[J],载《中国刑事法杂志》2012 年第 12 期。

199. 魏小萍:《两种契约模式及其超越:剖析雅克·比岱对马克思主义的政治哲学诠释》[J],载《社会科学研究》2003 年第 4 期。

200. 温辉:《言论自由:概念与边界》[J],载《比较法研究》2005 年第 3 期。

201. 文晓灵:《死刑适用中的民意考量》[J],载《湖北警官学院学报》2014 年第 7 期。

202. 吴春峰:《论人民陪审员的职能及其实现——对于"陪而不审"批判观点的学理审思》[J],载《学海》2013 年第 5 期。

203. 吴丹红:《中国式陪审制度的省察——以〈关于完善人民陪审员制度的决定〉为研究对象》[J],载《法商研究》2007 年第 3 期。

204. 武亚非:《犯罪故意认识对象中规范评价要素的辨析》[J],载《宁夏社会科学》2017 年第 4 期。

205. 谢唯立、陆一君:《民意如何进入司法判决》[J],载《法律适用》2013 年第 7 期、

206. 徐岱、刘银龙:《刑事司法研究论被害方诉求与死刑的司法控制》[J],载《吉林大学社会科学学报》2015 年第 4 期。

207. 徐光华、艾诗羽:《从影响性刑事案件反映的社会问题看刑事司法与民意——以 2005 年至 2013 年的 119 个影响性刑事案件为例》[J],载《法学杂志》2014 年第 10 期。

208. 徐光华:《个案类型特征视阈下的刑事司法与民意——以 2005 至 2014 年 130 个影响性刑事案件为研究范本》[J],载《法律科学》2015 年第 5 期。

209. 徐莉:《日本刑事程序中国民参与司法制度的反思与借鉴》[J],载《法学杂志》2011 年第 2 期。

210. 徐威:《布尔迪厄社会语言学视野下"屌丝"亚文化现象探析》[J],载《四川戏剧》2013 年第 10 期。

211. 徐致平:《人民陪审员参审同等权利与能力差异问题辨析》[J],载《安徽大学法律评论》2015 年第 1 辑。

212. 薛小建:《言论自由与名誉权、公正审判权之冲突》[J],载《政治与法律》2004 年第 2 期。

213. 闫海:《表达自由、媒体近用权与政府规制》[J],载《比较法研究》2008 年第 4 期。

214. 燕继荣:《协商民主的价值和意义》[J],载《科学社会主义》2006年第6期。

215. 杨福忠:《自公民网络匿名表达权之宪法保护——兼论网络实名制的正当性》[J],载《法商研究》2012年第5期。

216. 杨立峰:《商议民主视野下的公民教育》[J],载《浙江学刊》2007年第6期。

217. 杨士林:《表达自由在我国构建和谐社会中的价值》[J],载《法学论坛》2008年第3期。

218. 叶良芳、安鹏鸣:《死缓变更为死刑立即执行的适用条件新探》[J],载《时代法学》2015年第5期。

219. 叶圣彬:《论刑事速裁量刑观——从"认罪认罚"到"从快从宽"的内在逻辑》[J],载《法律适用》2016年第6期。

220. 易臣何、何振:《突发事件网络舆情的生成演化规律研究》[J],载《湘潭大学学报(哲学社会科学版)》2014年第3期。

221. 于浩:《当代中国立法中的国家主义立场》[J],载《华东政法大学学报》2018年第5期。

222. 于志刚:《死刑存废之争的三重冲突和解决之路》[J],载《比较法研究》2014年6期。

223. 于志刚:《网络犯罪与中国刑法应对》[J],载《中国社会科学》2010年第3期。

224. 余倩棠:《犯罪主观心理的要素分析方法》[J],载《江西社会科学》2017年第2期。

225. 虞政平:《中国特色社会主义司法制度的"特色"研究》[J],载《中国法学》2010年第5期。

226. 袁彬:《我国民众死刑基本观念实证分析》[J],载《刑法论丛》2008年第4辑。

227. 张惠芳、何小俊:《死刑民意调查研究》[J],载《时代法学》2011年第4期。

228. 张吉喜:《论美国刑事诉讼中表达自由权与公正审判权的平衡》[J],载《中国刑事法杂志》2009年第1期。

229. 张继成:《可能生活的证成与接受——司法判决可接受性的规范研究》[J],载《法学研究》2008年第5期。

230. 张嘉军:《人民陪审制度:实证分析与制度重构》[J],载《法学家》2015年第6期。

231. 张凯:《一个科学合理解释的质疑——评两高网络谣言司法解释》[J],载《公安法治研究贵州警官职业学院》2014年第3期。

232. 张明楷:《"存疑有利于被告"原则的适用界限》[J],载《吉林大学社会科学学报》2000年第1期。

233. 张明楷:《"客观的超过要素"概念之提倡》[J],载《法学研究》1999年第3期。

234. 张明楷:《行为无价值论的疑问——兼与周光权教授商榷》[J],载《中国社会科学》2009年第1期。

235. 张明楷:《死刑的废止不需要终身刑替代》[J],载《法学研究》2008年第2期。

236. 张明楷:《网络时代的刑法理念——以刑法的谦抑性为中心》[J],载《人民检察》2014年第9期。

237. 张明楷:《寻衅滋事罪探究(下篇)》[J],载《政治与法律》2008 年第 2 期。

238. 张仁善:《论中国近代法律精英的法治理想》[J],载《河南省政法管理干部学院学报》2006 年第 1 期。

239. 张思尧:《人民陪审制度事实审与法律审的困惑与出路》[J],载《法律适用》2015 年第 6 期。

240. 张文祥、李丹林:《网络实名制与匿名表达权》[J],载《当代传播》2013 年第 4 期。

241. 张跣:《微博与公共领域》[J],载《文艺研究》2010 年第 12 期。

242. 张翔:《基本权利冲突的规范结构与解决模式》[J],载《法商研究》2006 年第 4 期。

243. 张永和:《民意与司法》[J],载《云南大学学报法学版》2010 年第 5 期。

244. 张远煌:《死刑威慑力的犯罪学分析》[J],载《中国法学》2008 年第 1 期。

245. 赵秉志:《我国现阶段死刑制度改革的难点及对策——从刑事实体法视角的考察》[J],载《中国法学》2007 年第 2 期。

246. 赵恒:《刑事速裁程序试点实证研究》[J],载《中国刑事法杂志》2016 年第 2 期。

247. 郑飞:《司法文化的社会化与大众化——基于 9 省市实证调研与数据挖掘的分析》[J],载《证据科学》2015 年第 2 期。

248. 郑燕:《"微博"中的公民话语权及其反思民意与公共性》[J],载《文艺研究》2012 年第 4 期。

249. 郑永流:《法律判断形成的模式》[J],载《法学研究》2004 年第 1 期。

250. 郑泽善:《网络犯罪与刑法的空间效力原则》[J],载《法学研究》2006 年第 5 期。

251. 支振锋:《立法如何回应民意——从朋友圈呼吁"贩卖儿童一律判死刑"谈起》[J],载《紫光阁》2015 年第 9 期。

252. 周安平:《许霆案的民意:按照大数法则的分析》[J],载《中外法学》2009 年第 1 期。

253. 周光权:《行为无价值二元论与未遂犯》[J],载《政法论坛》2015 年第 3 期。

254. 周光权:《行为无价值论与主观违法要素》[J],载《国家检察官学院学报》2015 年第 1 期。

255. 周光权:《论主要罪过》[J],载《现代法学》2007 年第 2 期。

256. 周详:《媒介对大众死刑观的塑造——中国废除死刑的路径分析》[J],载《法学》2014 年第 11 期。

257. 周欣、陈建新、聂玉磊:《论法官指示制度之构建兼论〈最高人民法院关于人民陪审员参加审判活动若干问题的规定〉第 8 条之适用》[J],载《现代法学》2011 年第 2 期。

258. 周永坤:《人民陪审员不宜精英化》[J],载《法学》2005 年第 10 期。

259. 朱晋峰:《以审判为中心诉讼制度改革背景下科学证据审查的困境及出路》[J],载《法律适用》2018 年第 13 期。

260. 朱孝清:《认罪认罚从宽制度的几个问题》[J],载《法治研究》2016 年第 5 期。

261. 左坚卫：《民意对死刑适用的影响辨析》[J]，载《河北法学》2008 年第 2 期。

262. 左卫民、吕国凡：《完善被告人认罪认罚从宽处理制度的若干思考》[J]，载《理论视野》
2015 年第 4 期。

三、外文专著

1. ［美］ディビッド・ジョンソン『アメリカ人のみた日本の検察制度—日米の比較考察』シ
ュプリンガーフェアラーク東京（2004 年）。

2. ［日］池内ひろ、美大久保太郎『裁判長！話が違うじゃないですか——国民に知らされな
い裁判員制度「不都合な真実」』小学館（2009 年）。

3. ［日］池田修、和田悦三、安東章『解説　裁判員法—立法の経緯と課題［第 3 版］』弘文堂
（2016 年）。

4. ［日］池田修、杉田宗久「新実例刑法［総論］」青林書院（2014 年）。

5. ［日］福田平『刑法総論』有斐閣（2001 年）。

6. ［日］高井康行、番敦子、山本剛『犯罪被害者保護法制解説』三省堂（2008 年）。

7. ［日］関岡英之『拒否できない日本アメリカの日本改造が進んでいる』文春新書（2004
年）。

8. ［日］井上正仁、大澤裕、川出敏裕編『刑事訴訟法判例百選［第 9 版］』有斐閣（2011 年）。

9. ［日］芦部信喜、高橋和之補訂『憲法（第 4 版）』岩波書店（2007 年）。

10. ［日］平野龍一『刑事法研究　最終巻』有斐閣（2005 年）。

11. ［日］前田雅英、藤森研『刑法から日本を見る』東京大学出版社（1997 年）。

12. ［日］前田雅英『刑法総論講義［第 6 版］』東京大学出版社（2015 年）。

13. ［日］山形道文『われ判事の職にあり山口良忠』出門堂（2010 年）。

14. ［日］司法研修所編『量刑に関する国民と裁判官の意識についての研究』法曹会（2007
年）。

15. ［日］司法研修所編『難解な法律概念と裁判員裁判』法曹会（2009 年）。

16. ［日］司法研修所編『平成 19 年度司法研究（第 61 輯第 1 号）難解な法律概念と裁判員裁
判』法曹会（2009 年）。

17. ［日］松宮孝明『刑法総論講義［第 4 版］』成文堂（2009 年）。

18. ［日］松尾浩也編著『逐条解説犯罪被害者保護二法』有斐閣（2001 年）。

19. ［日］松原芳博：《刑法総論》，日本評論社（2013 年）。

20. ［日］松澤伸、高橋則夫、橋爪隆、稗田雅洋、松原英世『裁判員裁判と刑法』成文堂（2018
年）。

21. ［日］田口守一『刑事訴訟の目的』成文堂（2007 年）。

22. 〔日〕土屋公献、石松竹雄、伊佐千尋編著『えん罪を生む裁判員制度陪審裁判復活に向けて』現代人文社（2007年）。

23. 〔日〕土屋公献『弁護士魂』現代人文社（2008年）。

24. 〔日〕団藤重光『刑法綱要総論』創文社（1990年）。

25. 〔日〕丸田隆『裁判員制度』平凡社（2004年）。

26. 〔日〕西野喜一『裁判員制度批判』西神田編集室（2008年）。

27. 〔日〕西野喜一『司法制度改革原論』悠々社（2011年）。

28. 〔日〕郷原信郎『思考停止社会——「遵守」に蝕まれる日本』講談社現代新書（2009年）。

29. 〔日〕原田國男『量刑判断の実際〔第3版〕』立花書房（2008年）。

30. 〔日〕梓澤和幸、田島泰彦編著『裁判員制度と知る権利』現代書館（2009年）。

31. Clarence Thomas, *My Grandfather's Son*: *A Memoir*, Harper Collins Publishers, 2007.

32. David J. Bodenhamer, *The Pursuit of Justice*: *Crime and Law in Antebellum Indiana*, Garland Press, 1986.

33. G. Edward White, *The American Judicial Tradition*: *Profiles of Leading American Judges*, Oxford University Press, 2007.

34. Hyman Gross, *A Theory of Criminal Justice*, Oxford University Press, 1979.

35. Jeffrey Toobin, *The Nine*: *Inside the Secret World of the Supreme Court*, Anchor, 2008.

36. Joshua Dressler and George C. Thomas III, *Criminal Procedure*: *Investigating Crime*, West Publishing, 2003.

37. Joshua Dressler, *Understanding Criminal Law*, Matthew Bender, 1995.

38. Lawrence R. Jacobs, Fay Lomax Cook, Michael X. Delli Carpini, *Talking Together*: *Public Deliberation and Political Participation in America*, University Of Chicago Press, 2009.

39. Leon F. Litwack, *North of Slavery*: *The Negro in the Free States*, University Of Chicago Press, 1961.

40. Richard G. Singer and John Q. Lafond, *Criminal Law*, 王秀梅等注, 中国方正出版社 2003年版。

41. Stephen Botein, *Early American Law and Society*, RandomHouse, 1983.

四、外文论文

1. 〔日〕愛知正博「『裁判員制度』管見」中京法學38卷3・4号（2004年）。

2. 〔日〕安村勉「陪審制と参審制—刑事裁判への素人の影響力」上智法学論集25卷2・3

号（1982 年）。

3. ［日］白木功、飯島泰、馬場嘉郎「『犯罪被害者等の権利利益の保護を図るための刑事訴
   訟法の一部を改正する法律（平成 19 年法律第 95 号）』の解説(1)」法曹時報 60 巻 9 号
   （2008 年）。

4. ［日］白岩祐子、唐沢かおり「被害者参加人の発言および被害者参加制度への態度が量
   刑判断に与える影響」実験社会心理学研究 53 巻 1 号（2013 年）。

5. ［日］百合草浩治「いわゆる『誤想防衛』の一事例?：いわゆる『緊急救助（＝他人のための
   正当防衛）の失敗』事例」名古屋大學法政論集 205 号（2004 年）。

6. ［日］坂根真也、村木一郎、加藤克佳、後藤昭「〈座談会〉裁判員裁判の経験と課題」法学セ
   ミナー 660 号（2009 年）。

7. ［日］倍原由香「裁判員裁判初の年長少年に対する死刑判決」季刊教育法 169 号（2011
   年）。

8. ［日］本間道子、斉藤真美、舘瑞恵「集団意思決定における専門性とアンカー効果新裁判
   員制度における評決の量刑判断に関して」日本女子大学紀要. 人間社会学部 19 号
   （2008 年）。

9. ［日］本庄武「裁判員の量刑参加」一橋論叢 129 巻 1 号（2003 年）。

10. ［日］本庄武「少年事件で死刑にどう向き合うべきか：世論と専門的知見の相克の中で」
    季刊刑事弁護 70 号（2012 年）。

11. ［日］倉橋基「裁判員制度導入後の量刑判断についての一考察―量刑判断の再構築」法
    学研究 9 号（2007 年）。

12. ［日］曾本弘文「裁判員制度における死刑のあり方について」奈良大学紀要 38 号（2010
    年）。

13. ［日］川出敏裕「刑事程序における被害人の保護」ジュリスト1163 号（1999 年）。

14. ［日］川崎英明「犯罪被害人二法と犯罪被害人の権利」法律時報 72 巻 9 号（2000 年）。

15. ［日］大庭沙織「故意の意的要素の必要性」早稲田法学会誌 65 巻 1 号（2014 年）。

16. ［日］大庭沙織「未必的な殺人の故意と連邦通常裁判所の『抑制をかける心理的障壁
    論』」早稲田法学 88 巻 2 号（2013 年）。

17. ［日］大西直樹「裁判員裁判における区分審理制度制度の概要と実務における活用の可
    能性について」慶應法学 22 号（2012 年）。

18. ［日］大野友也「裁判員裁判傍聴記」鹿児島大学法学論集 44 巻 2 号（2010 年）。

19. ［日］大野友也「裁判員制度をめぐる諸問題の検討：下福元町強盗殺人事件を手がかり
    として」鹿児島大学法学論集 46 巻 1 号（2012 年）。

20. ［日］嶋津格「裁判員制度擁護論のためのメモ」千葉大学人文社会科学研究科研究プロ

ジェクト報告書 165 号(2008 年)。

21. ［日］渡辺直之「裁判員制度の理念的位置付けと、憲法との関係及び今後の検討課題についての一考察」修道法学 28 巻 1 号(2005 年)。

22. ［日］岡田幸之「刑事責任能力判断と裁判員裁判」法律のひろば67 巻 4 号(2014 年)。

23. ［日］高橋則夫「裁判員裁判と刑法解釈」刑ジャ18 号(2009 年)。

24. ［日］高山佳奈子「未必の故意」成城法学 55 号(1998 年)。

25. ［日］高野隆「裁判員制度って本当に大丈夫か?」第 17 回大東文化大学・公開法律シンポジウム「現代の法律問題を考える」大東文化大学法学研究所報. 別冊 16 号(2008 年)。

26. ［日］髙畑満「公判前整理手続について：弁護人の立場から(裁判員裁判の現状と課題)」慶應法学 22 号(2012 年)。

27. ［日］関根徹「故意の概念と故意の証明」高岡法学 20 巻 1/2 号(2009 年)。

28. ［日］河本雅也「講演：裁判員裁判はじまる――裁判制度の実施に向けて」芦屋大学論叢 46 号(2007 年)。

29. ［日］横井朗「裁判員裁判の実施状況と検察の取組み(裁判員裁判の現状と課題)」慶應法学 22 号(2012 年)。

30. ［日］後藤昭「裁判員制度に伴う上訴の構想」一橋法学 2 巻 1 号(2003 年)。

31. ［日］荒川歩「評議におけるコミュニケーションコミュニケーションの構造と裁判員の満足・納得」社会心理学研究第 26 巻第 1 号(2010 年)。

32. ［日］吉村真性「裁判員制度の概略とその問題点裁判員裁判における公平な裁判の実現」九州国際大学法学論集 15 巻 3 号(2009 年)。

33. ［日］吉岡沙樹等「裁判員制度改革：重すぎる刑罰」ISFJ 政策フォーラム(2013 年)。

34. ［日］菅沼真也子「海外法律事情ドイツ刑事判例研究(85)未必の故意：殺人における『阻止閾の理論』についてStGB§§15,211,212」比較法雑誌第 47 巻 2 号(2013 年)。

35. ［日］菅沼真也子「殺人の未必の故意の認定における『阻止閾の理論』について」比較法雑誌第 45 巻 3 号(2011 年)。

36. ［日］角田正紀「少年刑事事件を巡る諸問題」家庭裁判月報 6 号(2006 年)。

37. ［日］井上敏明「刑事裁判における『アスペルガー症候群』の診断を巡って裁判員制度を目前にした司法の臨床心理学的視点導入の提言」芦屋大学論叢 46 号(2007 年)。

38. ［日］井上正仁、山室惠、古江賴隆、佐藤博史、佐伯仁志「〈シンポジウム〉裁判員制度の導入と刑事司法」ジュリ1279 号(2004 年)。

39. ［日］駒田秀和「難解な法解釈と裁判員裁判—裁判官の立場から」刑ジャ10 号(2008 年)。

40. ［日］笠井治「裁判員裁判と刑法解釈」刑ジャ18 号(2009 年)。

41. ［日］緑大輔「裁判員制度における出頭義務・就任義務と『苦役』：憲法 18 条との関係」

一橋法学 2 巻 1 号(2004 年)。

42. ［日］馬場昭夫「裁判員制度の発足と刑事裁判の危機」新潟経営大学紀要 12 号(2006
    年)。

43. ［日］門野博「刑事裁判ノート:裁判員裁判への架け橋として(9)」判例タイムズ1337 号
    (2011 年)。

44. ［日］木村恵理子「裁判員裁判時代の課題一冤罪抑止効果システムへの期待と改善一」
    龍谷大学大学院法学研究 12 号(2010 年)。

45. ［日］木村朗「裁判員制度における人権侵害の落とし穴:鹿児島高齢者夫婦殺害事件を
    題材に」立命館法學 5・6 号(2010 年)。

46. ［日］木崎峻輔「正当防衛状況という判断基準について(1)、(2 完)」早稲田大学大学院法
    研論集 140 号(2011 年)。

47. ［日］内田亜也子「裁判員裁判の対象事件に関する一考察」立法と調査 298 号(2009 年)。

48. ［日］樺田正洋「裁判員裁判と刑法理論」刑雑 55 巻 2 号(2016 年)。

49. ［日］平川宗信「光市母子殺害事件上告審判決」ジュリスト1332 号(2007 年)。

50. ［日］平良木登喜男「参審制度について(続)」法学研究 69 巻 2 号(1996 年)。

51. ［日］平山真理「裁判員裁判と性犯罪」立命館法学 327・328 号(2009 年)。

52. ［日］平野潔「性犯罪と裁判員裁判」人文社会論叢 28 号(2012 年)。

53. ［日］齊藤信宰「故意と犯意」中央学院大学法学論叢 14 巻(1/2 号)(2001 年)。

54. ［日］前田領「裁判員裁判レポート 強盗致傷被告事件 中国籍の少年が逆送された事例」
    刑事弁護 69 号(2012 年)。

55. ［日］浅田和茂「裁判員裁判と刑法」立命館法学 327＝328 号(2009 年)。

56. ［日］浅田和茂「裁判員裁判と刑法——『難解な法律概念と裁判員裁判を読む』」立命館
    法学 5・6 号(2009 年)。

57. ［日］橋内武「ジョン・ギボンズ教授の基調講演『裁判員制度と法言語学:若干の問題提
    起』法と言語学会設立総会」国際文化論集 40 号(2009 年)。

58. ［日］青木孝駿「裁判員裁判初の少年に対する死刑判決」駿河台法学前号第 25 巻第 2 号
    (2012 年)。

59. ［日］青木孝之「裁判員審理における量刑の理由と動向(下)」判例時報 2074 号(2010
    年)。

60. ［日］青野篤「裁判員制度の憲法学的一考察——裁判員制度合憲判決(東京高等裁判所
    2010 年 4 月 22 日)を踏まえて」大分大学経済論集第 62 巻第 5—6 合併号(2011 年)。

61. ［日］三枝有「死刑選択の基準:永山事件判決より(刑事判例研究(五)」中京法學 21 巻 2
    号(1987 年)。

62. ［日］山本晶樹「裁判員制度の問題性」中央学院大学法学論叢 25 卷（2012 年）。

63. ［日］山本雅子「準故意説（草野説）に関する覚書」中央学院大学法学論叢 24 卷 3 号（2011年）。

64. ［日］山口厚、井田良、佐伯仁志、今井猛嘉、橋爪隆、中谷雄二郎「〈座談会〉裁判員裁判と刑法解釈のあり方」ジュリ 1417 号（2011 年）。

65. ［日］山口直也「少年司法手続における審判非公開及び逆送の再検討——子どもの成長発達論からのアプローチ」龍谷大学矯正保護研究センター年報第 7 号（2010 年）。

66. ［日］山口直也「少年刑事被告人の刑事裁判のあり方に関する一考察」立命館法学 3 号（2010 年）。

67. ［日］山口直也「子どもの成長発達権と少年法 61 条の意義」法学論集 48 号（2001 年）。

68. ［日］山崎優子、石崎千景、サトウタツ「死刑賛否に影響する要因と死刑判断に影響する要因」立命館人間科学研究第 29 号（2014 年）。

69. ［日］山崎優子、伊東裕司、仲真紀子北「裁判官および裁判員による ヲ 収集の違法性が疑われる証拠の採用・不採用が法的判断に与える影響」矯正・保護研究センター研究年報第 2 号（2000 年）。

70. ［日］上冨敏伸、小野正典、河本雅也、酒巻匡「〈座談会〉法曹三者が語り合う本格始動した裁判員裁判と見えてきた課題」法律のひろば 63 卷 1 号（2010 年）。

71. ［日］辻本典央「裁判員制度刑事司法にみる『この国のかたち』」近畿大學法學 54 卷 4 号（2007 年）。

72. ［日］辻裕教「『裁判員の参加する刑事裁判に関する法律』の解説（3）」法曹時報 60 卷 3 号（2008 年）。

73. ［日］辻裕教「刑事訴訟法等の一部を改正する法律（平成 16 年法律 62 号）について（1）」法曹時報 57 卷 5 号（2005 年）。

74. ［日］石川多佳子「裁判員制度に関する憲法的考察」金沢大学教育学部紀要第 57 号（2008 年）。

75. ［日］石井徹哉「故意責任の構造について——『素人領域における平行評価』と違法性の意識」早稲田法学会誌 38 号（1998 年）。

76. ［日］石田榮仁郎「司法改革：法曹一元制導入の是非を中心に」法政論叢 36 卷 2 号（2000年）。

77. ［日］水野真木子、中村幸子「要通訳裁判員裁判における法廷通訳人の疲労とストレスについて」金城学院大学論集．社会科学編 7 卷 1 号（2010 年）。

78. ［日］松田走一郎「裁判員制度における判決の信頼性（論文・事例研究）」オペレーションズ・リサーチ：経営の科学 52 卷 12 号（2007 年）。

79. ［日］松澤伸「スウェーデンにおける刑罰の正当化根拠と量刑論——いわゆる『均衡原理』の基礎—」罪と罰 51 巻 3 号（2014 年）。

80. ［日］藤吉和史「裁判員制度における死刑問題」志學館法学 13 号（2012 年）。

81. ［日］天白郁也「少年事件における死刑選択基準の一考察—光市母子殺害事件第一次上告審判決を通じて」早稲田社会科学総合研究（2013 年）。

82. ［日］天野聖悦「裁判員制度の違憲性」相模女子大学紀要 72 号（2008 年）。

83. ［日］田部亜紀子「歴史と国民性から見る陪審制」『変わらぬなら変えてしまおう刑事司法 2000 年度立教大学法学部荒木・中島 2 年ゼミナール研究論文集』（2011 年）。

84. ［日］畑桜「裁判員制度下における手続二分制の有効性」立命館法政論集 9 号（2011 年）。

85. ［日］樋笠尭士「构成故意の推認対象と未必の故意の要素—『特段の事情を素材に』—」大学院研究年報第 47 号（2018 年）。

86. ［日］樋笠尭士「因果関係の錯誤について：行為計画に鑑みた規範直面時期の検討」嘉悦大学研究論集 58 巻（2 号）（2016 年）。

87. ［日］土本武司「少年と死刑の適用」捜査研究 684 号（2008 年）。

88. ［日］土屋美明「裁判員制度の背景と課題：世代を超えて課題の克服へ定着させ、豊かな司法を」総合法律支援論叢 1 号（2012 年）。

89. ［日］丸山雅夫「少年法 20 条における『刑事処分相当性』」産大法学 3 号（2000 年）。

90. ［日］丸山雅夫「少年刑事事件と裁判員裁判」社会と倫理第 25 号（2011 年）。

91. ［日］五十嵐二葉「裁判員制度への官僚と国民の見方」日本の科学者 47 巻 2 号（2009 年）。

92. ［日］西野喜一「裁判員制度の現在—施行 3 年の現実」法政理論第 46 巻第 1 号（2013 年）。

93. ［日］西原春夫「死刑制度を考える—永山事件を契機として」法学教室 38 号（1983 年）。

94. ［日］小栗実「鹿児島地裁における裁判員裁判」鹿児島大学法学論集 46 巻 2 号（2012 年）。

95. ［日］篠倉満「国民の司法参加序説（一）」熊本法学 69 号（1991 年）。

96. ［日］須藤明「裁判員制度における経験科学の役割—情状鑑定事例を通して」駒沢女子大学研究紀要 18 号（2011 年）。

97. ［日］玄守道「故意に関する一考察（六完）未必の故意と認識ある過失の区別をめぐって」立命館法学 313 号（2007 年）。

98. ［日］岩井宜子、渡邊一弘「死刑の適用基準—永山判決以降の数量化基準」現代刑事法 35 号（2002 年）。

99. ［日］原田國男「裁判員裁判における量刑傾向—見えてきた新しい姿」慶應法学 27 号

（2013 年）。

100. ［日］原田國男「裁判員裁判における死刑判決の検討」慶應法学第 22 号（2012 年）。

101. ［日］植村立郎「裁判員制度と量刑」ジュリスト 1370 号（2009 年）。

102. ［日］中川深雪「裁判員制度導入後の鑑定のあり方」法政理論第 41 巻第 1 号（2008 年）。

103. ［日］竹本真紀「性犯罪事案の量刑が主要争点となった事例」刑事弁護 62 号（2010 年）。

104. ［日］竹村和久ほか「多属性意思決定における決定方略の認知的努力と正確さ」認知科
　　　学 22 巻 3 号（2015 年）。

105. ［日］諏訪雅顕「刑事司法の変革に対する危惧裁判員制度を題材として」信州大学法学
　　　論集 4 号（2004 年）。

106. ［日］佐伯仁志「裁判員裁判と刑法のあり方」ジュリ 1417 号（2011 年）。

107. ［日］佐伯仁志「裁判員裁判と刑法難解概念」曹時 61 巻 8 号（2009 年）。

108. ［日］佐藤恵子、山田典子「裁判員裁判と性犯罪被害者支援のあり方」青森保健大雑誌
　　　12 号（2011 年）。

109. 橋爪隆「裁判制度のもとにおける刑法理論」曹時 60 巻 5 号（2008 年）。

110. Akhil Reed Amar, The Bill of Rights as a Constitution, *100 Yale L J, 1183* (1991).

111. Alan M. Dershowitz, Criminal Sentencing in the United States: An Historical and
Conceptual Overview, Annals of the American A cademy of Political and Social Science,
Vol. 423, Crime and Justice in America 1776 (Jan., 1976).

112. Albert W. Alschuler and Andrew G. Deiss, *A Brief History of the Criminal Jury in
the United States, 61 U. Chi. L. Rev. 867* (1994).

113. Allan D. Johnson, The Illusory Death Penalty: Why America's Death Penalty Process
Fails to Support the Economic Theories of Criminal Sanctions and Deterrence 2001, *52
Hastings L. J. 1101* (2001).

114. Amy Chmielewski, Defending the Preponderance of the Evidence Standard in College
Adjudications of Sexual Assault, *2013 Educ. & L. J. 143* (2013).

115. Andrea Keilen and Maurie Levin, Moving Forward: A Map for Meaningful Habeas
Reform in Texas Capital Cases, *34 Am. J. Crim. L. 207* (2007).

116. Anna Dobrovolskaia, The Jury System in Pre-War Japan, *9 Asian-Pac. L. Pol'y J.
231* (2008).

117. Barry Friedman, The History of the Countermajoritarian Difficulty, Part One: The
Road to Judicial Supremacy, *73 N.Y.U. L. Rev. 333* (1998).

118. Bradley W. Miller, A Common Law Theory of Judicial Review, *52 Am. J. Juris. 297*
(2007).

119. Brent E. Newton, *A Case Study in Systemic Unfairness: The Texas Death Penalty*, 1973 - 1994, *1 Tex. F. on C. L. & C. R. 1*(1994).

120. Bron McKillop, Review of Convictions after Jury Trials: The New French Jury Court of Appeal, *28 Sydney L. Rev. 343* (2006).

121. C. Edwin Baker, Press Rights and Government Power to Structure the Press, 819 *U Miami L. Rev.*34(1980).

122. Cass R. Sunstein, Naked Preferences and the Constitution, *84 Colum. L. Rev. 1689* (1984).

123. *Chevron U. S. A. Inc. v. Natural Resources Defense Council*, 467 U. S. 837 (1984).

124. Chilton Williamson, Property, Suffrage and Voting in Windham, *25 VtHist, 135* (1957).

125. Colin P. A. Jones, BookReview: Prospects for Citizen Participation in Criminal Trial, *15 Pac. Rim L. & Pol'y J. 363* (2006).

126. Comment, The Cost of Taking a Life:Dollars and Sense of the Death Penalty, *18 U. C. DAVISL. REV. 1221*(1985).

127. Conference: The Death Penalty in the Twenty-First Century, *45 Am. U. L. Rev. 239* (1995).

128. Craig Haney & Mona Lynch, Comprehending Life and Death Matters: A Preliminary Study of California's Capital Penalty Instructions, *18 Law & Hum. Behav. 411* (1994).

129. Craig M. Bradley, A (Genuinely) Modest Proposal Concerning the Death Penalty, *72 Ind. L. J. 25*(1996).

130. Craig S. Lerner and Nelson Lund, Judicial Duty and the Supreme Court's Cult of Celebrity, *78 Geo. Wash. L. Rev. 1255*(2010).

131. D. Brooks Smith, Judicial Review in the United States, *45 Duq. L. Rev. 379*(2007).

132. Daniel S. Reinberg, The Constitutionality of the Illinois Death Penalty Statute: The Right to Pretrial Notice of the State's Intention to Seek the Death Penalty, *85 Nw. U. L. Rev. 272*(1990).

133. Danielle E. Finck, Judicial Review: The United States Supreme Court Versus the German Constitutional Court, *20 B. C. Int'l & Comp. L. Rev. 123*(1997).

134. David A. Anderson, The Origins of the Press Clause, *455 UCLAL. Rev.*30 (1983).

135. David A. Seuss, Paternalism Versus Pugnacity: The Right to Counsel in Japan and the United States, *72 Ind. L. J. 291* (1996).

136. David Blumberg, Habeas Leaps from the Pan and into the Fire: Jacobs v. Scott and the Antiterrorism and Effective Death Penalty Act of 1996, *61 Alb. L. Rev. 557* (1997).

137. David J. Novak, Trial Advocacy: Anatomy of a Federal Death Penalty Prosecution: A Primer for Prosecutors, *50 S. C. L. Rev. 645* (1999).

138. David L. Hoeffel, Ohio's Death Penalty: History and Current Developments, *31 Cap. U. L. Rev. 659* (2003).

139. David M. Gold, The Tradition of Substantive Judicial Review: A Case Study of Continuity in Constitutional Jurisprudence, *52 Me. L. Rev. 355* (2000).

140. David Robinson, The shif to the Balance of Advantage in Criminal Litigation: The Case of Mr. Simpson, *30 Akron L. Rev. 1* (1996).

141. David S. Friedman, the Supreme Court's Narrow Majority to Narrow the Death Penalty, *28 Human Rights 4* (2001).

142. Deborah L. Heller, Death Becomes the State: The Death Penalty in New York State-Past, Present and Future, *28 Pace L. Rev. 589* (2008).

143. Donald L. Beschle, Why Do People Support Capital Punishment? The Death Penalty as Community Ritual, Spring, *33 Conn. L. Rev. 765* (2001).

144. Douglas A. Berman, Appreciating Apprendi: Developing Sentencing Procedures in the Shadow of the Constitution, *37 Crim. Law Bull. 627* (2001).

145. Douglas A. Berman, Originalism and the Jury: Article: Making the Framers' Case, and a Modern Case, For Jury Involvement in Habeas Adjudication, *71 Ohio St. L. J. 887* (2010).

146. Edward L. Rubin and Malcolm Feeley, Federalism: Some Notes on a National Neurosis, *41 UCLA L Rev 903* (1994).

147. Edwin Matthews, Jr., Death Penalty Symposium: Essay: What Justice Takes, *35 U. Tol. L. Rev. 625* (2004).

148. Erwin Chemerinsky, The Rehnquist Court and the Death Penalty, *94 Geo. L. J. 1367* (2006).

149. Ethan J. Leib, A Comparison of Criminal Jury Decision Rules in Democratic Countries, *5 Ohio St. J. Crim. L. 629* (2008).

150. Frank B. Cross, Shattering the Fragile Case for Judicial Review of Rulemaking, *85 VA. L. REV. 1243* (1999).

151. Frank Munger, Constitutional Reform, Legal Consciousness,and Citizen Participation in Thailand, *40 CornellInt'l L. J. 455* (2007).

152. Fred D. Gray, The Sullivan Case: A Direct Product of the Civil Rights Movement, 1223 *Case W. Res* 42(1992).

153. G. Edward White, The Lost Origins of American Judicial Review, *78 Geo. Wash. L. Rev. 1145* (2010).

154. Gary J. Simson & Stephen P. Garvey, Knockin' on Heaven's Door: Rethinking the Role of Religion in Death Penalty Cases, *86 Cornell L. Rev. 1090* (2001).

155. Gerald Gunther, Learned Hand and the Origins of Modern First Amendment Doctrine: Some Fragments of History, *719 Stan. L. Rev. ,Vol. 27*(1975).

156. Gordon S. Wood, The Origins of Judicial Review Revisited, or How the Marshall Court Made More Out of Less, *56 Wash. & Lee L. Rev. 787* (1999).

157. Guy Goldberg & Gena Bunn, Balancing Fairness & Finality: A Comprehensive Review of the Texas Death, *5 Tex. Rev. Law & Pol. 49(2000)*.

158. Guy Goldberg & Gena Bunn, Balancing Fairness & Finality: A Comprehensive Review of the Texas Death Penalty, *5 Tex. Rev. Law & Pol. 49* (2000).

159. Herbert Wechsler, Toward Neutral Principles of Constitutional Law, *73 Harv. L. Rev. 1* (1959).

160. Hertz & Weisberg, In Mitigation of the Penalty of Death: Lockett v. Ohio and the Capital Defendant's Right to Presentation of Mitigating Circumstances, *69 Calif. L. Rev. 317* (1981).

161. Hiroshi Fukurai and Richard Krooth, The Establishment of All-Citizen Juriesas a Key Component of Mexico's Judicial Reform: Cross-National Analyses of Lay Judge Participation and the Search for Mexico's Judicial Sovereignty. *16 Tex. Hisp. J. L. & Pol'y 37* (2010).

162. Inga Markovits, Exporting Law Reform-But Will it Travel, *37 Cornell Int'l L. J. 95* (2004).

163. J. Mark Ramseyer & Eric B. Rasmusen, Why is the Japanese Conviction Rate So High?, *30 J. Legal Stud. 53* (2001).

164. J. Mark Ramseyer,The Puzzling (In) Dependence of Courts: A Comparative Approach, *23 J. Legis. Studies 721* (1994).

165. James E. Harrison, The Juvenile Death Penalty in Florida: Should Sixteen-Year-Old Offenders Be Subject To Capital Punishment? *1 Barry L. Rev. 159* (2000).

166. James S. Liebman, The Overproduction of Death, *100 Colum. L. Rev. 2030* (2000).

167. Jean Choi De Sombre, Comparing the Notions of the Japanese and the U. S. Criminal

Justice System: An Examination of Pretrial Rights of the Criminally Accused in Japan and the United States, *14 UCLAPac. Basin L. J. 103* (1995).

168. Jeff Vize, Torture, Forced Confessions, and Inhuman Punishments: Human Rights Abuses and the Japanese Penal System, *20 UCLAPac. Basin L. J. 329* (2003).

169. Jeffrey Rosen, A Biography of the 1stAmendment, *26 Montana Lawyer* 33(2008).

170. Jenna Bednar, The Dialogic Theory of Judicial Review: A New Social Science Research Agenda, *78 Geo. Wash. L. Rev. 1178*(2010).

171. John H. Blume and Sheri Lynn Johnson, Killing the Non-Willing: Atkins, the Volitionally Incapacitated, and the Death Penalty, *55 S. C. L. Rev. 93*(2003).

172. John H. Langbein, On the Myth of Written Constitutions: The Disappearance of Criminal Jury Trial, *15 Harv J L & Pub Pol 119*(1992).

173. John Jackson & Nikolay Kovalev, Lay A djudication and Human Rights in Europe, *13 Colum. J. Eur. L. 83* (2007).

174. Jonathan Harris and Lothlorien Redmond, Executive Clemency: The Lethal Absence of Hope, *3 Crim. L. Brief 2* (2007).

175. Jonathan R. Sorensen & James W. Marquart, Prosecutorial and Jury Decision-Making in Post-Furman Texas Capital Cases, *18 N. Y. U. Rev. L. & Soc. Change 743* (1991).

176. Joseph M. Farber, Justifying Judicial Review: Liberalism and Popular Sovereignty 2003, *32 Cap. U. L. Rev. 65* (1993).

177. Joshua N. Sondheimer, A Continuing Source of Aggravation: The Improper Consideration of Mitigating Factors in Death Penalty Sentencing, *41 Hastings L. J. 409* (1990).

178. Joyce Lee Malcolm, Whatever the Judges Say It Is? The Founders and Judicial Review, *26 J. L. & Politics 1*(2010).

179. Julian H. Wright, Jr, Life-Without-Parole: An Alternative to Death or Not Much of a Lifeat All? *43 V and. L. Rev. 529* (March,1990).

180. Kenneth A. Shepsle, Congress is a "They", Not an "It": Legislative Intent as Oxymoron, *12 Int'l Rev. L. & Econ. 239* (1992).

181. Kenneth Miller and David Niven, Mixed Messages: The Supreme Court's Conflicting Decisions on Juries in Death Penalty Cases, *5 Crim. L. Brief 69* (2009).

182. Kevin McNally, Race and the Federal Death Penalty: A Nonexistent Problem Gets Worse, *53 DePaul L. Rev. 1615*(2004).

183. Larry Alexander & Frederick Schauer, On Extrajudicial Constitutional Interpretation, *110 Harv. L. Rev. 1359* (1997).

184. Larry Alexander and Lawrence B. Solum, The People Themselves: Popular Constitutionalism and Judicial Review, *118 Harv. L. Rev. 1594* (2005).

185. Larry D. Kramer, The Supreme Court 2000 Term, Foreword: We the Court, *115 Harv. L. Rev. 4* (2001).

186. Laura E. Little, Envy and Jealousy: A Study of Separation of Powers and Judicial Review, *52 Hastings L. J. 47* (2000).

187. Laurence H. Tribe, The Puzzling Persistence of Process-Based Constitutional Theories, *59 Yale L. J. 1063* (1980).

188. Laurence Stelnberg, et Al., Are Adolescents Less Mature Than Adults?: Minors' Access to Abortion, the Juvenlle Death Penalty, and the Alleged A PA"Flip-Flop", *64 Am. Psychologist 583* (2009).

189. Lawrence Friedman, The Day Before the Trial Vanished, *1 J. Empirical Legal Stud. 689* (2004).

190. Lori L. Outzs, A Principled Use of Congressional Floor Speeches in Statutory Interpretation, 28*Colum. J. L. & Soc. Probs. 297* (1995).

191. Louis Michael Seidman, Acontextual Judicial Review, *32 Cardozo L. Rev. 1143* (2011).

192. Maeva Marcus, Is the Supreme Court a Political Institution? *72 Geo. Wash. L. Rev. 95* (2003).

193. Malvina Halberstam, Judicial Review, A Comparative Perspective: Israel, Canada, and the United States, *31 Cardozo L. Rev. 2393* (2010).

194. Mark Button & Kevin Mattson, Deliberative Democracy in Practice: Challenges and Prospects for Civic Deliberation, *31 Polity 609* (1999).

195. Mark Roe, Juries and the Political Economy of Legal Origin, *35 J. Comp. Econ. 2294* (2007).

196. Matthew C. Stephenson, When the Devil Turns ... ": The Political Foundations of Independent Judicial Review, *32 J. Legal Stud. 59* (2003).

197. Matthew D. Adler, Judicial Restraint in the Administrative State: Beyond the Countermajoritarian Difficulty, *145 U. PA. L. REV. 759* (1997).

198. Matthew Wilson, The Dawn of Criminal Jury Trials in Japan: Succession the Horizon?, *24 Wisc. Int'l L. J. 835* (2007).

199. Michael C. Dorf & Charles F. Sabel, A Constitution of Democratic Experimentalism, *98 Columbia Law Review267* (1998).

200. Michael Kuhn, House Bill 200: The Legislative Attempt to Reinstate Capital Punishment in Texas, *11 Hous. L. Rev. 410* (1974).

201. Michael L. Radelet, The Role of Organized Religions in Changing Death Penalty Debates, *9 Wm. & Mary Bill of Rts. J. 201*(December 2000).

202. Michael S. Moore, Philosophy of Language and Legal Interpretation: Article: A Natural Law Theory of Interpretation, *58 S. Cal. L. Rev. 279* (1985).

203. Miguel Schor, Squaring the Circle: Democratizing Judicial Review and the Counter-Constitutional Difficulty, *16 Minn. J. Int'l L. 61* (2007).

204. Norman J. Finke, Prestidigitation, Statistical Magic, and Supreme Court Numerology in Juvenile Death Penalty Cases, *1 Psych. Pub. Pol. and L. 612* (1995).

205. Note: A Matter of Life and Death: The Effect of Life-Without-Parole Statuteson Capital Punishment, *119 Harv. L. Rev. 1838*(April 2006).

206. Orrin Hatch, Legislative History: Tool of Construction or Destruction, *11 Harv. J. l. & PUB. POL'Y 43* (1988).

207. Owen M. Fiss, Objectivity and Interpretation, *34 Stan. L. Rev. 739* (1982).

208. Patrick M. Garry, Judicial Review and the "Hard Look" Doctrine, *7 Nev. L. J. 151* (2006).

209. Paul Calvin Drecksel, The Crisis in Indigent Defense, *44 Ark. L. Rev. 363*(1991).

210. Paul Campos, That Obscure Object of Desire: Hermeneutics and the Autonomous Legal Text, *77 Minn. L. Rev. 1065* (1993).

211. Percy Luney Jr., The Judiciary: Its Organization and Status in the Parliamentary System, *53 L. & Contemporary Probs. 135* (1990).

212. Peter J. Henning, Supreme Court Review: Foreword: Statutory in Interpretation And The Federalization of Criminal law, *86 J. Crim. L. & Criminology 1167*(1996).

213. Philip B. Kurland, Judicial Review Revisited: "Original Intent" and "The Common Will", *55 U. Cin. L. Rev. 733*(1987).

214. Philip Hamburger, Judicial Review: Historical Debate, Modern Perspectives, and Comparative Approaches: Law and Judicial Review: A Tale of Two Paradigms: Judicial Review and Judicial Dut, *78 Geo. Wash. L. Rev. 1162*(2010).

215. Philip P. Frickey and Steven S. Smith, Judicial Review, the Congressional Process, and the Federalism Cases: An Interdisciplinary Critique, *111 Yale L J 1707* (2002).

216. Pierre Crabites, Napole on Bonaparte and the French Criminal Code, *15A. B. A. J. 469* (1929).

217. Pierre N. Leval, Strangers on a Train: Make Vol Law: The Sullivan Case and the First Amendment. By Anthony Lewis, *1138 Mich. L. Rev. 91* (1993).

218. Rachel E. Barkow, Recharging the Jury: The Criminal Jury's Constitutional Role in an Era of Mandatory Sentencing, *152 U. Pa. L. Rev. 33* (2003).

219. Rebecca L. Brown, Accountability, Liberty, and the Constitution, *98 Colum. L. Rev. 531* (1998).

220. Richard A. Devine, Book Review: The Death Penalty Debate: A Prosecutor's View: Scott Turow, Ultimate Punishment: A Lawyer's Reflections on Dealing with the Death Penalty, *95 J. Crim. L. & Criminology 637* (2003).

221. Richard E. Ellis, *The Jeffersonian Crisis: Courts and Politics in the Young*

222. Richard L. Wiener, The Death Penalty in the United States: A Crisis of Conscience, *10 Psych. Pub. Pol. and L. 618* (2004).

223. Richard O. Lempert, Citizen Participation in Judicial Decision Making: Juries, Lay Judges and Japan, *2001 St. Louis-Warsaw Trans'll, 18* (2002).

224. Richard T. Bowser, A Matter of Interpretation: Federal Courts and the Law, *19 Campbell L. Rev. 209* (1997).

225. Richard Vogle, The International Development of the Jury: The Role of the British Empire, *72 Int'l Rev. Penal L. 525* (2001).

226. Robert C. Post and Reva B. Siegel, Equal Protection by Law: Federal Antidiscrimination Legislation after Morrison and Kimmel, *110 Yale L. J. 441* (2000).

227. Robert P. George, Colloquium Natural Law: Colloquium Natural Law, the Constitution, and the Theory and Practice of Judicial Review, *69 Fordham L. Rev. 2269* (2001).

228. Robert Woll, The Death Penalty and Federalism: Eighth Amendment Constraints on the Allocation of State Decision making Power, *35 Stan. L. Rev. 787* (1983).

229. Ronald C. Den Otter, Democracy, Not Deference: An Egalitarian Theory of Judicial Review, *91 Ky. L. J. 615* (2002/2003).

230. Rory K. Little, The Federal Death Penalty: History and Some Thoughts about the Department of Justice's Role, *26 Fordham Urb. L. J. 347* (1999).

231. Ruth Colker and James J. Brudney, Dissing Congress, *100 Mich L Rev. 80* (2001).

232. Ryan Y. Park，The Globalizing Jury Trial：Lessons and Insights from Korea，*58 Am. J. Comp. L. 525* (2010).

233. S. Adele Shank，The Death Penalty in Ohio：Fairness，Reliability，and Justice at Risk — A Report on Reforms in Ohio's Use of the Death Penalty Since the 1997 Ohio State Bar Association Recommendations Were Made，*63 Ohio St. L. J. 371*(2002).

234. Saikrishna B. Prakash and John C. Yoo，The Origins of Judicial Review，*70 U. Chi. L. Rev. 887*(2003).

235. Sally Lloyd-Bostock & Cheryl Thomas，Decline of the 'Little Parliament'：Juries and Jury Reform in England and Wales，*62 Law & Contemp. Prob. 7* (1999).

236. Samuel W. Cooper，Note，Considering "Power" in Separation of Powers，*46 Stan. L. Rev. 361* (1994).

237. Scott Brister,The Decline of Jury Trials，*47S. Tex. L. Rev. 191* (2005).

238. Scott Graves and Paul Teske，State Supreme Courts and Judicial Review of Regulation，*66 Alb. L. Rev. 857*(2003).

239. Scott M. Noveck,Is Judicial Review Compatible with Democracy? *6 Cardozo Pub. L. Pol'y & Ethics J. 401*(2008).

240. Scott W. Howe，The Failed Case for Eighth Amendment Regulation of the Capital-Sentencing Trial，*146 U. Pa. L. Rev. 795* (1998).

241. Shawn Gunnarson，Using History to Reshape the Discussion of Judicial Review，*1994 B.Y.U.L. Rev. 151*(1994).

242. Sotirios A. Barber，Judicial Review and The Federalist，*55 U. Chi. L. Rev. 836* (1988).

243. Stephan Thaman，The Nullification of the Russian Jury，*40 Cornell Int'l L. J. 355* (2007).

244. Stephen Breyer，The 1991 Justice Lester W. Roth Lecture：On The Uses of Legislative History in Interpreting Statutes，*845 S. Cal. L. Rev.* 65(1992).

245. Stephen P. Garvey，Note，Politicizing Who Dies，*101 Yale L. J. 187* (1991).

246. Steven Shavell，Alternative Dispute Resolution：An EconomicAnalysis，*24 J. Legal Stud. 2* (1995).

247. Susan Maslen，Japan and the Rule of Law，*16 UCLAPac. Basin L. J. 281* (1998).

248. Theodore Eisenberg，Stephen P. Garvey and Martin T. Wells，Forecasting Life and Death：Juror Race，Religion，and Attitude Toward the Death Penalty，*30 J. Legal Stud. 277*(2001).

249. Tsvi Kahana，The Easy Core for Judicial Review，*2 J. of Legal Analysis 227*(2010).

250. Victor L. Streib，Standing Between the Child and the Executioner: The Special Role of Defense Counsel in Juvenile Death Penalty Cases，31 *Am. J. Crim. L.* 67(2003).

251. W. Brennan，Jr.，Neither Victims nor Executioners，*8 Notre Dame J. of Law，Ethics & Public Policy 1*(1994).

252. Wallace Mendelson，The Influence of James B. Thayer Upon the Work of Holmes，Brandeis，and Frankfurter，*31 Vand. L. Rev. 71* (1978).

253. Wayne A. Logan，When the State Kills: Capital Punishment and the American Condition. By Austin Sarat，*100 Mich. L. Rev. 1336* (2002).

254. Weisberg，Deregulating Death，*CT. REV. SUP.* 305(1983).

255. William G. Young，Vanishing Trials，Vanishing Juries，Vanishing Constitution，*40 Suffolk U. L. Rev. 67* (2006).

256. William J. Bowers & Benjamin D. Steiner，Death by Default: An Empirical Demonstration of False and Forced Choices in Capital Sentencing，*77 Tex. L. Rev. 605* (1999).

257. William N. Eskridge，Jr.，Dynamic Statutory Interpretation，*135U. Pa. L. Rev. 1479* (1987).

258. William S. Fields，Assessing the Performance of the Burger Court: The Ascent of Pragmatism，*211 Mil. L. Rev.* 129 (1990).

259. William W. Berry III，Ending Death by Dangerousness A Path to the De Facto Abolition of the Death Penalty，*52 Ariz. L. Rev. 889*(2010).

260. Zachary Corey and Valerie P. Hans，Japan's New Lay Judge System: Deliberative Democracy in Action? *12 Asian-Pacific L. & Pol'y J. 72* (2010).

261. David J. Novak，Trial Advocacy: Anatomy of a Federal Death Penalty Prosecution: A Primer for Prosecutors，*50 S.C. L. Rev. 645* (1999).

图书在版编目(CIP)数据

中国死刑适用的民意拟制与导入机制研究/李立丰著.—上海:上海三联书店,2020.9
ISBN 978-7-5426-7075-5

Ⅰ.①中… Ⅱ.①李… Ⅲ.①死刑-法律适用-研究-中国 Ⅳ.①D924.125

中国版本图书馆 CIP 数据核字(2020)第 099132 号

中国死刑适用的民意拟制与导入机制研究

著　　者 / 李立丰

责任编辑 / 郑秀艳
装帧设计 / 一本好书
监　　制 / 姚　军
责任校对 / 张大伟　王凌霄

出版发行 / 上海三联书店
　　　　　(200030)中国上海市漕溪北路 331 号 A 座 6 楼
邮购电话 / 021-22895540
印　　刷 / 上海展强印刷有限公司

版　　次 / 2020 年 9 月第 1 版
印　　次 / 2020 年 9 月第 1 次印刷
开　　本 / 710×1000　1/16
字　　数 / 400 千字
印　　张 / 24
书　　号 / ISBN 978-7-5426-7075-5/D·453
定　　价 / 78.00 元

敬启读者,如发现本书有印装质量问题,请与印刷厂联系 021-66366565